“十二五”普通高等教育本科国家级规划教材
食品科学与工程系列教材

园艺产品加工工艺学

蒲 彪 乔旭光 主编

科学出版社
北 京

内 容 简 介

本教材着重阐述园艺产品加工的基本理论和国内外该领域的最新研究进展，并通过案例介绍了园艺加工的现代工艺和实用技术。全书共分9章，主要包括果蔬加工保藏原理与预处理，果蔬罐藏，果蔬制汁，果蔬脱水干制，果蔬糖制，蔬菜腌制，果蔬综合利用以及其他加工技术等内容。

本教材可作为高等学校食品、园艺类专业类的教材，也可作为从事园艺产品加工的工作人员的技术参考书。

图书在版编目(CIP)数据

园艺产品加工工艺学 / 蒲彪，乔旭光主编.—北京：科学出版社，2012.8 (2021.6 重印)

普通高等教育“十二五”规划教材·食品科学与工程专业系列教材

ISBN 978-7-03-034526-4

Ⅰ.①园… Ⅱ.①蒲… ②乔… Ⅲ.①园艺作物-食品加工 Ⅳ.①TS205

中国版本图书馆 CIP 数据核字（2012）第 199617 号

责任编辑：杨岭 刘琳 韩铭 / 封面设计：陈思思

科学出版社出版

北京东黄城根北街16号

邮政编码：100717

http://www.sciencep.com

成都锦瑞印刷有限责任公司印刷

科学出版社发行 各地新华书店经销

*

2012年8月第 一 版 开本：787*1092 1/16

2021年6月第八次印刷 印张：22 3/4

字数：540 000

定价：42.00 元

（如有印装质量问题，我社负责调换）

《食品科学与工程专业系列教材》

审定委员会

（按姓名拼音排序）

艾志录　苟小军　靳　烨

蒲　彪　庞　杰　秦　文

乔旭光　杨　岭　张国权

《园艺产品加工工艺学》编委会

主　编　蒲　彪（四川农业大学）

乔旭光（山东农业大学）

副主编　胡卓炎（华南农业大学）

庞　杰（福建农林大学）

王清章（华中农业大学）

编　者（按姓名拼音为序）

陈安均（四川农业大学）

龚加顺（云南农业大学）

刘兴艳（四川农业大学）

庞凌云（河南农业大学）

苏　琳（内蒙古农业大学）

向延菊（塔里木大学）

张　娜（塔里木大学）

张　欣（长江大学）

总　序

食品问题直接关系公众健康，确保食品安全是体现以人为本的基础。可以说，食品问题既是民生问题、政治经济问题，也是社会科学发展问题。随着经济的发展、生产技术的改进、生物技术的发展、工业化的推进，食品行业得到快速发展。与此同时，消费者对食品质量安全的重视和认知程度也越来越高，食品的质量、营养和卫生安全更受关注。

为提高食品的质量安全水平，世界各国政府纷纷制定严格的食品安全技术法规和标准，增强对食品生产各个环节的控制，加强对食品质量安全的监管，广泛实施从“农田到餐桌”的全程质量管理。作为经济转型中的发展中国家，我国需要在一段时期内应对和处理食品领域的各种问题。这就要求食品领域的各方人员紧密协作，发挥整体优势，提高食品安全管理水平。

作为培养食品领域专业人才的院校，应积极调整培养方案，以适应学科和行业发展。为了适应和促进食品科学与工程领域的发展，科学出版社依托有关的知名专家支持，凭借科学出版社在学术出版界的品牌启动了《食品科学与工程系列规划教材》的编写工作。丛书中每一分册皆选择具有深厚的教学经验、科学研究功底的作者进行编写，相信通过各位编者、丛书审定委员会及科学出版社的通力合作，将会产生一套兼顾高等学校教材理论性、系统性并更加贴近我国食品工业实际新内容的教材。这将对培养从事食品生产技术管理、品质控制、产品开发、科学研究、工程设计等方面工作的食品科学与工程学科的高级工程技术人才具有极好的参考意义和指导价值。

审定委员会

2012.6

前　言

园艺产品加工工艺学是高等学校食品、园艺类本科专业的传统专业课程。本书着重阐述园艺产品加工的基本理论和国内外该领域的最新研究进展，通过案例介绍园艺产品加工的现代工艺和实用技术，力求体现该学科发展的特点，并在内容和形式上有所创新。

全书分为9章，主要包括果蔬加工保藏原理与预处理、果蔬罐藏、果蔬制汁、果蔬脱水干制、果蔬糖制、蔬菜腌制、果蔬速冻、果酒与果醋的酿造、果蔬综合利用及其他加工技术等内容。各章节的编写分工如下：蒲彪、刘兴艳编写绪论和第6章，陈安均编写第1章，乔旭光编写第2章，庞杰编写第3章，王清章编写第4章，苏琳、张欣编写第5章，胡卓炎编写第7章，向延菊、张娜编写第8章，龚加顺、庞凌云编写第9章。由蒲彪负责全书统稿。

本书在兼顾高等学校教材较强的理论性和系统性前提下，尽可能从实用角度出发，既讲述最新理论和技术，又涉及园艺产品加工中最具体的生产问题，努力做到理论和实践有机融合。本书可作为高等学校食品、园艺类专业教材，也可作为从事园艺产品加工实际工作人员的技术参考书。

本书由全国多所院校共同参与编写，汇集了各方力量，是集体智慧的结晶。但由于涉及知识面广，而科技发展日新月异，书中疏漏和不妥之处在所难免，敬请广大同仁和读者批评指正。

蒲　彪

2012年5月于雨城雅安

目　　录

绪　　论

【内容提要】

本章主要介绍果蔬加工品的分类、特点及国内外果蔬加工业发展现状；并简单提出了本课程的特点及相应学习要求。

【教学目标】

1. 明确果蔬加工品的几种常见类型。
2. 掌握果蔬加工品的特点。
3. 了解国内外果蔬加工业的发展现状。
4. 明确本课程的特点及要求。

【重要概念及名词】

园艺产品加工　果蔬加工品　果蔬加工业　发展现状　课程特点　课程要求

一、园艺产品加工的概念与果蔬加工品的分类

一般将园艺产品分为瓜果(水果)、蔬菜和花卉三大类。

园艺产品加工就是以瓜果、蔬菜和花卉为原料，根据各自不同的理化特性，利用物理的、化学的或生物的方法，采用不同的加工工艺与设备，杀灭或抑制微生物，保持或一定程度改变原料原有的品质，制成各种加工制品的过程。园艺产品通过各种加工工艺方法进行处理后，其原有的生命力已经丧失；并且很多加工措施可以灭活酶与微生物，或者钝化酶与抑制微生物，采取适当的保藏方式，就可以使制品得以长期保藏。由于花卉与水果、蔬菜原料差异较大，加工方式差异亦较大，因此本书的园艺产品仅指水果和蔬菜。

水果和蔬菜种类品种繁多，虽然都可以进行加工，但其组织特性、品种特征等不同，适宜制造的加工品种类就不同。因此，根据加工处理的工艺特点、原理和制成的产品种类不同而将果蔬加工品分为以下几类。

1. 果蔬罐藏品

果蔬罐藏品是果蔬加工中的一项主要产品，是将果品蔬菜原料经预处理后，装入密闭的容器内，经加或不加罐液、排气或抽气、密封、杀菌、冷却、检验而制成，能在室温下长期保藏的一种产品。这类产品贮运方便、安全卫生，并可直接食用，能较好地保存原有风味和营养价值，其供应不受季节影响，能常年满足消费者需要。

2. 果蔬汁

果汁和蔬菜汁类是指用水果和(或)蔬菜(包括可食的根、茎、叶、花、果实)等为原料，经加工或发酵制成的饮料。具体包括果汁(浆)和蔬菜汁(浆)、浓缩果汁(浆)和浓缩蔬菜汁(浆)、果汁饮料和蔬菜汁饮料。其中，果汁饮料和蔬菜汁饮料又包括果汁饮料、蔬菜汁饮料、果汁饮料浓浆和蔬菜汁饮料浓浆、复合果蔬汁(浆)及饮料、果肉饮料、发酵型果蔬汁饮料、水果饮料及其他果汁饮料。

3. 果蔬干制品

果蔬干制品是指以水果或蔬菜为原料，采用自然干燥或人工干燥(热风干燥、真空冷冻干燥、真空油炸等)的方法除去果蔬组织中的大部分水分，加工而成的(片、块、粒、粉等)制品。

果品蔬菜进行干制(脱水)时，使其水分含量减少到一定程度(一般果品为20%～25%以下，蔬菜为8%～10%以下，其产品水分活度达到可以长期保存要求)，再经包装等处理制成。果干可直接食用，脱水蔬菜须经复水后进行烹调或直接做调味料食用。果蔬干制品质量轻、体积小，易于包装、运输和保藏，常见产品有葡萄干、红枣、桂圆干、核桃、木耳、笋干、干豇豆、干辣椒等。

4. 果蔬糖制品

即果蔬原料经预处理后，加糖进行煮制(或蜜制)或浓缩而成的高糖产品，具体包括蜜饯类和果酱类。果蔬糖制品具有高糖(果脯蜜饯类)或高糖高酸(果酱类)的特点，有良好的贮藏性和贮运性，是贮藏果蔬的一种有效方法。

5. 蔬菜腌制品

将新鲜蔬菜进行预处理后，经部分脱水或不进行脱水，通过使食盐深入蔬菜组织内部降低其水分活性，有选择地控制微生物发酵，抑制腐败微生物活动，增强蔬菜的贮藏性能，保持其食用品质而制成的产品称为蔬菜腌制品。如四川泡菜、重庆涪陵榨菜、江苏扬州酱菜、浙江萧山萝卜干、北京八宝酱菜、云南大头菜等。

6. 果蔬速冻制品

果品蔬菜原料经预处理后，在低温条件下迅速冻结而成的产品，能较好地保持果蔬的新鲜色泽、风味和营养物质。常见速冻品有蓝莓、荔枝、枇杷、龙眼、杨梅、李、无花果、豌豆、菜豆、菠菜、甜玉米、青刀豆、藕片、蘑菇等。

7. 果酒与果醋

果酒是以果实为原料，经酒精发酵酿制而成的含醇饮料。目前果酒中最大宗的是葡萄酒和苹果酒，除此之外还有梨酒、枣酒、桔子酒、桃酒、椰浆酒等。

以果品或果酒为原料，经醋酸发酵可以酿制果醋，果醋含5～7 g/100 mL醋酸，风味芳香，营养丰富。主要有苹果醋、葡萄醋、梨醋等。

8. 果蔬综合利用及其他加工品

果蔬中含有许多天然植物化学物质，其中一些物质具有重要的生理活性。如蓝莓被称为果蔬中“第一号抗氧化剂”，具有防止功能失调、改善短期记忆、提高老年人的平衡性和协调性等作用；红葡萄中的白藜芦醇，能够抑制胆固醇在血管壁的沉积，防止动脉中血小板的凝聚，有利于防止血栓的形成，还具有抗癌作用；大蒜中含有硫化合物，具有降血脂、抗癌、抗氧化等作用；西红柿中含有番茄红素，具有抗氧化作用，能防止前列腺癌、消化道癌以及肺癌的产生；胡萝卜中含有胡萝卜素，具有抗氧化作用，能消除人体内自由基；生姜中含有姜醇和姜酚等，具有抗凝、降血脂、抗肿瘤等作用；菠菜中含有叶黄素，具有减缓中老年人眼睛自然退化的作用。从果蔬中分离、提取、浓缩这些功能成分，制成胶囊或将这些功能成分添加到各种食品中，已成为当前果蔬加工的一个新趋势。

此外，在果蔬加工过程中，往往有大量废弃物产生，如风落果、不合格果及大量的果皮、果核、种子、叶、茎、花、根等下脚料。可对废弃物进行综合利用，提取一些有益物质和成分，变废为宝。常见的有香精油、果胶、天然食用色素、蛋白酶、糖苷、淀粉、种子油、活性炭、有机酸等。无废弃开发，已成为国际果蔬加工业的新热点。

二、果蔬类产品的特点

我国国土辽阔，地跨寒、温、热三带，自然条件复杂，水果和蔬菜的种类繁多，资源极为丰富，是世界果蔬的重要原产地之一。目前，我国栽培的果树分属 50 多属、300 多种，品种有万余个；普遍栽培的蔬菜有 60 多种，品种繁多。近 10 年来，为加快果蔬生产的发展，我国还选育和引进了不少新的果蔬种类和品种。如此多的种类决定了果蔬产品具有不同于其他农产品的一些特点。

1. 果蔬类产品的种植特点

园艺产品在种植生产中受自然条件的限制，具有很强的季节性和地区局限性。在自然条件下，绝大多数果品 1 年产 1 季，而有少数蔬菜可产 2 季，这样就形成上市集中的局面，因此，要想尽量延长果蔬产品的上市期，应尽量按早、中、晚品种搭配种植。而针对地区局限性，则只能通过物流调节各地供需；此外，果蔬类产品的加工应尽量选择产地就近加工。

2. 果蔬类产品的原料特点

(1) 果蔬具有鲜艳美丽的色泽，不同的风味和芳香，良好的质地和口感，具有引起食欲的感官性状。

不管在什么地方，人们看到的果蔬都是五颜六色的，红、橙、黄、绿、蓝、青、紫，比起谷物、油料、畜禽、水产品，它们的色泽是最丰富的。例如，在苹果的不同品种中，红富士果皮的色泽是红色，金帅是黄色，青香蕉为绿色，有时在一个果面又有 2 ~3 种色泽；萝卜中有青皮或白皮的白萝卜，有红皮白心的萝卜，有青皮紫心的心里美萝卜，也有紫皮紫心的胭脂红萝卜。每一种果品或蔬菜具有自己特有的风味物质和芳香成分，如柑橘是以烯萜类的氧化衍生物(如醇、醛、酮、酯)构成各种柑橘的特殊香气；芦笋的香气及风味物为丙烯酸、芦丁；香菇中的香味物为香菇精等。从质地和口感来讲，果蔬给人们提供了多种多样的享受。若鲜食，则有柔软、嫩脆、脆、绵、粉等感受，脆如苹果、萝卜、紫甘蓝、莲藕、大部分的梨，柔软多汁如桃、荔枝、龙眼、香蕉、番茄、少部分梨。如若经过不同的加工途径，用同一种原料制成的产品所表现的质地和口感就大不相同，如用苹果制成的汁多为金黄色透明的饮品，而制成糖水苹果罐头则质地变软，制成果干或果脯则质地变得软、绵，甚至有时带韧性，而它们均具有苹果不同程度的芳香。

(2)新鲜果蔬是活的有机体，属易腐性产品。

大多数的果蔬组织柔嫩、含水量高(除干果外)，一般水分含量在 80% 以上，水分活度 A_w 在 0.90 以上；果蔬还含有丰富的营养物质，特别是能溶于水的可溶性固形物，如糖、有机酸、果胶、蛋白质和少量能溶于水的矿物质、维生素、色素等。果蔬在田间生长达到一定的成熟度后便可进行采收，收获后的果蔬是一个活的有机体，要继续进行生命活动，即呼吸作用、蒸腾作用和新陈代谢，并逐渐衰老。在采收的过程中，若作业不当，又无适当的包装运输和贮藏条件，极易使果蔬破损、萎蔫，致使产品质量败坏或因遭受病菌的侵染而造成大量腐烂，发生损失。因此，原料在采收时要按照正常的采收规范进行，采收后应尽快加工。若不能及时加工，应在适宜贮藏条件下保藏。

此外，果蔬类目前最主要的用途为鲜食，而加工产品对原料的要求与鲜食完全不同，只有符合加工要求的原料才可能生产出高质的加工产品，因此应注意选用适宜品种的原料。

3. 果蔬类产品的加工特点

果蔬类产品的色素和热敏性成分等非常容易发生变化，导致产品变色、变味，大量丧失其营养成分，因此，如何保持其色泽和口感，减少营养成分的损失就非常重要。此外，果蔬种类繁多，各种果蔬的原料情况差异较大，其适宜的加工方式也不同，应有针对性地进行解决。

三、国内外果蔬加工的发展现状

(一)我国果蔬加工业发展现状

1. 果蔬加工区域布局日趋合理

目前，我国蔬菜加工产业逐步向布局集中、产业集聚的方向发展。我国果蔬加工产业已形成了西北番茄酱加工基地，东部及东南沿海干制、罐头、速冻和腌制蔬菜加工基地，东南沿海省份及宁夏、甘肃、内蒙古等西北地区脱水蔬菜加工产业带。

在蔬菜罐头方面，蘑菇罐头以福建产量最高，其出口的蘑菇罐头占全国蘑菇出口量的70%左右，竹笋罐头则以浙江、福建、江西为主产区。在浓缩汁、浓缩浆方面，新疆、宁夏和内蒙古是番茄酱的主产区。直饮型蔬菜及其饮料加工则形成了以北京、上海、浙江、天津和广东等省、直辖市为主的加工基地。榨菜产业主要集中在重庆、浙江、贵州，酱菜产业主要集中在北京等大城市，山野菜如蕨菜加工主要集中在东北等省，泡菜主要集中在四川的成都、眉山，山东的青岛，辽宁的沈阳等地。

2. 食品高新技术得到逐步应用

近年来，我国果蔬加工技术水平不断提高，如高效榨汁技术、酶液化与澄清技术、膜技术、高温短时杀菌技术、无菌包装技术、冻干技术等在生产中得到进一步应用。

在脱水蔬菜领域，尽管常压热风干燥是蔬菜脱水最常用的方法，但我国能打入国际市场的高档脱水产品，基本都采用了真空冻干技术。另外，微波干燥和远红外干燥技术也在少数企业中得到应用。在果蔬罐头领域，EVOH（乙烯/乙烯醇共聚物）材料已经应用于罐头生产；纯乳酸菌的接种使泡菜的传统生产工艺发生了变革，推动了泡菜工业的发展。在蔬菜物流领域，主要蔬菜如番茄、青椒、蒜薹、大白菜等，贮藏保鲜及流通技术的研究与应用方面基本成熟，MAP 技术、CA 技术等已在我国主要果蔬贮运保鲜业中得到广泛应用。在速冻果蔬领域，近些年，我国的果蔬速冻工艺技术有了许多重大发展。首先是速冻果蔬的形式由整体的大包装转向经过加工鲜切处理后的小包装；其次是冻结方式开始广泛应用以空气为介质的吹风式冻结装置、管架冻结装置、可连续生产的冻结装置、流态化冻结装置等，使冻结的温度更加均匀，生产效益更高；第三是作为冷源的制冷装置也有新的突破，如利用液态氮、液态二氧化碳等直接喷洒冻结，使冻结的温度显著降低，冻结速度大幅度提高，速冻蔬菜的质量全面提升。

3. 装备水平明显提高

我国的蔬菜产业技术与装备水平正在逐步提升，如从意大利等国引进了先进的番茄酱加工设备，从瑞士、德国等著名设备生产商引进了先进的 PET 瓶无菌灌装等生产线。

在脱水蔬菜领域，我国研制的真空冻干设备取得可喜进步，一些国内知名冻干设备的技术水平已达到国际先进水平。在速冻设备领域，我国已开发出螺旋式速冻机、流态化速冻机等设备，满足了国内速冻行业的部分需求，我国研制的真空冻干设备水平已达到 20 世纪 90 年代国际同类产品的先进水平。在直饮型果蔬汁的加工方面，中国的大企业集成了国际上最先进的技术装备，如从瑞士、德国、意大利等著名的专业设备生产商，引进利乐、康美包、PET 瓶无菌灌装等生产线，具备了国际先进水平。

4. 标准体系与质量控制体系逐步建立

至 2006 年，我国已制定包含蔬菜产业的农业国家标准 1281 项，行业标准 3272 项，标准计划总量已达 2235 项。其中，农业部组织制定农业国家标准 691 项，农业行业标准 1613 项，指导地方制定农业地方标准 7000 余项。先后组织制定无公害农产品标准 334 项，绿色食品标准 90 项，有机农产品标准 4 项。

至2007年，我国已在果蔬汁产品标准方面制定了近60个国家标准与行业标准(农业行业、轻工行业和商业行业)，这些标准的制定以及GMP与HACCP的实施，为果蔬汁产品提供了质量保障；在果蔬罐头方面，我国已经制定了83个果蔬罐头产品标准，而对于出口罐头企业则强制性规定必须进行HACCP认证，从而有效保证了我国果蔬罐头产品的质量；在脱水蔬菜方面，我国已制定《无公害食品脱水蔬菜》等标准，以保证脱水蔬菜产品的安全卫生；在速冻果蔬方面，我国已制定了一批速冻食品技术与产品标准，包括“速冻食品技术规程”，无公害食品速冻葱蒜类蔬菜、豆类蔬菜、甘蓝类、瓜类蔬菜及绿叶类蔬菜标准，并正在大力推行市场准入制；在果蔬物流方面，与蔬菜有关的标准目前已制定了269项，其中蔬菜产品标准53项，农残标准52项，有关贮运技术的标准10项。

5. 果蔬副产物综合利用进入产业化阶段

随着果蔬加工业的发展，解决果蔬副产物的综合利用，实现节能减排迫在眉睫。近几年，国内果蔬加工企业已着手皮渣的综合利用及产业化开发，并取得一些可喜成果。如烟台北方安德利果汁股份有限公司，为解决苹果浓缩汁产生的皮渣的综合利用问题，于2005年3月投资9000万美元，建设亚洲最大的利用苹果果渣提取果胶的加工生产基地，使公司产业链条进一步延伸，形成“苹果栽培→果汁加工→果渣提取→果渣生物饲料”循环经济产业链条，实现了由规模化发展向产业化可持续发展的战略转变。

(二)国外果蔬加工业发展现状

1. 发达国家的果蔬加工业广泛应用高新技术，装备水平越来越高

超高压杀菌、高压脉冲杀菌等非热力杀菌技术，高效节能干燥技术、微波技术、高效榨汁技术、膜技术、冷冻浓缩技术、超微粉碎技术、超临界流体萃取技术、膨化和挤压技术等一些先进的高新技术将进一步得到应用和推广。同时加工设备向机电一体化、智能化的方向发展。

2. 国际果蔬产品标准体系和质量控制要求日趋提高

由于一系列食品安全问题的产生和食品加工业中存在的一些隐患，食品安全已成为全球食品加工业和消费者所关注的焦点问题。发达国家果蔬加工企业大都有科学的产品标准体系和全程质量控制体系，极其重视生产过程中食品安全体系的建立，普遍通过了ISO 9000质量管理体系认证，实施科学的质量管理，采用GMP(良好操作规范)进行厂房、车间设计，同时在加工过程中实施了HACCP(危害分析与关键控制点)，使产品的安全、卫生与质量得到了严格的控制和保证。

3. 产业化经营的水平越来越高

随着经济全球化和科技的飞速发展，世界食品工业呈现国际化和科技化等趋势。发达国家已实现了果蔬产、加、销一体化经营，具有加工品种专用化、原料基地化、质量

体系标准化、生产管理科学化，加工技术先进及大公司规模化、网络化、信息化经营等特点。跨国企业不断调整自身的经营战略和发展领域，通过企业整合，不断扩展产业规模，降低企业的生产成本，提高抗市场风险的能力。

4. 资源综合利用全面提升

发达国家果蔬加工企业对资源进行可持续利用，达到清洁生产，通过深度开发对原料进行了“全果利用”。美国利用废弃的柑橘果籽榨取32%的食用油和44%的蛋白质，从橘子皮中提取和生产柠檬酸已形成规模化生产。美国ADM公司在农产品加工利用方面具有较强的综合利用能力，已实现完全清洁生产（无废生产），使原料得到综合有效的利用。

四、果蔬加工业对国民经济的重大意义

2009年我国蔬菜播种面积1841万公顷，总产量6.18亿吨；2009年我国果园面积1114万公顷，产量2.04亿吨。我国是世界上最大的果蔬生产国和果蔬制品加工基地。但目前我国果蔬加工量仅占到总产量的10%，而发达国家农产品消费70%以上是通过贮运和加工环节实现的。农产品采后产值与采收时的自然产值的比例，发达国家一般为3∶1，美国为3.7∶1，我国为0.8∶1。由此可见我国与发达国家之间差距极大。发展果蔬加工业对我国国民经济具有重大意义。

1. 果蔬加工业可以大幅减少原料损失

我国的果蔬产量虽大，但由于在生产过程中采收不当，采后商品化处理技术落后，贮藏、加工能力不足等原因，造成腐烂损失率大，果品、蔬菜的损失高达25%～30%，全国每年果品腐损近1200万吨，蔬菜腐损近1.3亿吨。开展果蔬加工业，可以加大果蔬的利用程度，降低其损失。

2. 果蔬加工业可以增加食品品种，满足人们的食用需求

人们在饮食生活中对食品的要求是多样化的，对于园艺产品的要求也一样，不仅需求新鲜的园艺产品，还需求一些风味别致、花样繁多、食用方便的加工制品。例如，苹果除了鲜食外，还可以加工为苹果干、苹果酒、苹果汁、苹果脯、苹果罐头、苹果酱、苹果脆片等。因此，随着我国改革开放的不断深入，园艺产品的加工企业如雨后春笋般在全国各地崛起，园艺产品加工业成为食品行业中发展速度最快、成绩最大的行业之一。通过加工可以增加园艺产品的花色品种，改变产品原有的性能，富集营养，方便食用，活跃市场，延长保质期，满足广大人民日益增长的生活需求。

3. 果蔬加工业可以促进就业，增加农民收入

果蔬加工业的发展需要大量的劳动力，可以广开就业门路。同时，将生产旺季收获的果品通过加工提高其商品价值和经济效益，充分利用农村剩余劳力，对于促进农村商

品经济的迅速发展，增加农民的收入，使农民生活水平早日达到小康有着十分重要的意义。

4. 果蔬加工业可以促进我国农业发展，增加我国农产品出口，促进我国经济发展

果蔬是我国仅次于粮食的第二重要农产品，果蔬加工业是我国农产品加工业中最重要的组成部分，也是我国农产品出口最重要的产品，果蔬制品出口占农产品出口总量的1/4。我国水果罐头年产量130多万吨，有近60万吨用于出口，出口量约占全球市场的1/6，其中橘子罐头占世界产量的75%、占国际贸易量的80%以上；蔬菜罐头出口量超过140万吨，其中蘑菇罐头和芦笋罐头分别占世界贸易量的65%和70%；我国浓缩苹果汁的出口量也占世界贸易量的50%以上。果蔬产品的大量出口，可以大力促进外汇创收，促进我国农业发展和经济发展。

五、本课程的特点与学习要求

园艺产品加工工艺学是一门应用性学科，主要解决实际生产过程中各种加工制品的工艺问题，包括加工过程(即工艺流程或工艺路线)及加工方法(即每一道工序的具体操作规范)的相关问题。同时，园艺产品加工工艺学又是一门交叉性较强的课程，涉及的内容包括植物学、植物生理学、微生物学、生物化学、食品化学、胶体化学、食品工程原理、食品机械、营养学、食品工厂设计等。因此，要想学好这门课程，不仅要了解和掌握园艺产品加工的基本原理，还要学习和掌握各相关学科的相关知识，了解其新技术、新方法和新设备。只有通过理论学习与实验、实习相结合，将理论知识与生产实践相结合，学会利用所学知识发现、解决生产中的实际问题，才能为生产、开发园艺产品奠定扎实的理论基础与实践基础。

【复习思考题】

1. 简述果蔬加工品的类型。
2. 简述国内外果蔬加工业的发展现状。
3. 此课程的特点是什么？如何才能学好此门课程？

主要参考文献

董全. 2011. 果蔬加工学. 郑州：郑州大学出版社.

董全. 2007. 果蔬加工工艺学. 重庆：西南师范大学出版社.

国家统计局农村社会经济调查司. 2010. 中国农村统计年鉴2010. 北京：中国统计出版社.

郝利平. 2008. 园艺产品贮藏加工学. 北京：中国农业出版社.

胡小松. 2005. 果蔬加工业的现状与发展态势. 农产品加工，(4)：12－14.

金山，伍小红. 2011. 我国果蔬加工产业现状与发展策略. 科技信息，(24)：72，75.

科学技术部农村科技司，中国农业机械化科学研究院，中国包装和食品机械总公司. 2011. 中国农产品加工业年鉴

2010. 北京：中国农业出版社.
科学技术部农村科技司，中国农业机械化科学研究院，中国包装和食品机械总公司. 2009. 中国农产品加工业年鉴 2008. 北京：中国农业出版社.
科学技术部农村科技司，中国农业机械化科学研究院，中国包装和食品机械总公司. 2008. 中国农产品加工业年鉴 2007. 北京：中国农业出版社.
李里特. 2001. 食品原料学. 北京：中国农业出版社.
牛广财，姜桥. 2010. 果蔬加工学. 北京：中国计量出版社.
尹明安. 2010. 果品蔬菜加工工艺学. 北京：化学工业出版社.

第 1 章　果蔬加工保藏原理与原料预处理

【内容提要】

本章分别从色素物质、风味物质、营养物质、质构物质角度介绍了果蔬品质与加工的关系，及各类物质在果蔬加工保藏中的变化特点；介绍了果蔬败坏的原因及根据保藏原理划分的果蔬加工保藏方法；简要介绍了果蔬加工对原材料的要求、成熟度的判定，并重点阐述了原料预处理的主要方法。

【教学目标】

1. 明确园艺产品的品质构成，了解园艺产品主要成分与加工保藏的关系。
2. 了解果蔬败坏的原因，掌握果蔬加工保藏的主要方法及其基本原理。
3. 了解不同果蔬加工方法对原料的不同要求。
4. 掌握果蔬加工原料预处理的方法和半成品保存的主要方法及其原理。

【重要概念及名词】

果蔬加工　加工保藏　果蔬品质　食品败坏　保藏原理　加工保藏方法　采收成熟度　商品成熟　原料预处理　分级　半成品保存

果蔬原料含水量高，属鲜活易腐农产品，极容易因微生物和酶的作用而发生各种不良的物理、化学、生化变化而造成腐烂变质。从食品保藏角度讲，果蔬原料只有通过加工才能达到长期保藏的目的，因此，加工也是一种保藏，常称为加工保藏。

进行果蔬加工保藏，除了要具备食品工程基础外，还应掌握果蔬本身的原料特性、食品的主要败坏原因等，只有根据原料特性，制定相应的加工保藏方案，才能最大限度地保持原料品质并同时实现产品的长期保藏。

1.1　果蔬品质与加工的关系

果蔬原料品质的好坏是影响加工工艺和产品加工品质好坏以及市场竞争力的主要因素，人们通常以色泽、风味、营养、质地与安全状况来评价其品质的优劣。

园艺产品的化学组成是构成品质的最基本的成分，同时又是产品加工品质形成或劣变的物质基础。通常园艺产品的化学组分可分为四类(表 1.1)。

表 1.1 园艺产品的化学组分

分类	化学组分	在形成品质中的作用
色素物质	叶绿素 类胡萝卜素 花青素 类黄酮素	绿色 橙色、黄色 红色、紫色、蓝色 白色、黄色
风味物质	挥发性物质 糖 酸 单宁 糖苷 氨基酸、核苷酸、肽 辣味物质	各种芳香气味 甜味 酸味 涩味 苦味 鲜味、酸味等 辣味
营养物质	水分 糖分 脂肪 蛋白质 维生素 矿物质	一般 一般 次要 次要 重要 重要
质构物质	果胶类物质 纤维素 水分	硬度、致密度 粗糙、细嫩 脆度

1.1.1 色素类物质

色素(pigment)是园艺产品质量的一个重要物质基础，也是成熟与衰老的判定依据之一。色泽是人们评价果蔬质量的一个重要因素，在一定程度上反映了果蔬的新鲜程度、成熟度和品质的变化。色素物质的含量及其采后的变化对于园艺产品品质有重要影响，如番茄、苹果和柑橘，其色泽越艳，外观和内在品质就越佳；菊花随着成熟开放时类胡萝卜素和花青素增加而显色，衰老时则下降，从而色泽变淡。另外，一些鲜切花花瓣衰老时变褐、变黑是由于黄酮类色素与酚类的氧化作用以及单宁的积聚所致，月季、香豌豆、飞燕草、天竺葵等红色花瓣随切花组织细胞内液泡 pH 增加而泛蓝衰老。

构成园艺产品的色素种类很多，有时单独存在，有时几种色素同时存在，或显现或被遮盖，随着生长发育阶段、环境条件及贮藏加工方式不同，园艺产品的颜色也会发生变化。天然色素一般对光、热、酸、碱和某些酶均比较敏感，从而影响产品的色泽。为了保持或提高园艺产品的贮藏和加工品的感官品质，需要对构成园艺产品的基本色素及其变化作进一步的了解。园艺产品的色素物质主要包括叶绿素类、类胡萝卜素、花色素和黄酮类色素等物质。

1.1.1.1 叶绿素类

园艺产品呈现绿色主要是由于叶绿素(chlorophyll)的存在。叶绿素是叶绿素 a 和叶绿素 b 的混合物，叶绿素 a 呈蓝绿色，叶绿素 b 为黄绿色，二者比例大体为 3∶1，不溶于水，性质很不稳定，对光和热很敏感，易分解。叶绿素在叶绿体中与类胡萝卜素共存，比例为 4∶1，叶绿素含量越高，绿色越深。大多数果实都是随着果实的成熟，叶绿素含量逐渐减少，直至绿色消失。

在正常生长发育的果蔬中，叶绿素的合成作用大于分解作用，而果蔬进入成熟期和采收以后，叶绿素的合成停止，原有的叶绿素逐渐减少或消失，绿色消退，表现出果蔬的特有色泽。如香蕉和苹果在呼吸高峰期间叶绿素酶活性最高，而完熟的番茄叶绿素减少时测不出叶绿素酶活性。对于绿色果蔬来讲，尤其是绿叶蔬菜，绿色的消退，意味着品质的下降，低温、气调贮藏可有效抑制叶绿素的降解。

1. 叶绿素的加工特性

叶绿素不溶于水，易溶于乙醇、丙酮、乙醚、氯仿、苯等有机溶剂。加工中对叶绿素影响最大的因素是酸、碱、热、酶和光辐射等。

在酸性条件下，叶绿素分子中的 Mg^{2+} 被 H^+ 取代，生成暗橄榄褐色的脱镁叶绿素，加热可加速反应进行。

在稀碱溶液中，叶绿素亦发生水解，除去植醇部分，生成鲜绿色的脱植基叶绿素、叶绿醇、甲醇和水溶性的叶绿酸等，加热可加速反应速度；在强碱性条件下，叶绿酸进一步生成钠、钾盐，但偶然呈绿色，且更为稳定，这是蔬菜加工中保绿的理论依据之一。

有人发现脂肪氧合酶能产生使叶绿素降解的游离基，从而使豌豆和菜豆中的叶绿素降解成非叶绿素化合物。

透明包装的脱水绿色制品易发生光氧化和变色，γ 射线辐照食品易使叶绿素降解。

2. 绿色的保持

总的说来，在果蔬加工，特别是在蔬菜加工中，关于如何保持天然绿色的问题，有大量研究报道和应用，但至今未取得全面成功，该问题仍为待攻克的难关。目前常用的绿色保持方法有：

(1)对于蔬菜类，加入一定浓度的 $NaHCO_3$(小苏打)溶液浸泡，并结合烫漂处理。

(2)用 Cu^{2+}、Zn^{2+} 等取代 Mg^{2+}，如用叶绿素铜钠盐染色、葡萄糖酸锌处理等。

(3)挑选品质优良的原料，尽快加工并在低温下贮藏。

1.1.1.2　类胡萝卜素

类胡萝卜素(carotenoid)广泛地存在于园艺产品中，其颜色表现为黄、橙、红。园艺产品中类胡萝卜素有300多种，但主要的有 α、β 和 γ-胡萝卜素，番茄红素、玉米黄质、番茄黄质、隐黄质、叶黄素、果红素、辣椒红素和白英果红素等，均存在于各种园艺产品中。

1. 类胡萝卜素主要种类

1)胡萝卜素

胡萝卜素(carotene)常与叶黄素、叶绿素同时存在，呈现橙黄色，在胡萝卜、南瓜、番茄、辣椒、绿叶蔬菜中含量较高，黄肉桃、杏子中也有胡萝卜素，因叶绿素隐盖而不显现。其中 β-胡萝卜素在人体内可转变为维生素A，所以称胡萝卜素为维生素A原。果蔬中85%的胡萝卜素为 β-胡萝卜素，是人体膳食维生素A的主要来源。由于胡萝卜素分子的高度不饱和性，近年来有报道说胡萝卜素具有抗癌、防癌等营养保健功能。

2)番茄红素

番茄红素(lycopene)存在于番茄、西瓜、柑橘、葡萄柚等果蔬中。番茄表现红色的色素为番茄红素，是胡萝卜素的同分异构体，表现为橙红色，是番茄的重要色素，在柚、杏、柿、西瓜、辣椒中也有一定的含量。番茄红素的合成和分解与温度关系密切，它合成的最适温度为16~21℃，超过29.4℃番茄红素的合成受阻，所以在高温下难以变红，这是炎夏季节番茄着色不好的原因。但温州蜜柑合成胡萝卜素不受温度的限制。

3)叶黄素

叶黄素(xanthophyll)存在于各种园艺产品中，与叶绿素、胡萝卜素结合存在于绿色部分，叶绿素分解后才呈现出黄色，成熟的香蕉和番茄表现特别明显。

椒黄素、椒红素存在于辣椒中，黄皮洋葱中也有，椒黄素表现为黄色或白色。

2. 类胡萝卜素的主要加工特性

类胡萝卜素耐热性强，即使与锌、铜、铁等金属共存时，也不易被破坏。对酸碱亦较稳定，且在碱性介质中比酸性中更稳定。在有氧条件下，亦发生氧化，虽然对产品色泽影响不大，但可能会导致产品产生异味。完整的果蔬细胞中的类胡萝卜素比较稳定。

人工合成的β-胡萝卜素可作为食品着色和营养强化剂，用于奶油、柑橘汁、蛋黄酱、冰淇淋和膨化食品中。

1.1.1.3 花青素

花青素(又称花色素)以糖苷形式存在于植物细胞液中，是水溶性色素，呈现红、蓝、紫色。花青素的基本结构是一个2-苯基苯并吡喃环，随着苯环上取代基的种类与数目的变化，颜色也随之发生变化。当苯环上羟基数目增加时，颜色向蓝紫方向移动；而当甲氧基的数目增加时，颜色向红色方向移动。花青素通常是与糖基结合形成花色苷(anthocyanin)，花色苷经酸或酶水解后，可产生花青素和糖，结构中的糖基可以是单糖，也可以是双糖。常见的花青素有芍药定、翠雀定、氰定和葵定等。其主要加工特性为：

1. 受pH影响而变色

花青素在不同的pH条件下呈不同的颜色。酸性条件下呈红色；中性、微碱性条件下呈紫色；碱性条件下呈蓝色。因为在不同pH条件下，花青素的结构也会发生变化。因此，同一种色素在不同果蔬中，可以表现出不同的颜色；而不同的色素在不同的果蔬中，也可以表现出相同的色彩。

2. 易被亚硫酸及其盐类褪色

花青素与亚硫酸发生加成反应生成无色的色烯-2-磺酸，此反应可逆，一旦加热脱硫，又可复色。这种变化在pH低时不能发生，因为此时结合态SO_2不易游离脱掉。因此，含花青素的水果半成品用亚硫酸保藏会褪色，但去硫后仍有色。

3. 易被抗坏血酸分解褪色

在有抗坏血酸存在的条件下，花青素会分解褪色。即使在花青素红色较稳定的pH 2.0条件下，抗坏血酸对其的破坏作用仍很强，这已为许多学者证实，但其机理尚不完全清楚，可能与抗坏血酸降解过程中的中间产物过氧化物有关。

4. 氧气、高温、光线、金属离子等使花青素发生不良变化

花青素是一种感光色素，充足的光照有利于花青素的形成，在充足的日光条件下着色鲜艳，光照不足则往往呈绿色。因此，山地、高原地带果品的着色往往好于平原地带。

此外，花青素的形成和累积还受植物体内营养状况的影响，营养状况越好，着色越好，着色好的果品，风味品质也越佳。所以，着色状况也是判断果蔬品质和营养状况的重要参考指标。

氧气、紫外光使其分解产生沉淀，在杨梅汁、草莓汁、树莓汁中常易出现。高温下花青素与果蔬中褐变产物糖醛、羟甲基糖醛结合，发生降解，形成色泽较深的褐变产物，使草莓酱呈深色。许多用透明包装的果蔬制品，货架期间受日光照射而使花青素褪色。

花青素与铁、铜、锡等金属离子反应，生成蓝色或灰紫色，所以果蔬在加工时应避免使用这些金属器具。尽管天然花青素的稳定性较差，不耐光、热、氧化剂等，但由于资源丰富，人们仍在努力探索，以克服其稳定性差的缺点。

1.1.1.4 黄酮类色素

黄酮类(flavonid)色素也称花黄素，也是一类水溶性的色素，呈无色或黄色，以游离或糖苷的形式存在于园艺产品的茎、叶、花、果等组织中，呈黄白色至浅黄色，是构成果实底色的组分之一。它的基本结构为2-苯基苯并吡喃酮，与花青素一样，也属于酚类色素，但比花青素稳定。

常见的黄酮类色素有圣草苷、芸香苷、橙皮苷，它们存在于柑橘、芦笋、杏、番茄等果实中，是维生素P的重要组分，维生素P又称柠檬素，具有调节毛细血管透性的功能。柚皮苷存在于柑橘类果实中，是柑橘皮苦味的主要来源。

1.1.2 风味物质

果蔬的风味(flavor)是构成果蔬品质的主要因素之一，果蔬因其独特的风味而备受人们的青睐。不同果蔬所含风味物质的种类和数量各不相同，风味各异，但构成果蔬的基本风味只有香、甜、酸、涩、苦、辣、鲜等几种。

1.1.2.1 香味物质

园艺产品的香味是由各种芳香物质(aromatic compound)组合反应形成的，也是园艺产品品质的重要因素之一。醇、酯、醛、酮和萜类等化合物是构成果蔬香味的主要物质，它们大多是挥发性的，且多具有芳香气味，故又称之为挥发性物质，也有人称之为精油(essential oil)。挥发性物质在果蔬中含量并不多，如香蕉为65～338 mg/kg，树莓类为1～22 mg/kg，草莓5～10 mg/kg，黄瓜17 mg/kg，番茄2～5 mg/kg，大蒜50～90 mg/kg，萝卜300～500 mg/kg，洋葱320～580 mg/kg；柠檬和柑橘中含量较高，分别为1.5%～2.0%和2.0%～3.0%。正是这些物质的存在，赋予果蔬特定的香气与味感，它们的分子中都含有一定的基团，如羟基、羧基、醛基、羰基、醚、酯、苯基、酰胺基等，这些基团称为“发香基团”，它们的存在与香气的形成有关，但是与香气种类无关。

果蔬中挥发性物质的种类和数量不同，从而形成了各种果蔬特定的风味。香味物质多种多样，据分析苹果含有100多种芳香物质，香蕉含有200多种，草莓中已分离出150多种，葡萄中现已检测到78种。水果的香味物质以酯类、醛类、萜类、醇类、酮类和挥发性酸类物质为主，还有醚、含N和S化合物及其他物质。而蔬菜香味不如水果香气浓郁，在种类上也有很大差别，主要是一些含硫化合物(葱、蒜、韭菜等辛辣气味的来源)和高级醇、醛、萜等(表 1.2)。也有少量的果蔬芳香物质是以糖苷或氨基酸形式存在的，在酶的作用下分解，生成挥发性物质才具备香气，如苦杏仁油、蒜油等。芳香物质不仅赋予果蔬及其制品香气，而且能刺激食欲。芳香物质在果品中的存在部位随种类不同而异，柑橘类存在于果皮中较多，苹果等仁果类存在于果肉和果皮中，核果类则在核中存在较多，但核与果肉的芳香常有一定的差异；许多蔬菜的芳香成分存在于种子中。在园艺产品经营中，芳香物质是判断成熟度的指标之一。

表 1.2 几种果蔬的主要香味物质

名称	香味主体成分	名称	香味主体成分
苹果	乙酸异戊酯	萝卜	甲硫醇、异硫氰酸烯丙酯
梨	甲酸异戊酯	叶菜类	丙基硫醚烯-3-醇(叶醇)
香蕉	乙酸戊酯、异戊酸异戊酯	花椒	天竺葵醇、香茅醇
桃	乙酸乙酯、葵内酯	蘑菇	辛烯-1-醇
柑橘	蚁酸、乙醛、丙酮、苯乙醇及甲酯和乙酯	大蒜	二烯丙基二硫化物、甲基烯丙基二硫化物、
		黄瓜	烯丙基壬二烯-2，6-醇、壬烯-2-醛、2-己烯醛
杏	丁酸戊酯		

果蔬的香味物质多在成熟时开始合成，进入完熟阶段时大量形成，产品风味也达到了最佳状态。但这些香气物质大多数不稳定，容易氧化变质，在贮运加工过程中，遇到较高的温度很容易挥发与分解。

芳香物质与果蔬加工的关系：

1. **提取香精油**

由于许多果蔬含有特有的芳香物质，故可利用各种工艺方法提取与分离，作为香精香料使用，添加到各种香气不足的制品中。柑橘类的外果皮及花、核果类的果核、茉莉和栀子的花、大蒜、生姜等均可作为提取香精油的原料。在果汁加工中可以设置回收装置进行芳香物质的回收。

2. **氧化与挥发损失**

大部分果蔬的芳香物质为易氧化和热敏物质，果蔬加工中长时间加热可使芳香物质挥发损失，某些成分会发生氧化分解，出现其他风味或异味，此现象值得注意。

3. **控制制品中的含量**

芳香物质在制品中的含量应以其风味表现的合适值为宜，过高或过低均有损于风味。若柑橘汁中芳香物质含量过高，不但风味不佳，且易氧化变质，一般以 1000 mg/kg 左右为宜。

4. **抑菌作用**

某些芳香物质，如大蒜精油、橘皮油、姜油等具有一定的防腐抑菌作用。

1.1.2.2 甜味物质

糖及其衍生物糖醇类物质是构成果蔬甜味(sweet)的主要物质，一些氨基酸、胺等非糖物质也具有甜味。糖分是果蔬中可溶性固形物的主要成分，直接影响果蔬的风味、口感和营养水平。蔗糖、果糖、葡萄糖是果蔬中主要的糖类物质，此外还含有甘露糖、木糖、核糖以及山梨醇、甘露醇和木糖醇等。

园艺产品的种类不同，含糖的差异很大。如海藻含糖量几乎是鲜重的61%，而柠檬含糖量不到5%。大多数果蔬中主要含蔗糖(sucrose)、葡萄糖(glucose)和果糖(fructose)，因种类或品种不同，糖的含量各异(表1.3)。

表1.3　几种园艺产品糖含量　(单位:%)

种类	蔗糖	葡萄糖	果糖
长十郎梨	1.80	1.39	3.85
二十世纪梨	0.59	2.27	5.10
巴梨	0.61	2.16	6.92
桃	5.14	0.76	0.93
樱桃	0	3.80	4.60
红星苹果	4.41	2.82	5.35
枇杷	1.34	3.46	3.60
柿子	0.76	0.17	5.41
葡萄	0	8.09	6.92
草莓	0.17	1.35	1.59
西瓜	3.06	0.68	3.41
番茄	0	1.62	1.61

果蔬的甜味不仅与糖的含量有关，还与所含糖的种类相关，各种糖的相对甜味差异很大，若设蔗糖的甜度为100，果糖则为173，葡萄糖为74(表1.4)。不同果蔬所含糖的种类及各种糖之间的比例各不相同，甜度与味感也不尽一样，仁果类果实果糖含量占优势，核果类、柑橘类果实蔗糖含量较多，而成熟浆果类(如葡萄、柿果)以葡萄糖为主。

表1.4　几种糖的相对甜度

名称	相对甜度	名称	相对甜度
果糖	173	木糖	40
蔗糖	100	半乳糖	32
葡萄糖	74	麦芽糖	32

果蔬甜味的强弱除了与含糖种类及含量有关外，还受含糖量与含酸量之比(糖酸比)的影响，糖酸比越高，甜味越浓，反之酸味增强；糖酸比值适宜，则甜酸适口(表1.5)。如红星、红玉苹果的含糖量基本相同，红玉苹果含酸量约为0.9%，而红星苹果的酸含量在0.3%左右，故红玉苹果有较强的酸味。

表1.5　果蔬糖酸比值与风味的关系

风味	糖含量/(g/100 g鲜重)	酸含量/(g/100 g鲜重)	糖酸比值
甜	10	0.01~0.25	100.0~40.0
甜酸	10	0.25~0.35	40.0~28.6
微酸	10	0.35~0.45	28.6~22.2
酸	10	0.45~0.60	22.2~16.7
强酸	10	0.60~0.85	16.7~11.8

气候、土壤及栽培管理措施是影响果蔬含糖量的重要因素，通常光照好、营养充足、栽培措施合理条件下生长的果蔬，含糖量较高、品质好、贮运加工性能也好。故用做长期贮运或加工的果蔬应选择生长条件好、含糖量高的。

在成熟和衰老过程中，水果和一些果菜类的含糖量和含糖种类在不断发生变化，仁果类的苹果和梨以果糖占优势，到正常采收期蔗糖含量增高；核果类的桃、李、杏主要含有蔗糖，在成熟时蔗糖含量明显增加，特别是李，未熟时没有蔗糖，到黄熟时迅速增加；柑橘类果实，糖分的积累主要是蔗糖；以淀粉为贮藏性物质的果蔬，在其成熟或完熟过程中，含糖量会因淀粉类物质的水解而大量增加。不同生长、发育阶段的果蔬，其含糖量也各不相同。一般的果实都是充分成熟时含糖量达到最高值，生产上常常以此作为确定果蔬采收期的重要指标。在贮运过程中，果蔬中的糖含量会因呼吸消耗而不断降低，进而导致果蔬品质与贮运加工性能下降，但含淀粉高的种类，糖含量还有升高的现象，其原因是淀粉水解。如果能较好控制贮藏条件，使糖分减少的速率降低，果蔬品质会越好。

1962 年，Biale 报道了苹果采收时果肉淀粉为 2%，贮藏后减少 1.9%，还原糖增加 2.3%，非还原糖减少 2.4%，苹果酸增加 5% ~6%，维生素 C 由 0.21% 降到 0.07%，原果胶由 0.68% 降为 0.08%，胡萝卜素增加 1.4 倍。

早熟和中熟的柑橘果实积累的糖分主要是蔗糖，各品种间累积糖量有明显差异。如伏令夏橙在成熟期累积蔗糖不明显，1971 年 Ting 的研究结果是 3 月 19 日蔗糖为 4.31%，90 d 后仅增 0.82%，原因是夏季温度高，呼吸强度大，消耗了养分。但冬季成熟的丹西红橘累积的蔗糖增加明显，果实贮藏 90 d 后，蔗糖增加 2.45%。

果蔬中主要的单糖是葡萄糖(glucose)和果糖(fructose)，主要的双糖是蔗糖(sucrose)，此外还含有少量的核糖(ribose)、木糖(xylose)和阿拉伯糖(arabinose)等。不同的果蔬种类含有不同的糖，一般说来，仁果类含果糖为主，葡萄糖、蔗糖次之；核果类以蔗糖为主，葡萄糖、果糖次之；浆果类主要含葡萄糖、果糖；柑橘类蔗糖为主；樱桃、葡萄、番茄则不含蔗糖；叶菜类、茎菜类含糖量较低。

单糖、双糖的某些加工特性：

(1)糖是果蔬体内贮存的主要营养物质，是影响果蔬制品风味和品质的重要因素；

(2)糖是微生物的主要营养物质，结合果蔬含水量高的特点，加工中应注意糖的变化及卫生条件，如糖渍初期、甜型果酒等的发酵变质等；

(3)还原糖与氨基化合物共存时，易发生美拉德非酶褐变反应，影响制品色泽；

(4)糖在高温下发生自身的焦化反应，影响制品色泽。

1.1.2.3 酸味物质

酸味(sour)是因舌黏膜受氢离子刺激而引起的，因此凡在溶液中能解离出氢离子的化合物都有酸味。果蔬的酸味主要来自一些有机酸，其中柠檬酸、苹果酸、酒石酸在水果中含量较高，故又称为果酸(fruit acid)。蔬菜的含酸量相对较少，除番茄等少数蔬菜外，大多都感觉不到酸味的存在，但有些蔬菜，如菠菜、茭白、苋菜、竹笋含有较多量的草酸，由于草酸会刺激、腐蚀人体消化道内的黏膜蛋白，还可与人体内的钙盐结合形成不溶性的草酸钙沉淀，降低人体对钙的吸收利用，故不宜一次性过多食用。

不同种类和品种的果蔬，有机酸种类和含量不同。如苹果总含酸量为0.2%～1.6%，梨为0.1%～0.5%，葡萄为0.3%～2.1%。

果蔬酸味的强弱不仅与含酸量有关，还与酸根的种类、解离度、缓冲物质的有无、糖的含量有关。酒石酸表现出酸味的最低浓度为75 mg/kg，苹果酸为107 mg/kg，柠檬酸为115 mg/kg。可见酒石酸呈现酸味所需的浓度最低，苹果酸次之，柠檬酸最高，故酒石酸酸度最高。此外，果蔬的酸味并不取决于酸的绝对含量，而是由它的pH决定的，pH越低酸味越浓，缓冲物质的存在可以降低由酸引起的pH降低和酸味的增强。

通常幼嫩的果蔬含酸量较高，随着发育与成熟，酸的含量会降低，在采后贮运过程中，这些有机酸可直接用做呼吸底物而被消耗，使果蔬的含酸量下降，如番茄贮藏后由酸变甜就是这个原因。由于酸的含量降低，使糖酸比提高，果蔬风味变甜、变淡，食用品质与贮运性能也下降，故糖酸比是衡量果蔬品质的重要指标之一。另外，糖酸比也是判断某些果蔬成熟度、采收期的重要参考指标。

因种类不同，生长发育时期不同，含酸的种类和浓度也不同(表1.6)。

表1.6 果实中的有机酸的含量

种类	pH	总酸量/%	柠檬酸/%	苹果酸/%	草酸/(mg/100 g)	水杨酸/%
苹果	3.00～5.00	0.2～1.6	+	+	-	0
葡萄	2.50～4.50	0.3～2.1	0	0.22～0.92	80	0.21～0.7
杏	3.40～4.00	0.2～2.6	0.1	1.3	140	0
梨	3.20～3.95	0.1～0.5	0.24	0.12	30	0
桃	3.20～3.90	0.2～1.0	0.2	0.5	-	0
甜樱桃	3.20～3.95	0.3～0.8	0.1	0.5	0	0
李		0.4～3.5	+	0.36～2.90	60～120	0.029
草莓	2.80～4.40	1.3～3.0	0.9	0.1	100～600	0.28

注：“+”表示存在，“-”表示微量，“0”表示缺乏

园艺产品内的有机酸，可作为呼吸基质，是合成ATP的主要来源，同时它在细胞内为许多生化过程提供中间代谢物，特别是在果实风味上起着重要作用。

园艺产品中有机酸与加工的关系主要表现为：

1. 对风味的影响

果蔬及其加工品的风味，在相当程度上决定于糖和酸的种类、含量和比例，此外还受单宁物质、苦味物质、食盐以及果肉的组织状态的影响。人对酸味的感觉随温度升高而增强，这一方面是由于H^+的解离度随温度增高而加大；另一方面也由于温度升高使蛋白质等缓冲物质变性，失去缓冲作用。

2. 对杀菌条件的影响

酸可以促进蛋白质的热变性，影响微生物种群分布和降低微生物的耐热性。在罐头生产中，将pH 4.6作为区分低酸性与酸性食品的界限，就是因为具有强烈产毒致病作用

的肉毒梭状芽孢杆菌的芽孢在 pH 4.6 以下不发育。因此，提高食品的酸度(降低 pH)，可以减弱微生物的耐热性，减少营养组分的损失和保持外观品质，这是果蔬罐头确定杀菌条件的主要依据。

3. 对容器、设备的腐蚀作用

由于有机酸能与铁、铜、锡等金属反应，造成容器、设备的腐蚀，影响制品的色泽和风味，因此加工中凡与果蔬原料接触的容器、设备部位，均要求用不锈钢制作。

4. 对加工制品色泽的影响

包括叶绿素在酸性条件下脱镁，变成黄褐色的脱镁叶绿素；花青素在酸性条件下呈红色，在中性、微碱性条件下呈紫色，在碱性条件下呈蓝色；单宁在酸性条件下受热，变成红色的“红粉”（或称鞣红)等。有机酸护色的机理主要是，在酸性条件下参与酶促褐变的酶活性下降，加之氧气的溶解量在酸性溶性中比水中小，减少了溶氧量。

5. 对加工品营养成分和其他加工特性的影响

包括促使蛋白质水解成氨基酸和多肽片段；防止维生素 C 的氧化损失(含维生素 C 高的水果一般均味酸)；导致蔗糖水解为转化糖；影响果胶的胶凝特性等。

1.1.2.4 涩味物质

果蔬的涩味(acerbity)主要来自于单宁(tannin，又称鞣质或丹宁)类物质。单宁属于多酚类化合物，其结构单体主要是邻苯二酚、邻苯三酚和间苯三酚，具有苦涩味和收敛味。水果中丹宁物质含量比蔬菜多，柿子含 1% ~2% 可溶性单宁，其涩味重。减轻涩味必须使可溶性单宁变成不溶性单宁，在成熟过程中，单宁的聚合作用增加，不溶于水，涩味减轻或无涩味。绿色香蕉有涩味，成熟后单宁可减少 4/5。除了单宁类物质外，儿茶素、无色花青素以及一些羟基酚酸等也具涩味。

单宁物质可分为水解型和缩合型两类。水解型单宁(焦性没食子酸类单宁)在热、酸、碱或酶的作用下，易水解为单体。缩合型单宁(儿茶酚类单宁)在水和酶的作用下，不是分解为单体，而是进一步缩合为高分子的无定形物质，称根皮鞣红或红粉。在葡萄、苹果、梨、李、杏、柿、香蕉等果实中均存在缩合型单宁。

单宁物质在空气中易被氧化成黑褐色醌类聚合物，碱能催化这一反应，一些果蔬如苹果、马铃薯、藕等在去皮或切片后，在空气中变黑就是这种现象，这是由于酶活性增强导致的酶促褐变。另一方面，单宁的氧化反应相当于在伤口处形成了一层保护膜，可适当阻止微生物的进一步侵染，利于伤口形成干疤而愈合。

涩味是由于可溶性的单宁使口腔黏膜蛋白质凝固，使之发生收敛性作用而产生的一种味感。随着果蔬的成熟，可溶性单宁的含量降低。人为采取措施使可溶性单宁转变为不溶性单宁，也能使涩味减弱，甚至完全消失。无氧呼吸产物乙醛可与单宁发生聚合反应，使可溶性单宁转变为不溶性酚醛树酯类物质，涩味消失，所以生产上人们往往通过温水浸泡、用乙醇或高浓度二氧化碳处理等方式，诱导柿果产生无氧呼吸而达到脱涩的目的。

单宁的主要加工特性如下：

1. 对风味的影响

当单宁与糖酸共存，并且比例适当时，水果可形成良好的风味。单宁可以增加清爽感，能强化有机酸的酸味，增加葡萄酒的饱满圆润口感。但单宁具有强烈的收敛性，含量过多会导致舌头味觉神经的麻痹而使人感到强烈的涩味。

2. 对色泽的影响

单宁引起的变色是果蔬加工中最常见的变色现象之一。由单宁引起的变色主要有以下几方面：

(1)单宁在多酚氧化酶或过氧化物酶等酶的作用下，被氧氧化成黑褐色物质，即酶褐变。苹果、梨、香蕉、樱桃、草莓、桃等水果在加工中经常发生酶褐变，而柑橘、菠萝、番茄、南瓜等果蔬，由于缺乏诱发褐变的多酚氧化酶，因而很少出现酶褐变。

(2)单宁遇金属离子变色。水解型单宁遇三价铁离子变为蓝黑色，缩合型单宁遇铁变绿黑色，单宁遇锡呈玫瑰色，故应防止金属离子污染。

(3)在碱性条件下，单宁变成黑色，这在碱液去皮时应特别注意。单宁在酸性条件下，易形成红色的单宁聚合物“红粉”。

(4)与蛋白质发生凝固、沉淀作用。单宁与蛋白质发生凝固、沉淀作用的特性，在皮革工业上可用于制革，果蔬加工中可用于果酒、果汁下胶澄清。

1.1.2.5　苦味物质

苦味(bitter)是基本味觉中味感阈值最小的一种，是最敏感的一种味觉。单纯的苦味令人难以接受，当苦味物质与甜、酸或其他味感恰当组合时，就会赋予果蔬特定的风味。果蔬中的苦味主要来自一些糖苷类物质，由糖基与苷配基(也叫苷元)通过糖苷键连接而成。由于苷配基类型不同，组成的糖苷性质也差别很大。果蔬中的苦味物质组成不同，性质各异，有的有毒，有的具有特殊疗效，有的不具苦味。下面简单介绍几种常见的糖苷类物质。

1. 苦杏仁苷

苦杏仁苷(amygdaloside)是苦杏仁素(氰苯甲醇)与龙胆二糖形成的苷，具有强烈苦味，在医学上具有镇咳作用，苦杏仁苷存在于多种果实的种子中，以核果类含量为多，如银杏、扁桃仁(2.5%～3%)、苦杏仁(0.8%～3.7%)、李(0.9%～2.5%)。

苦杏仁苷在酶、酸或加热的作用下会水解，生成葡萄糖、苯甲酸和氢氰酸。氢氰酸为剧毒物质。由于苦杏仁苷在动物体内能发生上述反应，故食用过量会使人畜中毒死亡。

$$\underset{\text{苦杏仁苷}}{C_{20}H_{27}NO_{11}} + 2H_2O \longrightarrow \underset{\text{葡萄糖}}{2C_6H_{12}O_6} + \underset{\text{苯甲醛}}{C_6H_5CHO} + \underset{\text{氢氰酸}}{HCN}$$

食用苦杏仁、银杏等产品时，应进行预处理，如在热水中煮制或加酸煮制，使之除去氢氰酸。另外，上述反应产生的苯甲醛收集之后可作为食品香料。

2. 黑芥子苷

黑芥子苷(sinigrin)本身呈苦味，普遍存在于十字花科蔬菜中，芥菜、萝卜、辣根、油菜等含量较多。其在芥子酶作用下水解生成具有特殊辣味和香气的芥子油、葡萄糖及其他化合物，使苦味消失。这种变化在蔬菜的腌制中很重要，如萝卜在食用时呈现出辛辣味；调味品中芥末的刺鼻辛辣味是黑芥子苷水解为芥子油所致。

$$\underset{\text{黑芥子苷}}{C_{10}H_{16}NS_2KO_9} + H_2O \longrightarrow \underset{\text{芥子油}}{CSNC_3H_5} + \underset{\text{葡萄糖}}{C_6H_{12}O_6} + KHSO_4$$

3. 茄碱苷

茄碱苷又称龙葵苷，主要存在于茄科植物中，以马铃薯块茎中含量较多。超过0.01%时就会感觉到明显的苦味，超过0.02%时即可使人食后中毒。其毒性极强，即使在煮熟情况下也不易被破坏。茄碱苷分解后产生的茄碱也是一种有毒物质，对红细胞有强烈的溶解作用。马铃薯所含的茄碱苷集中在薯皮和萌发的芽眼部位，当马铃薯块茎受日光照射表皮呈淡绿色时，茄碱含量显著增加，据分析可由0.006%增加到0.024%，所以，发绿和发芽的马铃薯应将皮部和芽眼削去方能食用。番茄和茄子果实中也含有茄碱苷，未熟绿色果实中含量较高，成熟时逐渐降低。

$$\underset{\text{茄碱苷}}{C_{45}H_{73}O_{15}N} + 3H_2O \longrightarrow \underset{\text{茄碱}}{C_{27}H_{43}ON} + \underset{\text{葡萄糖}}{C_6H_{12}O_6} + \underset{\text{半乳糖}}{C_6H_{12}O_6} + \underset{\text{鼠李糖}}{C_6H_{12}O_6}$$

4. 柚皮苷和新橙皮苷

柚皮苷(naringin)和新橙皮苷(neohesperidin)存在于柑橘类果实中，尤以白皮层、种子、囊衣和轴心部分为多，具有强烈的苦味。在柚皮苷酶作用下，可水解成糖基和苷配基，使苦味消失，这就是果实在成熟过程中苦味逐渐变淡的原因。柑橘类糖苷均是一类具有维生素P活性的黄酮类物质，具有防止动脉血管硬化、心血管疾病之功能。因此，柑橘皮、橘络、白皮层是提取维生素P的良好原料。

柑橘类糖苷易溶于乙醇、丙酮、热水和碱溶液，但不溶于冷水和乙醚，其溶解度随pH的升高和温度的升高而增大。在稀酸和酶的作用下会水解，在果实成熟或贮藏期间，含量会由于酶的降解作用而下降。橙皮苷在酸性溶液中析出白色结晶，因而会造成橘瓣罐头的白色沉淀，其结晶对混浊柑橘汁有一定影响。柚皮苷、枸橘苷具强烈的苦味，含量达20 mg/kg就会感到明显苦味，属柑橘的前苦味物质，是葡萄柚汁、宽皮柑橘汁产生苦味的主要原因之一。

柑橘汁的脱苦，除了选择苦味物质含量少的原料和改进取汁方法外，主要有酶法脱苦、代谢脱苦、吸附或隐蔽脱苦等方法。

1.1.2.6 辣味物质

辣味(pungent)为刺激舌和口腔的触觉以及鼻腔的嗅觉而产生的综合性刺激感，适度的辣味具有增进食欲、促进消化液分泌的功效。辣椒、生姜及葱蒜等蔬菜含有大量的辣味物质，它们的存在与这些蔬菜的食用品质密切相关。

生姜中辣味的主要成分是姜酮、姜酚和姜醇，是由C、H、O所组成的芳香物质，其辣味有快感。辣椒中的辣椒素是由C、H、O、N所组成，属于无臭性的辣味物质。

葱蒜类蔬菜中辣味物质的分子中含有硫，有强烈的刺鼻辣味和催泪作用，其辛辣成分是硫化物和异硫氰酸酯类，它们在完整的蔬菜器官中以母体的形式存在，气味不明显，只有当组织受到挤压或破碎时，母体才在酶的作用下转化成具有强烈刺激性气味的物质。如大蒜中的蒜氨酸，它本身并无辣味，只有蒜组织受到挤压或破坏后，蒜氨酸才在蒜酶的作用下分解生成具有强烈辛辣气味的蒜素。

芥菜中的刺激性辣味成分是芥子油，为异硫氰酸酯类物质。它们在完整组织中是以芥子苷的形式存在，本身不具辣味，只有当组织破碎后，才在酶的作用下分解为葡萄糖和芥子油，芥子油具有强烈的刺激性辣味。

1.1.2.7　鲜味物质

果蔬的鲜味物质主要来自一些具有鲜味的氨基酸、酰胺和肽，其中以L-谷氨酸、L-天冬氨酸、L-谷氨酰胺和L-天冬酰胺最为重要，它们广泛存在于果蔬中，在梨、桃、葡萄、柿子、番茄中含量较为丰富。此外，竹笋中含有的天冬氨酸钠也具有天冬氨酸的鲜味。另一种鲜味物质谷氨酸钠是我们熟知的味精，其水溶液有浓烈的鲜味。谷氨酸钠或谷氨酸的水溶液加热到120℃以上或长时间加热时，则发生分子内失水，缩合成有毒、无鲜味的焦性谷氨酸。

1.1.3　营养物质

果蔬是人体所需维生素、矿物质与膳食纤维的重要来源，此外有些果蔬还含有大量淀粉、糖、蛋白质等维持人体正常生命活动必需的营养物质。

1.1.3.1　维生素

维生素(vitamin)是维持人体正常生命活动不可缺少的营养物质，它们大多是以辅酶或辅因子的形式参与生理代谢。维生素缺乏会引起人体代谢的失调，诱发生理病变。大多数维生素必须在植物体内合成，所以果蔬等园艺产品是人体获得维生素的主要来源。

通常按照溶解性把维生素分为水溶性与脂溶性两大类。前者包括维生素C、维生素B_1、维生素B_2等，后者包括维生素A、维生素D、维生素E、维生素K等。

加工中维生素的稳定性主要受下列因素影响：

热不稳定性：维生素A、维生素K、维生素B_1、维生素B_2、泛酸、叶酸、维生素C等，温度越高损失越大，如贮存2 d的菠菜中，维生素C在0℃时损失为0，20℃时达70%。

氧化损失：维生素A、维生素D、维生素E、维生素K及维生素B_1、维生素B_2、维生素B_6、维生素B_{12}、维生素C等，均易氧化损失。

光敏感性：日光，尤其是紫外光，具有破坏维生素的作用，故应提倡铝箔或棕色瓶包装。

酸、碱、重金属离子的影响：如醋酸、柠檬酸破坏维生素A、维生素D和泛酸，但保护维生素C，碱(如小苏打)破坏维生素K、维生素B_1、泛酸和维生素C；Cu^{2+}、Fe^{2+}影响维生素C含量等。

1. **水溶性维生素**(hydrosoluble vitamin)

1)维生素C

维生素C在体内主要参与氧化还原反应，在物质代谢中起电子传递的作用，可促进造血作用和抗体形成。维生素C还具有促进胶原蛋白合成的作用，可以防止毛细血管通透性、脆性的增加和坏血病的发生，故又称为抗坏血酸。维生素 C 是与人体关系最为密切的主要维生素之一，据报道人体 98% 左右的维生素 C 来自果蔬。

维生素 C 为水溶性维生素，在人体内无累积作用，因此人们需要每天从膳食中摄取大量维生素 C，而果蔬是人体所需维生素 C 的主要来源。不同果蔬维生素 C 含量差异较大，以刺梨(900 ~ 1300 mg/100 g)、西印度樱桃(1300 mg/100 g)、枣(300 ~ 500 mg/100 g)、猕猴桃(200 ~ 400 mg/100 g)等含量为高；核果类和仁果类含量不高；蔬菜中以青椒、花椰菜、番茄、豌豆、黄瓜等为高。维生素 C 有还原型与氧化型两种形态，但氧化型维生素 C 的生理活性仅为还原型的 1/2，两者之间可以相互转化。柑橘中的维生素 C 大部分是还原型的，而在苹果、柿中氧化型占优势，所以在衡量比较不同果蔬维生素 C 营养时，仅仅以含量为标准是不准确的。

维生素 C 容易氧化，低温、低氧可有效防止果蔬贮藏中维生素 C 的损耗。它在干态商品中非常稳定，其水溶液在酸性介质内较稳定，在碱性介质和有氧条件下很快被氧化，其氧化速度受温度、pH、金属离子、紫外光等影响。高温和碱性环境促进氧化，铜、铁等金属离子可大大增加维生素 C 的氧化速度，溶液或产品若接收光照，特别是紫外光照，会大大加速氧化。在加工过程中，切分、漂烫、蒸煮是造成维生素 C 损耗的重要原因，应采取适当措施尽可能减少维生素 C 的损耗。此外在果蔬加工中，维生素 C 还常常用做抗氧化剂，防止加工产品的褐变。

果蔬加工中须注意这些特性，特别是要避免果蔬长时间暴露于空气中。由于上述氧化特性及营养学上的要求，维生素 C 也常用做营养强化剂、抗氧化剂和护色剂。

2)维生素 B_1(硫胺素)

维生素 B_1 在酸性条件中较稳定，在中性或碱性环境中遇热易被氧化或还原。维生素 B_1 是维持人体神经系统正常活动的重要成分，也是糖代谢的辅酶之一。当人体缺乏时常引起脚气病，发生周围神经炎、消化不良和心血管失调等。豆类中维生素 B_1 含量最多。氧气、氧化剂、紫外线、γ 射线和金属离子均可加速破坏，果蔬的维生素 B_1 含量普遍不高。

3)维生素 B_2(核黄素)

维生素 B_2 耐热，在园艺产品加工中不易被破坏，在碱性条件下遇热不稳定，是一种感光物质，能维持眼睛健康，在氧化过程中起辅酶作用。核黄素在甘蓝、番茄中含量较多。

2. **脂溶性维生素**(fat-soluble vitamins)

1)维生素 A(抗干眼病维生素)

新鲜果蔬中含有大量的胡萝卜素，它本身不具维生素 A 的生理活性，但胡萝卜素在人和动物的肠壁以及肝脏中能转变为具有生物活性的维生素 A，因此胡萝卜素又被称为维生素 A 原。维生素 A 原也是与人体关系最为密切的主要维生素之一，据报道 57% 左右的人体所需维生素 A 来自果蔬。

果蔬中维生素 A 的含量以杏、柑橘类、甜瓜、番茄、胡萝卜、黄瓜等为高。维生素 A 是维持眼睛生命活动的必需维生素，同时近年研究发现它也有一定的抗癌作用。它不溶于水，而溶于脂肪，较维生素 C 稳定，但在氧气条件下也能被氧化失去活性，在果蔬一般加工条件下相对较稳定。但由于其分子的高度不饱和性，在果蔬加工中容易被氧化，加入抗氧化剂可以使其得到保护。

2)维生素D

维生素D为类固醇衍生物，与动物骨骼的钙化有关，故又称为钙化醇。它具有抗佝偻病的作用，在动物的肝、奶及蛋黄中含量较多，植物中含量较少。天然维生素D有两种，麦角钙化醇(D_2)和胆钙化醇(D_3)。植物油或酵母中所含的麦角固醇(24-甲基-22脱氢-7-脱氢胆固醇)，经紫外线激活后可转化为维生素D_2。

3)维生素E和维生素K

维生素E和维生素K性质稳定，这两种维生素存在于植物的绿色部分，莴苣中富含维生素E，菠菜、甘蓝、花椰菜、青番茄中富含维生素K。

1.1.3.2　矿物质

园艺产品中80%的矿物质是钾、钠、钙等金属元素，其中50%以上是钾，硫酸和磷酸等非金属成分大约占20%，其余为微量元素，如锌、硼、钼、锰等。水果类虽然含有机酸呈酸味，但它的矿质元素在产品中却呈现碱性，因此和蔬菜一样称碱性食品。组成水果的矿质元素百分比如表1.7所示。

表1.7　几种园艺产品的矿质元素组成　(单位:%)

元素	苹果	梨	葡萄	柑橘	香蕉	花椰菜	芹菜	石刁柏
钾(Ka)	57	5	57	44	56	42	57	54
磷(P)	17	14	16	13	5	7	5	1.8
钙(Ca)	10	8	12	23	1	27	16	13.5
镁(Mg)	6	6	5	5	5	5	3	5
钠(Na)	5	8	1	3	3	—	—	—
铁(Fe)	1.1	—	—	1	0.3	3	0.3	—
锰(Mn)	2	—	—	0.4	0.4	1.2	2.9	4

矿物质在果蔬中分布极广，占果蔬干重的1%～5%，平均值为5%，而一些叶菜的矿物质含量可高达10%～15%，是人体摄取矿物质的重要来源。按其燃烧后灰分所呈的反应，人类摄取的食物可分为酸性和碱性食品，硫、磷含量高时呈酸性反应，钾、钠含量高时呈碱性反应，这种反应与体内代谢反应的结果基本一致，与食品自身的酸碱性无关。果蔬灰分中，钾往往占一半以上，钾、钠、钙、镁占80%以上，果蔬一般为碱性食品，谷物、肉类、奶类一般为酸性食品。

在食品矿物质中，钙、磷、铁与人体健康关系最为密切，人们通常以这三种元素的含量来衡量食品矿物质的营养价值。果蔬含有较多量的钙、磷、铁，尤其是某些蔬菜的含量很高，是人体所需钙、磷、铁的重要来源之一。

钙不仅是人体必需的营养物质，而且对果蔬自身的品质和耐贮性的影响也非常大。许多果蔬生理病害，如苹果水心病、苦痘病、红玉斑点病、大白菜干烧心等，都与缺钙有关，采前喷钙和采后浸钙处理都有助于提高果蔬的品质与耐贮性。容易被人体吸收的钙呈游离态，如芥菜中的钙；不能被人体吸收的钙呈草酸盐状态，如菠菜和甜菜中的钙。

矿物质在果蔬加工中一般比较稳定，其损失往往是通过水溶性物质的浸出而流失，如热烫、漂洗等工艺，其损失的比例与矿物质的溶解度呈正相关。矿质成分的损失并非均有害，如硝酸盐的损失对人体健康是有益的。矿物质，特别是一些微量元素，往往在加工中还可以通过与加工设备、加工用水及包装材料的接触而得到补充；除某些特殊食品，如运动员饮料、某些富含微量元素的保健食品外，一般不作补充。某些特征微量元素的含量及比例，可作为检测食品掺假的参考指标。

1.1.3.3 淀粉

淀粉(starch)是由葡萄糖聚合成的高分子糖类，呈白色粉末状，吸湿性强，无还原性，不能溶于凉水，与无机酸共热或在淀粉酶或麦芽糖酶作用下，可水解为葡萄糖。未熟果实含淀粉多，随着果实的成熟或后熟而减少，如香蕉未成熟时淀粉含量可达68%，接近成熟时降为20%~25%，成熟后下降到1%以下。

淀粉不仅是人类膳食的重要营养物质，淀粉含量及其采后变化还直接关系到果蔬自身的品质与贮运性能的强弱。富含淀粉的果蔬，淀粉含量越高，耐贮性越强；对于地下根茎菜，如藕、菱、芋头、山药、马铃薯等，淀粉含量与老熟程度成正比，且含量越高，品质与加工性能也越好。对于青豌豆、菜豆、甜玉米，这些以幼嫩的豆荚或籽粒供鲜食的蔬菜，淀粉含量的增加意味着品质的下降。

一些富含淀粉的果实如香蕉、苹果，在后熟期间淀粉会不断地水解为低聚糖和单糖，食用品质上升。但是采后的果蔬光合作用停止，淀粉等大分子贮藏性物质不断消耗，最终会导致果蔬品质与贮藏、加工性能的下降。贮藏温度对淀粉的转化影响很大，如青豌豆在采后高温下，经2 d后糖分能合成淀粉，淀粉含量可由5%~6%增加到10%~11%。马铃薯在低温下变甜，再转入高温下，甜味消失，这主要是在磷酸化酶或磷酸酯酶的作用下，淀粉水解为葡萄糖的原因，而此反应是可逆的。研究表明，马铃薯贮藏在0℃下，块茎还原糖含量可达6%以上；而贮于5℃以上，含量往往不足2.5%，这是因为葡萄糖在高温下又转变为淀粉。淀粉在淀粉酶和麦芽糖酶活动的情况下，其转化为葡萄糖则是不可逆的。

$$\text{淀粉} \underset{\text{磷酸化酶或磷酸酯酶(高温)}}{\overset{\text{磷酸化酶或磷酸酯酶(低温)}}{\rightleftharpoons}} \text{葡萄糖} + \text{葡萄糖-1-磷酸}$$

$$\text{淀粉} \xrightarrow{\text{淀粉酶或 } H^+} \text{麦芽糖} \xrightarrow{\text{麦芽糖酶或 } H^+} \text{葡萄糖}$$

淀粉与加工相关的特性：

淀粉不溶于冷水，当加温至55~60℃时，即产生糊化，变成带黏性的半透明凝胶或胶体溶液，这是含淀粉多的果蔬罐头汤汁混浊的主要原因。

淀粉在与稀酸共热或淀粉酶的作用下，水解生成葡萄糖。这是成熟香蕉、苹果淀粉含量下降、含糖量增高的主要原因，也是谷物、干果酿酒中添加糖化酶的主要依据。

1.1.4 质地因子

园艺产品的一个共同特性是含水量很高，细胞膨压大，对于这类产品，人们希望它们新鲜饱满、脆嫩可口。而对于叶菜、花菜等，除脆嫩饱满外，组织致密、紧实也是重要的质量指标。因此，果蔬的质地主要体现为脆、绵、硬、软、细嫩、粗糙、致密、疏松等，它们是评价园艺产品品质的重要指标。在生长发育不同阶段，园艺产品的质地会有很大变化，因此质地又是判断园艺产品成熟度、确定采收期的重要参考依据。

园艺产品质地的好坏取决于组织结构，而组织结构又与其化学成分密切相关，化学成分是影响园艺产品质地的最基本因素。下面具体介绍一些与园艺产品质地有关的化学成分。

1.1.4.1　水分

水分(moisture)是影响园艺产品新鲜度、脆度和口感的重要成分，与园艺产品的风味品质有密切关系。新鲜果品、蔬菜的含水量大多在75%～95%，少数蔬菜如黄瓜、番茄、西瓜，含水量高达96%，甚至98%，含水量较低的也在60%左右。

含水量高的园艺产品，细胞膨压大，组织饱满脆嫩，食用品质和商品价值高。但含水量高的产品，贮运性能差，容易变质和腐烂，果品和蔬菜采收后，易蒸发水分，因得不到水分补充而萎蔫，脆度下降。从加工的角度讲，含水量也会影响到出汁率，对于需要取汁加工的产品，如果汁饮料、果酒等，含水量是十分重要的指标。

1.1.4.2　果胶物质

果胶物质(pectic substance)存在于植物的细胞壁与中胶层，果蔬组织细胞间的结合力与果胶物质的形态、数量密切相关。果胶在园艺产品组织中以原果胶、果胶和果胶酸三种状态存在，与园艺产品的组织的硬度关系密切。在不同生长发育阶段，果胶物质的形态会发生变化(图1.1)。

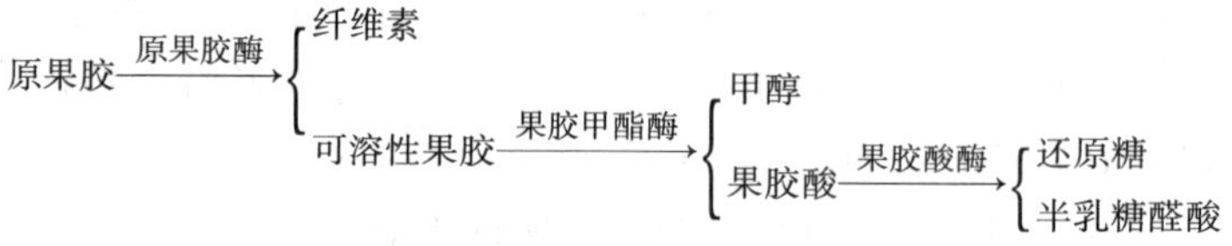

图1.1　果胶的物质形态变化

原果胶存在于未熟的果蔬中，是可溶性果胶与纤维素缩合而成的高分子物质，不溶于水，具有黏结性，它们在胞间层与蛋白质及钙、镁等形成蛋白质－果胶－阳离子黏合剂，使相邻的细胞紧密地黏结在一起，赋予未熟果蔬较大的硬度。

随着果实成熟，原果胶在原果胶酶的作用下，分解为可溶性果胶与纤维素。可溶性果胶是由多聚半乳糖醛酸甲酯与少量多聚半乳糖醛酸连接而成的长链分子，存在于细胞液中，相邻细胞间彼此分离，组织软化。但可溶性果胶仍具有一定的黏结性，故成熟的果蔬组织还能保持较好的弹性。

当果实进入过熟阶段时，果胶在果胶酶的作用下，分解为果胶酸与甲醇。果胶酸无黏结性，相邻细胞间没有了黏结性，组织变得松软无力，弹性消失。

不同果蔬的果胶含量及果胶中甲氧基的含量差异很大。山楂中果胶的含量较高，并富含甲氧基，甲氧基具有很强的凝胶能力，人们常常利用山楂的这一特性来制作山楂糕。

虽然有些蔬菜果胶含量很高，但由于甲氧基含量低，凝胶能力很弱，不能形成胶冻，当与山楂混合后，可利用山楂中果胶中甲氧基的凝胶能力，制成混合山楂糕，如胡萝卜山楂糕。

果胶的加工特性：

(1)果胶作为食品原料。利用原果胶可在酸、碱、酶的作用下水解和果胶溶于水而不溶于酒精等性质，可以从富含果胶的果实中(如柑橘皮、苹果皮)提取果胶。果胶在人体内不能分解利用，但有帮助消化、降低胆固醇等作用，属膳食纤维范畴，是健康食品原料。

(2)果胶作为增稠剂。果胶作为增稠剂具很好的胶凝能力，广泛用于果酱、果冻、糖果及混浊果汁中。

(3)果胶酸作为澄清剂。果胶酸不溶于水，能与 Ca^{2+}、Mg^{2+} 生成不溶性盐类，常作为果汁、果酒的澄清剂。

1.1.4.3　纤维素和半纤维素

纤维素(cellulose)、半纤维素(hemicellulose)是植物细胞壁的主要成分，是构成细胞壁的骨架物质，它们的含量与存在状态，决定着细胞壁的弹性、伸缩强度和可塑性。

纤维素是由葡萄糖分子缩合而成的一种直链多糖。它是无臭无味的白色纤维状微结晶结构。其质地坚硬、无还原性、不溶于水，经酶水解可生成纤维二糖，在浓酸下加热方可分解成葡萄糖。幼嫩的果蔬中的纤维素，多为水合纤维素，组织质地柔韧、脆嫩，老熟时纤维素会与半纤维素、木质素、角质、栓质等形成复合纤维素，组织变得粗糙坚硬，食用品质下降。纤维素因品种不同而含量各异，香蕉采收时含纤维素2.5%左右，成熟时略有减少。蔬菜中纤维素含量为0.2%～0.8%，根菜类为0.2%～1.2%，甜瓜和西瓜为0.35%左右。

半纤维素是由木糖、阿拉伯糖、甘露糖、葡萄糖等多种五碳糖和六碳糖组成的大分子物质，它们不太稳定，在果蔬体内可分解为组成单体。刚采收的香蕉，半纤维素含量约8%～10%，但成熟的香蕉果肉中，半纤维素含量仅为1%左右，所以半纤维素既具有纤维素的支持功能，又具有淀粉的贮藏功能。

纤维素和半纤维素性质稳定，不易被酸、碱水解，不能被人体吸收。就果蔬加工品品质而言，以纤维素、半纤维素含量较低为优，这样口感细腻；但它们可刺激肠壁蠕动，帮助其他营养物质消化，有利于废物排泄，对预防消化道癌症、防止便秘等有一定意义。

1.2　果蔬的败坏与加工保藏方法

1.2.1　果蔬败坏的原因

新鲜的水果蔬菜含有大量的水分，并且营养丰富，是天然的培养基，微生物、酶的作用，以及各种不适宜的环境条件都会导致产品质量败坏。所谓败坏，是产品变质、变味、变色、生霉、酸败、腐臭、软化、膨胀、混浊、分解、发酸等现象的统称。败坏后的产品改变了原有的性质和状态，不宜或不能食用。

引起果蔬败坏的原因是复杂的，往往是生物的、物理的、化学的等多种因素综合作用的结果，起主导作用的是有害微生物。

1.2.1.1 微生物败坏

由微生物引起的食品败坏称为微生物败坏，通常表现为生霉、酸败、发酵、软化、腐烂、膨胀、产气、变色、混浊等。这些微生物包括细菌、酵母菌、放线菌、立克次氏体、支原体和病毒等，它们种类繁多，生长繁殖快，分布极广，大量存在于空气、水和土壤中，附着在果蔬原料、加工用具和容器上。而引起果蔬败坏的微生物主要有细菌、霉菌和酵母菌，其中又以霉菌为主，包括青霉属、腐霉属、根霉属、曲霉属、交链孢霉属和木霉属等。

在园艺产品加工中，对于不同的加工方式，引起产品败坏的主要微生物也不尽相同。罐藏品败坏主要是由一些杆菌引起，如巴氏固氮梭状芽孢杆菌、乳酸杆菌、酪酸梭状芽孢杆菌以及引起平酸腐败的嗜热脂肪芽孢杆菌和凝结芽孢杆菌等。在干制品、加工果酱类、糖渍制品中，引起产品败坏的微生物主要为一些耐渗酵母菌，它们可以抵抗高糖、高盐和低水分的高渗透压条件，如接合酵母菌属和串状酵母菌属等；此外还有一些耐渗透霉菌。在含酸量较高(pH 3.7～4.5)的果汁制品中，产品败坏主要由一些抗酸性杆菌引起，如巴氏固氮梭状芽孢杆菌、凝结芽孢杆菌、乳酸杆菌等。一些 pH＜3.7 的制品，如葡萄汁、柠檬汁等，主要由一些耐酸性乳酸菌、酵母菌和霉菌引起败坏。葡萄酒常会受醭酵母菌和醋酸菌的危害。不管什么制品，若被有害微生物感染，它们就会利用产品中的水分和营养物质迅速生长繁殖，有些微生物还会产生毒素，使得产品变质，不能食用，甚至误食后会造成中毒死亡，所以在加工处理时必须严肃对待。

1.2.1.2 酶败坏

新鲜果蔬中存在着各种酶，这些酶在果蔬生长发育以及采后贮藏中均能进行活动；在加工时，酶的活动也影响着制品的品质与质量。由酶引起的果蔬败坏一般是指果蔬在自身酶的作用下或在微生物分泌酶的作用下发生蛋白质水解、果胶物质分解等，导致产品软烂、酶促褐变、变色、变味、变软和营养价值下降。

与果蔬加工有关的酶主要有氧化酶和水解酶。氧化酶的作用是使物质氧化，如多酚氧化酶是导致园艺产品褐变的主要酶之一，脂肪氧化酶引起脂肪酸败，抗坏血酸氧化酶可使维生素 C 遭受氧化损失等。较重要的水解酶有果胶酶类、淀粉酶、蛋白酶、纤维素酶、糖苷分解酶等，这些酶会引起相应的物质水解，从而导致产品的质地、风味、色泽等发生变化。在园艺产品加工中往往需要钝化酶，防止多酚类物质氧化变色、果胶物质水解等的发生。一般来源于微生物的酶要比高等植物的酶抗热性强，如高等植物中的果胶酶在 60～85℃温度下即可钝化，而一些来源于微生物的果胶酶则需要 105℃以上的高温才可钝化。同时，在园艺产品加工中也常利用一些酶的氧化或水解作用，如利用果胶酶进行果汁与果酒的澄清处理，利用淀粉酶分解淀粉制糖，利用柚皮苷酶对柑橘类果实加工中进行脱苦处理等。因此，在不同的果蔬加工工艺中，应合理掌握利用酶和抑制酶这两个方面，让酶为加工所用的同时，也要避免因酶而引起的败坏。

1.2.1.3 化学败坏

果蔬在加工过程和成品贮藏过程中会发生各种不良的化学变化，如氧化、还原、分解、合成、溶解、晶析、沉淀等，其中一些变化是由于果蔬本身化学物质的改变(水解)或果蔬与氧气接触而发生作用(氧化)，另一些则可能是由于果蔬与加工设备、包装容器、加工用水等接触时发生了反应。由化学因素引起的败坏主要表现为各种类型的褐变、蛋白质的分解、脂肪的酸败、各类金属反应等，造成产品的变色、变味、软烂、维生素损失等。产品的变色包括酶促褐变、非酶褐变，叶绿素和花色素在不良的处理条件下变色或褪色，胡萝卜素的氧化以及各种金属离子与食品中的化学成分发生化学反应而引起的变色；变味主要是加工制造或贮藏中造成的芳香物质的损失和异味的产生，如柑橘汁中苦味的出现等；加工后果蔬软烂，主要是由原果胶物质的水解所致，过于软烂导致品质下降；维生素的损失是由氧化和受热分解而致。

上述败坏都与果蔬中所含的化学组分密切相关。与微生物败坏相比，化学败坏程度较轻，一般无毒，但会导致制品不符合标准；其中某些败坏，如果蔬的变色至今仍是加工中的一大难题。

1. 褐变

在果蔬加工过程中，由于各种原因，使颜色变深的现象称为褐变。褐变不仅影响外观，降低营养价值，而且是产品败坏不能食用的标志。褐变可分为酶促褐变和非酶褐变两类。

1)酶促褐变

酶促褐变主要是指园艺产品中所含的酚类物质在酚酶的作用下被氧所氧化而发生褐变的过程。当果蔬产品在加工过程中经过去皮、切分或破碎等处理后，若使其组织暴露在空气中与氧气接触，则会发生不同程度的褐变。酚类物质是褐变发生的重要因素。水果蔬菜中的酚类物质以邻二酚类及一元酚类最丰富，如儿茶酚、绿原酸、酪氨酸等，儿茶酚是水果中广泛存在的酚类，绿原酸是许多水果特别是桃、苹果等褐变的关键物质，酪氨酸是马铃薯褐变的主要底物。引起酶促褐变最主要的酶为多酚氧化酶，但除此之外，广泛存在于水果蔬菜细胞中的抗坏血酸氧化酶和过氧化物酶也可引起酶促褐变。

酚、酶、氧是酶促褐变的三要素，缺一不可，所以，防止酶促褐变的方法就从这三方面入手：首先，应选择含酚类物质较少的果蔬作为加工的原材料，或者在加工过程中设法脱除酚类物质；其次，利用热处理、调节 pH、二氧化硫及亚硫酸盐处理等方法钝化或灭活酚酶；同时，注意在加工过程中隔绝或减少产品与氧气的接触。在控制酶促褐变的实践中，除去底物的可能性较小，主要以后两种方法为主。

2)非酶褐变

非酶褐变是指在没有酶参与的情况下出现的褐变。这种褐变也广泛存在于食品与果蔬加工中，主要有 4 种形式。

(1)美拉德反应，又称羰氨反应。由食物中还原糖的羰基和蛋白质、氨基酸、酰胺等的氨基反应生成类黑精的反应。由于一般果汁酸度较高(pH 2.0 ~4.0)，果汁中糖类与氨基酸作用的美拉德反应不易发生，但在酸性条件下，还原糖的热分解反应是许多果汁非酶褐变反应的主要原因。有研究表明，美拉德反应是造成香蕉汁贮藏期间非酶褐变的主要原因。

(2)焦糖化反应，指糖在没有氨基化合物存在的情况下加热到其熔点以上时产生的脱水及热分解反应。一般而言，在高温、碱性及高糖浓度下焦糖化反应易发生。苹果汁在浓缩过程中随着糖度的提高，褐变度缓慢增加。在酸性条件下，由于加热作用使糖分解形成糠醛及羟甲糠醛(HMF)。糠醛及 HMF 含量可作为非酶褐变的评价指标，虽然它们不会直接影响果汁或果蔬风味，但会与果汁或果蔬中的氨基化合物继续反应，参加美拉德反应后阶段的缩合反应形成类黑精色素。为了减少焦糖化反应对果汁色泽的影响，采用瞬时高温杀菌可能会更好。

(3)抗坏血酸褐变作用。抗坏血酸是果蔬中主要营养成分之一，因兼具酸性与还原性，故极易氧化分解，可与游离氨基酸反应生成红色素及黄色素。抗坏血酸褐变在有氧条件和无氧条件均可发生，在有氧条件下，抗坏血酸的氧化相当迅速；当氧气完全消耗或低至某一浓度时，抗坏血酸可无氧分解为糠醛，糠醛与氨基化合物又可发生羰氨反应。此类褐变作用很大程度上依赖于 pH 及抗坏血酸的浓度，当体系的 pH 为 3.5～5.0 时，抗坏血酸生成脱氢抗坏血酸，而且反应是可逆的，氧化褐变速率缓慢；当体系呈中性或碱性时，抗坏血酸氧化褐变反应最快。金属离子也可促进抗坏血酸氧化褐变，柑橘汁中铜、镁影响较大，铝次之，锌和锡较小。

(4)酚类物质氧化反应。多酚类物质的化学性质十分活跃，很容易氧化成为苯醌，而苯醌是非常强烈的亲电子基团，极易与亲核基进行许多不同的反应。在果汁中，多酚能与蛋白质结合而使自身含量下降，还能进行多酚本身氧化缩合反应，或与果汁中其他化合物进行共呈色作用；果汁中的其他成分也可能直接或间接地受到多酚氧化的影响。近年来，研究发现花色素苷在水果褐变中起到一定的作用，山梨酸钾被氧化后生成羰基类化合物都会引起褐变。

非酶褐变的发生，对果蔬的加工也是非常不利的，有的甚至会产生毒性，因此加工过程中也必须采取措施予以控制，生产上通常可以通过降低温度、降低 pH、SO_2处理以及钙处理等方式来抑制或减缓非酶褐变的发生。

2. 蛋白质分解

蛋白质在酶的作用或高温、酸性等条件下会分解。果蔬产品发生蛋白质分解会导致产品外观变化、营养价值降低，还能引发其他相关反应。如含硫蛋白质分解产生的硫氢化合物遇到铜盐、铁盐等可以产生硫化铜、硫化铁，使产品发生变味、变色，硫氢化合物还会腐蚀金属罐壁产生硫化氢，或使金属罐壁穿孔等。

3. 脂肪酸败

脂肪受到温度、光、射线、氧气、水分及催化剂等外界环境的影响，会发生氧化反应，产生醛、醇、酮等化合物，产生令人不愉快的气味、苦涩味，降低果蔬产品的质量和营养价值，同时还会引起产品表面褐变。脂肪氧化酸败严重时会产生一些有毒化合物，危及人体健康甚至生命。

4. 其他反应

园艺产品中所含的各种有机酸与金属接触时会发生还原反应放出氢气，引起果品蔬菜罐头氢胀罐，同时酸与金属反应生成不良风味(如铁锈味)；花青素与金属反应也会发生变色、变味等；原果胶发生水解反应使组织变软；维生素C发生氧化损失等，这些变化都会使产品变味、变色、组织软化、营养损失，从而降低产品的食用价值和商品价值。

1.2.1.4 物理因素引起的败坏

在园艺产品加工和贮藏过程中，一些物理性因素也会直接、间接地促使产品发生败坏。

1. 温度

温度过高会加速各种化学反应，不适宜的高温会促进果品蔬菜组织的化学物质变化，如水分的蒸发、挥发性物质的损失、营养物质的损耗、色素物质的降解等；温度过低会产生冰结晶，破坏果蔬组织的结构，甚至会引起果蔬生理代谢失调，造成低温伤害现象。温度还是影响微生物生长繁殖的主要因素，果蔬制品一旦感染有害微生物，就可能造成产品腐败变质。

2. 相对湿度

微生物的生长繁殖、酶的活性、各种化学反应的进行都受水分含量的影响。过高的含水量不仅可以加速化学反应，而且可以促进微生物的生长繁殖，加速果蔬制品腐败变质的进程；环境中相对湿度较大还会引起果蔬干制品吸潮回软、发霉；对于新鲜果蔬而言，贮藏环境中相对湿度过低，会使果蔬水分蒸发引起失重、失鲜，并破坏正常的生理代谢，导致果蔬耐藏性和抗病性下降。

3. 光线

阳光直射可以促进园艺产品组织内部化学成分发生光化学反应，引起产品发生变色、变味以及营养物质损失，使其食用价值和商品价值降低；同时，光线还能间接地引起温度升高而促进其他变化。

4. 机械损伤

园艺产品遭受重力或机械损伤时会造成组织破损、汁液外流，伤口与空气接触导致内容物发生氧化变质，间接地引起酶活性增加；机械损伤还会给微生物侵入和污染食品创造时机，加速制品的腐败变质。另外，重力碰撞还会使包装容器破损而造成损失等。对于新鲜的园艺产品，在采收、运输、贮藏过程中如果遭受机械损伤，会增加果蔬的呼吸强度，因而大大缩短贮藏时间，加快果蔬成熟和衰老。

物理因素往往是人为造成的，所以加强管理就能尽可能降低物理因素所造成的败坏。

1.2.1.5 其他因素引起的败坏

除了上述因素引起的败坏外，啮齿类动物及昆虫的侵害也是引起果蔬败坏的原因之一。它们破坏果蔬的表皮后，使得果蔬易被有害微生物感染，还易发生酶促褐变；它们身上携带的一些有害病菌也易在产品中传播，引起产品变质。

引起园艺产品及制品败坏的这些原因，并不是独立发生的，往往是多种因素互相关联、交错作用，致使产品腐败变质。

1.2.2 果蔬加工保藏方法

果蔬加工就是针对引起果蔬腐败变质的原因，采取合理可靠的技术和工艺来控制腐败变质，以保证果蔬产品的质量，并达到长期保存、随时取用的目的。按保藏原理的不同，可以把加工保藏方法分为以下五类。

1.2.2.1 抑制微生物活动的保藏方法

该方法主要是利用某些物理、化学手段抑制食品中微生物和酶的活动，这类保藏方法包括冷冻保藏，如速冻食品；高渗透压保藏，如果蔬的腌制品、糖制品、干制品等。

冷冻保藏就是通过降低产品的温度，维持食品处于冰冻状态来阻止和延缓产品腐败变质，提高产品的保藏性能。目前冷冻保藏多使用速冻保藏，就是利用 -30℃以下的低温将经过一定处理的产品迅速冻结，置于 -18℃的低温条件下长期贮存。在低温冷冻条件下，微生物的活动和酶的催化作用受到抑制。任何微生物都有一定的正常生长和繁殖的温度范围，温度越低，其活力越弱；当温度降至其最低生长温度时，其新陈代谢活动几乎停止，微生物处于休眠状态，甚至可能出现死亡。温度对酶的活性影响也很大，当温度降低时，酶的活性也会逐渐减弱，不过低温并一定完全使酶失活。在长期冷藏过程中，酶的作用仍可以使食品变质，当食品解冻时，随着温度的升高，酶将重新活跃起来，加速食品的变质。为防止速冻果蔬解冻后酶重新复活，常采取冻前短时烫漂的工艺使酶彻底失去活性。大部分冷冻食品能保存新鲜食品原有的风味和营养价值，受到消费者的欢迎。预煮食品冻制品的出现以及耐热复合塑料薄膜袋和解冻复原加工设备的研制成功，已使冷冻制品在国外成为方便食品和快餐的重要支柱，产销量已达到罐头食品的水平。我国冷冻食品工业近些年发展迅速，速冻菠菜、速冻春卷，速冻的烧卖及肉、兔、禽、虾等已远销国外。果蔬速冻是目前国际上一项先进的加工技术，也是近代食品工业中发展迅速且占有重要地位的食品保存方法。

果蔬的腌制和糖制都是利用一定浓度的食糖和食盐溶液，让其渗入到产品组织中，提高制品的渗透压和降低制品的水分活度，以控制有害微生物的活动，从而防止食品腐败变质。腌制和糖制的加工保藏原理包括以下几点。①高渗透压作用。各种微生物均有一定的耐渗透压范围，超过一定的极限便不能生长，一般的微生物的渗透压为 0.35～1.69 MPa，1%的食盐溶液能产生 0.618 MPa 的渗透压，当食盐的浓度达到 10%～20%时，就能产生 6.18～12.36 MPa 的渗透压，因此，当食盐浓度为 10%时，各种腐败杆菌就完全停止活动，15%的食盐溶液可使腐败球菌停止发育。1%的蔗糖可以产生 0.071 MPa 的渗透压，当糖的浓度达到60%～70%时，就能产生 4.29～4.97 MPa 的渗透压，为了保藏食品，糖液浓度至少要达到 50%～75%，以 70%～75%为宜。当产品中含有大量的糖分或一定浓度食盐时会大大提高制品的渗透压，使腌制品、糖制品所产生的渗透压远远大于微生物的渗透压；并且当产品的渗透压提高以后，还会减少微生物生长活动所能利用的自由水分，并借渗透压导致微生物细胞质壁分离，或处于生理干燥而休眠、假死，从而抑制微生物的活动，防止产品腐败变质。②单盐毒害作用。食盐的作用除了具有提高制品渗透压、降低水分活度外，食盐溶于水后解离的 Na^+ 达到足够高的浓度后，还会对微生物产生毒害作用，而食糖本身对微生物并无毒害作用。③抗氧化作用。食盐与食糖具有一定的抗氧化作用，由于氧在糖溶液、盐溶液中的溶解度要小于在水中的溶解度，这就形成了缺氧的环境，需氧菌的生长就受到抑制。高糖、高盐浓度虽然对绝大多数微生物有抑制作用，但并不是对所有微生物都起作用，比如对一些耐盐、耐高糖的酵母菌、霉菌以及一些微生物的孢子体并不能很好地产生抑制作用，所以，一些高糖、高盐制品在包装或保存不当时也会感染微生物，造成发霉变质。因此，糖制品、腌制品也需要配合适当的包装或经过一定的杀菌处理。

果蔬干制是通过减少果蔬中所含的大量游离水和部分胶体结合水，使干制品可溶性物质浓度增高到微生物不能利用的程度的一种果蔬加工方法。由于降低了果蔬的水分活度，微生物由于缺少水分而无法生长繁殖，酶的活性在缺少有效水分的情况下也受到抑制，因而脱水后的干制品不易腐败变质，易于保藏。脱水是在人工控制条件下促使食品水分蒸发的工艺过程，干制品水分含量一般为5%～10%，最低水分含量可达1%～5%。绝大多数的细菌和酵母菌在水分含量较高（>30%）的产品中生长繁殖，微生物的孢子、芽孢的萌发则需要更高的水分含量，因此，干制蔬菜的含水量在5%以下就能够很好地抑制微生物及酶的活动。但是，在干燥情况下，微生物不易死亡，只是处于假死或休眠状态，一旦干制品吸潮、吸湿后，微生物还会活动和繁殖。所以，果蔬干制工艺不仅要求干制过程中要达到干燥指标，而且要求在保藏过程中严格防止干制品与湿润的空气接触，以免受潮而影响保藏效果。

1.2.2.2 利用发酵原理的保藏方法

利用发酵原理的保藏方法称发酵保藏法，又称生化保藏法，是利用某些有益微生物产生和积累的代谢产物，抑制其他有害微生物活动的一种保藏方法。如乳酸发酵、酒精发酵、醋酸发酵，发酵产物乳酸、酒精、醋酸对有害微生物的毒害作用十分显著，这种毒害主要是氢离子浓度的作用，它的作用强弱不仅取决于含酸量的多少，更主要的是取决于其解离的 H^+ 的浓度，即 pH 的高低。酸解离的 H^+ 可以使微生物蛋白质及酶的等电点发生变化，从而使微生物原生质变化，抑制或杀死许多微生物。果酒、果醋、酸菜、泡菜及乳酸饮料等都是利用发酵保藏的原理来保藏的产品，但是，只有酒精和醋酸往往还不够，还需应用其他措施才能作长期保藏。

1.2.2.3 运用无菌原理的保藏方法

运用无菌原理的保藏方法即无菌保藏法，是通过热处理、微波、辐射、过滤等工艺手段，使食品中腐败菌的数量减少或消灭到能使食品长期保存所允许的最低限度。无菌保藏要求全部杀灭致病菌，并通过抽空、密封等处理防止二次污染，果蔬罐藏就是典型的无菌保藏法。

最广泛应用的杀菌方式是热杀菌，加热杀菌可分为巴氏杀菌、高温加热杀菌和超高温杀菌。巴氏杀菌一般指利用100℃以下的温度（多用70～80℃）进行杀菌，由于杀菌温度相对较低，杀菌时对产品影响不太大，但杀菌不够完全，所以被利用于一些不耐高温处理的产品，如果品蔬菜汁液制品、腌制品等。高温加热杀菌，是指杀菌温度在100℃或100℃以上，一般为100～120℃。根据是否加压，高温杀菌又分为常压杀菌和加压杀菌，常压杀菌指在正常大气压下杀菌温度为100℃的加热杀菌，可以杀死绝大多数微生物，适用于含酸量较高，含蛋白质、淀粉量较低的加工品，如pH为4.5以下的水果罐头等。加压杀菌，通常是指在加大杀菌环境压力的前提下，将杀菌温度升高到115～121℃的杀菌方法，在这样的高温下杀菌，能够杀死抗热性很强的微生物以及微生物的孢子，适用于含酸量少，含蛋白质、淀粉等多的产品杀菌，如pH为4.5以上的大多数蔬菜罐头。超高温杀菌(UHT)的杀菌温度可以达到135～150℃，利用这样的高温经过很短的时间杀菌，即可达到常压杀菌或加压杀菌的目的，目前，在生产中常与无菌包装配合用于一些液体食品的杀菌处理。此外，热杀菌还有微波杀菌、远红外线杀菌、过热蒸汽杀菌等。

冷杀菌法是不需提高产品温度的杀菌方法，如超高压杀菌、紫外线杀菌、辐照杀菌、超声波杀菌、过滤减菌等。食品超高压杀菌技术也是近年来发展迅速的杀菌技术，是将食品原料包装后密封于超高压容器中(常以水或其他流体介质作为传递压力的媒介物)，在静高压(一般不小于100 MPa，常用的压力范围是100～1000 MPa)和一定的温度下[常温或较低温(<60℃)]处理适当的时间，引起食品成分非共价键(氢键、离子键和疏水键)的破坏或形成，使食品中的酶、蛋白质、淀粉等生物高分子失活、变性或糊化，并杀死食品中的细菌等微生物，从而达到食品灭菌、保藏和加工的目的。超高压技术在灭菌、灭酶的同时，还能较好地保持食品固有的营养品质、质构、风味、色泽、新鲜度等，具有较大的应用前景。

1.2.2.4 应用防腐剂的保藏方法

应用防腐剂的保藏方法是一种化学保藏法，主要用在半成品保存上。食品防腐剂是一些能杀死或防止食品中微生物生长繁殖的化学药剂。食品防腐剂必须低毒、高效、经济实用，不妨碍人体健康，不破坏食品营养成分。食品防腐剂的使用要严格执行食品添加剂使用卫生标准(GB 2760—2011)。常用的化学防腐剂有苯甲酸类、山梨酸类、亚硫酸类，生物防腐剂有乳酸链球菌素(nisin)，也可以结合产品的特征利用一些天然的防腐剂，如大蒜素、芥子油等。在园艺产品的加工中，常用食品防腐剂来进行半成品的保藏，以及配合果酱、果糕等产品的高渗透压作用提高产品的保藏性能。

应用抗氧化剂也是一种常用的保藏方法。抗氧化剂是指能使产品避免或减轻氧化反应发生的一类物质。其原理大致有下述几种：一是自身先与氧参与反应，以消耗有效氧；二是减少氧在溶液中的溶解；三是阻止或减弱氧化酶系统的活力。果蔬加工中常用的抗氧化剂有抗坏血酸、二氧化硫、有机酸、食盐及草酸盐等。抗坏血酸在果汁加工时常以50～200 mg/L果汁的用量在压榨时加入；冷冻果蔬中也常加入。食盐以1%～2%的浓度做护色液相。

1.2.2.5 维持食品最低生命活动的保藏方法

这类方法主要用于果蔬等鲜活农副产品的贮藏保鲜，通过采取各种措施以维持果蔬最低生命活动的新陈代谢，保持其天然免疫性，抵御微生物入侵，延长有效贮藏寿命。

该法属于贮藏范畴，但对果蔬加工原料的保存有着重要的意义。新鲜果蔬是有生命活动的有机体，采收后仍进行着生命活动，它表现出来的最易被察觉到的生命现象是其呼吸作用。必须创造一种适宜的冷藏条件，使果蔬采后正常衰老进程被抑制到最缓慢的程度，尽可能降低其物质消耗水平，这就需要研究某一种类或某一品种的果蔬的最佳贮藏低温，在这个适宜温度下的贮藏时间以及对低温的忍受力等；在贮藏保存中主要防止果蔬在不适宜的低温作用下出现冷害、冻害。温度是影响果蔬贮藏质量最重要的因素，湿度是保持果蔬新鲜度的基本条件，适当的氧气和二氧化碳等气体成分是提高贮藏质量的有力保证。

综上所述，抑制食物微生物腐败的方法可用图 1.2 来表示。

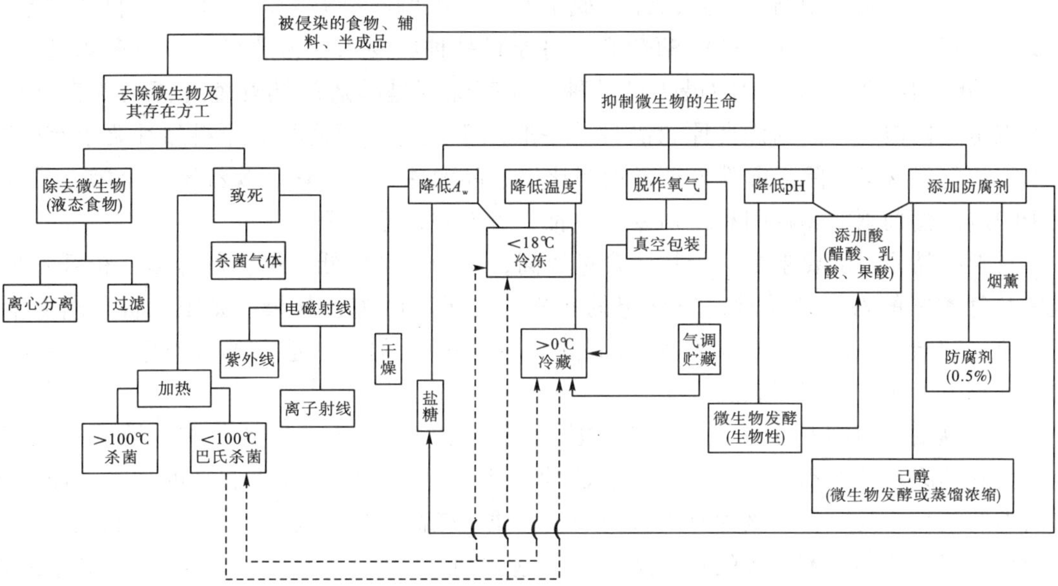

图 1.2 抑制食物微生物腐败过程图

（罗云波等，2001）

1.3 果蔬加工对原料的要求及预处理

1.3.1 果蔬加工对原料的要求

园艺产品加工方法较多，其性质相差很大，不同的加工方法和制品对原料均有一定的要求。优质、低耗的加工品，除受工艺和设备的影响外，还与原料的品质好坏及其加工适性有密切的关系。在加工工艺技术和设备条件一定的情况下，原料的好坏直接决定着制品的质量。

1.3.1.1 原料的种类和品种

园艺产品的种类和品种繁多，但不是所有的种类和品种都适合加工，更不是都适合加工同一类的加工品。就果蔬原料的特点而言，果品相对简单，一般都是果实；而蔬菜则相对较复杂，所应用的器官或部位不仅不同，其特点与性质也相差很大。因此，正确选择适合于加工的种类和品种是生产品质优良的加工品的首要条件。而如何选择合适的原料，这就要根据各种加工品的制作要求和原料本身的特性来决定。

例如：制作果汁及果酒类的产品时，原料一般选汁液丰富、取汁容易、可溶性固形物高、酸度适宜、风味芳香独特、色泽良好及果胶含量少的种类和品种，理想的种类包括葡萄、柑橘、苹果、梨、菠萝、番茄、黄瓜、芹菜、大蒜等。然而有的果蔬汁液含量并不丰富，如胡萝卜及山楂等，但它们具有特殊的营养价值及风味色泽，可以采取特殊的工艺处理而加工成透明或浑浊型的果汁饮料。葡萄是世界上使用最多的水果制酒原料，80%以上的葡萄用于制酒，并且已经形成了专门的酿酒品种系列。利用葡萄制酒对原料的要求较高，尤其是制作高档的葡萄酒，对原料品种的要求更为严格，如霞多丽是世界上公认的酿制高档白葡萄酒的最优良品种，赤霞珠等是酿造高档红葡萄酒的优良品种，白玉霓是高档白兰地酒的优良原料品种。一般用于酿造红葡萄酒的原料品种要求有较高的单宁和色素含量，除赤霞珠外还常用黑比诺、品丽珠、蛇龙珠、晚红蜜、公酿一号等；用于酿造白葡萄酒的品种则有雷司令、白雅、贵人香、龙眼等。

对干制品原料的要求是：干物质含量较高，水分含量较低，可食部分多，粗纤维少，风味及色泽好的种类和品种，较理想的有枣、柿子、山楂、苹果、龙眼、杏、胡萝卜、马铃薯、辣椒、南瓜、洋葱、姜及大部分的食用菌等。但某一适宜的种类中并不是所有的品种都可以用来加工干制品。

对于罐藏、糖制及冷冻制品，应该选肉厚、可食部分大、质地紧密、糖酸比适当、色香味好的原料种类和品种。一般大多数的果蔬均可适合此类加工制品的加工。而对于果酱类的制品，其原料应该含有丰富的果胶物质、较高的有机酸含量、风味浓、香气足。如山楂、杏、草莓、苹果等就是最适合加工这类制品的原料种类。而蔬菜类制品中的番茄酱加工对番茄红素的要求甚为严格，目前认为最好的番茄加工新品种有红玛瑙140、新番4号等。

蔬菜的腌制加工相对于其他加工类型，对原料的要求不太严格，一般应以水分含量低、干物质较多、肉质厚、风味独特、粗纤维少为好。优质的腌制原料有芥菜类、根菜类、白菜类、黄瓜、茄子、蒜、姜等。

1.3.1.2　原料的成熟度和采收期

果蔬原料的成熟度(maturity)、采收期(harvest period)适宜与否，将直接关系到加工成品质量高低和原料的损耗大小。不同的加工品对果蔬原料的成熟度和采收期要求不同。因此，选择恰当的成熟度和采收期，是各种加工制品对原料的又一重要要求。

在果蔬加工学上，成熟(horticultural maturity)是指植株或植株的某一器官发育到具有被消费者因某一特殊要求而利用的各种条件的阶段，常称为商品成熟，不同于植物发育阶段中成熟的概念。一般将成熟度分为四个阶段，即可采成熟度、商品成熟度、加工成熟度(也称食用成熟度)和生理成熟度。

可采成熟度是指果实充分膨大长成，但风味还未达到顶点。达到可采成熟度的果实，适合于贮运，经后熟后可达到加工的要求，如香蕉、苹果、桃等水果可以这时采收。一般工厂为了延长加工期常在这时采收进厂入贮，以备以后加工。

商品成熟度是指果蔬产品生长到一定程度，达到最适合的利用(销售)阶段。成熟度是以其用途作为标准来划分的，它在果蔬产品的任何发育期和衰老期的任何阶段均可发生。

加工成熟度是指果实已具备该品种应有的加工特征，分适当成熟与充分成熟。加工类别不同，所要求的成熟度也不同。如制造果汁、果酒类，要求原料充分成熟(但制造白葡萄酒则要求适当成熟)，色泽好，香味浓，糖酸比适中，榨汁容易，吨耗率低；制造干制品类，果实也要充分成熟，否则缺乏应有的果香味，制成品质地坚硬，且有的果实如杏，若青绿色未褪尽，干制品会因叶绿素分解变成暗褐色，影响外观品质；制造果脯、罐头类，则要求原料成熟适当，这样的果实因含有较多原果胶类物质，组织比较坚硬，可以经受高温煮制；而果糕、果冻类加工时，也要求原料具有适当的成熟度，其目的也是利用原果胶含量高的特点，使制成品具有凝胶特性。

生理成熟度是指果实质地变软，风味变淡，营养价值降低，一般称这个阶段为过熟。此期只勉强可做果汁和果酱(因不需保持形状)，一般不适宜加工其他产品。即使要做上述制品，也必须通过添加一定的添加剂或加工工艺上的特别处理，方可制出比较满意的加工制品，这样势必要增加生产成本，因此，任何加工品均不提倡在这个时期进行加工，但制造红葡萄酒则应在这时采收，因为此时果实含糖量高，色泽风味最佳。

由于果蔬产品供食用的器官不同，采后用途不同，再考虑到市场的远近、加工贮运条件以及市场营销策略的差异，需在不同成熟度采收，采收时期也就不相同。即使是同一品种，因采后用途不同，采收时期也不同，因此，采收期选择得恰当与否，对加工至关重要。

金针菜以花蕾充分膨大还未开放时做罐头和干制品为优，花蕾开放后，易折断，品质变劣。蘑菇子实体大，直径达到1.8～4.0 cm时采收做清水蘑菇罐头为优；如果过大，开伞后只可做蘑菇干，因为菌柄空心，外观欠佳。

青菜头、萝卜和胡萝卜等要充分膨大，尚未抽时采收为宜，粗纤维少；如果过老，产品会出现木质化或糠心，不堪食用。马铃薯、藕富含淀粉，以地上茎开始枯萎时采收为宜，这时淀粉含量高。

叶菜类与大部分果实类不同，一般要在生长期采收，此时粗纤维少，品质好。对于某些果菜类，如进行酱腌的黄瓜，要求选择以幼嫩的乳黄瓜或小黄瓜进行采摘。

蔬菜种类繁多，而用于加工的每种原料其最适宜的采收期均有特殊的要求，在此不一一列举。

果蔬成熟度的判断方法多种多样，主要包括：

1. 果皮色泽

果皮色泽是判定果实成熟度的重要指标之一。此法直接、简单，也很容易掌握。但面色主要与日照程度有关，不能仅凭果皮色泽判断成熟度。

2. 果肉硬度

随果实成熟度的提高，果实的硬度随之减小，常用硬度计来测定。硬度对判断果实成熟度有一定的参考价值，但准确性低，应与其他指标相结合进行。

3. 果实脱落难易程度

有些种类的果实，如核果类和仁果类果实，成熟时果柄与果枝间常产生离层，稍一振动果实就会脱落，所以常根据其果柄与果枝脱离的难易程度来判断果实的成熟度。离层形成时应及时采收，否则果实会大量脱落。但有些果实，如柑橘，萼片与果实之间离层的形成比成熟期迟，不宜将果实脱落难易程度作为成熟度的标志。

4. 主要化学物质变化

产品器官内某些化学物质，如糖、淀粉、有机酸、可溶性固形物的含量与成熟度有关。如糖含量在浆果成熟度的判断上经常使用。马铃薯、芋头等淀粉含量多少是采收的标准，一般应变为粉质时采收。可溶性固形物主要是糖分，其含量高标志着含糖量高、成熟度高。总含糖量与总含酸量的比值称为糖酸比，它不仅可以衡量果实的风味，也可以用来判别果实的成熟度，如苹果和梨以糖酸比30∶1时采收为宜。

5. 生长期

不同品种的果蔬由开花到成熟有一定的生长期，各地可以根据当地的气候条件和多年的经验得出适合当地采收的平均生长期。在实践中，各种指标常因环境和管理条件而发生变化，因而判断果实的成熟度不要片面，要综合考虑各项成熟指标，才能判断成熟度。对于果实，通常用品尝的方法判断，简单易行。

6. 生长状态

以鳞茎、块茎为产品的蔬菜，如大蒜、洋葱、马铃薯、芋头、山药和鲜姜等，应在地上开始枯黄时采收；莴笋达到采收成熟度时，茎顶与最高叶片尖端相平时为采收期；甜玉米则是花柱秆呈褐色，苞叶上的叶脉间距因果穗籽粒发育而被撑开，叶色发干时采收；黄花菜则是在含苞待放的花蕾时采收；黄瓜、丝瓜、茄子、菜豆应在种子膨大、硬化之前采收；南瓜应在果皮形成白粉并硬化时采收；冬瓜在果皮上的茸毛消失，出现蜡质白粉时采收。

总之，蔬菜与水果不同，其食用部分是植物的不同器官，而且有些蔬菜的食用部分是幼嫩的叶片或叶柄，采收成熟度要求很难一致，不便做出统一的标准。

水果和蔬菜的种类、品种繁多，成熟特性各异，应该抓住其主要因素，判断其最适采收期，达到长期贮藏、加工和销售的目的。

1.3.1.3　原料的新鲜度

加工原料新鲜度(freshness)越高，加工的品种越好，损耗率也越低。因此，从采收到加工应尽量缩短时间，这就是为什么加工厂要建在原料基地的附近。园艺产品多属易腐农产品，某些原料如葡萄、草莓及西红柿等，不耐重压，易破裂，极易被微生物感染，若不及时加工就会给以后的消毒杀菌带来困难。这些原料在采收、运输过程中，极易造成机械损伤，若及时进行加工，尚能保证成品的品质，否则这些原料特别易腐烂，从而失去加工价值或造成大量损耗，影响企业的经济效益。

如蘑菇、芦笋要在采后2～6 h内加工，青刀豆、蒜、莴笋等不得超过1～2 d；大蒜、生姜等在采后3～5 d，就会出现表皮干枯，去皮困难；甜玉米采后30 h，就会迅速老化，含糖量下降近一半，淀粉含量增加近一倍，水分也大大下降，这势必影响到加工品的质量，因此自然条件下从采收到加工不得超过6 h。而桃在采后若不迅速加工，果肉会迅速变软，因此要求其采后在1 d内进行加工；葡萄、杏、草莓及樱桃等必须在12 h内进行加工；柑橘、中晚熟梨及苹果应在3～7 d内进行加工。

总之，园艺产品要求从采收到加工的时间尽量缩短，如果必须进行远途运输，则应有一系列的保藏措施。如蘑菇等食用菌要用盐渍保藏；甜玉米、豌豆、青刀豆及叶菜类最好立即进行预冷处理；桃、李、番茄、苹果等最好入冷藏库贮存。同时在采收、运输过程中一定要注意防止机械损伤、日晒、雨淋及冻伤等，以充分保证原料的新鲜。

1.3.2 原料预处理

果蔬加工原料的预处理，对其制成品的影响很大，如处理不当，不但会影响产品的质量和产量，而且还会对以后的加工工艺造成影响。为了保证质量、降低损耗，顺利完成加工过程，保证加工品的风味和综合品质，必须认真对待加工前原料的预处理(pre-processing)。

果蔬加工原料的预处理包括选别、分级、清洗、去皮、修整、切分、烫漂(预煮)、护色、半成品保存等工序。尽管果蔬种类和品种各异，组织特性相差很大，加工方法也有很大的差别，但加工前的预处理过程却基本相同。

1.3.2.1 选别、分级

分级(grading)是果蔬产品标准化、商品化的重要手段。根据果蔬产品的不同等级标准，按照以质定价、优质优价的原则进行分级和流通；同时，这种分级制又反过来促进生产者提高栽培技术，达到增产优质的目的。

由于果实在生长发育过程中受外界多种因素影响，同一母树，甚至同一枝条的果实也不可能一样，而从若干果园收集起来的果品，必然大小不一，良莠不齐。只有通过分级才能按级定价、收购、销售、包装。分级不仅可以贯彻优质优价的政策，而且可以推动果蔬栽培管理技术的发展和提高。通过挑选分级、剔除病虫害个体和机械伤果，既可使产品分级后便于包装标准化，又可减少在贮运中的损失，减轻一些危险病虫害的传播，并将残次产品及时销售或加工处理，以降低成本和减少浪费。总之，果品蔬菜的分级是果蔬商品化生产中的一个重要环节，应引起高度的重视。

收购的原料绝大部分含有杂质，且大小、成熟度有一定的差异。果蔬原料选别与分级的主要目的有两方面。首先，剔除不适合加工的果蔬及杂质，包括未熟与过熟的、已腐烂或长霉的果蔬，混入果蔬原料内的沙石、虫卵和其他杂质，从而保证产品的质量。其次，将进厂的原料进行预先的剔选分级，有利于以后各项工艺过程的顺利进行，如将柑橘按不同的大小和成熟度分级后，有利于指定最适合每一级的机械去皮、烫漂、去囊衣的工艺条件，保证以后工艺处理的一致性，使其具有良好的产品质量和数量，同时也降低能耗和辅助材料的用量。

剔选时，将进厂的原料进行粗选，剔除虫蛀、霉烂和病虫害果实，对残、次果和机械损伤类原料要分别加工利用。原料合理的分级，不仅便于操作，提高生产效率，重要的是可以提高产品质量，得到个体均匀的产品。

果蔬的分级主要包括按大小分级、按成熟度分级、按色泽分级、按重量分级、按品质分级几种，视不同的果蔬种类及分级对果蔬加工品的影响而采用一种或多种分级方法。

在我国，按成熟度和色泽的分级在大部分果蔬产品中是一致的，常用目视估测的方法进行。在果蔬加工中，桃、梨、苹果、杏、樱桃、柑橘、豆类、黄瓜、芦笋、竹笋等常先按成熟度分级。大部分目视估测的结果分为低、中、高三级，以便能合理地制定后续工序。豌豆等在国内外也常用盐水浮选法进行分级，因为成熟度高的豌豆含有较多的淀粉，故相对密度较大，在特定相对密度的盐水中利用其上浮或下沉的情况即可将其分开。在美国，将能在相对密度为1.04的盐水中上浮的豌豆规定为特级，下沉的为标准级；再用相对密度为1.07的盐水浮选，上浮的为标准2级，下沉者次之。此种分级方法受豆粒内空气含量的影响，故有时将此分级步骤改在烫漂后装罐前进行。速冻酸樱桃常用灯光法进行色泽和成熟度分级。常按色泽深浅进行分级，除目测外，也可以用灯光法和电子测定仪装置进行色泽分辨选择。

按大小分级是分级的主要方法，几乎所有的加工果蔬均需按大小分级。其方法有手工分级和机械分级两种。

1. 手工分级

在生产规模不大或机械设备较差时常用手工分级，同时可配备简单的辅助工具，以提高生产效率，如圆孔分级板、蘑菇大小分级尺等。分级板是通过在长方形板上开不同孔径的圆孔而制成，孔径的大小视不同的果蔬种类而定。通过每一圆孔的算一级，但不应往孔内硬塞下去，以免擦伤果皮。另外，果实也不能横放或斜放，以免大小不一。这种分级同样适合于圆形的蔬菜和蘑菇。

除分级板外，有根据同样原理设计而成的分级筛。适用于豆类、马铃薯、洋葱及部分水果，分级效率高，比较实用。

2. 机械分级

采用机械分级可大大提高分级效率，且分级均匀一致，目前常用的机械有：

1）滚筒式分级机

主要部件为滚筒，实际上是一个圆柱形的筒状筛，用1.5～2.0 mm厚度的不锈钢板冲孔后卷成。滚筒上有不同孔径的几组漏孔，原料从进口至出口，后组的孔径逐渐比前组增大。每组滚筒下装有集料斗。当果蔬进入时，小于第一组孔径的果实，从第一级筒筛落入料斗，为一级，其余类推。为使原料从筒内向出口处运动，整个滚筒装置一般有3～5度的倾角。滚筒式分级机适用于山楂、蘑菇、杨梅及豆类的分级。

2）振动筛

振动筛是常用的果蔬分级机械，多数水果可利用此机分级，其本身为带有孔的金属板，用铜或不锈钢制成。操作时，机体沿一定方向作往复运动，出料口有一定的倾斜度。因机体摆动和倾斜角的作用，筛面上的果蔬以一定速度向前移动，在移动过程中进行分级。小于第一层筛孔的果实，从第一层筛子落入第二层筛子，其余类推。大于筛孔的果实，从各层的出料口挑出，为一级，每级筛子的出料口都可得到一级果实。

此机适用于一些圆形果实，如苹果、梨、李、杏、桃、柑橘、番茄等。使用和购买时应注意筛孔的大小与果实是否相符。

3)分离输送机

分离输送机为一种皮带分级机，其分级部分是由若干组成对的长橡皮带构成，每对橡皮带之间的间隙由始端至末端逐渐加宽，形成V形。果实进入输送带始端，两条输送带以同样的速度带动果实往末端移动，带下装有各档集料斗，小的果实先落下，大的后落下，以此分级。此种设备简单，效率高，适合于大多数果品。缺点是调整较费时，分级不太严格。

4)彩色摄像机和计算机的红、绿两色型分级装置

这是一种颜色分级装置，根据果蔬的颜色进行分选。果实的表皮颜色与成熟度和内在品质有密切关系，颜色的分选主要代表了成熟度的分选。例如采用此装置可用于番茄、柑橘和柿子的分选，可同时判别出果实的颜色、大小以及表皮有无损伤等。当果实随传送带通过检测装置时，由设在传送带两侧的两架摄像机拍摄。果实的成熟度根据测定装置所测出的果实表面反射的红色光与绿色光的相对强度进行判断；表面损伤的判断是将图像分割成若干个小单位，根据分割单位反射光的强弱算出损伤的面积，最精确可判别出0.2~0.3 mm大小的损伤面；果实的大小以最大直径代表。红、绿、蓝三色型机可用于色彩更为复杂的苹果的分选。

除了各种通用机械外，果蔬加工中还有许多专用的分级机械，如蘑菇分级机、橘瓣分级机和菠萝分级机等。而无需保持形态的制品，如果蔬汁、果酒和果酱等，则不需要进行形态及大小的分级。

1.3.2.2 原料清洗

清洗是采用浸泡、冲洗、喷淋等方式水洗或用干毛刷刷净某些果蔬产品，特别是块根、块茎类蔬菜，除去黏附着的污泥，减少病菌和农药残留，使之符合商品要求和卫生标准，以提高商品价值。

洗涤时常在水中加入盐酸、氢氧化钠、漂白粉、高锰酸钾等化学试剂，既可减少或除去农药残留，还可除去虫卵，降低耐热芽孢数量(表1.8)。近年来，更有一些脂肪酸系的洗涤剂，如单甘油酸酯、磷酸盐、糖脂肪酸酯、柠檬酸钠等应用于生产。

表1.8 几种常用化学洗涤剂及使用方法

药品种类	浓度	温度及处理时间	处理对象
盐酸	0.5%	常温3~5 min	苹果、梨、樱桃、葡萄等具蜡质的果实
氢氧化钠	1.5%	常温数分钟	具果粉的果实，如苹果
漂白粉	0.1%	常温3~5 min	柑橘、苹果、桃、梨、番茄等
高锰酸钾	0.1%	常温10 min左右	枇杷、杨梅、草莓、树莓等

果蔬的清洗方法可分为手工清洗和机械清洗两大类。手工清洗简单易行，设备投资省，适用于任何种类的果蔬，但劳动强度大，非连续化作业，效率低。但对于一些易损伤的果品，如杨梅、草莓、樱桃等，此法较适宜。

用于果蔬清洗的清洗机一般由传送装置、清洗滚筒、喷淋系统和箱体组成。清洗机有多种类型，如适合于质地比较硬和表面不怕机械损伤的李、黄桃、甘薯、胡萝卜等原

料的滚筒式清洗机，番茄酱、柑橘汁等连续生产线中常应用的喷淋式清洗机，适合于胡萝卜、甘薯、芋头等较硬物料的桨叶式清洗机以及用途广泛的压气式清洗机等。对不同的果蔬，应选用适宜的清洗设备。清洗用水应符合饮用水标准，还可以加入适量的杀菌剂，如次氯酸钠、漂白粉等。水洗后必须进行干燥处理，除去游离水分。干燥处理在气候干燥、水分蒸发快的地区可使用自然晾干的方法；气候潮湿、水分蒸发慢的地区可使用脱水机。目前脱水机有脱水器和加热蒸发器两种类型。脱水机有时和清洗机做成一体，安装在清洗机的出口附近。

1.3.2.3 去皮

除大部分叶菜类外，果蔬外皮较粗糙、坚硬，虽有一定的营养成分，但口感不良，对加工制品均有一定的不良影响。如柑橘外皮含有精油和苦味物质；桃、梅、李、杏、苹果等外皮含有纤维素、果胶及角质；荔枝、龙眼的外皮木质化；甘薯、马铃薯的外皮含有单宁类物质、纤维素及半纤维素等；竹笋的外壳纤维质不可食用。因而，一般要求在加工时对果蔬进行去皮。只有在加工某些果脯、蜜饯、果汁和果酒时，因为要打浆、压榨或其他原因才不用去皮。加工盐渍蔬菜也常常无需去皮。

去皮时，只要求去掉不可食用或影响制品品质的部分，不可过度，否则会增加原料的消耗。果蔬去皮的方法主要有以下几种。

1. 手工去皮

手工去皮时应用特别的刀、刨等工具人工削皮，应用范围较广。其优点是去皮干净、损失率少，并兼有修整的作用，还可将去心、去核、切分等同时进行。在果蔬原料质量较不一致的情况下，手工去皮能显示出其优点。但该法费工、费时，生产效率低，不适合大规模加工。

2. 机械去皮

采用专门的机械进行，常用的去皮机主要有下述三种类型：

1）旋皮机

主要原理是在特定的机械刀架将果蔬皮旋去，适合于苹果、梨、柿、菠萝等大型果品。

2）擦皮机

利用内表面有金刚砂且表面粗糙的转筒或滚轴，借摩擦力的作用擦去表皮。适用于马铃薯、甘薯、胡萝卜、芋等原料，效率较高，但去皮后的表面不光滑。此种方法常与热力去皮法结合使用，如甘薯去皮即先行加热，再喷水擦皮。

3）专用去皮机

青豆、黄豆等采用专用的去皮机来完成，菠萝也有专门的菠萝去皮、切端通用机。

机械去皮比手工去皮的效率高、质量好，但一般要求去皮前原料有相对规整的外形和较严格的分级。另外，用于果蔬去皮的机械，特别是与果蔬接触的部分应用不锈钢制造，否则会使果肉褐变，且器具被酸腐蚀后可能增加制品内的重金属含量。

3. 碱液去皮

碱液去皮是果蔬原料去皮中应用最广的方法。桃、李、杏、苹果、胡萝卜等果蔬，外皮由角质、半纤维素等组成，果肉由薄壁细胞组成，果皮与果肉之间为一层中胶层，富含果胶物质，将果皮与果肉连接。当果蔬原料与碱液接触时，果皮的角质、半纤维素易被碱液腐蚀而变薄，甚至溶解，中胶层的果胶被碱液水解而失去胶凝性，果肉的薄壁细胞膜比较抗碱。因此，碱液处理能使果蔬的表皮剥落而保存果肉。

碱液去皮常用的碱为氢氧化钠，其腐蚀性强且价廉，也可用氢氧化钾或二者的混合液，但氢氧化钾较贵；有时也用碳酸氢钠等碱性较弱的碱。为了帮助去皮，可加入一些表面活性剂和硅胶盐，因为它们可降低果蔬的表面张力，使碱液分布均匀，促进碱液渗透，加强去皮效果，比如在甘薯、苹果、梨等较难去皮的果蔬去皮时常加用。有报道，番茄去皮时在碱液中加入 0.3% 的 2-乙基己基磺酸钠或甲基萘磺酸盐，可降低用碱量，增加表面光滑性，并减少清洗水的用量。

碱液去皮时，碱液浓度、处理时间和温度为三个重要参数，应视果蔬原料的种类、成熟度和大小而定。适当增加任何一项，都能加速去皮作用。如温州蜜柑囊瓣去囊衣时，0.3% 左右的碱液在常温下需 12 min 左右，而 35 ~ 40℃时只需 7 ~ 9 min，在 0.7% 的浓度下 45℃处理 5 min 即可。故生产中必须视具体情况灵活掌握，只要处理后经轻度摩擦或搅动能脱落果皮，且果肉表面光滑即为适度的标准。几种果蔬的碱液去皮参考条件见表 1.9。

表 1.9 几种果蔬的碱液去皮参考条件

果蔬种类	NaOH 浓度/%	液温/℃	处理时间/min	备注
桃	1.5 ~ 3	90 ~ 95	0.5 ~ 2	淋碱或浸碱
杏	3 ~ 6	90 以上	0.5 ~ 2	淋碱或浸碱
李	5 ~ 8	90 以上	2 ~ 3	浸 碱
	8 ~ 12	90 以上	—	—
苹果	20 ~ 30	90 ~ 95	0.5 ~ 1.5	浸 碱
海棠果	8 ~ 12	90 以上	2 ~ 3	浸 碱
梨	0.3 ~ 0.75	30 ~ 70	3 ~ 10	浸 碱
全去囊衣橘瓣	0.2 ~ 0.4	60 ~ 65	5 ~ 10	浸 碱
半去囊衣橘瓣	10 ~ 20	95 ~ 100	3 ~ 5	浸 碱
猕猴桃	5	95	2 ~ 5	浸 碱
枣	5 ~ 7	95	3 ~ 5	浸 碱
青梅	3 ~ 6	95 ~ 100	1 ~ 3	浸 碱
胡萝卜	3 ~ 6	90 以上	4 ~ 10	浸 碱
甘薯	8 ~ 10	90 以上	4 ~ 10	浸 碱
马铃薯	2 ~ 3	90 ~ 100	3 ~ 4	浸 碱
莲子(干)	3 ~ 5	95 ~ 100	1 ~ 2	浸 碱
番茄	15 ~ 20	85 ~ 95	0.3 ~ 0.5	浸 碱

注：①综合不同资料；②全去囊衣先酸处理，半去囊衣则视情况而定。

经碱液处理后的坯料必须立即在冷水中漂洗脱碱，同时淘洗除去果皮渣，至果块表面无滑腻感，口感无碱味为止。漂洗必须充分，否则容易使产品 pH 偏高，导致杀菌不足，使产品败坏，同时口感不良。为了加速降低 pH 和清洗，可用0.1%～0.2%的盐酸或0.25%～0.5%的柠檬酸水溶液浸泡，兼有防止变色的作用。盐酸比柠檬酸好，因盐酸解离的 H^+ 和 Cl^- 对氧化酶有一定的抑制作用，而柠檬酸较难解离。同时，盐酸和余碱可生成盐类，抑制酶活性，更兼有价格低廉的优点。

碱液去皮的处理方法有浸碱法和淋浸法两种：

1）浸碱法

可分为冷浸和热浸，生产上以热浸较常用。将一定浓度的碱液装在特制的容器（热浸常用夹层锅）中，将果实浸泡一定的时间后取出搅动、摩擦去皮、漂洗即成。

生产上可用连续的螺旋推进式浸碱去皮机或其他浸碱去皮机械。其主要部件均由浸碱箱和清漂箱两大部分组成。切半后的果实或整果，先进入浸碱箱的螺旋转筒内，经过箱内的碱液处理后，随即在螺旋转筒的推进作用下，将果实推入清漂箱的刷皮转筒内，由于螺旋式棕毛刷皮转笼在运动中边清洗、边刷皮、边推动的作用，将皮刷去，原料由出口输出。

2）淋碱法

将热碱液喷淋于输送带上的果品上，淋过碱的果蔬进入转筒内，在冲水的情况下与转筒的边翻滚摩擦去皮。杏、桃等果实常用此法。

碱液去皮优点甚多：首先是实用性广，几乎所有的果蔬均可应用碱液去皮，且对表面不规则、大小不一的原料也能达到良好的去皮效果；其次，碱液去皮掌握合适时，损失率较少，原料利用率较高；第三，此法可节省人工、设备等。但必须注意碱液的强腐蚀性，注意安全，设备容器等必须由不锈钢制成或用搪瓷、陶瓷，不能使用铁或铝。

4. 热力去皮

果蔬先经短时间的高温处理，使表皮迅速升温而松软，果皮膨胀破裂，与内部果肉组织分离，然后迅速冷却去皮。此法适用于成熟度高的桃、杏、枇杷、番茄、甘薯等。

热力去皮的热源主要有蒸汽（常压和加压）与热水。蒸汽去皮时一般采用近100℃的处理温度，这样可以在短时间内使外皮松软，以便分离。具体的蒸汽处理时间，可根据原料种类和成熟度而定。

用热力去皮时，小量的可用夹层锅内加热的方法；大量生产时，采用带有传送装置的蒸汽加热沸水槽进行。果蔬经短时间的热水浸泡后，手工剥皮或用高压水冲洗。如番茄即可在95～98℃的热水中烫10～30 s，取出后用冷水浸泡或喷淋，然后手工剥皮；桃可在100℃的蒸汽下处理8～10 min，然后边喷淋冷水边用毛刷辊或橡皮辊刷洗；枇杷经95℃以上的热水烫2～5 min即可剥皮。

除上述两种热处理方法外，科研上还有用火焰进行加温的火焰去皮法、红外线加温去皮法等。据报道，将番茄在150～180℃的红外线高温下受热4～20 s，用冷水喷射即可除去外皮，效果较好。

热力去皮原料损失少，色泽好，但只适用于皮层易剥离、充分成熟的原料，对成熟度低的原料不适用。

5. 酶法去皮

柑橘的囊瓣，在果胶酶(主要是果胶酯酶)的作用下，可使果胶水解，脱去囊衣。如将橘瓣放在1.5%的703果胶酶溶液中，在35～40℃，pH 1.5～2.0的条件下处理3～8 min，可达到去囊衣的目的。酶法去皮条件温和，产品质量好。其关键是要掌握酶的浓度及酶的最佳作用条件，如温度、时间、pH等。

6. 冷冻去皮

将果蔬在冷冻装置内达轻度表面冻结，然后解冻，使皮层松弛后去皮，此法适用于桃、杏、番茄等。有报道，番茄在以液氯为介质的冷冻机内冻5～15 s，然后浸入热水中解冻，即可去皮。此法无蒸煮过程，去皮损失率5%～8%，质量好，但费用高，目前仍处于试验阶段，尚未投入商业应用。

7. 真空去皮

将成熟的果蔬先行加热，升温后果皮与果肉易分离，接着进入有一定真空度的真空室内，经适当处理，使果皮下的液体迅速“沸腾”，果皮与果肉分离，然后破除真空，冲洗或搅动去皮。此法适用于成熟的果蔬，如桃、番茄等。

8. 表面活性剂去皮

此法用于柑橘囊衣去皮取得明显的效果。用0.05%的蔗糖脂肪酸酯、0.4%的三聚磷酸钠、0.4%的氢氧化钠混合液在50～55℃下处理柑橘瓣2 s，即可冲洗去皮。此法通过降低果蔬表皮的表面张力，再经润湿、渗透、乳化、分散等作用使碱液在低浓度下迅速达到很好的去皮效果，较化学去皮法更优。

综上所述，果蔬去皮的方法很多，且各有其优缺点，生产中应根据实际的生产条件、果蔬的状况而采用。而且，许多方法可以结合在一起使用，如碱液去皮时，为了缩短浸碱或淋碱时间，可将原料预先进行热处理，再进行碱处理。

1.3.2.4 原料的切分、破碎、去心(核)、修整

体积较大的果蔬原料在罐藏、干制、腌制及加工果脯、蜜饯时，为了保持适当的形状，需要进行适当的切分。切分的形状则根据产品的标准和品质而定。制果酒、果蔬汁等制品，加工前需破碎，使之便于压榨或打浆，提高取汁效率。核果类加工前需去核，仁果类则需去心。有核的柑橘类果实制罐时需去种子。枣、金柑、梅等加工蜜饯时则需划缝、刺孔。

罐藏品或果脯、蜜饯在加工时为了保持良好的外观形状，需对果块在装罐前进行修整，以便除去果蔬碱液未去净的皮，残留于芽眼或梗洼中的皮，部分黑色斑点和其他病变组织。全去囊衣橘瓣罐头则需除去未去净的囊衣。

上述工序在小量生产或设备较差时一般手工完成，常借助于专用的小型工具。如枇杷、山楂、枣的通核器，匙形的去核心器，金柑、梅的刺孔器等。

规模生产常有多种专用机械，如劈桃机，用于将桃切半，主要原理是利用圆盘锯将其锯成两半；多功能切片机可用于果蔬的切片、切块、切条等；专用的切片机可用于蘑菇定向切片；除此之外，还有菠萝切片机、青刀豆切端机、甘蓝切条机等。

果蔬的破碎常由破碎打浆机完成。刮板式打浆机也常用于打浆、去籽。制造果酱时

果肉的破碎也可采用绞肉机进行。果泥加工还用磨碎机或胶体磨。

葡萄的破碎、去梗、送浆联合机为葡萄酒厂的常用设备，成穗的葡萄送入进料斗后，经成对的破碎辊破碎、去梗后，再将果浆送入发酵池中，自动化程度很高。

1.3.2.5 烫漂

果蔬的烫漂，生产上常称预煮，即将已切分的或经其他预处理的新鲜果蔬原料放入沸水或热蒸汽中进行短时间的热处理。其主要目的有以下几点。

1. 钝化活性酶，防止酶褐变

果蔬受热后氧化酶类等可被钝化，从而停止其本身的生化活动，防止品质的进一步败坏，这在速冻与干制品中尤为重要。一般认为抗热性较强的氧化还原酶可在71～73.5℃，去氧化酶可在80～95℃的温度下，处理一定时间后失去活性。

2. 软化或改进组织结构

烫漂后的果蔬体积适度缩小，组织变的适度柔韧，罐藏时便于装罐，同时由于部分脱水，可保证有足够的固形物含量。对于干制和糖制加工品，可提高细胞膜的透性，使水分易蒸发，糖分易渗入，不易产生裂纹或皱缩，尤其干制时加碱液烫漂后更明显。热烫过的干制品复水也较容易。

3. 稳定或改进色泽

经过烫漂可将果蔬组织内的空气排除，有利于罐头制品保持合适的真空度；对于含叶绿素的果蔬，烫漂后色泽更加鲜绿；不含叶绿素的果蔬烫漂后则变成所谓的半透膜状态，更加美观。

4. 除去部分辛辣味和其他不良风味

对于苦涩味、辛辣味或其他异味重的果蔬原料，经过烫漂处理可适度减轻，有时还可以除去一部分粘性物质，提高制品的品质。如罐藏青刀豆通过烫漂可除去部分可溶性含氮物质，避免苦味并减少容器的腐蚀。

5. 降低果蔬中的污染物和微生物数量

果蔬原料在去皮、切分或其他预处理过程中难免受到微生物等污染，经烫漂可部分杀灭微生物，减少对原料的污染，这对于速冻制品尤为重要。

但是，烫漂同时要损失一部分营养成分，热水烫漂时，有时要损失相当的可溶性固形物。据报道，切片的胡萝卜用热水烫漂1 min即损失矿物质15%，整条的胡萝卜也要损失7%。另外，维生素C及其他维生素同样也会受到一定损失(表1.10)。

表1.10 蔬菜烫漂与冷却过程中维生素C和维生素B_1的损失百分率 (单位:%)

种类	维生素C	维生素B_1
芦笋	10(6～15)	—
青豆	23(12～42)	9(0～14)
菜马豆	24(19～40)	36(20～76)
硬化甘蓝	36(12～50)	—
抱子甘蓝	22(21～25)	—

续表

种类	维生素 C	维生素 B_1
花菜	20(18~25)	—
豌豆	21(1~35)	11(3~23)
菠菜	50(40~76)	60(41~80)

果蔬烫漂常用的方法有热水和蒸汽两种。热水烫漂的优点是物料受热均匀，升温速度快，方法简便，缺点是可溶性固形物损失多。

加工罐头用的果品也常用糖液烫漂，同时兼有排气作用。为了保持绿色果蔬的色泽，常在烫漂水中加入碱性物质，如碳酸氢钠、氢氧化钙等，但此种物质对维生素 C 损失影响较大。葡萄干常用碳酸钾、氢氧化钠和植物油的混合液或亚硫酸盐与植物油的混合液进行烫漂。豌豆常在 0.08% ~0.1% 的叶绿素铜钠染色液中烫漂，兼具染色作用。

现代生产常采用专门的连续化预煮设备，依其输送物料的方式，目前主要的预煮设备有链带式连续预煮机和螺旋式连续预煮机等。

果蔬烫漂的程度，应根据果蔬的种类、块形、大小、工艺要求等条件而定。一般情况下，特别是罐藏时，从外表看果实烫至半生不熟，组织较透明，失去新鲜果蔬的硬度，但又不像煮熟后那样柔软即被认为适度(表 1.11)。烫漂程度也常以果蔬中最耐热的过氧化物酶的钝化做标准，特别是在干制和冷冻时更是如此。过氧化物酶活性的检查可用 0.1% 的愈创木酚酒精溶液(或 0.3% 的联苯胺溶液)及 0.3% 的过氧化氢溶液做试剂。方法是将试样切片后，随即浸入愈创木酚或联苯胺溶液中，或在切面上滴几滴上述溶液，再滴上 0.3% 的过氧化氢数滴，数分钟后，愈创木酚变褐色、联苯胺变蓝色即说明酶未被破坏，烫漂程度不够；否则即说明酶被钝化，烫漂程度已够。

烫漂后的果蔬要及时浸入冷水中冷却，防止过度受热，组织变软。近年来，对果蔬的热烫研究甚多，美国有些厂家 20 世纪 70 年代应用热风加蒸汽的方法钝化酶，效果很好。方法是将果蔬置于温度高达 150℃、风速达 107 m/s 的热风隧道中进行短时间处理。据认为，此法的优点是无常规烫漂所排入的大量废水，成本低 30%，且果蔬营养成分保存得很好。

表 1.11 几种果蔬烫漂的参考条件

种类	温度/℃	时间/min	备注
桃	95~100	4~8	罐头常用 0.1% 的柠檬酸液
梨	98~100	5~10	罐头常用 0.1% ~0.2% 的柠檬酸液
金柑	90~95	15~20	罐藏用 2% 的食盐水
苹果	90~95	15~20	罐藏常加柠檬酸
豌豆	100	3~5	—
青刀豆	100	3~4	—
花椰菜	95	3~4	—
蘑菇	100	5~8	罐藏用 0.1% 的柠檬酸液

续表

种类	温度/℃	时间/min	备注
莲子	100	10	常用0.1%的柠檬酸液
蚕豆	100	10~20	0.2%的柠檬酸液
荸荠	100	20	0.015%的磷酸钠液
莲藕	100	10~15	0.4%的柠檬酸液
胡萝卜	95~100	10~20	0.1%~0.15%的柠檬酸液
黄秋葵	95	2~4	0.2%的柠檬酸液
石刁柏	90~95	2~5	—
带穗甜玉米	95	2	—
菠菜	95	2	—
芹菜	95	2	—

1.3.2.6 工序间的护色

果蔬去皮和切分之后，与空气接触会迅速变成褐色，从而影响外观，也破坏了产品的风味和营养品质，这种褐变主要是酶促褐变。在果蔬加工中，常用的护色措施主要有以下几种。

1. 烫漂护色

烫漂可钝化活性酶，防止酶褐变，稳定或改进色泽，如前述。

2. 食盐溶液护色

将去皮或切分后的果蔬浸于一定浓度的食盐溶液中可护色。原因是食盐对酶的活力有一定的抑制和破坏作用；另外，氧气在盐水的溶解度比空气小，故有一定的护色效果。果蔬加工中常用1%~2%的食盐水护色。桃、梨、苹果、枇杷及食用菌类均可用此法。但蘑菇也可用近30%的高浓度盐水护色。用此法护色应注意漂洗净食盐，对于水果尤为重要。

3. 亚硫酸盐溶液护色

亚硫酸盐既可防止酶促褐变，又可抑制非酶褐变，效果很好。常用的亚硫酸盐有亚硫酸钠、亚硫酸氢钠和焦亚硫酸钠等。罐头加工时应注意采用低浓度，并尽量脱硫，否则易造成罐头内壁产生硫化斑。但干制等可采用较高的浓度。

4. 有机酸溶液护色

有机酸溶液既可降低pH、抑制多酚氧化酶活性，又可降低氧气的溶解度而兼有抗氧化作用，大部分有机酸还是果蔬的天然成分，所以优点甚多。常用的有机酸有柠檬酸、苹果酸或抗坏血酸，但后两者费用较高，故除了一些名贵的果品或速冻果品护色时加入外，生产上一般都采用柠檬酸，浓度为0.5%~1%。

5. 抽空护色

某些果蔬如苹果、番茄等，组织较疏松，含空气较多，对加工特别是罐藏不利，易引起氧化变色，需进行抽空处理。所谓抽空是将原料置于糖水或无机盐水等介质里，在真空状态下，使内部的空气释放出来。果蔬的抽空装置主要由真空泵、气液分离器、抽空罐等组成。果蔬抽空的方法有干抽和湿抽两种方法，分述如下。

1）干抽法

将处理好的果蔬装于容器中，置于90 KPa以上的真空罐内抽去组织内的空气，然后吸入规定浓度的糖水或水等抽空液，使之淹没果面5 cm以上，当抽空液吸入时，应防止真空罐内的真空度下降。

2）湿抽法

将处理好的果实，浸没于抽空液中，放在抽空罐内，在一定的真空度下抽去果肉组织内的空气，抽至果实表面透明为度。果蔬所用的抽空液常用糖水、盐水、护色液三种，视种类、品种、成熟度而选用。原则上抽空液的浓度越低，渗透越快；浓度越高，成品色泽越好。

1.3.3 半成品保存

果蔬加工大多以新鲜果蔬为原料，由于同类果蔬的成熟期短，供应集中，加工压力大，为了延长加工期，满足周年生产，因此有必要进行贮备。生产上除采用果蔬贮藏方法对原料进行短期贮藏外，常需对原料进行一定程度的加工处理，以半成品的形式保藏起来，以待后续加工。半成品保存一般是利用食盐、SO_2、防腐剂及无菌大罐保藏等处理新鲜果蔬原料，进行保存。

1.3.3.1 盐腌处理

某些加工产品，如一些蜜饯、蔬菜腌制品，首先用高浓度的食盐将原料盐渍成盐坯，成为半成品保存，然后进行脱盐、配料等后续工艺加工制成成品。

食盐溶液能够产生强大的渗透压使微生物细胞失水而处于假死状态，不能活动；另外，食盐能使食品的水分活性降低。每一种微生物都有其适宜生长的水分活性范围，水分活性降低，其能利用的水分就少，活动能力减弱；另外，由于盐液中氧的溶解量很少，许多好气性微生物难以孳生。食盐所具有的防腐能力使半成品得以保存不坏，食盐的高渗透压和降低水分活性的作用，也迫使新鲜果蔬的生命活动停止，从而避免了果品的自身败坏。

但是，在盐腌过程中，果蔬中的可溶性固形物因渗出而损失一部分；半成品再加工成成品过程中，还须用清水反复漂洗脱盐，使可溶性固形物大量流失，使成品的营养成分保存不多，从而影响了产品的营养价值。

食盐腌制的方法有干腌和水腌两种。干腌，适于成熟度高、含水量多、易于渗透的原料。一般用盐量为原料的14%～15%。腌制时，宜分批拌盐，拌匀，分层入池，铺平压紧，下层用盐较少，由下而上逐层加多，表面用盐覆盖隔绝空气，便能保存不坏。亦可盐腌一段时间后，取出晒干或烘干做成干坯保存。另一种腌制方法为水腌，适于成熟度低、水分少、不易渗透的原料，一般配制10%的食盐溶液将果蔬淹没，便能保存。

1.3.3.2 硫处理

在果蔬加工中，应用亚硫酸及其盐处理是半成品保藏和果蔬干制最重要的措施之一。

经硫处理(sulphur treatment)的果蔬除不适宜做整形罐头外，其他加工品类都可以用，且脱硫方便。用亚硫酸来保藏果蔬原料较之其他方法有许多优点。首先，此法无须冷热处理，可保持原料新鲜的状态和质地，较好地保持原料品质；其次，亚硫酸用量低，价格低廉，保藏方法简便又经济；第三，SO_2易挥发，去硫比较方便，在加工制品中不致于残留过量的SO_2。但亚硫酸保藏也有其不好的一面，如它可使含花青素的果蔬褪色；不能抑制果胶水解酶，使果胶的凝胶力受到一定的破坏，果实硬度下降等问题。另外，近年来也有一些发达国家的食品管理条例中限制使用亚硫酸盐，如在蘑菇中限制用亚硫酸盐，值得注意。

1. 影响亚硫酸保藏作用及用量的因素

1)pH

介质的pH直接影响亚硫酸的保藏效果，一般需低pH条件。亚硫酸的解离程度与介质的pH密切相关。pH 3.5即开始解离，pH越高，解离越多，保藏效果越差。SO_2同样在酸性条件下才有较好的保藏效果。亚硫酸盐只有在酸性条件下才可释放出SO_2，故同样要求有较低的pH。所以，亚硫酸盐类在低pH环境时比高pH环境时用量可适当减少。

2)原料的性质

原料的化学成分会影响亚硫酸保藏效果。SO_2易与原料中的糖、纤维素、单宁、果胶等结合而降低其保藏能力。一般来说，这种结合与介质的pH有关，pH越低，结合速度越慢。原料的质地不同，SO_2的渗透速度也不同，李、杏、桃等组织紧密的果品用量应高些；相反，苹果、蘑菇等结构疏松的果蔬以及浆果类用量可少些。另外，新鲜原料用量可少些，而不新鲜的原料则用量宜加大。

3)温度和容器的密封状态

温度较低的SO_2的挥发损失较少，使用SO_2的量可少些，而温度较高则反之。经硫处理过的原料，宜保存在密闭的条件下，否则SO_2易挥发损失；同时，亚硫酸也会由于氧化变成硫酸，失去保藏能力。

2. 硫处理的方法

1)熏硫法

将需要保藏的果品原料放置在密闭的室内或塑料薄膜帐内，接受一定时间的SO_2处理后，密闭保存。此法多用于果蔬干制，也用于葡萄的贮藏保鲜。

操作时，将果箱堆成垛，各箱之内留有一定的空隙，然后在密闭的条件下通入SO_2气体，它可由硫磺燃烧而成，也可由钢瓶直接压入。熏硫的程度以果肉色泽变淡、核窝内有水滴，果肉内SO_2含量达0.1%左右为宜。熏硫后的原料应在低温下密闭保存，贮藏期间，SO_2的含量应不低于0.02%。

2)浸渍法和加入法

用一定浓度的亚硫酸或亚硫酸盐溶液浸渍果蔬原料或直接加入到果蔬半成品内，以备日后加工，此法较简单。原料经预处理后放入耐酸腐蚀的容器中，注入亚硫酸或其盐类溶液至覆盖原料，置于冷凉处密封保藏。所用亚硫酸溶液的浓度可根据实际要求预先计算，一般以果品内SO_2含量达0.15%~0.2%为度。

浸渍法保藏时由于亚硫酸和SO_2对果胶酶活性抑制甚小，一些水果经硫处理后就会使果肉变软，导致质地变差。为防止这种现象发生，可在亚硫酸中加入适量石灰，借以生成酸式亚硫酸钙，使之既具有 Ca^{2+} 的增加硬度作用，又有亚硫酸的保藏作用，这对于一些质地柔软的水果，如草莓、樱桃等比较合适。在果汁半成品、果馅糖浆和葡萄酒发酵用葡萄汁或浆中，亚硫酸可直接按允许剂量加入。

1.3.3.3 防腐剂的应用

在原料半成品的保存中，应用防腐剂或再配以其他措施来防止原料分解变质，抑制有害微生物的繁殖生长，也是一种广泛应用的方法。一般该法适合于制果酱、果汁半成品原料的保存。防腐剂多用苯甲酸钠或山梨酸钾，其保存效果取决于添加量、果蔬汁pH、果蔬汁中微生物种类、数量、贮存时间长短、贮存温度等。贮存温度以0～4℃为好，添加量按国家标准执行。目前，许多发达国家已禁止使用化学防腐剂来保存果蔬半成品。

1.3.3.4 无菌大罐保存

目前，国际上现代化的果蔬汁及番茄酱加工企业大多采用无菌贮存大罐来保存半成品，

它是无菌包装的一种特殊形式。所谓无菌大罐保藏（aseptic preservation with large can）是将经巴氏杀菌的浆状果蔬半成品在无菌条件下灌入预先杀菌的密闭大金属容器中，保持一定的气体内压，以防止产品内的微生物发酵变质，从而保藏产品的一种方法。此法始于20世纪50年代，60年代即大量应用于果蔬加工中，该法是一种先进的贮存工艺，可以明显减少因热贮存造成的产品质量变化，常用于保藏再加工用的番茄浆、各种果汁及蔬菜汁。半成品可以为浓缩产品（如番茄浆），也可以是天然果蔬浆（汁）。除了作为工厂贮存半成品外，大罐无菌保藏原理也用在产品的大包装和运输中。

大罐无菌保藏的优点在于经济、卫生，对绝大多数的果蔬加工厂的周年生产具有重要意义，虽然设备投资费用较高，操作工艺严格，操作技术性强，但由于消费者对加工产品质量要求越来越高，半成品的大罐无菌贮存工艺的应用将会越来越广泛。我国对大容器无菌贮存设备进行了研制，并对番茄半成品的贮存已取得成功，相信通过不断完善和积累经验，大容器无菌贮存工艺很快会得到广泛应用。

【复习思考题】

1. 园艺产品色素类物质主要有哪些种类？不同加工条件下各自的稳定性如何？
2. 简述园艺产品中有机酸与加工的关系。
3. 简述单宁物质对园艺产品加工与保藏的影响。
4. 园艺产品中的维生素通常分为哪两大类？分别包含哪些维生素？加工中影响维生素稳定性的因素有哪些？
5. 简述果蔬败坏的原因。
6. 果蔬加工保藏的主要方法有哪些？简述各自的加工保藏原理。
7. 果蔬加工对原料主要有哪些方面的要求？

8. 如何理解果蔬产品的商品成熟、可采成熟度、食用成熟度、生理成熟度？
9. 简述果蔬成熟度的主要判断方法，并举例说明。
10. 简述果蔬原料分级、清洗的目的和常用方法。
11. 简述果蔬原料去皮的主要方法，并说明其原理。
12. 说明果蔬原料烫漂的目的和方法。
13. 分析果蔬原料变色的主要原因，简述工序间护色的措施。
14. 简述果蔬加工半成品保存的常用方法，并简述各方法的保存原理和操作要点。
15. 影响亚硫酸保藏作用及用量的因素主要有哪些？

主要参考文献

程智慧. 2009. 园艺概论. 北京：科学出版社.
邓伯勋. 2002. 园艺产品贮藏运销学. 北京：中国农业出版社.
冯双庆. 2008. 果蔬贮运学(第 2 版). 北京：化学工业出版社.
郝利平. 2008. 园艺产品贮藏加工学. 北京：中国农业出版社.
阚健全. 2008. 食品化学(第 2 版). 北京：中国农业大学出版.
刘兴华，陈维信. 2002. 果品蔬菜贮藏运销学. 北京：中国农业出版社.
刘敏. 1993. 水果蔬菜贮藏加工技术方法大全. 北京：地震出版社.
陆兆新. 2004. 果蔬贮藏加工及质量管理技术. 北京：中国轻工业出版社.
罗云波，蔡同一. 2001. 园艺产品贮藏加工学 · 加工篇. 北京：中国农业大学出版社.
罗云波，蔡同一. 2001. 园艺产品贮藏加工学 · 贮藏篇. 北京：中国农业大学出版社.
王丽琼. 2008. 果蔬贮藏与加工. 北京：中国农业出版社.
王文辉，徐步前. 2003. 果品采后处理及贮运保鲜. 北京：金盾出版社.
叶兴乾. 2002. 果品蔬菜加工工艺学. 北京：中国农业出版社.
张小平，黄文江. 2008. 园艺概论. 合肥：安徽人民出版社.
章镇，王秀峰. 2003. 园艺学总论. 北京：中国农业出版社.
赵晨霞. 2005. 园艺产品贮藏与加工. 北京：中国农业出版社.
赵丽芹. 2009. 园艺产品贮藏加工学(第 2 版). 北京：中国轻工业出版社.
朱立新，李晨光. 2009. 园艺通论(第 3 版). 北京：中国农业大学出版社.
朱立新，李晨光. 2005. 园艺通论(第 2 版). 北京：中国农业大学出版社.

第 2 章　果 蔬 罐 藏

【内容提要】

本章主要介绍了果蔬罐藏原理，罐藏容器的质量要求，罐藏对果蔬原料的要求，果蔬罐头的加工工艺，具体操作和注意事项及罐头食品的质量控制方法。

【教学目标】

1. 理解果蔬罐藏原理及果蔬罐藏对容器的质量要求。
2. 掌握罐藏对果蔬原料的要求，熟悉主要的果蔬罐藏原料品种。
3. 掌握果蔬罐头的加工工艺过程、具体操作方法和注意事项。
4. 熟悉罐头食品的质量控制方法。

【重要概念及名词】

果蔬罐藏　商业无菌　*D* 值　*Z* 值　*F* 值　*TDT* 值　罐藏容器　罐藏专用品种　罐藏工艺　罐头顶隙　罐头冷点　装罐　排气　封罐　杀菌　杀菌规程　罐头败坏　罐头检验

食品罐藏(canning)是将经过预处理的食品装入包装容器中，经过密封、杀菌，使罐内食品与外界环境隔绝而不被微生物再污染，同时杀死罐内有害微生物并使酶失活，从而实现在室温下长期保存的保藏方法。凡是用罐藏方法加工和保藏的食品称为罐藏食品(canned food)，俗称罐头。

1810 年，法国人阿培尔(Nicholas Appert)发表专著《密封容器贮藏食品之法》，提出了加热和密封的食品保藏法，但由于对引起食品腐败变质的主要因素——微生物还没有认识，故该技术进展缓慢。1864 年，法国科学家巴斯德(Louis Pasteur)发现了微生物，确认一切食品的腐败变质主要是微生物生长繁殖的结果，从理论上弄清了罐藏的原理。1874 年，人们发明了从外界通入蒸汽并配有控制设施的高压杀菌锅，从而缩短了杀菌时间并提高了操作的安全性，罐藏技术得到了普遍的推广。1920 ~ 1923 年，比奇洛(Bigelow)和鲍尔(Ball)根据微生物耐热性和罐头容器及罐内食品的传热特性，提出了用数学方法来确定罐头食品合理杀菌的温度和时间的关系。1948 年，斯塔博和希克斯(Stumbo & Hicks)进一步提出了罐头食品杀菌的理论基础 *F* 值，从而使罐藏技术趋于完善。目前，罐藏工业正在向连续化、自动化方向发展，容器也由以前的焊锡罐演变为电阻焊缝罐、层压塑料蒸煮袋等。

世界罐头年产量约 4000 万吨，其中水果和蔬菜罐头占 70% 以上，主要生产国和消费国有美国、日本、俄罗斯、澳大利亚、德国、英国、意大利及加拿大等。目前罐头食品呈现越是发达国家消费越多的趋势。

果蔬罐藏是食品罐藏的一部分，果蔬罐头加工业在我国农产品出口贸易中占有重要的地位。建国以来，特别是改革开放30年以来，我国的果蔬罐头加工业得到了飞速的发展，具备了一定的技术水平和较大的生产规模，外向型果蔬罐头加工产业布局已基本形成，国际市场逐步扩大，比较优势日益明显。目前，中国罐头制品已经出口到全世界150多个国家和地区。我国罐头产品以蔬菜罐头出口量最大，其次是水果类、肉类和水产类罐头等。2007年，我国罐头产量达到514万吨，其中水果罐头产量120万吨，有近60万吨用于出口，占国际贸易量的17%。橘子罐头产量56万吨，占世界总产量的75%，占国际贸易量的80%；食用菌罐头33万吨，占国际贸易量的65%；番茄酱产量84.8万吨，占国际贸易量的30%；芦笋罐头产量7.6万吨，占国际贸易量的49%。

我国水果罐头加工主要分布在东南沿海地区，蔬菜罐头加工主要形成了西北地区(新疆、宁夏和内蒙古)的番茄加工基地以及中南部地区的蘑菇、芦笋产业带。目前，我国果蔬产品的出口基地大都集中在东部沿海地区，近年来产业正向中西部扩展，“产业西移”态势十分明显。

随着市场需求和企业研发能力的增强，高新技术在果蔬罐头加工业中得到了较为广泛的应用。特别是随着国外先进设备的引进和消化，低温连续回转杀菌技术、橘子连续化去囊衣技术、超高压杀菌技术、电脑控制的新型杀菌技术等在果蔬罐头加工中得到应用，提升了行业的技术水平和国际竞争力。

我国罐头行业的标准与质量控制体系不断得到完善：大量企业进行了HACCP安全管理体系认证；建立了180多个国家、行业产品标准，其中包括90余个果蔬罐头产品标准，内容涉及测定方法、产品标准、技术条件等，涵盖了大部分的果蔬罐头产品，为产品的规范提供了法规保障。

2.1 果蔬罐藏的基本原理

罐藏为长期保存食品的基本方法之一，它主要针对微生物的活动：一是将食品的微生物杀灭或者阻止其活动；二是使食品与外界隔绝，不让外界微生物再与食品接触。前者是杀菌，后者是就是密封。因此，果蔬罐藏的基本原理就是通过密封和杀菌的手段，使罐头食品达到并保持商业无菌状态。

罐头的杀菌既要消灭罐头内的产毒菌、致病菌以及引起食品败坏的微生物，又要尽可能保持罐内食品的色泽、风味、质地、形态和营养成分，因此，杀菌不同于医药上的消毒，并不要求罐内绝对无菌，而只是商业无菌。否则，过高的温度和过长的加热时间会导致食品质量下降。

2.1.1 罐头食品与微生物的关系

许多微生物能够导致罐头食品的败坏。罐头食品如果杀菌不够，残存在罐头内的微生物在条件转变到适于其生长活动时，或由于密封的缺陷而造成微生物重新侵入时，就能造成罐头食品的败坏。凡能导致罐头食品腐败变质的各种微生物称为腐败菌。随着罐头食品种类、性质、加工和贮藏条件的不同，罐内腐败菌可能是细菌、酵母菌或霉菌，也可能是混合而成的某些菌类。导致罐头食品败坏的最主要的微生物是细菌，我们现在所采用的杀菌理论和计算标准也都是以某类细菌的致死为依据。影响细菌生长发育的主要因素有如下几个方面。

2.1.1.1　营养物质

食品原料含有微生物生长活动所需的营养物质，如糖、淀粉、蛋白质、油脂、维生素以及各种必需的盐类和微量元素，它是微生物生长发育的良好培养基。

2.1.1.2　水分

细菌对营养物质的吸收是营养物质在溶液状态下通过渗透和扩散作用，穿过细胞壁和细胞膜而进入细胞内部的过程。因此，细菌只有在充足的水分条件下才能进行正常的新陈代谢。果蔬原料及其罐头制品中含有大量的水分，可以被细菌利用；随着盐水或糖液浓度的增高，水分活性降低，细菌能够利用的自由水减少，从而抑制细菌的活动。所以，降低罐头食品的含水量可以限制微生物的生长活动。对于水分活性低的制品（如糖浆罐头、果酱罐头），微生物的生长活动已经受到抑制，杀菌温度可相应低些，杀菌时间也可缩短。

2.1.1.3　氧气

不同种类的细菌对氧的需求有很大的差异，依据细菌对氧的需求可将它们分为：需氧微生物、厌氧微生物和兼性厌氧微生物。罐藏食品中，需氧微生物因罐头的排气密封而受到限制，而厌氧微生物仍能活动，如果在加热杀菌时没有被杀死，则会造成罐头食品的败坏。

2.1.1.4　pH

不同的微生物具有不同的适宜生长的pH范围，大多数腐败菌一般在中性至微碱性环境中繁殖，pH4.0以下其生长活动会受到抑制。因此，产品的pH愈低即酸性越强，降低细菌及芽孢的抗热力越显著，杀菌效应越高。

不同的细菌对适应的pH范围要求不同，不同食品的pH也有差异（见表2.1），因此，不同食品中出现的腐败菌也不同。绝大多数罐头食品的pH都在7.0以下，属于酸性。根据酸性强弱，食品可分为酸性食品（pH 4.5及以下）和低酸性食品（pH 4.5以上），也有将食品分为低酸性食品（pH 5.0 ~ 6.8）、中酸性食品（pH 4.5 ~ 5.0）、酸性食品（pH 3.7 ~ 4.5）和高酸性食品（pH 3.7以下）。表2.2表明，鱼肉类和大部分蔬菜罐头属于低酸性或中酸性食品，而水果和番茄罐头属于酸性或高酸性食品。在实际应用中，一般以pH 4.5作为划分的界限，在pH 4.5以下的为酸性食品（水果罐头、番茄制品、酸泡菜和酸渍制品等），通常杀菌温度不超过100℃；pH 4.5以上的为低酸性食品（如大多数蔬菜罐头和肉禽水产等），通常杀菌温度要在100℃以上（表2.2）。这个界限的确定是根据肉毒梭状芽孢杆菌在不同 pH 下的适应情况而定的，pH <4.5 时，该菌生长受到抑制；pH >4.5 时，该菌适宜生长并产生致命的毒素。

表 2.1　常见果蔬罐头食品的 pH

罐头食品	pH			罐头食品	pH		
	平均	最低	最高		平均	最低	最高
苹果	3.4	3.2	3.7	番茄	4.3	4.1	4.6
苹果沙司	3.6	3.2	4.2	番茄汁	4.3	4.0	4.4
杏	3.9	3.4	4.4	番茄酱	4.4	4.2	4.6
黑莓	3.5	3.1	4.0	芦笋(绿)	5.5	5.4	5.6
蓝莓	3.4	3.4	3.5	芦笋(白)	5.5	5.4	5.7
紫褐樱桃	4.0	3.8	4.2	青刀豆	5.4	5.2	5.7
红酸樱桃	3.5	3.3	3.8	甜菜	5.4	5.0	5.8
葡萄汁	3.2	2.9	3.7	胡萝卜	5.2	5.0	5.4
葡萄柚汁	3.2	2.8	3.4	盐水玉米	6.3	6.1	6.8
柠檬汁	2.4	2.3	2.8	乳糜状玉米	6.1	5.9	6.3
橙汁	3.7	3.5	4.0	无花果	5.0	5.0	5.0
桃	3.8	3.6	4.0	蘑菇	5.8	5.8	5.9
巴梨(洋梨)	4.1	3.6	4.4	熟油橄榄	6.9	5.9	8.0
酸渍新鲜黄瓜	3.9	3.5	4.3	青豆(阿拉斯加)	6.2	6.0	6.3
甜酸渍品	2.7	2.5	3.0	青豆(皱皮种)	6.2	5.9	6.5
菠萝汁	3.5	3.4	3.5	甘薯	5.2	5.1	5.4
李	3.8	3.6	4.0	马铃薯	5.5	5.4	5.6
腌酸包心菜	3.5	3.4	3.7	南瓜	5.1	4.8	5.2
草莓	3.4	3.0	3.9	菠菜	5.4	5.1	5.9

表 2.2　罐头食品按照酸度的分类

酸度	pH	食品种类	常见腐败菌	热力杀菌要求
低酸性	5.0 以上	虾、蟹、贝类、禽、牛肉、猪肉、火腿、羊肉、蘑菇、青豆、青刀豆、芦笋、笋	嗜热菌、嗜温厌氧菌、嗜温兼性厌氧菌	高温杀菌 105～121℃
中酸性	4.5～5.0	蔬菜肉类混合制品、汤类、面条、沙司制品、无花果		
酸性	3.7～4.5	荔枝、龙眼、桃、樱桃、李、枇杷、梨、苹果、草莓、番茄、什锦水果、番茄酱、荔枝汁、苹果汁、草菇汁、番茄汁、樱桃汁等	非芽孢耐酸菌、耐酸芽孢菌	沸水或 100℃以下介质中杀菌
高酸性	3.7 以下	菠萝、杏、葡萄、柠檬、葡萄柚、果酱、果冻、柠檬汁、醋栗汁、酸泡菜、酸渍食品等	酵母、霉菌、酶	

2.1.1.5 温度

每类细菌都有其最适的生长温度，温度超过或低于此最适范围，就会影响它们的生长活动，如抑制或致死。根据对温度的适应范围，将细菌分为三类：

1. 嗜冷性细菌

最适生长温度为10～20℃。霉菌和部分细菌能在这种温度下生长，抗热性不强，它们对罐头食品安全影响不大。

2. 嗜温性细菌

最适生长温度范围为25～40℃。生长在这个温度范围内的细菌，是引起食品原料和罐头制品败坏的主要细菌，如肉毒梭状芽孢杆菌(*Clostridium botulinum*)和生芽孢梭状芽孢杆菌(*Clostridium sporogene*)，对罐头食品安全影响较大；还有很多不产毒素的败坏细菌也适应这种温度。

3. 嗜热性细菌

最低生长温度在45℃左右，最适生长温度为50～65℃，有的可以在76.7℃下缓慢生长。这类细菌的芽孢抗热性强，有的能在121℃下存活60 min以上。这类细菌在罐头食品败坏中不产生毒素。

2.1.2 罐头食品杀菌 *F* 值的计算

杀菌(sterilization)是指用物理或化学手段，杀死食品中有害微生物的工艺操作，包括杀死微生物营养体和部分芽孢。罐头食品杀菌的主要目的在于杀死一切对罐内食品起败坏作用和产毒致病的微生物，同时钝化能造成罐头食品品质变化的酶，使食品得以长期保存；其次是起到一定的调煮作用，以改进食品质地和风味，使其更符合食用要求。因此，罐头食品的杀菌不同于微生物学或医学上的消毒。消毒是指杀灭所有的微生物，达到绝对无菌状态；杀菌是在罐藏条件下杀死造成食品败坏的微生物，即达到商业无菌状态，而并非绝对无菌。所谓商业无菌(commercial sterilization)是指杀灭食品中所污染的病原菌、产毒菌以及在正常贮存和销售条件下能够生长繁殖，并导致食品变质的腐败菌，从而保证食品正常的货架寿命。如果罐头杀菌也达到绝对无菌的程度，那么杀菌的温度和时间就要增加，这将影响食品的品质，使食品色香味和营养价值大大下降。因此，罐头食品的热杀菌必须考虑到食品品质和微生物安全两个方面的要求。

2.1.2.1 杀菌对象菌的选择

各种罐头食品，由于原料的种类、来源、加工方法和加工条件等不同，在杀菌前存在不同种类和数量的微生物。生产上一般是选择最常见的、耐热性最强，并且有代表性的腐败菌或引起食品中毒的微生物作为主要的杀菌对象菌。酵母菌对热敏感，最适生长温度为25～30℃，在60～66℃条件下几分钟即可杀死。因此，加热杀菌后的食品中一般不会存在酵母菌。只有少数霉菌对食品的杀菌具有实际意义，如纯黄丝衣霉(*Byssochlamys fulva*)能引起某些果汁、罐头的变质，但其孢子的耐热性远比细菌弱。就食品杀菌而言，真正有威胁的微生物是细菌，因此，一般将细菌作为杀菌对象菌。芽孢的耐热性比营养体强，若有芽孢菌存在，则应以芽孢作为主要的杀菌对象。一般认为，如果热力杀菌足以消灭耐热性最强的腐败菌时，则耐热性较低的腐败菌很难残留。

罐头食品的酸度(或pH)是选定杀菌对象菌的重要因素。不同pH的罐头食品中常见的腐败菌及其耐热性见表2.3。

表2.3 不同酸性食品中常见的腐败菌

pH范围	腐败菌温度习性	腐败菌类型	罐头食品腐败类型	腐败特征	耐热性	腐败对象
低酸性和中酸性食品(pH 4.5以上)	嗜热性腐败菌	嗜温性腐败菌	平酸败坏	产酸(乳酸、甲酸、酪酸)、不产气或微量气体；不胀罐，食品有酸味	$D_{121.1℃}$ = 4.0 ~ 5.0 min	青豆、青刀豆、芦笋、蘑菇、红烧肉、猪肝酱、卤猪舌
		嗜热脂肪芽孢杆菌	高温耐氧发酵	产气(O_2+H_2)，不产硫化氢，产酸(酪酸)；胀罐，食品有酪酸味	$D_{121.1℃}$ = 3.0 ~ 4.0 min	芦笋、蘑菇、蛤
		致黑梭状芽孢杆菌	致黑(或硫臭)腐败	产硫化氢，平盖或轻胀，有硫臭味，食品或罐壁变黑	$D_{121.1℃}$ = 2.0 ~ 3.0 min	青豆、玉米
	嗜温性腐败菌	肉毒梭状芽孢杆菌	厌氧腐败	产毒素，产酪酸、产气和硫化氢；胀罐，食品有酪酸味	$D_{121.1℃}$ = 0.1 ~ 0.2 min	肉类、油浸鱼、青刀豆、芦笋、青豆、蘑菇、肠制品
		生芽孢梭状芽孢杆菌		不产毒素，产酸、产气和硫化氢，明显胀罐，有臭味	$D_{121.1℃}$ = 0.1 ~ 1.5 min,	肉类、鱼类(不常见)
酸性食品(pH 3.7 ~4.5)	嗜热性腐败菌	凝结芽孢杆菌或耐酸热芽孢杆菌	平酸败坏	产酸(乳酸)不产气，不胀罐，变味	$D_{121.1℃}$ =0.01 ~ 0.07 min	番茄和番茄制品(番茄汁)
	嗜温性腐败菌	巴氏固氮梭状芽孢杆菌	厌氧发酵	产酸(酪酸)产气(CO_2+H_2)；胀罐	$D_{100℃}$ = 0.1 ~ 0.5 min	菠萝、番茄
		酪酸梭状芽孢杆菌				整番茄
		多黏芽孢杆菌	发酵变质	产酸、产气，也产丙酮和酒精；胀罐	$D_{65.6℃}$ = 0.1 ~ 1 min	水果及水果制品(桃、番茄)
		软化芽孢杆菌				
高酸性食品(pH 3.7以下)	嗜热性非芽胞菌	乳杆菌、明串珠菌	发酵变质	产酸(乳酸)、产气(CO_2)，胀罐		水果、梨、番茄制品、果汁(黏质)
		酵母		产生酒精、产气(CO_2)，有膜状酵母在食品表面产膜状物		果汁、酸渍食品
		霉菌		食品表面长霉		果酱，糖浆水果
		纯黄丝衣霉、雪白丝衣霉		分解果胶，引起果实裂解，发酵产气(CO_2)，胀罐	$D_{90℃}$ = 1 ~ 2 min	水果

在pH 4.5以下的酸性或高酸性食品中，应考虑耐酸菌败坏的可能，故工业上常以少数耐酸芽孢杆菌，如巴氏固氮梭状芽孢杆菌(*Clostridium pasteurianum*)、酪酸芽孢杆菌

(*Clostridium butyricum*)作为杀菌对象菌。在番茄罐头中，有可能出现耐热性更强的凝结芽孢杆菌(*Bacillus coagulans*)，造成番茄罐头平酸败坏。酸性的食品中一般不会出现耐热性更强的细菌，如肉毒梭状芽孢杆、嗜热脂肪芽孢杆菌等。

而 pH 4.5 以上的低酸性食品，应考虑肉毒梭状芽孢杆菌存在的可能。杀菌的主要对象是那些能在无氧或微量氧的条件下活动且产生芽孢的厌氧性细菌，这类细菌的芽孢耐热性强。因此，凡是低酸性食品都必须接受能杀死肉毒梭状芽孢杆菌的杀菌操作规程。由于肉毒梭状芽孢杆菌不易获得，且有一定的危险性，工业上常以生芽孢梭状芽孢杆菌(Putrefactive Anaerobe 3679，P. A. 3679)代替肉毒梭状芽孢杆菌作为杀菌对象菌。

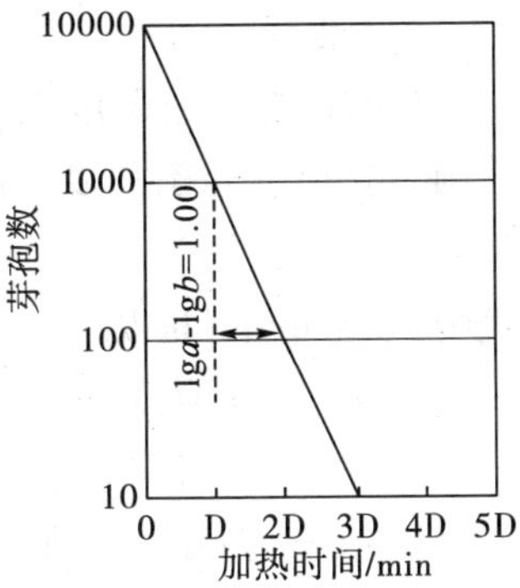

图 2.1 热力致死率曲线

2.1.2.2 微生物耐热性的常见参数值

D 值、*Z* 值、*TDT* 值和 *F* 值，是研究罐头食品杀菌条件时，该产品的败坏微生物的主要耐热性参数值。

1. ***D* 值**

D 值是细菌热致死速率曲线斜率的负倒数，指在一定的温度条件下，杀死 90% 原有微生物芽孢或营养体细菌数所需要的时间(min)，相当于热力致死时间曲线通过一个对数循环的时间(图 2.1)。*D* 值反映的是在一定温度条件下，减菌所需要的时间，即细菌致死速度。同一温度下，*D* 值越大，则细菌耐热性越强。

$$D = t/(\lg a - \lg b) \tag{2.1}$$

式中，t——加热时间(min)；

a——杀菌前对象菌芽孢总数；

b——杀菌后对象菌芽孢总数。

2. ***Z* 值**

Z 值是细菌热致死时间曲线(耐热性曲线)斜率的负倒数。它表示某一细菌 *D* 值变化 10 倍或 1/10 时的温度差(℃)，即在加热致死时间曲线中，时间降低一个对数周期(即缩短 90% 的加热时间)所需要升高的温度数(图 2.2)。*Z* 值越大，说明该微生物的耐热性越强。

$$Z = (T_1 - T_2)/\lg D_2 - \lg D_1) \tag{2.2}$$

式中，T_1——加热杀菌温度 1；

T_2——加热杀菌温度 2；

D_1——加热杀菌温度 1 时的 *D* 值；

D_2——加热杀菌温度 2 时的 *D* 值。

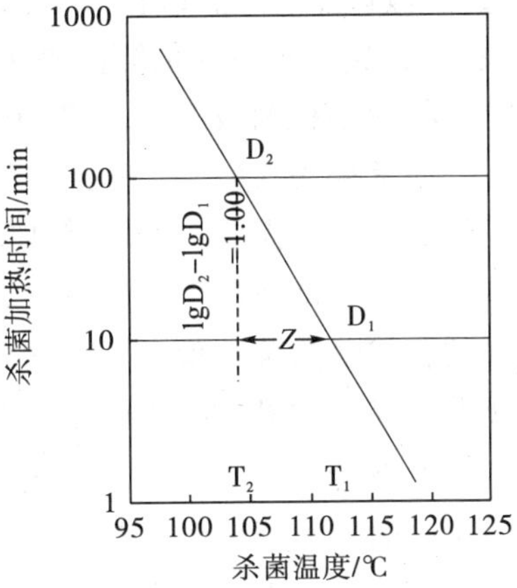

图 2.2 热力致死时间曲线

3. ***TDT* 值**

TDT 值表示在一定的温度下，使微生物全部致死所需的时间。杀灭某一对象菌，使之全部死亡的时间随温度不同而异，温度越高，时间越短。

4. *F* 值

F 值指在一定温度下杀灭一定数量的细菌所需要的时间(min)，也称为杀菌效率值、杀菌致死值或杀菌强度。*F* 值是赋予了商业无菌含义的 *TDT* 值。

$$F = nD \tag{2.3}$$

式中，$n = \lg a - \lg b$；

D——D 值(min)；

a——杀菌前对象菌芽孢总数；

b——杀菌后对象菌芽孢总数。

除非 Z 值相同，各微生物的 F 值不能相互比较，且 F 值还与初菌数有关。因此，为便于比较，规定将任何 Z 值的杀菌对象经 121.1℃热处理 1 min 所得的致死值定为标准值，即 $F_{121.1}^{Z} = 1$ min(F_0)。F_i则为任何其他温度(T)时相当于 121.1℃热处理 1 min 所需要的时间。

$$F_i = \lg^{-1}\left(\frac{121.1 - T}{Z}\right) \tag{2.4}$$

2.1.2.3 杀菌时间及 *F* 值的确定

通过理论计算，可以寻求较合理的杀菌时间和 *F* 值，在保证食品安全性的前提下，尽可能更好地保持食品原有的色、香、味，同时节约能源。

1. 安全杀菌 *F* 值的计算

如何制定罐头食品合理的杀菌条件(杀菌温度和时间)，是确保罐头食品质量和安全的关键。通过罐头杀菌前对罐内食品微生物的检验，获得经常污染该种罐头食品的腐败菌的种类和数量，并切实地制定生产过程中的卫生规范，以控制污染的最低限量，然后选择抗热性最强的或对人体具有毒性的那种腐败菌的耐热性值作为依据(即选择确切的对象菌)，用计算方法估算出来 *F* 值，这种 *F* 值就称之为安全杀菌 *F* 值。国外一般采用肉毒梭状芽孢杆菌或 P. A. 3679 作为计算 *F* 值的代表菌，其中以肉毒杆菌最常用。

通常采用式(2.3)确定安全杀菌所需的 *F* 值。对于肉毒梭状芽孢杆菌，考虑到公共卫生安全上的需要，美国等国家规定 n 必须选择 12 才比较安全，不会发生食物中毒事件。但是，低酸性罐头食品中，引起食品败坏的其它微生物的耐热性还有比肉毒杆菌更强的，如嗜热菌芽孢 $D_{121.1}$可达 3 ~4 min，如果同样采用 12D 值的杀菌强度，虽然可以使腐败率降低到最低的程度，但对产品感官性质将是极为不利的，甚至不能食用，同时经济上也不合算。所以对于耐热性高的嗜热菌，以采用 4 ~5D 的杀菌值为适宜，6D 也是可以接受的。如嗜热脂肪芽孢杆菌的 $D_{121.1} = 3.0$ min，则 $F = 4 \sim 5D = 12 \sim 15$ min，即使采用这样的杀菌强度，仍完全足以达到杀灭肉毒杆菌 12D 的要求。表 2.4 是部分罐头食品的参考 *F* 值。

表 2.4 可参考的杀菌 *F* 值

产品	罐型	*F* 值/min
婴儿食品	婴儿食品罐	3 ~5
茄酱豆	所有罐型	4 ~6

续表

产品	罐型	F 值/min
胡萝卜	所有罐型	3~4
蘑菇	A_1	8~10
原汁肉	所有罐型	12~15
番茄汤(非奶油型)	所有罐型	3
青刀豆	A_2	4~6

2. 罐头冷点温度(即中心温度)的测定

为了确定罐头杀菌条件和计算 F 值，必须测定杀菌过程中罐内食品温度变化情况，即测定其传热最慢部分的冷点温度与时间的变化关系。

测定罐头食品的冷点温度变化的装置，是由感温部件插入冷点处，将测得的温度转化为电流讯号，以导线引出杀菌锅外，再转换成温度的显示装置。温度显示装置具有显示、自动记录和致死值的自动计算功能，这样既可以备查，又简化数据分析手续，图 2.3 为罐头冷点温度(中心温度)测定仪的一种。通过测定冷点温度，可以了解罐头的传热状态，比较锅内各部位的升温情况，拟合杀菌 F 值要求，同时改进工艺和操作技术。

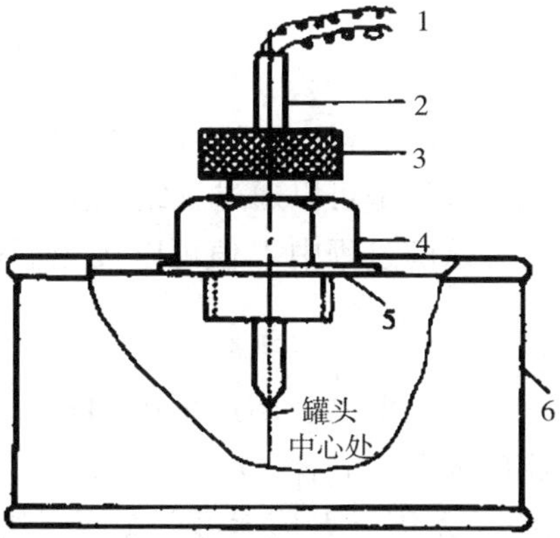

图 2.3 罐头中主温度测定示意图
1. 热电偶导线 2. 热电偶保护管
3. 压紧螺母 4. 热电偶插座螺母
5. 橡皮垫圈 6. 罐头

3. 杀菌 F 值的确定

罐头杀菌条件的计算方法较多，常用的有一般法、公式计算法和列图计算法。本章以一般法为例，说明罐头食品杀菌条件的确定。

1)部分杀菌量

1920 年，Bigelow 根据细菌致死率和罐头食品传热曲线推算出杀菌时间，这种方法被称为一般法或基本推算法(the general method)。罐头食品加热和冷却的过程中，罐内温度随时间不断地变化，罐内食品温度超过致死温度时就有细菌死亡，温度不同，导致细菌死亡量不同。Bigelow 推算时间的基本方法就是找出罐头食品传热曲线与各温度下细菌热力致死时间的关系，为杀菌操作推算出在预定杀菌温度工艺条件下需要加热和冷却的时间。为此 Bigelow 提出了部分杀菌量(partial sterility)的概念，以 A 表示。

假设罐头食品内细菌在 T℃温度时的热力致死时间为 τ min，这种细菌如在同温度下加热 t 分钟，此时在 T℃温度下完成的杀菌程度为：

$$A = t/\tau \tag{2.5}$$

将杀菌过程分为 n 个温度段，在每个温度段各自的平均温度为 T_a，对应的热力致死时间为 τ_a，在该温度段停留的时间为 t_a，则在每个温度段取得的部分杀菌量为 A_a：

$$A_a = t_a/\tau_a \tag{2.6}$$

整个杀菌过程的总杀菌量为：

$$A = \sum A_a = \sum t_a/\tau_a \tag{2.7}$$

部分杀菌量的概念表明不同温度条件下连续杀菌的致死量是可以累积的。总的杀菌效率值就是各个很小温度区间内的部分杀菌效率值之和，这就为连续加热时累积计算各温度时的细菌致死程度提供了方便。

2)杀菌 F 值计算

杀菌过程中各致死温度时相应的致死率(L_i)是确定杀菌值的基础。前述规定将任何 Z 值的杀菌对象经121.1℃热处理1 min所得的致死值定为标准值(F_0)，致死率就是标准 F 值(F_0)与任意温度下的 F 值(F_i)与的比值。即：

$$L_i = F_0/F_i = 1/Fi = \lg^{-1}\left(\frac{t-121.1}{Z}\right) \tag{2.8}$$

杀菌过程中，通常低酸性食品致死率值可从90℃算起，而酸性食品则可从60℃算起。致死率可以通过查致死率表获得，也可以通过式(2.8)计算得到。

杀菌过程中 F 值可以按照下式进行计算：

$$F = \int_0^t L dt \tag{2.9}$$

罐头食品杀菌过程中加热时间为 t_i，t_{i+1}，t_{i+2}，…，t_n，而在其冷点上测得的温度相应为 T_i，T_{i+1}，T_{i+2}，…，T_n，而它们的相应致死率为 L_i，L_{i+1}，L_{i+2}，…，L_n时，根据式(2.9)，F 值就可以按照下述公式计算：

$$F = \sum_{i=1}^{n-1} \frac{L_i + L_{i+1}}{2} \triangle t_i \tag{2.10}$$

式中，$\triangle t_i$是 t_{i+1}和 t_i间隔的加热时间。

如果罐头冷点温度测定按照同一间隔时间 $\triangle t$ 进行，则式(2.10)可变为：

$$F = \triangle t\left(\frac{L_1 + L_n}{2} + L_2 + L_3 + L_4 + \cdots\cdots + L_{n-1}\right)$$

$$= \triangle t \frac{L_1 + L_n}{2} + \sum_{i=2}^{n-2} L_i \tag{2.11}$$

当 L_1和 $L_n = 0$ 时，式(2.11)可简化为：

$$F = \triangle t \sum_{i=2}^{n-2} L_i \tag{2.12}$$

例如：某芦笋罐头，罐头初温34℃，杀菌温度117℃，升温时间17 min，杀菌时间24 min，反压冷却。用罐头温度记录仪对其冷点温度变化进行测定，其冷点温度变化如表2.5所示。

根据式(2.12)，该杀菌过程 $F = \triangle t \sum L_i = 2 \times 3.5552 = 7.1$ min。芦笋罐头杀菌时的安全 F 值要求达到4 min即可，从表2.5中可以看出，加热至34 min时即可开始冷却，此时 $F = 2 \times (1.9855 + 0.0309) = 4.04$ min，实际杀菌仅需17 min。

若需 $F_{安} = 10$ min，如表2.5所示，杀菌至41 min时罐温已达到117℃，若延长杀菌时间8 min，致死率累积值将增加 $4 \times 0.3891 = 1.5564$，则 $F = \triangle t \sum L_i = 2 \times (3.5552 + 1.5564) = 10.2$ min，达到了 $F_{安} = 10$ min 的要求。因此，实际杀菌时间延长至32 min。

3)需注意的问题

实际杀菌过程中，当 $F = F_{安}$ 时为最佳杀菌条件，$F < F_{安}$ 时杀菌不足，$F > F_{安}$ 时杀菌过度。实际生产中一般取 F 值略大于 $F_{安}$。

对于同样的 F 值，可以有大量的温度－时间关系满足，既可选用低温长时，又可选用高温短时，应考虑食品所能耐受的温度、该条件下酶失活问题及生产的经济性。某些产品传热速度快，宜选用高温短时杀菌，如液态食品；某些产品传热速度慢，选用低温长时杀菌更合理些，如固态食品，否则某些个体可能因传热缓慢而出现 F 值偏低。因此，罐头食品杀菌温度的选定主要应考虑食品的热敏感性、耐热力最强的有害微生物能否被杀死($F_{安}$)和罐头冷点达到杀菌温度的时间，一般要求杀菌结束时冷点温度和杀菌温度之差不超过 10%。

在罐头食品杀菌过程中，几乎所有的酶在 80 ~90℃的高温下，几分钟就可能被钝化。但如果酶没有被完全破坏，在酸性和高酸性食品中常引起风味、色泽和质地的败坏。近年来采用的高温短时杀菌和无菌灌装等新措施，出现罐头食品产生异味的现象，检验发现没有细菌的存在，而是过氧化物酶对高温有较大的抵抗力，它对高温短时杀菌处理的抵抗力比许多耐热细菌还强。因此，在选择杀菌时间、温度时，还应考虑到酶失活问题。

表 2.5 芦笋罐头杀菌过程中温度及其致死效果

杀菌操作	加热时间/min	冷点温度/℃	致死率(L_i)	$\sum L_i$
升温时间	0	34	—	—
	2	34	—	—
	4	34	—	—
	6	36	—	—
	8	41	—	—
	10	52	—	—
	12	65	—	—
	14	79	0.0000	—
	16	91	0.0010	0.0010
杀菌时间	18	101.5	0.0110	0.0120
	20	108.5	0.0490	0.0610
	22	112.0	0.1230	0.1840
	24	114.0	0.1950	0.3790
	26	115.5	0.2754	0.6544
	28	116.0	0.3090	0.9634
	30	116.2	0.3236	1.2870
	32	116.4	0.3436	1.6303
	34	116.6	0.3549	1.9855
	36	116.8	0.3715	2.3570
	38	117	0.3891	2.7461
	40	117	0.3891	3.1352

续表

杀菌操作	加热时间/min	冷点温度/℃	致死率(L_i)	$\sum L_i$
冷却	42	117	0.3891	3.5243
	44	106	0.0309	3.5552
	46	80	0.0000	—
	48	60	—	—
	50	47	—	—
	52	37	—	—

2.1.3　影响罐头杀菌的主要因素

影响罐头杀菌效果的因素很多，主要有微生物的种类和数量、食品的性质和化学成分、罐头传热的方式和传热速度等几个方面。

2.1.3.1　微生物的种类和数量

不同的微生物耐热性差异很大，这个前面已有阐述，即嗜热性细菌耐热性最强，芽孢比营养体更耐热。而食品中微生物数量，尤其是芽孢数量越多，在同样温度下致死所需时间越长(表2.6)。因此，在一定条件下微生物致死时间的长短，除了与其本身耐热性有关外，还与微生物的原始浓度有关。

表2.6　孢子数量与致死时间的关系

每毫升的孢子数	在100℃下的致死时间/min
7.2×10^{10}	230~240
1.64×10^{9}	120~125
3.28×10^{7}	105~110
6.5×10^{5}	80~85
1.64×10^{4}	45~50
328	35~40

食品中微生物数量的多少取决于原料的新鲜程度和杀菌前的污染程度。所以采用的原料要求新鲜清洁，从采收到加工要及时，加工的各工序之间要紧密衔接，不要拖延，尤其装罐后到杀菌之间不能积压，否则罐内微生物数量将大大增加而影响杀菌效果。另一方面工厂要注意卫生管理、用水质量及与食品接触的一切机械设备和器具的清洗和处理，使食品中的微生物减少到最低限度，否则都会影响罐头食品的杀菌效果。

2.1.3.2　食品的性质和化学成分

微生物的耐热性，在一定程度上与加热时所处的环境条件有关。食品的性质和化学成分是杀菌时微生物所处的环境条件，因此食品中的酸、糖、蛋白质、脂肪、盐类等都能影响微生物的耐热性。

1. **原料的酸度(pH)**

原料的酸度对微生物耐热性的影响很大。大多数产芽孢的细菌在 pH 中性时耐热性最强，降低食品的 pH 可以减弱微生物的耐热性，甚至抑制它的生长，如肉毒杆菌在 pH < 4.5 的食品中生长受到抑制，也不会产生毒素。所以细菌或芽孢在低 pH 的条件下是不耐热处理的，因而常在低酸性食品中加酸(如醋酸、乳酸、柠檬酸等，以不改变原有风味为原则)以提高杀菌和保藏效果。

2. **食品的化学成分**

罐头内容物中的糖、盐、淀粉、蛋白质、脂肪及植物杀菌素对微生物有不同程度的影响。如装罐食品和填充液中的糖浓度越高，杀灭微生物芽孢所需的时间越长；浓度很低时，对芽孢耐热性的影响也很小。但糖的浓度增加到一定程度时，由于造成了高渗透压的环境又具有抑制微生物生长的作用。0% ~4% 的低浓度食盐溶液对微生物的耐热性有保护作用，而高浓度食盐溶液则降低微生物的耐热性。

脂肪对微生物具有保护作用，芽孢在油脂中热处理类似于干热杀菌，原因是芽孢外面的油层导热率低。同一食品中加入油脂与否，对微生物耐热性有显著影响，如肉毒杆菌在油中热处理后的生存率大大超过预料的情况。

食品中的蛋白质能增加细菌耐热性，例如：芽孢在 2% 明胶中经 120℃ 杀菌 20 min，仍有 15% 芽孢存活，故加入胶冻的罐头在杀菌时应考虑此因素。其他化学成分如淀粉亦有利于微生物生长。淀粉本身不能影响芽孢的抗热力，但能有效地吸附有抑制性的物质，为细菌生长提供有利条件。

如果在罐头食品杀菌前加入适量的具有杀菌素的蔬菜或调料，可以降低罐头食品中微生物的污染率，使杀菌条件降低。

2.1.3.3 罐头食品杀菌时的传热情况

杀菌时热的传递主要是以热水或蒸汽为介质，其热力由罐外表传到罐头中心的速度，对杀菌条件影响很大。传热速度快的罐头，由于罐头达到要求温度所需的时间短，杀菌时间亦可缩短。在罐头食品杀菌期间热的传递方式主要是传导和对流，而在某一种罐头食品中以哪种传热方式为主，取决于该食品的理化性质、装罐的数量与形式、固体和液体的比例等。通常液态食品以对流传热为主，固态食品以传导传热为主，如果液态固态相混则两种方式并存。罐头容器的种类、罐头的大小、食品的种类和状态、杀菌前罐头的初温高低、罐头在杀菌器中的位置及堆叠情况等，都能影响热的传递速度。用金属容器、小型罐、液态食品、回转式杀菌等传热速度快。回转式杀菌比静置式杀菌效果好、时间短。因前者能使罐头在杀菌时进行转动，从而提高传热性能，加快罐内中心温度升高，因而可缩短杀菌时间。罐头在杀菌锅中远离进气管路，在锅内温度还没有达到平衡状态时，传热较慢。锅内空气排除量、冷凝水积聚、杀菌篮的结构等也影响杀菌效果。

在罐头食品杀菌时，不能立即使罐内各个部位的温度同时升高到要求的温度，罐头的传热情况见图 2.4 所示。要达到杀菌目的，就必须使罐内升温最慢的部位满足杀菌的要求。一般将罐内食品温度变化最缓慢的部位称为罐头食品的冷点，也叫最迟加热点。以传导方式传热的罐头食品冷点一般在罐头的几何中心处，冷点温度变化缓慢，故加热

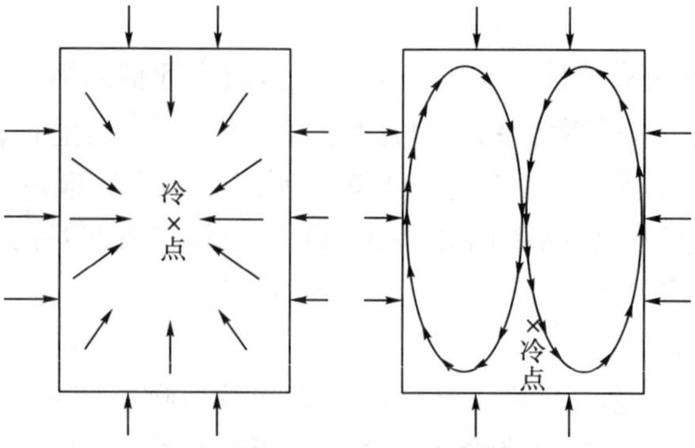

图2.4　罐头食品的冷点

杀菌时间较长；对流传热的罐头食品的冷点，在罐头轴上离罐底20～40 mm处，其冷点温度变化较快，杀菌的时间较短。罐头杀菌必须以冷点作为标准，使罐内升温最慢的部位满足杀菌要求，才能保证罐头食品安全保存。

2.1.3.4　罐内食品的初温

罐头在杀菌前的中心温度(即冷点温度)叫初温。初温的高低影响到罐头中心达到所需温度的时间。通常罐头的初温越高，初温与杀菌温度之间的温差越小，罐中心加热到杀菌温度所需要的时间越短。因此，杀菌前提高罐内食品初温，如装罐时提高食品和汤汁的温度，排气密封后及时杀菌等，对于提高杀菌效果具有重要作用。

2.2　罐 藏 容 器

罐头的密封，主要依靠容器的严密性，特别是封口的严密性。罐藏容器除了隔离微生物以外，同时也有隔绝外界空气和遮光的作用。供罐头食品容器使用的材料，要求具有以下特性：①对人体无毒害，不与食品中的成分发生不良的化学反应；②具有良好的密封性，使罐内食品与外界隔绝，防止外界微生物的污染；③具有良好的耐高温、耐高压和耐腐蚀性能；④适合于工业化生产。按制造容器的材料，罐藏容器可分为金属罐、玻璃罐和软包装(蒸煮袋)。

2.2.1　金属罐

金属罐的优点为能完全密封、耐高温、耐高压、耐搬运。其缺点是一次性使用，常会与内容物发生作用，不透明等。常用的金属罐为马口铁罐。

马口铁罐是由两面镀锡的低碳薄钢板(马口铁)制成，俗称素铁罐。由罐身、罐盖和罐底三部分焊接密封而成，也叫三片罐。马口铁镀锡的均匀与否会影响铁皮耐腐蚀性。镀锡的方法有热浸法和电镀法。前者所镀锡层较厚，耗锡量较多；而后者所镀锡层较薄且均匀一致，能节约用锡量，有完好的耐腐蚀性，故生产上得到大量使用。有些罐头品种因内容物pH较低，或含有较多的花青素苷，或含有丰富的蛋白质，故在马口铁与食品接触的一面涂上一层符合食品卫生要求的涂料，这种马口铁称为涂料铁。一般含酸较多的果蔬采用抗酸涂料铁，含蛋白质丰富的食品采用抗硫涂料铁。抗酸涂料常用的是214#环氧酚醛树脂涂料，呈金黄色。该涂料同时也是抗硫涂料，具有抗硫化氢透过性。

在罐头生产中选用何种涂料罐为好，要根据食品原料的特性、罐型大小、食品介质的腐蚀性能等情况综合考虑后决定。

2.2.2 玻璃罐

玻璃罐在罐头工业中应用之泛，其优点是性质稳定，与食品不起化学变化，而且玻璃罐装食品与金属接触面小，不易发生反应；玻璃透明，可见罐中内容物，便于顾客选购；空罐可以重复使用，经济便利。其特点是重量大，质脆易破，运输和携带不便；内容物易褪色或变色；传热性差，要求温度变化均匀缓和，不能承受骤冷和骤热的变化，温差40～60℃即破裂。目前，玻璃罐正向薄壁、高强度发展，新的瓶型不断问世。工业发达国家卫生部门已正式规定婴幼儿食品只能使用玻璃罐。

质量好的玻璃罐应呈透明状，无色或略微带青色，具有良好的化学稳定性和热稳定性。通常在加热和加压杀菌条件下不破裂，罐身应端正光滑，厚薄均匀，罐口圆而平整，底部平坦，罐身不得有严重的气泡、裂纹、石屑及条痕等缺陷。

玻璃罐的形式很多，但现在使用最多的是四旋罐，其次是卷封式的CKO-83-1型(俗称胜利罐)。玻璃罐的关键是密封部分，包括金属罐盖和玻璃罐口。胜利罐容积为500 mL，由罐盖、橡皮圈及玻璃罐身组成，其密封性能好、能承受加热加压杀菌，但开启不便，造型还需改进。四旋罐由罐盖、橡胶或塑料垫圈及罐颈上有螺纹线的玻璃罐组成，当罐盖旋紧时，则罐盖内侧的盖爪与螺纹互相吻合而压紧垫圈，达到密封的目的。

2.2.3 蒸煮袋

蒸煮袋(retort pouch)是由一种能耐高温杀菌的复合塑料薄膜制成的袋状罐藏包装容器，俗称软罐头。美国于1955年开始进行这种包装袋的研究，1980年起大量投入生产。日本1965年就开始了蒸煮袋的工业化生产，是目前生产和应用最多的一个国家。我国已于20世纪70年代开始生产。

与其他罐藏容器相比，蒸煮袋具有如下优点：①重量轻、体积小、易开启、携带方便；②耐高温杀菌，贮藏期长；③封口、成型等加工方法简便，而且杀菌时传热速度快，可缩短杀菌时间；④不透气、不透水、不透光，内容物几乎不可能发生化学变化，能较好地保持食品的色香味，可在常温下贮藏，质量稳定。缺点是对罐头高速工业化生产的适应性有待提高。

蒸煮袋包装材料一般是将聚酯、铝箔、聚烯烃等薄膜借助胶黏剂复合而成，一般有3～5层，多者达9层。外层是12 μm的聚酯，起加固及耐高温作用。中层为9 μm的铝箔，具有良好的避光性，防透气，防透水；也可用乙烯与乙烯醇的聚合物、聚丙烯腈等取代。内层为70 μm的聚烯烃(早期用聚乙烯，目前大量用聚丙烯)，有良好的热封性能和耐化学性能，能耐121℃高温，又符合食品卫生要求。

2.3 罐藏原料

2.3.1 罐藏对果蔬原料的要求

果蔬原料对果蔬罐藏制品的品质有很大的影响，它影响到制品的色泽、风味、质地及原料的利用率。因此，正确地选择罐藏原料，是保证制品质量的关键。罐藏加工对果蔬原料的要求比较严格，要生产出优质低耗的果蔬罐头产品，必须采用适于罐藏要求的新鲜优质原料和合理的加工工艺。虽然大部分水果和蔬菜都可罐藏，但其适应性在品种、品系之间常有较大的差异，以致罐藏常局限于少数品种，这些罐藏性能良好的品种称为罐藏品种或罐藏专用品种。它们与鲜食品种虽有不少相同之处，但有其特殊的品种特性。罐藏对果蔬原料的要求具体如下：

1. 合适的品种

果蔬罐藏产品一般要求原料色泽鲜艳，肉质丰富，质地柔嫩，耐高温处理。因此，宜选用形状整齐、大小适中、果心小、肉质厚、质地致密、耐煮性好、整形后美观、色泽一致的品种，常用的罐藏原料有菠萝、柑橘、桃、山楂、梨、番茄、芦笋、蘑菇等。

2. 适当的成熟度

在成熟度方面，要求有适当的工艺成熟度，便于贮运，能经受工艺处理和达到一定的质量标准。这种成熟度往往略高于坚熟，稍低于鲜食成熟度，称之为罐藏成熟度。果蔬原料的成熟度对制品色泽、组织、形态、风味、汤汁澄清度有决定性影响，与工艺过程的生产效率和原料利用率关系密切。不同的果蔬种类、品种要求有不同的罐藏成熟度，一般水果要求八成熟，蔬菜则根据不同种类与品种而有所不同，如豌豆应选用幼嫩豆粒；青刀豆应选用乳熟期；蘑菇应选用不开伞的蘑菇；番茄要求可溶性固形物含量达到5%以上、番茄红素含量达到6 mg/100 g以上。

3. 原料的新鲜度

罐藏用果蔬原料越新鲜，加工的质量越好。因此，从采收到加工，间隔时间越短越好，一般不要超过24 h。有些蔬菜如甜玉米、豌豆、蘑菇、芦笋等，应在2～6 h内加工。如果时间过长，甜玉米或青豌豆粒的糖分就会转化成淀粉，风味变差，杀菌后汤汁混浊。

2.3.2 水果罐藏原料

用于罐藏的水果原料主要有以下几种。

2.3.2.1 柑橘

用于制取全去囊衣和半去囊衣的糖水橘片罐头的品种，由于工艺上须去皮和分囊，所以只有宽皮橘类才符合这一要求。生产上以全去囊衣品质为上。主要生产国有中国、日本、西班牙、摩洛哥、南非和以色列，其中以中国产量最大，年产量超过50万吨。

加工上用于罐藏的柑橘，要求剥皮容易、砂囊紧密、色泽鲜艳、香味浓郁、糖分含量高、糖酸比合适。果形扁圆、大小适中，果形指数在1.30以上，橘片形状接近半圆形且整齐，容易分囊，种子少或无，果皮薄，橙皮苷含量低，果实横径50~70 mm(重约50~100 g)。耐热力强，有利于杀菌，耐贮运，成熟度要求充分成熟。

我国橘子罐头主要用温州蜜柑制取，此外还有本地早、芦柑、四川红橘、朱红等。温州蜜柑品系甚多，以中、晚熟的较好，因早熟温州蜜柑囊衣薄，果肉较软易破碎，色浅味淡，不耐贮藏，成品白色沉淀多，质量欠佳。我国罐藏温州蜜柑的主要良种有浙江的宁红、海红、石柑，湖南的涟源73-696，四川的成风12-l及南方各省均有栽培的宫川、尾张。

本地早的罐藏适应性仅次于温州蜜柑，其优点为果肉硬度较好，果形大小和橘囊大小适当，果肉色泽较深，成品白色沉淀少。但其早熟且不耐贮藏，酸分较低、种子多(种子重量占全果的1.56%~1.88%)，故加工费时，所以其加工性能不及温州蜜柑。目前推广的少核优良罐藏本地早品种有浙江黄岩的新本1号和福建的黄斜3号，种子少，加工性能好。作为半去囊衣橘子罐头的原料，各地所用品种有所不同，其中四川用大红袍红橘，广东、广西用蕉柑和温州蜜柑，福建用福橘，浙江用早橘；相比之下，以温州蜜柑和早橘为好。

2.2.3.2 菠萝

菠萝为主要的罐藏原料，罐藏品的风味比鲜食更好，国际上的销路日益扩大。制品有圆片、扁形块、碎块和菠萝米等。菠萝的罐用品种要求果实新鲜良好，果形呈长筒形，果心小而居中心位置，纤维少，果眼浅，果肉黄色，呈半透明，风味浓，糖酸比适合；无黑心、水泡、霉烂和褐斑等损伤和缺陷。果实在充分成熟时才能达到最好的风味和品质，供罐藏的果实应在成熟时采收，不但能提高制品质量，而且还能获得较高的产量，充分成熟的果实应尽快加工。

菠萝的罐藏良种有无刺卡因(Smooth Gayenne)、沙劳越(Sarawak)、巴厘(Comtede Paris)，要求横径80 mm以上。另外，菲律宾、红色西班牙(Red Spanish)、皇后(Queen)、台湾种、本地种等亦可做罐藏。

2.3.2.3 荔枝

荔枝是我国特产水果，罐藏用品种的果实较大而圆整，要求果实横径在28 mm以上，个别品种可在25 mm以上；核小肉厚，果肉洁白而致密、无开裂；糖分高、香味浓、涩味淡、风味好；酶促褐变轻微或不褐变。罐藏品种以黑叶(乌叶)最好，也可采用淮枝、陈紫、大造、上番枝、下番枝、尚书怀、桂味等。一般要求果实八至九成熟时采收。

2.3.2.4 龙眼

龙眼为我国南方的特产佳果。罐藏要求果实大，横径在24 mm以上，个别品种可在20 mm以上；肉厚核小，肉质致密，乳白色，不易褐变的品种。罐藏品种以福建泉州的福眼、厦门同安的水涨、福州的南圆为好，此外还有东壁(糖瓜蜜)、石硖等品种。

2.3.2.5 枇杷

枇杷为我国特产水果之一，但产量不多，远不能满足罐头工业的需求。枇杷果实中存在大型种核，加工后出品率较低，但其加工品色泽鲜丽，风味好而颇受欢迎。罐藏枇杷要求果肉色泽橙红至橙黄色，中等大小，果形圆整，果肉厚且肉质致密、粗纤维少、糖酸含量高、风味好，耐煮制不塌果，种子小而少。白肉种组织柔软，容易产生机械伤和褐变，一般不用于罐藏。适宜制罐的品种有浙江余杭的大红袍，安徽歙县的朝宝、光荣，浙江黄岩的洛阳青、黄岩5号，江苏吴县的富阳种及福建的太城4号、梅花霞等。日本用于罐藏的有田中、茂木，品质一般，仅少量生产。

2.3.2.6 杨梅

杨梅原产于我国，为珍贵果品之一，尤以福建、浙江的产量多而品质优，但罐藏数量不多，因成熟期短，不耐贮藏，所含花青素不稳定，易受金属离子和光线等作用而变色、褪色。罐藏要求原料紫红色或鲜红色，色泽较一致；果大核小，果实横径在22 mm以上，果形整齐，可食率高，可溶性固形物含量达8%以上，含酸量适宜，果实紧密耐煮制，不易裂果，肉柱顶部要求圆齿，维生素C含量高。适宜罐藏的品种主要有浙江余姚的荸荠种，温州的丁香梅，黄岩的东魁、水梅，临海的大梅，舟山的皋泄杨梅，福建的迟长蒂和江苏的大叶细蒂等。

2.3.2.7 苹果

苹果不是重要的罐藏原料，也没有专用品种。一般要求果实大小适当，果实横径约70 mm，果形圆整，果肉致密呈白色或黄白色，果肉硬而有弹性，耐煮制，无明显的褐变现象，风味浓、香气好，成熟后果肉不发绵等。罐藏性能较好的品种有红玉和醇露，其它还有国光、翠玉、青香蕉、青龙、印度、柳玉、凤凰卵等。英国常采用布瑞母里实生(Bramleys seedling)，日本则常采用金帅、惠、红元帅等。此外，我国的小苹果类用来罐藏的有黄太平、白海棠和红铃果。

2.3.2.8 梨

罐藏对梨的要求是果实中等大小，果面光滑，果形圆整或“梨形”；果心小，肉质细致，风味好，香味浓，石细胞与纤维少，肉白色；加工过程中无明显褐变，不会出现无色花青素的红变现象；成熟适度，果肉硬度达7.7～9.6 kg/cm^2(用顶尖直径8 mm的硬度计测定)，耐贮运。巴梨(Bartlett)是西洋梨中供罐藏的专用种，其他还有大红巴梨(Max-Red Bartlett)、拉·法兰西(La France)、秋福(Kieffer)、大香槟(Grand Champion)等均可罐藏。中国梨和日本梨因石细胞多和缺乏香气之故，仅供制内销产品。日本梨以长十郎为好，其他如二十世纪、菊水、八云、晚三吉、黄蜜、今村秋等也可少量加工。中国梨用做罐藏的有莱阳的茌梨、河北的鸭梨、辽宁的秋白梨、河北赵县的雪花梨和延边的苹果梨等品种。

2.3.2.9 桃

糖水桃是世界水果罐头中的大宗商品，生产量和贸易量均居世界首位，年产量近百万吨，其中美国约占2/3。罐藏对桃的要求有以下几点。

1. 色泽

白桃应白色至青白色，果尖、合缝线及核洼处无花青素，白桃不含无色花青素。黄桃含有大量的类胡萝卜素，果肉金黄色至橙黄色，且具有波斯系及其杂种所特有的香气和风味，其品质优于白桃。

2. 肉质要求不溶质(non-melting flesh)

不溶质桃果实耐贮运及加工处理，生产效率高，原料吨耗低。而溶质品种，尤其是水蜜桃，不耐贮运，加工中破碎多、损耗大，劳动效率低，成品常软塌、烂顶和毛边，质量低。

3. 种核应粘核

粘核种肉质较致密，粗纤维少，树胶质少，去核后核洼光洁；离核种则相反。

所谓的“罐桃品种”常指黄肉、不溶质、粘核品种。此外，罐藏用桃还要求果实横径在55 mm以上，个别品种可在50 mm以上，蟠桃60 mm以上，果形圆整，核小肉厚，可食率高；风味好，无显著涩味和异味，香气浓；成熟度接近成熟，单果各部位成熟一致，后熟较慢等。

美国的罐桃品种最多，主要的罐藏品种有三个类型：早熟种以泰斯康(Tuscan)为主，中熟种以Paloro为主，晚熟种以菲利浦(Phillips)为主，都是黄肉、不溶质、粘核品种。目前世界上许多罐头桃用Andross生产。日本供罐藏加工的黄肉桃品种有爱保太、晚黄金、明星和罐桃2号、5号、12号及14号等；另有少量的白桃品种，如山下、大久保、冈山白等。我国用于罐藏的黄桃品种有黄露、丰黄、连黄、橙香、橙艳、爱保太黄桃和从日本引进的罐桃5号、罐桃14号、明星等。另有不溶质白肉60-24-7、京玉白桃、北京24、大久保、简阳白桃、白凤、新红白桃、白香水蜜桃、中州白桃、晚白桃等白桃也用于罐藏。

2.3.2.10 李

用于罐藏的李品种不多，以黄肉种为好，要求果实横径30 mm以上，个别品种25 mm以上，肉质紧密、耐煮制、易去皮、果核小。我国常用品种有辽宁的鸡心李，浙江的茄皮李、青宵李，广东、广西的三华李，福建的芙蓉李等。

2.3.2.11 杏

罐藏杏要求果实中大，横径35 mm以上，个别品种可在30 mm以上，果肉厚，肉质致密，粗纤维少，色泽黄亮，风味浓郁，耐煮制和运输，易去皮，成熟度适当，过熟会软烂而不耐加工处理，过青的果实罐藏后有苦涩味。我国用的罐藏杏品种有辽宁的大红杏、大杏梅，河北的串枝红，河南的鸡蛋杏，山东的荷包榛、玉杏和北京的铁巴达、红桃、黄桃、关爷脸等，美国的罐藏杏品种有Royal、Moorpork和Tilton等品种。

2.3.2.12 栗

罐藏栗要求果形大而整齐，肉质紧密，双子少，去种壳和涩皮容易，种肉风味好，加热后呈鲜丽的金黄色，不破裂。此外还要求抗病虫能力强，无霉烂、虫蛀、干枯和发芽。每粒果重7 g以上。中国栗一般去种壳和涩皮容易，风味好，但加热后易破裂。主要加工用品种有红皮油栗(浙江金华、河北迁安)、大红袍(安徽)、大明栗(河北邢台、山东泰安)、毛栗(广东阳山)、锥栗(福建南平、龙岩)。日本栗去种壳和涩皮较困难，风味较差，但耐煮制，适用罐藏的品种有银寄、田原银寄、岸根及赤中。

2.3.2.13 中华猕猴桃

中华猕猴桃为我国新发展的罐藏原料，原产于我国，但以新西兰栽培最多。罐藏上要求果实大而果形整齐，果心小而籽小，果面光滑无毛或少毛，果形呈圆柱形或椭圆形，果肉黄白，风味酸甜适口、香味浓，维生素C含量高。带毛猕猴桃由于果肉青绿，果心大、籽多，味酸、风味差和成品色泽暗，大都不适用于罐藏。近年来，我国各地选育出的罐藏品种有江西的庐山79-2、奉新县的F-T-79-3，福建建宁县的D-13、D-15、D-16和D-25等。从新西兰引进的良种有海沃德(Hatward)和布鲁诺(Brono)，罐藏适应性也较好。

2.3.3 蔬菜罐藏原料

用于罐藏的蔬菜原料主要有以下几种。

2.3.3.1 芦笋

芦笋也称石刁柏，是一种多年生宿根性植物，食用部分是其幼嫩带有细小鳞片的嫩茎。供罐藏加工的芦笋有两种类型：一种是在培土下生长的白色芦笋，在未形成叶绿素之前，于地下20 cm处切取，以肉质白嫩、清香者为上；另一种类型是长出地面的绿色芦笋，待其长到20 cm高时自地面切取。芦笋在采收后组织变化很快，易本质纤维化和弯曲，采后应迅速加工处理。

优良的芦笋罐藏品种要求植物生长旺盛，早熟、丰产、抗病；组织致密，粗壮幼嫩，乳白色或绿色，粗细一致，不弯曲，不开裂，无空心；肉质细微、纤维少，滋味、气味鲜美，没有苦味或苦味少。目前我国普遍引用的罐藏芦笋良种有美国的玛丽华盛顿(Mary Washington)和玛丽华盛顿500，另外还有Martha Washington、Schwetizinger Meisterchuss等。一些我国自主选育的新品种也已投入生产应用，如冠军、硕丰、王子等。

2.3.3.2 番茄

番茄的栽培遍及全世界，由于果实营养丰富、色香味俱佳，但鲜果保存困难，因而其加工制品发展很快，是蔬菜罐藏的主要种类，其罐藏制品有整番茄、番茄酱、番茄汁和调味番茄酱等。供罐藏的品种，要求果形中等，果面光滑，颜色鲜红而全果着色均匀，果肉厚，果心小、种子少，番茄红素、可溶性固形物及果胶含量高，酸度适当，香味浓且抗裂果。用做罐藏整番茄的果实，横径在30～50 mm为宜，生产番茄汁的应选大果型为好，而生产番茄酱等制品应采用大果型番茄与小果型番茄混合搭配较好。

许多国家都有自己的番茄罐藏加工专用品种。如美国的Pearson、Roma、Chico、H1370、Red Rock和Success，意大利的Ace、San Marzano，日本的赤福3号、大罗马，匈牙利的Kecskemet262、K815、K529等品种。我国用于罐藏的品种有红玛瑙140、新番4号、佳丽矮红、罗城1号、罗城2号、北京早红、浦红1号、罗马、浙江1号、浙江2号、扬州红、奇果、新番系列等。

2.3.3.3 竹笋

竹笋是我国特产，竹笋罐头内外销都很受欢迎。供罐藏的竹笋有冬笋和春笋。冬笋系未出土之前掘取，这时组织脆嫩，粗纤维少，肉质呈乳白色或淡黄色，味道鲜美，无苦涩味；原料要求无病虫害，笋肉无损伤。春笋原料要求新鲜质嫩，肉质白色，笋体充实，无明显空洞，无霉烂、无病虫害和机械伤，不畸形，不干缩。罐藏优良品种有产于福建、广东、广西、海南、台湾等地的绿竹笋和麻竹笋，浙江天目山区所产的早竹笋、石竹笋及广笋，陕西秦岭以南和长江流域的毛竹笋和淡竹笋。

2.3.3.4 蘑菇

又名双孢菇。供罐藏的蘑菇要求伞球质地厚实，未开伞，色泽洁白，无异味，有蘑菇特色的香气。整菇罐头要求菌盖直径达18～40 mm，柄长不超过15 mm，菇柄粗壮，菌盖与菇柄包得紧密，富有弹性，柄端切面平整，无病虫害，无泥根，无碰伤，无空心。片菇和碎菇罐头采用菇色正常，无严重机械损伤和病虫害的蘑菇，菌盖直径不超过60 mm,菌褶不得发黑。蘑菇采后极易褐变和开伞，故采收后到加工前的处理要及时，或用亚硫酸盐溶液进行护色，尽量减少露空时间。用于罐藏的品种均为白蘑菇，如浙农1号、上海白蘑菇(洋蘑菇)、嘉定29号、南翔3号、福建As2796等。

2.3.3.5 青刀豆

又称四季豆。罐藏上要求原料新鲜饱满，色泽深绿，脆嫩无筋，豆荚横断面近似圆形，肉质丰富，成熟一致，豆荚不弯曲。最主要的罐藏品种是美国的蓝湖(Bluelake)，其他还有长箕(Extender)、顶簇(Topmost)、嫩荚(Tender crop)、嫩白(Tender white)和嫩绿(Tender green)，意大利的丰收(Top crop)、纤绿(Slimgreen)和长荚白(Slender white)，日本的黑三度和白三度，法国的旦冈(Digoin)和曲兰奔(Drabant)，荷兰的阿姆保依(Amboy)、瓦尔雅(Valja)和马克西多尔(Maxidor)等。我国供罐藏用的主要品种有小刀豆、棍儿豆、白子长箕、曙光等。

2.3.3.6 青豌豆

青豌豆的罐藏品称青豆。罐藏品种要求豆粒光滑饱满，质地鲜嫩，含糖量高，粒小有香气，色泽鲜绿，种脐无色，在杀菌贮藏中能保持其固有色泽，不致变黄。罐藏豌豆品种有圆粒和皱粒两类。圆粒豌豆质粗硬，含糖量低。皱粒是指豌豆种子老熟干燥后的表现，在幼嫩时种皮仍保持光滑，此类品种成熟早，色泽保持好，质柔软，含糖量高，风味香甜，但不及圆粒种丰实。罐藏加工原料以皱粒为主。圆粒种最主要的是阿拉斯卡(Alaska)，皱粒种最主要的有派尔范新(Perfetion)、大绿537(Green Giants - 537)。日本有冈山绢荚、白姬豌豆和滋贺改良白花1号等。我国生产上则常用大青荚、小青荚和宁科百号等品种。红花豌豆因种脐黑色，不宜做罐藏。

2.3.3.7 甜玉米

玉米有粉质和糖质两种类型。粉质类型只做粮食和饲料；糖质类型主要用于罐藏加工，因其糖含量甚高，口味甜糯，所以称为甜玉米。甜玉米有黄色和白色两种。甜玉米罐头有玉米笋、整粒、糊状，或两者相混进行装罐，罐藏上要求甜玉米糖含量高，种粒柔嫩、风味甜香，能耐煮，色泽金黄或白色，成熟度整齐一致。甜玉米从甜与柔嫩阶段到粗硬多淀粉阶段时间很短，要在适当的成熟度采收。过嫩使产品稀薄呈汤液状，过熟则失去甜香风味，淀粉过多，质地老硬粗糙，质量大为降低。加工整粒甜玉米较糊状甜玉米的原料要求更加幼嫩，通常在玉米长至成熟期时采收。采收时一般根据用指甲掐入玉米粒时汁液流出的程度分为乳熟期和糊熟期，以判断采收日期。根据出丝后的天数来确定采收期也有一定的可靠性。甜玉米采收后应及时加工，否则糖分转化快，甜度下降，品质变劣。为延长加工期，可采用分期播种的办法。罐藏甜玉米的主要品种有Stowell's Evergeen、Country Gentleman、Golden Bantam、Croshy等。我国甜玉米罐藏品种有甜单1号、华甜5号、农梅1号和甜玉26等。

2.3.3.8 荸荠

荸荠又称马蹄、地栗或水栗，可食部分是地下球茎，属水生蔬菜，味甘质脆，性清凉，生、煮食用均可。荸荠制罐后的最大特点是色白而质脆。罐装用品种要求新鲜肥嫩，含糖量高，淀粉少，粗纤维少，肉色洁白，质地爽脆，无黑斑和黑丝，球茎扁圆，形状端正，蒂部平坦不凹陷，无抽芽和萎缩，无虫害和机械伤，要求横径30 mm以上。我国的荸荠罐藏良种有广西的桂林马蹄，浙江的余杭大红袍、黄岩荸荠，江苏的苏州荸荠等。

2.3.3.9 胡萝卜

胡萝卜有橙红色和黄色两种，罐藏通常采用橙红色品种。要求肉质根新鲜肥嫩，形态完整，表面光滑，内部完全呈橙红色或红色，心髓部不明显，粗纤维少，无木质化现象，干物质含量达11.5%以上，糖分不少于4%，无病虫害和机械伤。罐藏胡萝卜除整装以外，常以切片、丁块或与其他原料混合装罐。罐藏的优良品种，国外有秦太那红心(Red Cored Chanteny)、早角(Early Horn)、优角(Champion Horn)、Shorn Horn、Imperator等，国内有鲜红五寸、烟台三寸和一支蜡等。

2.3.3.10 黄瓜

黄瓜常加工成酸黄瓜罐头。罐藏要求黄瓜无刺或少刺，新鲜饱满，深绿色，瓜形正常，组织脆嫩(种子尚未发育)，直径30~40 mm，长不超过100 mm，粗细均匀，无病虫害及机械伤。常用的黄瓜罐藏品种有哈尔滨小黄瓜和成都的寸金子等。

2.4 罐藏工艺

果蔬罐藏工艺过程包括原料的预处理、装罐、排气、密封、杀菌、冷却、保温及商业无菌检验等。其中原料的预处理(如清洗、选别、分级、去皮、去核、切分、预煮等)已在本书1.3节叙述，本节自装罐开始，分别加以叙述。

2.4.1 装罐

2.4.1.1 空罐的准备

原料装罐前应检查空罐的完好情况，剔除不合格罐。马口铁罐要求罐型整齐、缝线标准、焊缝完整均匀、罐口和罐盖边缘无缺口或变形、马口铁皮上无锈斑和脱锡现象。玻璃罐要求形状整齐、罐口平整光滑、无缺口、罐口正圆、厚度均匀、玻璃罐壁内无气泡裂纹。

空罐在使用前必须进行清洗和消毒，以清除灰尘、微生物、油脂等污物，保证容器的卫生，提高杀菌效果。金属罐先用热水冲洗，后用清洁的100℃沸水或蒸汽消毒30～60 s，然后倒置沥干备用。玻璃罐先用清水(或热水)浸泡，然后用有毛刷的洗瓶机刷洗，再用清水或高压水喷洗数次，倒置沥干备用。罐盖也进行同样处理，或用前用75%酒精消毒。回收用过的旧瓶，须先用40～50℃，2%～3%的NaOH溶液浸泡5～10 min，除去油脂和粘附的内容物碎屑。清洗消毒后的空罐要及时使用，不宜堆放太久，以免灰尘、杂质污染或金属罐生锈。

2.4.1.2 罐液的配制

果蔬罐藏时除了液态食品(果汁、菜汁)和粘稠食品(如番茄酱、果酱等)外，一般都要向罐内加注液汁，称为罐液或汤汁。果品罐头的罐液一般是糖液，蔬菜罐头的罐液多为盐水，也有只用清水的。有的为了增进风味同时起到护色作用、提高杀菌效果，可在果蔬罐头罐液中加入适当的柠檬酸。加注罐液能填充固形物之间的空隙，排除空气，还能增加罐头食品风味、提高初温，有利于加热杀菌时热的传导。

1. 糖液配制

果品罐头所用的糖液浓度，依水果种类、品种、成熟度、果肉装量及产品质量标准而定。我国目前生产的糖水果品罐头，一般要求开罐糖度为14%～18%。每种水果罐头加注糖液的浓度，可根据下式计算：

$$Y=\frac{W_3Z-W_1X}{W_2} \tag{2.13}$$

式中，W_1——每罐装入果肉重，g；

W_2——每罐加入糖液重，g；

W_3——每罐净重，g；

X——装罐时果肉可溶性固形物含量,%;

Z——要求开罐时的糖液浓度,%;

Y——需配制的糖液浓度,%。

配制糖液的主要原料是蔗糖，要求纯度在99%以上，色泽洁白、清洁干燥，不含杂质和有色物质。最好使用碳酸法生产的蔗糖，因为用亚硫酸法生产的蔗糖，若残留的SO_2过多，会引起罐内壁产生硫化铁，污染内容物。除蔗糖外，转化糖、葡萄糖、淀粉糖浆等也可使用。另一方面，配制糖液用水也要求清洁无杂质，符合饮用水质量标准。

糖液配制方法有直接法和稀释法两种。直接法是根据装罐所需的糖液浓度，直接称取蔗糖和水，在溶糖锅内加热、搅拌、溶解并煮沸，过滤待用。例如，装罐需用30%浓度的糖液，则可按蔗糖30 kg、清水70 kg的比例入锅加热配制。稀释法是配制高浓度的糖液(称为母液)，一般浓度在65%以上，装罐时再根据所需浓度用水或稀糖液稀释，可采用十字交叉法进行计算。

蔗糖溶解调配时，必须煮沸10~15 min，然后过滤，保温85℃以上备用。如需在糖液中加酸必须做到随用随加，防止积压，以免蔗糖转化为转化糖，使果肉色泽变红。荔枝、梨等罐头所用糖液，加热煮沸后若迅速冷却到40℃再装罐，对防止果肉变红有明显效果。

2. 盐液配制

所用食盐应选用精盐，食盐中氯化钠含量达99%以上。配制时常用直接法按要求称取食盐，加水煮沸、过滤即可。一般蔬菜罐头所用盐液浓度为1%~4%。

3. 调味液配制

调味液的种类很多，但配制的方法主要有两种：一种是将香辛料先经一定的熬煮制成香料水，然后将香料水再与其他调味料按比例制成调味液；另一种是将各种调味料、香辛料(可用布袋包裹，配成后连袋去除)一起一次配成调味液。

2.4.1.3 装罐

经预处理整理好的果蔬原料应迅速装罐，不应堆积过多、停留时间过长，否则易受微生物污染，影响其后的杀菌效果。在装罐时应注意以下问题：

1. 要确保装罐量符合要求

装入量因产品种类和罐型大小而异，罐头食品的净重和固形物含量必须达到要求。净重是指罐头总重量减去容器重量后所得的重量，它包括固形物和汤汁；固形物含量指固形物(即固态食品)在净重中所占的百分率，一般要求每罐固形物含量为45%~65%，常见的为55%~60%。各种果蔬原料在装罐时应考虑其本身的缩减率，通常按装罐要求多装10%左右；另外，装罐后要把罐头倒过来倾水10 s左右，以沥净罐内水分，保证开罐时的固形物含量和开罐糖度符合规格要求。

2. 罐内应保留一定的顶隙

所谓顶隙是指罐头内容物表面和罐盖之间所留的空隙，顶隙大小因罐型大小面异，一般装罐时罐头内容物表面与翻边相距6~8 mm，在封罐后顶隙约为3~5 mm。罐内顶隙的作用很重要，但须留得适当。顶隙容积为罐容积的5%~7%，不超过10%。如果顶隙过大，会引起罐内食品装量不足，同时罐内空气量增加，会造成罐内食品氧化变色；如果顶隙过小，则会在杀菌时罐内食品受热膨胀，使罐头变形或裂开，影响接缝线的严密度。

3. 保证内容物在罐内的一致性

同一罐内原料的成熟度、色泽、大小、形状应基本一致，搭配合理，排列整齐。有块数要求的产品应按要求装罐。

4. 保证产品符合卫生要求

装罐时要注意卫生，严格操作，防止杂物混入罐内，保证罐头质量。

5. 从速装罐，及时排气

处理好的果蔬原料应从速装罐，装罐后加注罐液，及时排气，防止实罐挤压。装罐的方法可分为人工装罐和机械装罐。果蔬原料由于形态、大小、色泽、成熟度、排列方式各异，所以多采用人工装罐，主要过程包括装料、称量、压紧和加汤汁等。对于颗粒状、流体或半流体食品，如青豆、甜玉米、番茄酱、果酱、果汁等常用机械装罐。

2.4.2 排气

排气就是在罐头密封前，用加热或机械抽空的方法排除罐头顶隙和食品组织中残留的空气。排气后再经过密封杀菌和冷却工序，就可使罐内形成一定的真空状态。排气是罐头食品生产中维护罐头的密封性和延长贮藏期的重要措施。

2.4.2.1 排气的目的

(1)排除罐内空气，防止氧气对罐内食品的不良影响。因为食品的色泽、风味、质地的变化及营养成分的损失，都和氧的存在有关，特别是果蔬中的维生素 C，在有氧的条件下加热，极易被氧化破坏。罐内形成缺氧的真空状态，对残存的好气性微生物有一定的抑制作用。

(2)罐内形成一定的真空度，使罐头在外界气压改变时具有应变能力，可防止或减轻因加热杀菌时空气膨胀而使容器变形或破损。

(3)有助于避免将假胀罐误认为腐败变质性胀罐。

(4)有助于控制或减轻罐藏食品贮藏中出现的罐内壁腐蚀。

此外，对于玻璃罐，排气还可以加强金属盖和容器的密合性，即罐盖借大气压紧压在罐口上；同时还可减轻罐内所产生的内压，减少出现跳盖的可能性。玻璃本身又具有透光性，光线会促使残留氧破坏食品的风味和营养素，因此，排气也有利于减弱光线对食品的影响，延长食品的耐藏期。

2.4.2.2 罐头真空度的形成和测定

食品罐头经过排气、密封、杀菌和冷却后，罐头内容物和顶隙中的空气收缩，水蒸气凝结为液体，从而使顶隙形成部分真空状态。常用真空度这个概念来表示真空状态的高低。罐头真空度是指罐外大气压与罐内残留气体压力的差值，一般要求在 29.4 ~ 50.6 kPa。罐内残留气体越多，它的内压愈高，真空度就愈低，反之则愈高。而罐内残留气体的多少，主要决定于排气工艺。罐头内保持一定的真空状态，能使罐头底盖维持一种向内凹陷的状态，这是良好罐头食品的外表特征，是作为识别罐头好坏的一个重要指标。

罐头真空度常用一种简便的罐头真空计测定，它是一种下端带有测针和橡皮塞的圆盘仪表，测定时橡皮塞紧压在罐头顶盖上，以防止罐外空气在刺孔时窜入罐内。装在橡皮塞中间而顶侧留有小孔的测针经顶盖刺入罐内，此时表盘上指针指示的数值即为罐内的真空度。

3. 影响罐头真空度的因素

罐头真空度受很多因素影响，其中排气温度和时间是主要因素。

1）排气的条件

排气温度高、时间长，真空度高。

2）罐头的容积大小

加热法排气时，大型罐容积和装量大，内容物受热膨胀和冷却收缩的幅度大，故能形成较大的真空度。

3）顶隙的大小

在加热法排气中，罐内顶隙较小时真空度较高；在真空法和喷射蒸汽法排气时，罐内顶隙较小时真空度较低。

4）杀菌的条件

杀菌温度较高或时间较长，由于引起果蔬组织内气体释放，故真空度降低。

5）环境的条件

气温高，罐内蒸汽压大，则真空度变低；海拔高，气压低，则大气压与罐内压力之差变小，即真空度变低。

小型罐头一般可保持较大真空度，维持50.6 kPa以上。大型罐头一般维持在40 kPa左右，如果真空度过高，会造成大罐罐体严重变形，罐壁受到过大的压力而向内瘪陷。

4. 排气的方法

罐头食品排气采用的方法主要有两种：热力排气法和真空排气法。

1）热力排气法

利用空气、水蒸气和食品受热膨胀的原理将罐内空气排除。目前常用的方法有两种：热装罐密封排气法和食品装罐后加热排气法。

（1）热装罐密封排气法：将食品加热到一定的温度（一般在75℃以上）后立即装罐密封的方法。采用这种方法一定要趁热装罐、迅速密封，不能让食品温度下降，否则罐内的真空度相应下降。此法只适用于高酸性的流质食品和高糖度的食品，如果汁、番茄汁、番茄酱和糖渍水果罐头等。密封后要及时进行杀菌，否则嗜热性细菌容易生长繁殖。

（2）加热排气法：将装好原料和注液的罐头，放上罐盖，送进排气箱，在通过排气箱的过程中，加热升温，因热使罐头中内容物膨胀，原料中存留或溶解的气体被排斥出来，同时顶隙被蒸汽充满，然后迅速密封。罐头在排气箱中经过的时间和最后达到的温度，视原料的性质、装罐的方法和罐型而定，一般要求罐头中心温度应达到75℃以上。

加热排气时，加热温度愈高，时间愈长，密封温度愈高，最后罐头的真空度也愈高。对于空气含量低的食品来说，主要是排除顶隙内的空气，密封温度是关键性因素。对于空气含量高的食品来说，除达到预期密封温度外，还应合理地延长排气时间，使存在和溶解于食品组织中的空气有足够向外扩散的时间，尽量使罐内气体含量降到最低限度。

加热排气法能较好地排除食品组织内部的空气，获得较好的真空度，还能赋予罐头食品较高的初温。但是加热排气法对食品的色、香、味有不良影响，对于某些水果罐头有不利的软化作用。

2)真空排气法

该法是在封罐过程中，利用真空泵将密封室内的空气抽出，形成一定的真空度，当罐头进入封罐机的密封室时，罐内部分空气在真空条件下立即被抽出，随即封罐。这种排气法主要依靠真空封罐机来完成。封罐机密封室的真空度可根据各类罐头的工艺要求、罐内食品的温度等进行调整。因排气时间短，所以主要是排除顶隙内的空气，而食品组织及汤汁内的空气不易排除，故对果蔬原料和罐液最好事先进行脱气处理。

采用真空排气法，罐头的真空度取决于真空封罐机密封室内的真空度和罐内食品温度。但应注意封罐机密封室内真空度与罐液沸点之间的关系，以免罐液沸腾外溢，导致罐头净重不足，且罐液不能覆盖固形物。如果密封室内的真空度不足，则可用补充加热的方法来提高罐内真空度。通常以下三种情况需要补充加热：

(1)密封室真空度达不到101.3 kPa。由于各种原因，实际上真空封罐机密封室内的真空度一般最高达不到86.7 kPa(对应沸点温度为54℃)。为了使罐内的真空度达到最高程度，就需要补充加热。

(2)真空膨胀程度高的。大部分果蔬食品放在真空环境中后，组织细胞间隙内的空气会膨胀，导致体积扩张，因此，凡是真空膨胀程度高的原料，都应进行补充加热。

$$\text{真空膨胀系数} = (V_2 - V_1)/V_1 \times 100\% \tag{2.14}$$

式中，V_2——真空封罐后果块体积；

V_1——真空封罐前果块体积。

(3)真空吸收程度高的。真空封罐后常会出现罐内真空度下降的现象，即真空密封的罐头静置20～30 min后，它的真空度会下降到比原来刚封好时低，这就是真空吸收现象。这是因为真空排气时，在较短的时间内细胞间隙内的空气未能得到及时排除，以致在密封后逐渐从细胞间隙内向外逸，于是罐内的真空度也相应降低，有时还可以使罐内真空度在开始杀菌前已达到完全消失的程度。因此，对真空吸收程度较大的果蔬罐头，真空排气时应进行补充加热。

$$\text{真空吸收系数} = W_{\text{末}}/W_{\text{始}} \times 100\% \tag{2.15}$$

式中，$W_{\text{始}}$——真空封罐时罐头真空度；

$W_{\text{末}}$——真空封罐后静置20～30 min时的真空度。

除上述两种排气方法外，还有一种蒸汽喷射排气法，这种方法是在罐头密封前的瞬间，向罐内顶隙部位喷射蒸汽，由蒸汽将顶隙内的空气排除，并立即密封，顶隙内蒸汽冷凝后就产生真空。蒸汽喷射密封后的真空度与顶隙大小关系较大，如顶隙小，则密封后不能形成真空度。如冷番茄酱罐头，顶隙从6.35 mm至12.7 mm变化时，真空度急剧增大(经验方法是保留8 mm顶隙)。蒸汽喷射排气不适合那些空气含量高的水果，如苹果、桃等。

2.4.3 密封

为保持罐头商业无菌状态，必须采用封罐机将罐身和罐盖的边缘紧密卷合，这就称为封罐或密封。密封是罐藏工艺中的一项关键性操作，直接关系到产品的质量。密封必须在排气后立即进行，以避免罐温下降而影响真空度。罐头密封的方法和要求视容器的种类而异，除了旋盖式和螺旋式玻璃罐可用手工操作外，一般要用专门的封罐机。

1. 金属罐的密封

金属罐的密封是指罐身的翻边和罐盖的圆边在封罐机中进行卷封，使罐身和罐盖相互卷合、压紧而形成紧密重叠的卷边的过程，所形成的卷边称为二重卷边。

1）封罐机的主要部件和作用

封罐机的型号很多，有半自动封罐机、全自动封罐机等。这些封罐机的原理和主要部件设计都是一样的。每台封罐机至少有一套封罐机组，每套封罐机组包含有四个部件，即第一道滚轮（卷边轮）、第二道滚轮（压边轮）、底座（底板）、压头（顶板）。

滚轮主要的工作部件转压槽的结构如图2.5所示，第一道滚轮的转压槽沟深，且上部的曲率半径较大，下部的曲率半径较小；第二道滚轮的转压槽沟浅，上部的曲率半径较小，下部的曲率半径较大。

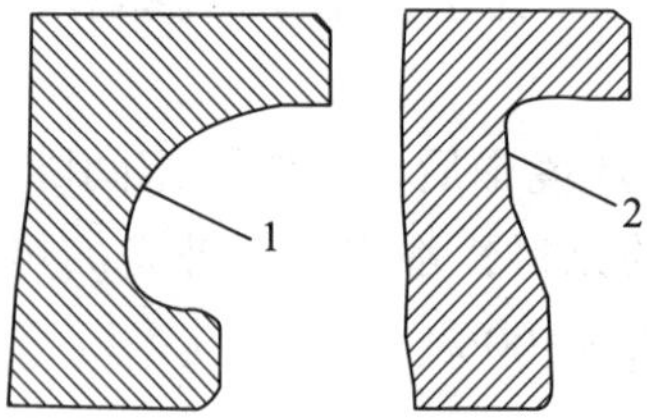

图2.5 第一、第二道滚轮切面示意图

1. 第一道滚轮转压槽 2. 第二道滚轮转压槽

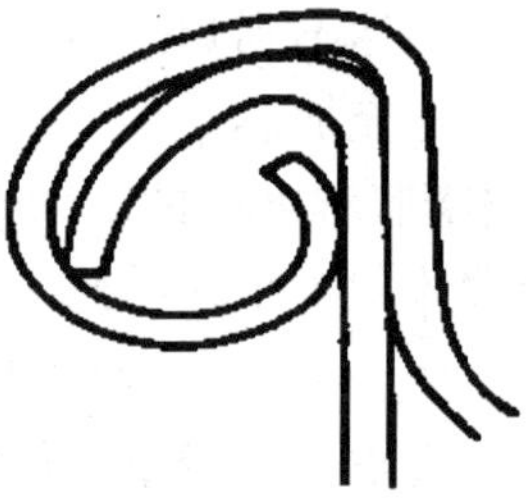

图2.6 头道卷边的结构

第一道滚轮的作用是将罐盖的圆边卷入罐身翻边下并相互卷和在一起，形成图2.6所示结构。第二道滚轮的作用是将第一道滚轮已卷合好的卷边压紧，形成图2.7所示的二重卷边结构。

2）二重卷边的形成过程

密封时，罐头进入封罐机作业位置底座上，底座即刻上升使压头嵌入罐盖内并固定住罐头。压头和底座固定住罐头后，第一道滚轮首先工作。围绕罐身做圆周运动和自转运动，同时做径向运动，逐渐向罐盖边靠拢紧压，将罐盖盖钩和罐身翻边卷合在一起，形成图2.6所示卷边，即行退回，紧接着第二道滚轮围绕罐身做圆周运动，同时做径向运动，逐渐向罐盖边靠拢紧压，将第一道滚轮完成的卷边压紧形成图2.7所示卷边，随即退出。卷边操作有两种形式：一种是上述的在操作时罐头自身不转动的形式；另一种形式是在密封过程中罐头做自身旋转，滚轮则只做径向运动，不做圆周运动。

3）卷边的规格要求

正常的二重卷边由五层马口铁皮和橡胶圈所组成，其结构名称和位置如图2.7所示。卷边的外部和内部尺寸应符合规定的要求。

罐头密封过程中应随时对密封情况进行检查，以确保罐头密封的质量。主要是通过检查和测量卷边及其组成部分来判断，如果发现卷边某些地方不符合要求，也就说明封罐机不是在完全正常运转，因为封罐机正常与否，能充分反映在卷边的结构上。从卷边情况的好坏随时对封罐机进行调整，因此经常性的检查十分必要。对罐头密封是否良好，首先对卷边外形进行检查，如用肉眼观察卷边表面是否平坦光滑，再以罐头卷边卡尺对卷边宽度、厚度及埋头度进行测量。其次对卷边内部进行解剖检查，检查前先用扁锉将卷边切开，取出盖钩，对卷边内部情况作详细观察和测量，从测量盖钩、身钩的长度和盖钩上的皱纹等来计算和判断卷边叠接率、紧密度和接缝盖钩完整率，要求这三项指标都达到大于50%的标准。

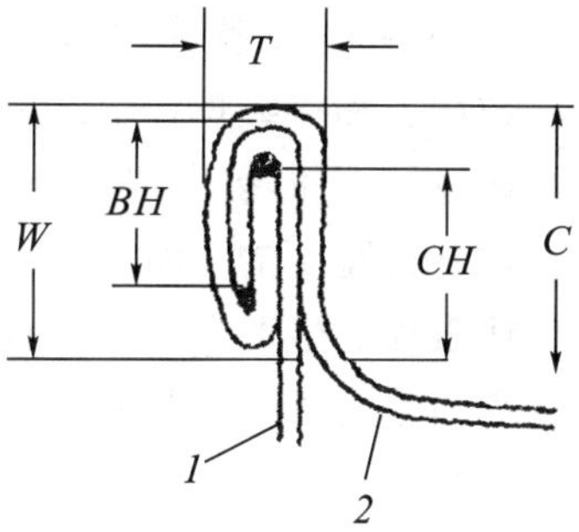

图2.7 卷边剖面及名称

T：卷边宽度 TB：身板厚度 TC：盖板厚度 W：卷边宽度 BH：身钩长度 CB：盖爻长度 C：埋头度 OL：叠接长度

(1)卷边叠接率。指卷边内盖钩与身钩相互叠接部分的长度占理论叠接长度(叠接长度加两头空隙长度)的百分率。可按下列公式计算：

$$OL = \frac{(BH + CH + 1.1t_{盖}) - W}{W - (2.6t_{盖} + 1.1t_{身})} \times 100\% \tag{2.16}$$

式中，OL——卷边叠接率,%；

BH——身钩长度，mm；

CH——盖钩长度，mm；

$t_{盖}$、$t_{身}$——盖钩铁皮厚度、身钩铁皮厚度，mm；

W——卷边宽度，mm。

(2)紧密度。指身沟与盖沟相互钩合的程度，要求钩合平服，盖沟上尽量没有皱纹。通过检查盖钩上的皱纹程度(指皱纹延伸程度)来判断卷边的紧密程度，即皱纹延伸愈长，则紧密度愈差。检查时以整条盖钩上皱纹延伸最长的一条皱纹为依据。在实际应用上，常将皱纹分为四级：0级表示盖钩表面平坦没有皱纹或有轻微的皱纹痕迹；1级表示皱纹延伸达钩宽的1/3；2级具有明显的皱纹，已延伸到钩宽的1/2；3级有很大的皱纹，延伸程度占钩宽的3/4或以上。只有皱纹度在1级以内的卷边，其紧密度是良好的，能达到50%以上；到达2级时，说明卷边不紧，有可能发生漏气的危险(生产上称为慢性漏气)，封罐机的第二道滚轮必须进行调整；达3级时说明卷边松离，漏气是不可避免的。直径在85 mm以下的圆罐的皱纹级别必须在2级以下，直径在99 mm以上的圆罐皱纹级别必须在1级以下(图2.8)。

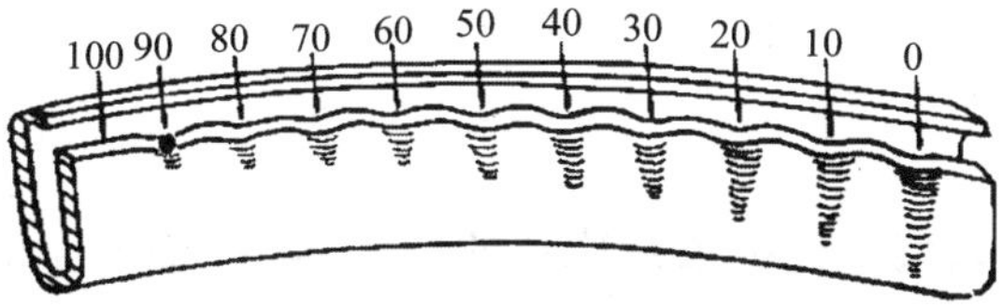

图2.8 二重卷边紧密度

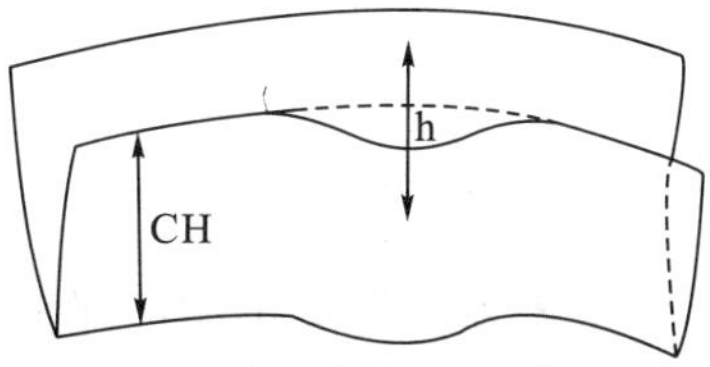

图2.9 盖钩接缝外重唇示意图

CH：盖钩长度 h：内垂唇延伸长度

(3)接缝盖钩完整率。指罐身接缝处的盖钩完整程度的百分率。由于罐身接缝处铁皮层数增加和接缝焊锡的缘故，接缝处往往比罐身的其他部位要厚，在卷边密封时，接缝处往往被滚轮转压而容易产生垂边。一般卷边不允许有垂边出现，而接缝处垂边不允许超过卷边宽度的20%。由于接缝处是卷边密封的薄弱部分，所以检查此处的密封情况最有代表性。生产上通常要检查和测量此处盖钩的完整率，如图2.9所示。量出盖钩的长度和内垂唇延伸的长度后，根据下列公式计算出盖钩的完整率。

$$JR = \frac{CH - h}{CH} \times 100\% \tag{2.17}$$

式中，JR——接缝盖钩完整率,%；

CH——盖钩长度，mm；

h——内垂唇延伸长度，mm。

2. 玻璃罐的密封

玻璃罐的密封方法与金属罐不同，其罐身是玻璃，而罐盖是金属，一般由镀锡薄钢板制成。玻璃罐的密封是靠镀锡薄钢板和密封圈紧压在玻璃罐口而形成密封的，由于罐口边缘与罐盖的形式不同，其密封方法也不同。不论哪一种密封方法，都必须具有可靠的密封性能，封口结构应简单，开启应方便。目前采用的密封方法有：卷边密封法、旋转式密封法、揿压式密封法等。卷边密封法是依靠玻璃罐封罐机的滚轮的滚压作用，将金属盖的边缘卷压在玻璃罐的罐颈凸缘下，以达到密封的目的。这种方法主要应用于CKO玻璃瓶的密封，其特点是密封性能好，但开启困难，应用范围在逐渐减少。旋转式密封法适合四旋罐密封，这种方法主要依靠罐盖的螺旋成盖爪扣紧在罐口凸出螺纹线上，罐盖与罐口间填有密封圈，当装罐后，由旋盖机把罐盖旋紧，便得到良好的密封。四旋罐开启容易，广泛用于果酱、水果罐头、番茄酱等罐头的密封。

3. 蒸煮袋的密封

蒸煮袋一般采用真空包装机进行热熔密封，是依靠蒸煮袋内层的薄膜在加热时熔合在一起而达到密封的。热熔强度取决于蒸煮袋的材料性能，以及热熔合时的温度、时间和压力。

2.4.4 杀菌

罐头加热杀菌的方法很多，根据其原料品种、包装容器的不同等而采用不同的杀菌方法。罐头的杀菌可以在装罐前进行，也可以在装罐密封后进行。装罐前进行杀菌，即所谓的无菌装罐，需先将待装罐的食品和容器均进行杀菌处理，然后在无菌的环境下装罐、密封。

2.4.4.1 加热杀菌的方法

我国各罐头厂普遍采用的是装罐密封后杀菌。根据果蔬原料的性质不同，加热杀菌方法一般可分为巴氏杀菌、常压杀菌和高压杀菌三种。

1. 巴氏杀菌(Pasteurization)

杀菌温度为65~80℃，主要用于果汁罐头、果酒及高酸性食品罐头(如酸渍蔬菜等)

杀菌。现在亦有一些生产厂家将水果罐头的杀菌温度从100℃降到了80℃。

2. **常压杀菌**(atmospheric sterilization)

常压杀菌指在1个大气压、100℃条件下的杀菌处理。主要用于pH在4.5以下的酸性罐头食品杀菌，如水果罐头、番茄罐头等。

常压杀菌一般采用水浴杀菌，锅(柜)内盛水，水量要浸过罐头10~15 cm以上，用蒸汽管从底部加热至杀菌温度，将罐头放入杀菌锅(柜)中(玻璃罐杀菌时，水温控制在略高于罐头初温)，继续加热，待达到规定的杀菌温度后开始计算杀菌时间，经过规定的杀菌时间，取出冷却。目前有些工厂已采用连续杀菌机，使罐头在杀菌器中不断地自转和绕中轴转动，增强了杀菌效果，缩短了杀菌时间。

3. **高压杀菌法**(pressure sterilization)

该法是指在1个大气压以上、100℃以上的杀菌。主要用于低酸性罐头食品杀菌，如蔬菜、鱼、肉、禽罐头等。

高压杀菌是在完全密封的加压杀菌器中进行，靠加压升温来进行杀菌。在高压杀菌中，依传热介质不同有高压蒸汽杀菌和高压水杀菌。目前大都采用高压蒸汽杀菌法，这对马口铁罐来说是较理想的。而对玻璃罐，采用高压水杀菌较为适宜，可以防止和减少玻璃罐在加压杀菌时跳盖和破裂的问题。

高压杀菌器有立式和卧式两种类型，设备装置和操作原理大体相同。大型的立式杀菌器大部分安装在工作地面以下，为圆筒形；卧式的则全部安装在地面上，有圆筒形和方形。高压蒸汽杀菌过程可分三个阶段：

1)排气升温阶段

将罐头送入杀菌器后，将杀菌器盖严密封，打开排气伐和泄汽伐，然后通入蒸汽，使杀菌器内的空气彻底排除干净，当锅内压力与温度同步上升时，关闭排气阀，使温度升到规定的杀菌温度。

2)恒温杀菌阶段

到达杀菌温度时，控制进汽伐，使杀菌器内保持一定的流通蒸汽，并维持杀菌温度达到规定的时间。

3)消压冷却阶段

杀菌结束后，关闭蒸汽阀门，同时打开所有泄汽阀，使压力降至0，然后通入冷水降温。若用反压冷却，则杀菌结束关闭蒸汽，先通入压缩空气，再通入冷水进行冷却。

2.4.4.2 罐头的杀菌规程

杀菌规程用来表示杀菌操作的全过程，主要包括杀菌温度、杀菌时间和反压力三项因素。在罐头厂通常用杀菌公式来表示，即把杀菌的温度、时间及所采用的反压力排列成公式的形式。一般杀菌公式为：

$$\frac{t_1 - t_2 - t_3}{T} \text{或} \frac{t_1 - t_2 - t_3}{T}P \qquad (2.18)$$

式中，T——要求达到的杀菌温度,℃；

t_1——使罐头升温到杀菌温度所需的时间，min；

t_2——保持恒定的杀菌温度所需的时间，min；

t_3——罐头降温冷却所需的时间，min；

P——反压冷却时灭菌锅内所需要的反压力，Pa。

2.4.4.3　食品杀菌新技术进展

1. 非热杀菌技术

长期以来，热力杀菌技术因经济有效的优点而被广泛应用于食品加工。然而热力杀菌会导致食品的颜色变化(色变)、香气破坏(香变)、味道改变(味变)、营养损失(养变)、形态或结构变化(形变)等品质变化，使产品失去原有的新鲜度、营养与功能。随着人们消费意识的增强和生活水平的提高，传统的食品热加工方法已经不能完全满足人们对食品高品质的要求。因此，提高加工食品的品质，有效防止食品加工过程中的色变、香变、味变、养变和形变，满足消费者对高品质食品日益增长的消费需求，是食品科学和食品加工技术的重要研究内容。近年来，非热加工技术成为食品科学与工程技术领域的研究热点之一。与传统热力杀菌技术相比，它具有杀菌温度低，能较好地保留食品原有的品质，对环境污染小等优点，引起研究者的广泛关注。目前非热杀菌技术主要有高静压(high hydrostatic pressure，HHP)、高压二氧化碳(high pressure carbon dioxide，HPCD)、高压均质(high pressure homogenization，HPH)、高压脉冲电场(pulsed electric field，PEF)、强脉冲磁场(high magnetic field，HMF)、超声波(ultrasound)、紫外照射(UV light)、脉冲光(pulsed light)、辐照(irradiation)、生物防腐剂(bio-preservatives)、化学防腐剂等。按作用方式，这些非热加工技术可分为物理技术、化学技术和生物技术三类。

自20世纪90年代，HHP就开始应用于食品加工。目前，HHP技术是研究最多、产业化程度最高的非热杀菌技术。超高压杀菌技术是先将食品填充于塑料等柔软的容器中并密封，放入到有净水的高压容器中，给容器内部施加100～1000 MPa(一般200 MPa以上)的压力。超高压灭菌的机理是通过破坏菌体蛋白质中的非共价键，如氢键、二硫键和离子键等，使蛋白质的高级结构被破坏，基本特性发生改变，从而导致蛋白质的凝固及酶的失活。超高压还可造成菌体细胞膜破裂，使菌体内的化学组分产生外流等多种细胞损伤。目前，超高压杀菌技术已被广泛应用于果蔬制品、肉制品、海产品和软饮料等的生产。

2. 火焰杀菌法

火焰杀菌(steriflame sterilization)是使罐头在常压下直接通过煤气或丙烷火焰而杀菌，适用于内容物液体较多的罐头，如青豆、玉米、胡萝卜、蘑菇等。火焰杀菌器由三部分组成，即蒸汽预热区、火焰加热区和保温区。罐头在蒸汽预热区加热至100℃后滚动进入火焰加热。罐头滚动，传热很快，在直接火灼加热下罐头的温度每3 s约可升高1.5℃，一般2 min左右就能升至规定的杀菌温度，然后进入保温区，保温一定时间后进行冷却。目前这种杀菌方法在国内使用还不广泛。

3. **无菌灌装技术**

无菌灌装(aseptic packaging)是食品经高温短时杀菌处理后，在无菌条件下，直接灌装于无菌容器并密封的一种保藏方法。无菌灌装要求包装容器无菌、包装产品无菌和包装环境无菌，它适用于对热敏感，加热时间不宜过长的食品，目前在果汁、牛奶等液体食品中使用非常广泛。无菌灌装技术也应用于果汁厂榨取原料果汁的大罐保存。

2.4.5 冷却

罐头食品经杀菌达到要求的温度和时间后，必须迅速冷却下来，否则，继续保持高温状态，对罐内食品会产生不良影响，含酸多的食品也会由于冷却不及时，增加对罐壁的腐蚀。冷却迟缓，还可能使罐内残存的嗜热菌活动，发生败坏。所以，除了玻璃罐需分段冷却外，铁罐应迅速冷却。罐头杀菌后一般冷却到38～40 ℃即可，一方面利用余热干燥罐头表面附着的水分，避免引起锈蚀；另一方面，可为罐头的保温检验提供温度基础。

2.4.5.1 冷却方法

常压杀菌的罐头在杀菌完毕后，即转到另一冷却水池或柜中进行冷却。玻璃罐冷却时水温要分阶段逐渐降温，即80℃、60℃、40℃三阶段，以避免破裂损失。金属罐头则可直接进入冷水中冷却。高压杀菌的罐头需要在加压的条件下进行冷却，即称反压冷却。高压杀菌的罐头在开始冷却时，由于温度下降、外压降低，而内容物的温度下降比较缓慢，内压较大，会引起罐头卷边松弛和裂漏，还会发生突角、爆罐现象。为此，冷却时要保持一定的外压以平衡其内压。目前最常用的是向杀菌锅内打入压缩空气来维持外压，然后通入冷水进行冷却。

2.4.5.2 冷却用水

罐头冷却过程中有时由于机械原因或因罐盖胶圈暂时软化会造成暂时性或永久性隙缝，尤其是当罐头在水中冷却时，罐内压力下降形成真空度，这样罐头就可能在内外压力差的作用下吸入少量冷却水，并因冷却水不洁而导致微生物污染，成为罐头二次污染的主要原因。为了控制冷却水中微生物含量，常采用加氯的措施。次氯酸钠和氯气为罐头厂冷却水常用的消毒剂。一般控制冷却水中余氯含量3～5 mg/kg，冷却水出口余氯含量不低于0.5 mg/kg。

2.4.6 保温及商业无菌检验

为了保证罐头在货架上不至于发生败坏，罐头通常在冷却之后采用保温处理，将冷却后的罐头在保温仓库内保持38～40℃的温度，贮存1周左右，之后挑选出胀罐，再装箱出厂。目前推荐采用商业无菌检验法，其方法要点如下：

1. **审查生产操作记录**

如杀菌记录、杀菌后冷却水的余氯量测定记录和罐头密封性检验记录等。

2. **抽样**

按杀菌锅或按生产班(批)次抽样。

3. **称重**

用电子秤或台天平称重，1 kg及以下的罐头精确到1g，1 kg以上的罐头精确到2 g。

4. **保温**

低酸性食品在(36 ±1)℃下保温10 d，酸性食品在(30 ±1)℃下保温10 d。预定要输往40℃以上热带地区的低酸性食品在(55 ±1)℃下保温5 ~7 d。

5. **开罐检查**

取保温过的全部罐头，冷却到常温后，按无菌操作开罐检验。开罐后留样、涂片、测pH、进行感官检查。此时如发现pH、感官质量有问题，即进行革兰氏染色、镜检。显微镜观察细菌染色反应、形态、特征及每个视野菌数，与正常样品对照，判断是否有明显的微生物增殖现象。

6. **结果判定**

检验结果包括两种：①该批(锅)罐头食品经审查生产操作记录，属于正常；抽取样品经保温检验未胖听或泄漏；保温后开罐，经感官检验、pH测定或涂片镜检，或接种培养，确证无微生物增殖现象，则为商业无菌。②该批(锅)罐头食品经审查生产操作记录，未发现问题；抽取样品经保温检验有一罐及以上发生胖听或泄漏；或保温后开罐，经感官检验、pH测定或涂片镜检和接种培养，确证有微生物增殖现象，则为非商业无菌。

2.5　罐头检验及储藏

罐头食品质量要求：罐体完好，容器不变形、不漏水、不漏气，罐壁无腐蚀现象，罐盖不膨胀(胖听)；罐内容物具正常的色、香、味；卫生指标符合国家相关标准要求，罐内不得检出致病菌、产毒菌或腐败变质，重金属含量、农药残留均应符合规定要求。

2.5.1　罐头检验

2.5.1.1　感官检验

罐头食品感官检验包括容器检验和罐头内容物检验。

1. **罐头容器的检验**

(1)观察瓶与盖结合是否紧密牢固，胶圈有无起皱；罐盖的凹凸变化情况；罐盖打印是否合乎规定要求；罐体是否清洁及锈蚀等。

(2)对于罐盖外凸的(胖听罐)，可用手指按压法，鉴别胖听的性质。手指按下罐盖稍下陷的罐头为正常罐；若用力压才下陷的，内容物可能开始变质；若用大力压不下去或强行压下而又鼓起，说明是胖听罐头。

(3)用打检法敲击罐盖，以声音判定罐内的真空度，进而判断罐内食品的质量状况。一般规律是，凡是声音发实、清脆、悦耳的，说明罐内气体少，真空度大，食品质量没有什么变化，一般是好罐。若敲击声发空、混浊、噪耳，说明罐内气体较多，真空度小，罐内食品已在分解、变质。打检棒一般采用金属制成，重约50 g，长20~25 cm，头部呈一圆球形。圆球直径为1.9~2.0 cm。

2. 罐头内容物质量检验

主要是对内容物的色泽、风味、组织形态、汁液透明度、杂质等进行检验。

开罐后，观察内容物的色泽是否保持本品种应有的正常颜色，有无变色现象，气味是否正常，有无异味。果实是否去皮、除籽巢，果块软硬是否合适，块形是否完整，同一罐内果块大小是否均匀一致，有无病虫、斑点等。汁液的浓度、色泽、透明度、沉淀物和夹杂物是否合乎规定要求。品评风味是否正常，有无异味或腐臭味。

2.5.1.2 理化检验

理化检验的对象包括罐头的总重、净重、固形物的含量、糖水浓度、罐内真空度及有害物质等。

1. 真空度的测定

测定方法包括：①打检法，但不够精确；②采用真空测定表，方法如前述。但需注意，一般从真空表测出的数值，要比罐内实际真空度低0.666~0.933 kPa，这是因为真空表内有一段空隙，接头部一般含有空气。

2. 净重和固形物比例的测定

1)净重

罐头的毛重减去空罐的重量即为净重。每罐净重的公差允许±3%。但每批罐头平均值不应低于净重。

2)固形物占净重的比例

一般用筛滤去汁液后，称取固形物重量，按百分比计算。

3. 开罐糖度的测定

最简单的测定方法是用折光仪(手持糖量计)测定。测定时，应注意测定时的温度，一般在室温20℃下进行，否则，应记录测定时的室温，再根据温度校正表修正。

4. 有害物质的检验

包括罐内重金属含量、防腐剂及农药残留量的测定。按照GB 11671—2003《果、蔬罐头卫生标准》要求执行。

2.5.1.3 微生物检验

按照GB/T 4789.26—2003《食品卫生微生物学检验 罐头食品商业无菌的检验》要求执行。

2.5.2 常见的罐头败坏现象及其原因

2.5.2.1 胀罐(胖听)

合格罐头其底盖中心部位略平或呈凹陷状态。罐头底盖出现外凸现象称为胀罐，或称胖听、气膨等。根据底盖外凸的程度分为隐胀、轻胀和硬胀。隐胀是指罐头外观正常，但猛击一端底盖时，另一端会外凸，如用力按压凸端，又会恢复。轻胀指罐头底或盖常呈外凸，若用力揿回原状，则另一端即会凸起。硬胀指罐底和盖同时呈坚实地或永久性地外凸，是胀罐的最严重状态，继续胀罐则会出现焊缝炸裂，若为玻璃罐，则可能出现“跳盖”。

按胀罐的类型，可分为物理性胀罐、化学性胀罐和微生物胀罐。

1. 物理性胀罐

物理性胀罐又称假胀。此种胀罐形成的原因很多，例如：罐头内容物装的太满，顶隙过小，罐内真空度低，加热杀菌时内容物膨胀，冷却后即形成胀罐，一般揿压即可恢复。排气不足或贮藏温度过高，高气压下生产的制品移至低气压环境里等，都可能引起物理性胀罐。此种类型的胀罐，内容物并未坏，可以食用，但不宜从外观上与其他类型胀罐区分。

2. 化学性胀罐

化学性胀罐又称氢胀罐。形成的主要原因是高酸性食品中的有机酸与罐头内壁(露铁)发生化学反应放出氢气，积累后内压增大，引起胀罐。生产上常选用抗酸涂料罐防止化学性胀罐。

3. 微生物胀罐

由于杀菌不足或罐头泄漏，细菌活动产气，使罐头内压增大造成胀罐。造成微生物胀罐的原因很多，主要有：

1)杀菌不足

杀菌不足是造成微生物败坏的主要原因，某些耐热性微生物得以幸存，在适宜的条件下活动，产生气体而形成胀罐。

2)密封缺陷

由于封罐机调节不当或没有及时检查调整，致使罐头密封不严，卷边松弛泄漏，造成微生物的再污染而引起败坏。

3)杀菌前的败坏

原料在运输和加工过程中的拖延时间过长，造成微生物的大量繁殖，有的甚至产生毒素，若拿这种原料加工，势必使罐头败坏。

4)冷却污染

冷却时由于冷却水被吸入罐头内部，造成罐头二次污染。

2.5.2.2 罐壁腐蚀

1. 罐外壁腐蚀

在湿润的环境下，罐外壁马口铁与空气中氧接触时就会形成黄锈斑，这种现象称罐外壁腐蚀或生锈。罐外壁腐蚀不但影响商品外观，严重时会发生腐蚀穿孔，导致罐内食品腐败变质。

2. 罐内壁腐蚀

罐头内壁的腐蚀情况较为复杂，现分述如下：

1)均匀腐蚀

马口铁罐内壁在酸性食品的腐蚀下，常会全面地、均匀地出现溶锡现象，致使罐壁内锡层全面外露，在表面呈现出鱼鳞斑纹或羽毛状斑纹，这种现象就是均匀腐蚀。随着时间的延长，腐蚀继续发展，会造成罐内壁锡层大片剥落，罐内溶锡量增加，食品出现明显的金属味，并造成锡中毒。同时，铁皮表面腐蚀时，会产生大量氢气，造成氢膨胀。

2)集中腐蚀

在罐头内壁上出现有限面积内金属(锡或铁)的溶解现象，称为集中腐蚀。罐壁会出现麻点、蚀孔、蚀斑，严重时能导致罐壁穿孔。这种腐蚀常在酸性食品或空气含量较高的水果罐头中出现。溶铁常是集中腐蚀的主要现象，因而食品中含锡量不会像均匀腐蚀时那样高，但其腐蚀速度快，造成的损失常比均匀腐蚀大得多。涂料擦伤和氧化膜分布不匀的马口铁罐极易出现集中腐蚀现象。

3)其他腐蚀现象

除上述外，氧化圈、硫化斑等也是罐内壁腐蚀的表现。另外，还受其他因素的影响，如果蔬种类不同，腐蚀性不同，一般樱桃、酸黄瓜、菠萝、柚子、杨梅、葡萄等具有较强的腐蚀性，而桃、梨、竹笋等腐蚀性较弱。又如在罐头中添加盐水、酱油、醋和各种香辛料等调味料，会使罐内壁的腐蚀进一步复杂化。另外，罐内硝酸根离子、亚硝酸根离子或铜离子含量较高时，易促进罐内壁的腐蚀。

2.5.2.3 其他质量问题

1. 变色

由于内容物的化学成分之间或内容物与罐内残留的氧气、包装的金属容器等的作用而造成的变色现象，致使品质下降。如桃子、杨梅等果实中的花色素与马口铁作用而呈紫色，甚至可使杨梅褪色；荔枝、白桃、梨等的无色花青素变色(变红)；绿色蔬菜的叶绿素变色；桃罐头的多酚类物质被氧化为醌类而显褐色；苹果中的单宁物质变黑以及果蔬罐头中普遍存在的非酶褐变引起的变色等。这些情况都会影响产品的质量指标，虽然一般无毒，但直接影响到外观色泽，故应尽量防止。

2. 变味

变味情况较多。微生物可以引起罐头变味从而不能食用，如罐头平酸败坏。平酸败坏罐头外观一般正常，而内容物却在细菌活动下发生变质，即呈轻微或严重酸味，其 pH 可下降至2.0以下，但不产生气体。导致平酸败坏的细菌常称平酸菌，大多为兼性厌氧菌，如低酸性食品中的嗜热脂肪芽孢杆菌，酸性食品中的凝结芽孢杆菌，都是常见的平酸菌。加工中的热处理过度常会使内容物产生煮熟味，罐壁的腐蚀又会产生金属味(铁腥味)；原料品种的不合适会带来异味，如杨梅的松脂味，柑橘制品中由于橘络及种子的存在而带有苦味。对于这一类的变味应分别有针对性地采取措施加以防止，如严格执行卫生制度、掌握热处理的条件、选择合适的罐藏原料和适当的预处理、避免内容物与铜等材料的接触等。

3. 罐内汁液的混浊与沉淀

此类现象产生的原因有多种，如加工用水中钙、镁等金属离子含量过高(水的硬度大)；原料成熟度过高，热处理过度，罐头内容物软烂；制品在运销中震荡剧烈，而使果肉碎屑散落；罐头中内容物所含成分溶解度发生变化，如糖水橘子罐头中橘皮苷、柚皮苷，芦笋罐头中的芦丁，加热时溶解度升高，降温冷却后从水中析出，导致白色沉淀。这些情况如不严重影响产品外观品质，则允许存在。

2.5.3　罐头食品的储藏

罐头贮藏的形式有两种：一种是散装堆放，罐头经杀菌冷却后，直接运至仓库贮存，到出厂之前才贴商标装箱运出；另一种是装箱贮放，罐头贴好商标或不贴商标进行装箱，送进仓库堆存。罐头食品的贮存场所要求清洁、通风良好。罐头食品在贮存过程中，影响其质量好坏的因素很多，但主要的是温度和湿度。

1. 温度

在罐头贮存过程中，应避免库温过高或过低以及库温的剧烈变化。温度过高会加速内容物的理化变化，导致果肉组织软化，失去原有风味，发生变色，营养价值降低，并会促进罐壁腐蚀，也给罐内残存的微生物创造发育繁殖的条件，导致内容物腐败变质。实践证明，库温在20℃以上，容易出现上述情况。温度再高，贮期明显缩短。但温度过低(低于罐头内容物冰点以下)也不利，制品易受冻，造成果蔬组织解体，易发生汁液混浊和沉淀。贮存适温一般为0～10℃。

2. 湿度

库房内相对湿度过大，罐头容易生锈、腐蚀乃至罐壁穿孔。因此，要求库房干燥通风，有较低的湿度环境，保持相对湿度在70%～75%为宜，最高不超过80%。

此外，罐瓶要码成通风垛；库内不要堆放具有酸性、碱性及易腐蚀的其他物品；不要使罐瓶受强日光曝晒等。

2.6　果蔬罐头生产实例

2.6.1　水果罐头生产实例

2.6.1.1　糖水橘子(全去囊衣)

1. 原料处理方法及要求

分级：按果实横径每隔10 mm分成一级。

热烫：按品种及大小分别于95～100℃水中烫煮25～45 s，以外皮及橘络易剥离而不影响橘肉为准。

去皮、去橘络、分瓣：趁热剥去橘皮、橘络，并按大小瓣分放。

酸处理：按原料品种、大小瓣分别将橘瓣放在流槽式酸碱处理机中浸泡处理，盐酸浓度为0.09%～0.12%，常温处理时间20 min，洗涤一次。

碱处理：碱液浓度0.07%～0.09%，温度40～44℃，时间5 min(以大部分囊衣易脱落，橘肉不起毛、不松散软烂为准)。

漂洗：流槽清水漂洗30 min。

整理：橘瓣装于带水盆中逐瓣去除残余囊衣、橘络及橘核，并洗涤一次。

2. **分选**

(1)无薄片、畸形、断瓣缺角，僵囊、软烂瓣。

(2)色橙红或橙黄，均匀一致。

(3)大小瓣分开装罐。

3. **装罐量**

表 2.7 糖水橘子装罐量

罐号	净重/g	果肉/g	糖水/g
781	312	190 ~ 200 *	112 ~ 122
9121	850	600 ~ 650	200 ~ 250

注：* 每罐 30 片以上，pH 控制在 3.5 以下。

4. **排气及密封**

排气密封：中心温度 65 ~ 70℃。

抽气密封：0.04 ~ 0.053 MPa。

5. **杀菌及冷却**

净重 312 g 杀菌式(抽气)：5′-13′/100℃冷却或 85℃水浴杀菌 15 min。

净重 850 g 杀菌式(排气)：5′-23′/100℃冷却。

2.6.1.2 糖水菠萝(圆片)

1. **原料处理方法及要求**

洗果：用洗果机浸洗及淋洗，洗净果实外表附着的泥沙、杂质。

分级：按果实横径用分级机分成四级。

去皮捅心：用菠萝联合加工机削去外皮(皮经刮肉机刮肉)、切去两端、捅除果心，各级果实去皮、捅心规格如表 2.8 所示。

表 2.8 菠萝去皮、捅心规格

果实横径/mm	去皮刀筒径/mm	捅心筒口径/mm
85 ~ 94	62	18 ~ 20
94 ~ 108	70	22 ~ 24
108 ~ 120	80	24 ~ 26
120 ~ 134	94	28 ~ 30

修整：去皮捅心后的果肉，经检查并用利刀削除伤疤及腐烂部分，再淋洗一次。

切片：用单刀切片机，将果肉切成环形圆片，片的厚度，按罐号分别为 11.5 ~ 13 mm。

分选及二次去皮：将片形完整，不带果目、斑点等缺陷的片选出装罐，凡带有青皮、果眼及片边缘带有斑点、机械伤的片应选出，经二次去皮机二次去皮(表 2.9)。

表 2.9 菠萝片二次去皮规格

圆片直径/mm	二次去皮刀筒径/mm
62	52(生产扇块或碎块用)
70	62(生产扇块或碎块用)
80	70
94	80

2. **装罐量**

表 2.10 糖水菠萝装罐量

罐号	净重/g	果肉/g	糖水/g
7116	425	285 ~ 300 *	125 ~ 140
8113	567	380 ~ 395 **	172 ~ 187
9121	850	570 ~ 590 ***	260 ~ 280

注：*8 片，直径 70 mm；**8 片，直径 80 mm；***8 片，直径 94 mm。

3. **排气及密封**

排气密封：中心温度 75 ~ 80℃。

抽气密封：0.048 ~ 0.053 MPa(抽气密封前先经真空加汁机在 0.083 ~ 0.091 MPa 真空下抽气 6 ~ 8 s 加汁密封)。

4. **杀菌及冷却**

净重 425 g 杀菌式(抽气)：5′-(15 ~ 20′)/100℃(水)冷却。

净重 567 g 杀菌式(排气)：5′-(20 ~ 25′)/100℃(水)冷却。

净重 850 g 杀菌式(排气)：5′-(25 ~ 30′)/100℃(水)冷却。

2.6.1.3 糖水苹果

1. **原料处理方法及要求**

分级：横径分 60 ~ 67 mm、67 ~ 75 mm、75 mm 以上三级。清水洗涤一次。

去皮：去皮厚度不超过 1.2 mm，去皮后浸入 1% ~ 2% 食盐水中护色。

切瓣挖籽巢：纵切成四瓣，挖净籽巢及梗蒂，修除斑疤及残留果皮，清水洗涤 1 ~ 2 次。

抽空：糖水浓度 18% ~ 35%(按原料成熟度高低适当增减，浓者色佳)。温度 50℃ 以下，糖水与果块之比为 1.2 : 1(浸没为准)。抽气真空度在 0.091 MPa 以上，抽空时间一般为 5 ~ 30 min，以果块渗透度达 2/3 为准。每抽空 1 ~ 2 次更换新糖水，用过的糖水煮沸过滤，调整浓度后供装罐。

2. **分选**

(1)果面光滑，核窝美观，块形完整。

(2)无病虫害、斑点、机械伤、变色，同罐中果块色泽及大小大致均匀。

3. **装罐量**

表 2.11 **糖水苹果装罐量**

罐号	净重/g	果肉/g	糖水/g
781	300	165 ~ 175	125 ~ 135
7116	425	235 ~ 245	180 ~ 190
9116	822	455 ~ 465	357 ~ 367
玻璃罐	510	270(四片)	240
玻璃罐	510	290(八片)	220
15173	2850	1610	1240

4. **排气及密封**

抽气密封：0.053 ~ 0.067 MPa。

5. **杀菌及冷却**

净重 300 g 杀菌式(抽气)：5′-15′/100℃冷却。

净重 425 g 杀菌式(排气)：5′-20′/100℃冷却。

净重 822 g 杀菌式(抽气)：5′-25′/100℃冷却。

净重 510 g 杀菌式(排气)：5′-20′/100℃冷却。分段冷却至 38℃左右。

净重 2850 g 杀菌式(抽气)：12′-25′/100℃冷却。

2.6.1.4 糖水洋梨(阳梨或巴梨)

1. **原料处理方法及要求**

选果：洋梨收获后冷藏，再在 20 ~ 25℃室温下后熟至色黄、肉滑，选除伤烂、伤皮、铁头、病虫害、苹果形等易变色的梨。

摘把去皮：先摘去梨把，用机械去皮。

切半挖籽巢：纵切两半，挖去籽巢及蒂筋，修整为完整的 1/2 块形。处理过程中果块必须浸于 1% ~2% 食盐水中护色，流程尽量缩短，防止氧化变色和起毛现象。分选后的梨块迅速洗涤一次，装罐。

2. **分选**

按大小、色泽、成熟度分开，长把梨和短把梨也分开。

同罐中果大小、色泽大致均匀。

3. **装罐量**

表 2.12 **糖水洋梨装罐量**

罐号	净重/g	果肉/g	糖水/g
7114	425	235(1/4 开 14 片以下)	190
7116	425	235(1/2 开 4 ~ 8 片)	190
9116	822	450(1/2 开 4 ~ 12 片)	372

4. 排气及密封

抽气密封：0.047 ~0.053 MPa。

5. 杀菌及冷却

净重425 g杀菌式(抽气)：5′-15′/100℃快速冷却。

净重822 g杀菌式(排气)：5′-17′/100℃快速冷却。

2.6.1.5 糖水黄桃

1. 原料处理方法及要求

选果：选用成熟的黄桃，剔除不合格果，清洗干净。

去皮：氢氧化钠溶液浓度为4% ~6%，温度90 ~95℃，时间30 ~60 s，浸碱处理后用清水冲洗搓擦，使皮脱落，再将桃倒入0.3%的盐酸溶液中和2 ~3 min，或采用白桃去皮方法。

切半：沿缝合线对切，防止切偏。

挖核：挖去果核，保持核窝光滑。

修整：削去毛边、残留皮碎、斑疤等，并将果形完整、表面光滑、核窝圆滑、果肉呈金黄色或黄色的桃块选出供装罐。

2. 装罐量

表2.13 糖水黄桃装罐量

罐号	净重/g	果肉/g	糖水/g
8113	567	365 ~370	197 ~202
7116	425	275 ~280	145 ~150

3. 排气及密封

排气密封：中心温度80℃以上。

抽气密封：0.04 MPa以上。

4. 杀菌及冷却

净重567 g杀菌式(排气)：3′-30′/100℃冷却。

(抽气)：5′-35′/100℃冷却。

净重425 g杀菌式(排气)：3′-25′/100℃冷却。

(抽气)：5′-30′/100℃冷却。

2.6.1.6 糖水杏子

1. 原料处理方法及要求

分级：按大小、成熟度及品种分开。

切半挖核：沿缝合线切半并挖除果核。

去皮或不去皮：以8 ~14°Bé的氢氧化钠液，在温度95 ~98℃下，时间30 ~60 s(根据原料品种、成熟度灵活掌握)处理后，立即取出搓洗去皮。清水漂洗除去果实表面残余碱。

修整：将残留外皮、虫疤、黑点、毛边、机械伤、果尖、果把、核尖等修削去，果面、核窝光滑(去皮后修整过程，果块应放于1.5%食盐水中护色)。

2. 分选

(1)果块按大小、色泽、成熟度分开装罐。

(2)无过生或过熟软烂果。

(3)果块无残皮(不去皮者允许带皮)、斑点、毛边等缺陷。

3. 装罐量

表2.14 糖水杏子装罐量

罐号	净重/g	果肉/g	糖水/g
7116	425	265～270(不超过25片)	155～160

4. 排气及密封

抽气密封：0.053～0.067 MPa。

5. 杀菌及冷却

杀菌式(抽气、成熟度高的果)：5′-(8～12′)/100℃冷却。

杀菌式(抽气、成熟度低的果)：5′-(13～18′)/100℃冷却。

2.6.2 蔬菜罐头生产实例

2.6.2.1 青豆

1. 原料处理方法及要求

剥壳：剥壳机剥壳。

分级：按豆粒直径大小在分级机中分为以下4号。

表2.15 青豆分级规格

号数	1	2	3	4
豆粒直径/mm	7	8	9	10

盐水浮选：早期1号豆用2～3°Bé盐水浮选，生产后期3～4号豆用15°Bé盐水浮选，上浮豆粒供生产用，下沉豆粒作其他产品配料用。

预煮：用预煮机或夹层锅预煮，各号豆分开预煮，温度100℃，时间3～5 min，煮后及时冷透。

漂洗：漂洗时间按豆粒老嫩而异，初期豆漂洗30 min，中后期豆漂洗60～90 min。

挑选：选除黄色豆、红花豆、斑点、虫蛀、破裂等不合格豆，并剔除杂质。

挑涤：清水淘洗一次。

2. 分选

(1)不同大小粒和不同号数的豆分开装罐。

(2)豆粒色泽青绿或绿黄分开装罐，同罐中色泽均匀。

(3)选除过老豆，要求豆粒完好无破裂软烂。

(4)无夹杂物。

3. 汤水配比

2.3%沸盐水，注入罐内时温度不低于80℃。

4. 装罐量

表2.16 青豆装罐量

罐号	净重/g	青豆/g	汤汁/g
6101	284	145~160	124~139
7103	397	235~210	162~187
7114	425	235~255	170~190
9116或9121	822	450~470	352~372

以上各罐号装罐量按品种老嫩调整。

5. 排气及密封

排气密封：中心温度不低于65℃。

抽气密封：0.04 MPa。

6. 杀菌及冷却

净重284 g、397 g、425 g杀菌式：10′-35′-10′/118℃ 冷却。

净重822 g杀菌式：10′-45′-反压冷却/118℃。

2.6.2.2 青刀豆

1. 原料处理方法及要求

切端：用刀豆切端机或手工切去刀豆两端蒂柄及尖细部分。

拣选：经切端机切端后的豆通过输送带检查挑选。拣去老豆、切端不良、畸形、病虫害等不合格豆，并选除夹杂物。

浸盐水驱虫：用连续浸盐水机浸泡10~15 min，盐水浓度2.5%~3%，水与豆之比为2∶1(注意随时捞去浮于盐水中的虫)。浸盐水后的豆以清水淋洗一次。

预煮：用连续预煮机沸水预煮，时间3~4 min，预煮水常更换，保持清洁。煮后急速用冷水冷透。

2. 分选

刀豆组织嫩，硬度适宜，无皱缩，色青绿或微黄绿。条装长度70~110 mm，段装长35~60 mm，同罐中刀豆大小、色泽大致均匀。

3. 汤汁配比

盐水浓度2.3%~2.4%，注入罐内时温度不低于75℃。

4. **装罐量**

表 2.17 青刀豆装罐量

罐号	净重/g	刀豆/g	汤汁/g
7114	425	260 ~ 275	150 ~ 165
8117	567	350 ~ 375	192 ~ 217
9124	850	520 ~ 560	290 ~ 330

5. **排气及密封**

排气密封：中心温度 65 ~ 75℃。

抽气密封：0.04 ~ 0.047 MPa。

6. **杀菌及冷却**

净重 425 g、567 g 杀菌式(排气)：10′-25′-反压冷却/119℃。

净重 850 g 杀菌式(排气)：10′-30′-反压冷却/119℃。

2.6.2.3 蘑菇

1. **原料处理方法及要求**

护色：蘑菇采收后，切除带泥根柄，立即浸于清水或 0.6% 的盐水中。若需长途运输，产地用 0.03% 焦亚硫酸钠液(简称护色液)洗一次，再以 0.03% 护色液浸 2 ~ 3 min，捞出以清水浸没运输进厂；或直接以 0.005% 护色液浸没运回厂；也可在产地用护色液浸泡 4 ~ 5 min 后，捞起装入塑料袋装箱湿菇干运进厂。预煮前必须适当漂洗脱硫。

预煮和冷却：预煮机连续预煮，以 0.07% ~ 0.1% 柠檬酸液沸煮 5 ~ 8 min(煮透为准)，或用夹层锅以 0.1% 柠檬酸液沸煮 6 ~ 10 min，蘑菇与液之比为 1 : 1.5，急速冷却透。

大小分级：用分级机按蘑菇直径大小分为 18 ~ 20 mm、20 ~ 22 mm、22 ~ 24 mm、24 ~ 27 mm、27 mm 以上及 18 mm 以下六级。

挑选和修整：分整菇及片装两种。泥根、菇柄过长或起毛、病虫害、斑点菇等应进行修整。修整后不见菌褶的可做整菇或片菇。凡开伞(色不发黑)脱柄、脱盖、盖不完整及有少量斑点者做碎菇用。生产片菇宜用直径 19 ~ 45 mm 的大号菇，用定向切片机，纵切成 3.5 ~ 5.0 mm 厚的片状。装罐前淘洗一次。

2. **分选**

(1)整只装：色淡黄，具弹性，菌盖形态完整，修削良好。不同级别分开装罐，同罐中色泽、大小、菇柄长短大致均匀。

(2)片装：同一罐内片的厚薄较均匀，片厚 3.5 ~ 5 mm。

(3)碎片：不规则的碎片块。

3. **汤水配比**

2.3% ~ 2.5% 的沸盐水加入 0.05% 柠檬酸，过滤备用。盐液温度 80℃ 以上(2840 g 罐形盐水浓度 3.5% ~ 3.7%，柠檬酸 0.13% ~ 0.15%)。

4. 装罐量

表2.18 蘑菇装罐量

<table>
<tr><th>罐号</th><th>净重/g</th><th>蘑菇/g</th><th>汤汁/g</th></tr>
<tr><td>761</td><td>198</td><td>120～130</td><td>68～78</td></tr>
<tr><td>6101</td><td>284</td><td>155～175</td><td>109～129</td></tr>
<tr><td>7116或7114</td><td>425</td><td>235～250</td><td>165～180</td></tr>
<tr><td>668</td><td>184</td><td>112～115</td><td>69～72</td></tr>
<tr><td>9124</td><td>850</td><td>475～495</td><td>355～375</td></tr>
<tr><td>15178</td><td>3000</td><td rowspan="3">2050～2150(碎菇装)
1850～1930(整菇装)</td><td rowspan="3">加满
加满</td></tr>
<tr><td>15173</td><td>2840</td></tr>
<tr><td>15178</td><td>2977</td></tr>
</table>

5. 排气及密封

排气密封：中心温度70～80℃。

抽气密封：0.047～0.053 MPa。

6. 杀菌及冷却

净重198 g、284 g、425 g、184 g杀菌式：10′-(17～20′)-反压冷却/121℃。

净重850 g杀菌式：15′-(27～30′)-反压冷却/121℃。

净重3000 g、2840 g、2977 g杀菌式：15′-(30～40′)-反压冷却/121℃。

2.6.2.4 原汁整番茄

1. 原料处理方法及要求

选料：选除成熟度不足、病虫害、斑疤、伤烂等不合格品，按大小分级。再用清水将番茄洗干净。

挖蒂：挖除柄蒂，防止太深，籽不能外流(机械去皮可不挖蒂)。

热烫去皮：90～98℃热烫15～40 s，以表皮易脱离为准，冷水迅速冷却，剥去外皮。

硬化处理：番茄浸于0.5%氯化钙液中浸10 min，洗果分选装罐。

2. 分选

(1)番茄色泽鲜红均匀。

(2)果实完整。

(3)果实最大横径不超过50 mm。

(4)同罐中色泽、大小大致均匀。

3. 汤汁配比

茄汁经筛板孔径1.5 mm及0.5 mm打浆机打浆。

番茄原浆(5%～7%)：96.5 kg　　盐水(20%)：7.0 kg

砂糖：2.0 kg　　氯化钙：100 g

4. **装罐量**

表 2.19 原汁整番茄装罐量

罐号	净重/g	整番茄/g	汤汁/g
7114	425	250～255	170～175(汁温 90℃以上)
9124	850	500	350(汁温 90℃以上)

5. **排气及密封**

排气密封：中心温度不低于 70℃。

抽气密封：0.04～0.046 MPa。

6. **杀菌及冷却**

净重 425 g 杀菌式(排气)：5′-(28～33′)-5′/105℃冷却。

净重 850 g 杀菌式(排气)：5′-(35～40′)-5′/105℃冷却。

2.6.2.5 冬笋

1. **原料处理方法及要求**

切根剥壳：用切笋根机切除笋根粗老部分，再用刀自根部向笋尖纵切破笋壳。不伤及笋肉，剥除外壳，保留笋尖和嫩衣。按笋根直径大小分级。

预煮：沸水预煮大笋 50～80 min，小笋 45～55 min，以煮透为准(有的厂带壳预煮，即将鲜笋先切除笋根，再斜切去笋壳尖，沸水预煮，使笋肉熟透冷却后再剥壳)。

冷却漂洗：笋预煮后，急速冷水冷却透，处理后用流动水漂洗 16～24 h。

修整：用线弓弹去笋表面嫩衣及绒毛，保持笋尖、笋节完整，再切除根部粗老部分，切口平整，机伤、斑点修削净。沸水煮 15 min，趁热装罐。

2. **分选**

(1)整只装：笋只完整，保留笋尖、笋节(根点允许轻微伤痕)，大小大致均匀。

(2)统装级：断笋尖，修整笋，或纵切 1/2 以上的笋只。

3. **汤汁配比**

沸水加入 0.05%～0.07%的柠檬酸(或不加酸)。温度 85℃以上。

4. **装罐量**

表 2.20 冬笋装罐量

罐号	净重/g	笋肉/g	汤汁/g
15173 或 15178	2950	1800～1820	一级品 10 只以上，二级品 7～10 只，统装品(笋只不作规定)，汤汁加满
9116	800	485(一级品) 445～450(二级品)	汤汁加满
8117	552	300～315	汤汁加满

5. **排气及密封**

净重 2950 g 排气密封：中心温度 70～75℃。

净重800 g、552 g排气密封：中心温度75～78℃。

6. **杀菌及冷却**

杀菌式(排气)：15′-35′-10′/116℃冷却。

2.6.2.6 芦笋

1. **原料处理方法及要求**

原料验收：新鲜笋进厂，应对虫蛀、锈斑、裂缝、木质化笋、扁平笋、杂质异物等进行剔除，笋直径10～20 mm，长度15～20 cm。

清洗消毒：笋在清水中浸洗干净，再用10 mg/kg的有机氯漂白粉浸泡3～5 min。

去皮分级：从距笋尖3 cm处削皮，要求每条笋要削10刀以上，力求保持笋条原形，并按大、中、小三级分开放置于清水中。

切条：按罐型即工艺要求进行裁切，应注意切口整齐，无毛边，轻拿轻放，不能碰断笋尖，大小不能混级。

预煮：按粗、细、老、嫩、条、段的笋分开预煮，温度90～95℃左右(微沸水)。时间分别为：粗条煮3～4 min，细条及段煮2～3 min，嫩尖煮1～2 min(以笋肉变乳白色、微透明、下沉为准)。白笋预煮时可在预煮水中加入0.05%～0.1%的柠檬酸，调整pH为3.2左右。

冷却：预煮好的笋，立即用冷水冷却，防止损伤笋尖。

2. **配汤(单位：kg)**

预煮汤：96　　砂糖：2

食盐：2　　柠檬酸：0.05

以上调料加热煮沸，过滤备用。

3. **装罐量**

表2.21 芦笋装罐量

罐号	净重/g	笋肉/g	汤汁/g
7114	425	笋条280	加满汤汁(汁温85℃以上)
7114	425	笋段285 *	加满汤汁(汁温85℃以上)
8160	800	笋条540	加满汤汁(汁温85℃以上)

注：*搭笋尖20%～30%。

4. **排气及密封**

抽气密封：0.04～0.053 MPa。

5. **杀菌及冷却**

净重425 g杀菌式(抽气)：15′-15′-反压冷却/121℃。

净重800 g杀菌式(抽气)：15′-18′-反压冷却/121℃。

【复习思考题】

1. 什么叫做食品罐藏？它有哪些优点？
2. 试述果蔬罐藏的基本原理。
3. 罐头食品按其酸性大小分为哪几类？
4. 罐头食品中有哪些常见的腐败菌？为什么许多国家都把肉毒杆菌作为杀菌的主要对象菌？
5. 影响罐头食品传热的因素有哪些？
6. 何谓杀菌规程？影响罐头杀菌的因素有哪些？
7. 罐藏对果蔬原料有何要求？
8. 试述果蔬罐头的加工工艺流程。
9. 为什么大部分原料装罐时须保留一定的顶隙？原料装罐时应注意哪些事项？为什么有些罐头要加汁液？
10. 罐头食品为什么要排气？排气方法有哪些？
11. 在什么情况下，排气时需要对罐头食品进行补充加热？
12. 罐头加热杀菌有哪几种方法？各适应与何种罐头食品的杀菌？
13. 为什么罐头杀菌后要立即冷却？为什么冷却水也应清洁卫生？
14. 试推算罐头卷边叠接率计算公式。
15. 某罐头厂在生产蘑菇罐头时，选择嗜热脂肪芽孢杆菌为对象菌。经检验每克罐头食品在杀菌前含对象菌数不超过 2 个。经过 121℃杀菌和保温贮藏后，允许腐败率为万分之五以下，试估算 425 g 蘑菇罐头在该温度下的安全 F 值。
16. 今有某罐头食品，杀菌后常温贮存 1 周后出现胀罐现象，试分析出现这种问题的原因，并设计解决的工艺措施。

主要参考文献

陈学平. 2005. 果蔬产品加工学. 北京：中国农业出版社.
陈锦屏. 1990. 果品蔬菜加工学. 西安：陕西科学技术出版社.
何建新. 2008. 我国果蔬罐头加工业现状存在问题及发展对策. 食品与机械，24(2)：151－155.
胡小松，等. 2005. 中国果蔬加工产业现状与发展态势. 食品与机械，21(3)：4－9.
Jay J M. 2001. 现代食品微生物学(第 5 版). 徐岩等译. 北京：中国轻工业出版社.
农业部农产品加工业领导小组办公室. 2006. 农产品加工重大关键技术筛选研究报告. 北京：中国农业出版社.
无锡轻工业学院，天津轻工业学院. 1984. 北京：中国轻工业出版社.
杨邦英. 2002. 罐头工业手册(新版). 北京：中国轻工业出版社.
叶兴乾. 2002. 果品蔬菜加工工艺学. 北京：中国农业出版社.
曾名涌. 2007. 食品保藏原理与技术. 北京：化学工业出版社.
周林燕，等. 2009. 食品高压技术研究进展和应用现状. 中国食品学报，9(4)：165－169.

第3章　果蔬制汁

【内容提要】

本章主要介绍了果蔬汁的种类、常见加工原料及果蔬汁中所含主要化学成分的加工特性；介绍了果蔬汁加工工艺(原料前处理、取汁、打浆、澄清、过滤、均质、脱气、浓缩、芳香物质回收、干燥与脱水、杀菌与包装)及果蔬汁加工中的常见问题；介绍了果蔬汁饮料加工工艺及几种果汁的加工实例。

【教学目标】

1. 了解果蔬汁对原料品质的基本要求。
2. 明确果蔬汁对包装材料的基本要求及无菌包装的确切含义。
3. 掌握原果蔬汁的加工工艺流程及操作要点。
4. 掌握澄清汁、混浊汁和浓缩汁的加工工艺流程及操作要点。
5. 掌握果蔬汁加工中常见的质量问题及处理方法。

【重要概念及名词】

果蔬汁　饮料　加工　取汁　打浆　澄清　过滤　均质　脱气　浓缩　芳香物质回收　脱水　杀菌　包装

3.1　果蔬汁种类

3.1.1　基本概念

果蔬汁(fruit and vegetable juice)是指未经任何发酵、浓缩、稀释或添加其他成分，直接以新鲜水果或蔬菜为原料，经过物理方法，如压榨、离心、萃取等得到的汁液，一般是指纯果蔬汁或100%果蔬汁。以果蔬汁为基料，人工加入其他物质，如水、糖、酸或香料，调配而成的汁称为果汁饮料、菜汁饮料或软饮料。果蔬汁及其制品保存了新鲜原料所含的糖分、氨基酸、维生素、矿物质等，风味和营养十分接近新鲜果蔬，且由于加工的精细化作用，其营养价值有时甚至高于新鲜果蔬汁，能够快速补充人体能量与营养的需要。

3.1.2 果蔬汁的分类

目前，世界各国饮料分类的方法各不相同，其中欧洲各国大体相同，美国、日本等国又是不同的分类方法，如德国将饮料分为水果原汁、水果汁、水果露、水果汁露和水果水五大类；而日本则在果蔬汁饮料中单独分出一类果肉饮料，又在果蔬汁饮料外独立分出一类与之平行的碳酸饮料。我国主要按工艺和成分进行分类。

3.1.2.1 按工艺不同分类

1. 澄清汁

也称透明汁，在制作时经过澄清、过滤等关键工艺，其特点是汁液澄清透明，不含悬浮物质，稳定性高。

2. 混浊汁

也称不澄清汁，制作时经过均质、脱气这一特殊工序，使果肉变为细小的胶粒状态悬浮于汁液中，不分层，不沉淀，有良好的稳定性。

3. 浓缩汁

浓缩果汁是在果蔬榨成原汁后再采用低温真空浓缩的方法，蒸发掉一部分水分做成的，在配制100%果蔬汁时须在浓缩果蔬汁原料中还原进去，果蔬汁在浓缩过程中失去的天然水分等量的水，制成具有原果蔬果肉的色泽、风味和可溶性固形物含量的制品。

4. 果饴（加糖果汁，果汁糖浆）

果饴是在原果汁中加用多量食糖或在糖浆中加入一定比例的果汁而配制成的产品，一般高糖，也有高酸者。通常按可溶性固形物含量分为可溶性固形物45%和60%两种。我国市场上的鲜橘原汁的可溶性固形物占35%以上，总酸为0.3%~0.6%。

5. 果汁粉

果汁粉是浓缩果汁或果汁糖浆通过喷雾干燥制成的脱水干燥产品，含水量1%~3%，常见产品有橙汁粉。

3.1.2.2 按成分分类

按照GB 10789—2007《饮料通则》，果蔬汁及其饮料产品分为如下9类：

1. 果汁(浆)和蔬菜汁(浆)[fruit/vegetable juice(pulp)]

即采用物理方法，将水果或蔬菜加工制成可发酵但未发酵的汁(浆)液；或在浓缩果汁(浆)或浓缩蔬菜汁(浆)中加入浓缩时失去的等量的水，复原而成的制品。可以使用食糖、酸味剂或食盐，调整果汁、蔬菜汁的风味，但不得同时使用食糖和酸味剂，调整果汁的风味。它具有原水果果汁(浆)或蔬菜汁(浆)的色泽、风味和可溶性固形物含量(为调整风味添加的糖不包括在内)。

2. 浓缩果汁(浆)和浓缩蔬菜汁(浆)[concentrated fruit/vegetable juice(pulp)]

即采用物理方法从果汁(浆)中除去一定比例的水分，加水复原后具有果汁(浆)或蔬菜汁(浆)应有特征的制品。其可溶性固形物的含量和原汁(浆)的可溶性固形物含量之比≥2。

3. **果汁饮料和蔬菜汁饮料**(fruit/vegetable juice beverage)

1)果汁饮料(fruit juice beverage)

即在果汁(浆)或浓缩果汁(浆)中加入水、食糖和(或)甜味剂、酸味剂等调制而成的饮料，可加入柑橘类的囊胞(或其他水果经切细的果肉)等果粒。果汁(浆)含量(质量分数)≥10%。

2)蔬菜汁饮料(vegetable juice beverage)

即在蔬菜汁(浆)或浓缩蔬菜汁(浆)中加入水、食糖和(或)甜味剂、酸味剂等调制而成的饮料。蔬菜汁(浆)含量(质量分数)≥5%。

4. **果汁饮料浓浆和蔬菜汁饮料浓浆**(concentrated fruit/vegetable juice beverage)

即在果汁(浆)和蔬菜汁(浆)或浓缩果汁(浆)和浓缩蔬菜汁(浆)中加入水、食糖和(或)甜味剂、酸味剂等调制而成，稀释后放可饮用的饮料。按标签标示的稀释倍数稀释后，其果汁(浆)含量(质量分数)≥10%，蔬菜汁(浆)含量(质量分数)≥5%。

5. **复合果蔬汁(浆)及饮料**[blended fruit/vegetable juice(pulp)beverage]

即含有两种或两种以上的果汁(浆)，或蔬菜汁(浆)，或果汁(浆)和蔬菜汁(浆)的复合果蔬汁(浆)。含有两种或两种以上果汁(浆)，蔬菜汁(浆)或其混合物，并加入水、食糖和(或)甜味剂、酸味剂等调制而成的饮料为复合果蔬汁饮料。复合果汁(浆)饮料中果汁(浆)总含量(质量分数)≥10%；复合蔬菜汁(浆)饮料中蔬菜汁(浆)总含量(质量分数)≥5%；复合果蔬汁(浆)饮料中果汁(浆)蔬菜汁(浆)总含量(质量分数)≥10%。

6. **果肉饮料**(nectar)

即在果浆或浓缩果浆中加入水、食糖和(或)甜味剂、酸味剂等调制而成的饮料。含有两种或两种以上果浆的果肉饮料称为复合果肉饮料。果(浆)总含量(质量分数)≥20%。

7. **发酵型果蔬汁饮料**(fermented fruit/vegetable juice beverage)

即水果、蔬菜或果汁(浆)、蔬菜汁(浆)经发酵后制成的汁液中加入水、食糖和(或)甜味剂、食盐等调制而成的饮料。

8. **水果饮料**(fruit beverage)

即在果汁(浆)或浓缩果汁(浆)中加入水、食糖和(或)甜味剂、酸味剂等调制而成，但果汁含量较低的饮料。果汁(浆)含量(质量分数)≥5%~10%。

9. **其他果汁饮料**(other fruit juice beverages)

上述9类以外的果汁和蔬菜汁类饮料。

3.2 果蔬汁原料

3.2.1 果蔬汁对原料的要求

果蔬汁饮料的质量要得到保证，首先要保证它的原料质量。相对而言，果蔬汁加工原料的要求要比其他果蔬制品对原料的要求高，具体要求满足以下几个方面。

1. 原料的特性

用于制汁的果蔬原料应具有浓郁的风味和香气，无不良风味，色泽稳定，酸度适当，且汁液丰富，取汁容易，出汁率高。

2. 果蔬原料的成熟度

采用未成熟的或发育不良的果蔬原料制得的水果原汁，其芳香成分的含量和质量比采用生长良好的成熟水果为原料制成的要差很多。同样，用这样的原料制成的果蔬汁饮料，由于含糖量和可溶性固形物含量低，往往风味很差，甚至没有饮料应该具有的正常风味。如果水果原料过熟，果肉会过软或完全软熟（缺汁），原料中的原果胶转变为水溶性果胶，使榨汁作业和澄清作业变得困难，导致出汁率下降，甚至原料腐败。达到加工最佳成熟度的水果原料，其外表特征介于采摘成熟度与质量成熟度之间。

3. 果蔬原料的新鲜度

对于挂枝成熟采摘的仁果类水果原料，为提高它的质量，一般要储存2周左右；而一般的水果蔬菜，最好在新鲜时开始榨汁，若不马上用，就必须采用深冷冻储存（-18℃以下）。

4. 果蔬的完整性和无损性

果蔬汁加工对原料的大小和形状没有严格要求，但为保证原果蔬汁的质量，所用的原料应力求无损伤、无变质、无虫害。

以上这些要求在果蔬种类和品种之间差异较大，表现出不同的加工适应性，因此，并非所有的果蔬种类和品种都可以用来制汁，果汁原料也有加以选择的必要。就果品来说，苹果、梨、菠萝、葡萄、柑橘、浆果类和醋栗等，具有优良的色泽、风味和香气特征，且汁液丰富，都符合果汁加工的要求。

3.2.2 影响果蔬加工的其他因素

3.2.2.1 农药残留

（1）农药残留对人体的危害：①过敏反应和变态反应；②菌群失衡；③细菌耐药性；④致畸、致突变、致癌；⑤激素作用。

（2）控制农药污染食品的措施：①加强农药管理；②禁止和限制某些农药的使用范围；③规定施药与作物收获的主要间隔期；④指定农药在食品中的残留标准；⑤推广高效、低残留的新农药；⑥合理饮食。

3.2.2.2 原料中含有的工业有害物质

1. 工业有害物质污染食品的途径

1）工业废水污染

工业废水不经处理或处理不彻底，排入江、河、湖、海，水生生物通过食物链使有害物质在体内富集，因此即使水中有害物质的含量很低，经过逐级浓缩，也可使食品造成严重污染。

2）利用被污染的食物做饲料

采用被污染的水产品、农作物、牧草等做禽畜饲料，禽畜吃后，轻者可使家禽家畜的奶、蛋及其肉类遭受污染，人们摄食后，有害物质又随食物转移于人的体内；重者可引起禽畜死亡。

3）滥用食物添加剂

食品在生产加工过程中，为满足生产工艺的需要，防止食品腐败变质，延长食品保质期，改善食品的感官性状，提高食品品质，往往加入某些食品添加剂。若违规添加非食品用化工产品，由于其中的砷、铅等杂质含量较多，用后会对食品造成污染。

4）食具容器、包装材料的污染

食品包装材料有纸张、塑料、铝箔、马口铁、化纤、陶瓷、搪瓷、铝制品等。纸张在印刷时所用的油墨、颜料含有较多的铅，可以污染食品。有的糖果包装纸含铅量高达16500 mg/kg。此外，食具、容器也存在有害金属的溶出问题。如陶瓷、搪瓷、铝制品食具容器含有铅、砷、镉、锌、锑等有害物质，尤其利用回收铝浇铸的食具、容器，其有害金属含量较高。罐头是由镀锡铁皮制成，当内层涂料不良时，由于内容物的腐蚀作用内壁和焊接处铅、锡等有害金属可溶出于食品中，许多包装材料和食具容器都含有有害金属，在一定条件下可成为食品的污染源。

5）食品生产加工和运输的污染

食品在生产加工过程中，接触机械设备和各种管道，如分解反应锅、白铁管、塑料管（有的用铅作稳定剂）、橡胶管等，在一定条件下其有害金属溶出成为食品的污染源。运输工具不洁而造成的食品污染也很常见。

2. 控制工业有害物质对食品污染的措施

1）控制污染源

重金属污染环境后，很难去除。因此必须贯彻预防为主的方针，改变生产工艺，尽量利用替代品。在有害金属的生产过程中，应当通过回收或者循环利用以减少流失；某些缺水地区利用污水灌溉农田，其灌溉水质也必须符合灌溉标准，此外还应根据作物的品种，掌握灌溉时期和灌溉量。

2）受污染食品的处理

处理前先要调查污染源、污染方式、程度和范围、受污染食品的数量和污染物的毒性等情况，根据具体情况，因地制宜地进行处理。对受污染食物无论怎样处理都要以保证食用者安全为前提，在此前提下，适当考虑食物的利用价值和经济价值。可采用：剔除污染部分；稀释处理；有限制的食用；去除污染物；改做他用或销毁。

3.2.2.3 食品添加剂

（1）食品添加剂不正确使用可导致的食品安全问题：①急性和慢性中毒；②引起变态反应；③食品添加剂在人体内蓄积；④食品添加剂被确定或怀疑具有致癌作用。

（2）正确使用食品添加剂：①必须遵守食品添加剂的生产和使用方面的法律、法规；②食品添加剂的使用必须经过食品毒理学安全评价，以证明在使用期限内长期使用对人体安全无害，并应当指定食品添加剂的使用范围与使用量；③食品添加剂的使用不能影响食品本身的营养成分和感官品质；④食品添加剂应有严格的质量标准，所含杂质不能超过允许限量；⑤不能将使用食品添加剂作为掩盖食品缺陷或作为伪造的手段；⑥食品添加剂在达到一定使用目的后，最好能在以后的加工、烹调或贮存过程中被破坏或排除，使之不能进入人体，发展这类食品添加剂是食品研究与开发的一个方向；⑦食品添加剂在进入人体后，最好能参加人体的正常代谢，或能被正常解毒过程解毒后全部排出体外，或因不能被消化道吸收而全部排出体外；⑧不能由于使用食品添加剂而降低良好的加工措施和卫生标准；⑨未经卫生部标准，婴儿及儿童食品中不得使用食品添加剂。

3.2.2.4 食品容器、包装材料

1. 塑料及其制品对食品安全性的影响

1）聚乙烯（PE）

聚乙烯塑料的残留物主要包括乙烯单体、低分子量聚乙烯、回收制品污染物残留及添加色素残留。一般认为聚乙烯塑料是安全的包装材料，但低分子量聚乙烯溶于油脂使油脂具有蜡味，从而影响产品质量。聚乙烯塑料回收再生制品有较大的不安全性，由于回收渠道复杂，回收容器上常残留许多有害污染物，难以保证清洗处理完全，从而容易造成对食品的污染；同时，为掩盖回收品质量缺陷往往添加大量涂料，从而使涂料色素残留污染食品。因此，一般规定聚乙烯回收再生品不能再用于制作食品的包装容器。

2）聚丙烯（PP）

聚丙烯塑料主要用于生产薄膜材料，在食品中可代替玻璃纸使用。此外，它还可用于含油食品包装，可制成热收缩薄膜，用于食品热收缩包装。聚丙烯塑料残留物主要是添加剂和回收再利用品残留。由于其易老化，需要加入抗氧化剂和紫外线吸收剂等添加剂，造成添加剂残留污染。其回收再利用品残留与聚乙烯塑料类似。一般认为聚丙烯作为食品包装材料较安全，其安全性高于聚乙烯塑料。

3）聚氯乙烯（PVC）

聚氯乙烯塑料的残留物主要是氯乙烯单体、降解产物和添加剂（增塑剂、热稳定剂和紫外线吸收剂等）溶出残留。聚氯乙烯树脂本身无毒，但氯乙烯单体具麻醉作用，同时还具有致癌、致畸作用。因此，在用聚氯乙烯作为食品包装材料时，应严格控制材料中的氯乙烯单体残留量。另外，由于聚氯乙烯与低分子化合物相溶，所以加入多种辅助原料和填加剂，它们可向外溶出而进入包装食品。

4）聚偏二氯乙烯（PVDC）

聚偏二氯乙烯塑料残留物主要是偏二氯乙烯（VDC）单体和添加剂。聚偏二氯乙烯存在残留危害，聚偏二氯乙烯所添加的增塑剂在包装脂溶性食品时可溶出。聚偏二氯乙烯主要用于薄膜，也可用作肠衣。具有适合长期保藏的特性。

5）聚苯乙烯（PS）

聚苯乙烯塑料残留物主要是苯乙烯单体、乙苯、异丙苯、甲苯等挥发性物质，它们能向食品中迁移，这些物质均有低毒。在食品中主要用于生产透明食品盒、水果盘、小餐具等，还可制成收缩膜，用于食品收缩包装，低发泡薄片材料以及热塑成型一次性食品盒、盘。

6）丙烯腈共聚塑料

丙烯腈共聚塑料已被广泛应用于食品容器和食品包装材料，尤其以橡胶改性的丙烯腈－丁二烯（ABS）和丙烯腈－苯乙烯（AS）塑料最常用。丙烯腈－丁二烯和丙烯腈－苯乙烯的残留物主要是丙烯腈单体，可向食品迁移，有毒。所以，对丙烯腈单体的残留量有限制标准，我国丙烯腈－丁二烯中丙烯腈单体限量≤11 J/K、丙烯腈－苯乙烯中丙烯腈单体限量≤50 J/K。丙烯腈－丁二烯主要用于机械强度较高的食品包装，丙烯腈－苯乙烯用于机械强度高、有透明性要求的食品包装材料。

2. 其他包装材料及其制品对食品安全性的影响

1）搪瓷、陶瓷包装材料对食品安全性的影响

搪瓷容器的危害是其瓷釉中的金属物质。陶瓷容器的主要危害来源于制作过程中在胚体上涂的陶釉、瓷釉、彩釉等。釉料中含有铅（Pb）、锌（Zn）、镉（Cd）、锑（Sb）、钡（Ba）等多种金属的氧化物硅酸盐和金属盐类，它们多为有害物，这些物质容易溶出并迁移进食品，严重的会引起中毒。

2）玻璃包装材料对食品安全性的影响

玻璃包装容器的主要优点是无毒无味、化学稳定性极好、卫生清洁和耐气候性好。玻璃是一种惰性材料，一般认为玻璃与绝大多数内容物不会因发生化学反应而析出有害物质。玻璃中的迁移物是无机盐或离子，从玻璃中析出的主要成分为二氧化硅（SiO_2）。

3）金属包装材料对食品安全性的影响

目前使用的两种主要金属包装材料是铁和铝，最常用的是马口铁、无锡钢板、铝和铝箔等。马口铁罐头罐身为镀锡的薄钢板，锡起保护作用，但由于种种原因，锡会溶出而污染罐内食品。随着罐藏技术的不断改进，已避免了焊缝处铅的迁移、罐内层锡的迁移。但由于涂料的使用，罐中的迁移物更加复杂。铝制品的危害主要是铸铝和回收铝中的杂质。铝的毒性表现为对脑、肝、骨、造血系统和细胞的毒性。我国已规定了金属铝制品包装容器的卫生标准。

4）纸和纸板包装材料对食品安全性的影响

食品包装用纸影响食品安全主要有：食品包装用纸的原料不清洁；食品包装用纸经荧光增白剂处理，使包装纸中含有荧光化学污染物；食品包装用纸含有过高的多环芳烃化合物；食品包装用纸使用彩色原料引起污染；食品包装用纸中挥发性物质、农药及重金属等化学残留物引起污染。

3.3　果蔬汁加工工艺

3.3.1　原料前处理

3.3.1.1　分级

果蔬可按照不同的加工品的要求，采用不同的方式分级，包括大小分级、成熟度分级和色泽分级等几种。在我国，成熟度分级常用目视估测的方法进行，而大小分级是分级的主要内容，几乎所有的加工果蔬均需进行大小分级。分级的方法有手工分级和机械

分级。

3.3.1.2 清洗

由于果蔬原料的表面不可避免地有一些尘土等杂质，因此在加工之前，必须通过清洗作业使果蔬原料处于尽可能清洁的状态，并除去腐烂和发霉部分。原料洗涤的目的主要是避免榨汁时果蔬表面杂质进入果蔬汁液中，特别是带皮榨汁的原料更应注意清洗。洗涤方式一般采用浸泡洗涤、鼓泡清洗、喷水冲洗和化学溶液清洗。对于草莓等柔软的果实宜在金属筛板上用清水喷洗；对于一些农药残留量大、微生物污染严重的原料，在洗涤前用0.05 %～0.1 %的高锰酸钾，或0.06 %的漂白粉，或0.1 %的稀盐酸浸漂5～10 min，再用清水反复冲洗。洗涤之后去除病虫害果、未成熟果和受机械损伤果。

3.3.1.3 去皮

大多数果蔬原料在制汁之前不必作去皮处理，然而，有些果蔬(如猕猴桃、南瓜等)的表皮较厚，纤维素含量很高，这样的果蔬在制成原果汁时，必须将其表皮去除，否则产品的风味和稳定性都不好。

1. 手工工艺

用特别的刀、刨等工具人工剥皮，去皮干净、损失少，但劳动效率低。常用于柑橘、苹果、梨、柿、枇杷、芦笋、竹笋、瓜类等。

2. 机械去皮

主要用于比较规则的果蔬原料，去皮机械也有很多种，如旋皮机，主要用于苹果、梨、柿、菠萝等；擦皮机，主要用于土豆、甘薯、胡萝卜等；用于青豆、黄豆等的专用去皮机械等。

3. 碱液去皮

该法是利用碱液的腐蚀性来使蔬菜表面中胶层溶解，从而使果皮分离。碱液去皮常用氢氧化钠，因为它腐蚀性强且价廉；常在碱液中加入表面活性剂，如2-乙基已基磺酸钠，使碱液分布均匀以帮助去皮。碱液去皮时，碱液的浓度、处理的时间和碱液温度，应视不同果蔬原料种类、成熟度、大小而定。碱液浓度提高、处理时间长及温度高都会增加皮层的松离及腐蚀程度。经碱液处理后的果蔬必须立即在冷水中浸泡、清洗，并且要反复换水，直至表面无腻感、口感无碱味为止。漂洗必须充分，否则可能导致pH上升，杀菌不足，产品败坏。

4. 热力去皮

果疏经短时高温处理后，表皮迅速升温，导致果皮膨胀破裂，与内部果肉组织分离，然后迅速冷却，即可去皮。该法适合于成熟度高的桃、李、杏等。热力去皮的热源主要有蒸汽和热水。用此法去皮，原料损失少，色泽好，风味好。

5. 酶法去皮

在果胶酶的作用下，柑橘的囊瓣中果胶水解，脱去囊衣，从而完成去皮。此法的关键是要掌握酶的浓度及酶的最佳作用条件，如温度、时间、pH等。

6. 冷冻去皮

将果蔬在冷冻装置中冻至表面轻度冻结，然后解冻，使表皮松驰后去皮，此法适用于桃、杏、番茄等，质量好但费用高。

7. 真空去皮

将成熟的果蔬先行加热，升温后果皮与果肉易分离，接着进入有一定真空度的真空室内，经适当处理，使果皮下的液体迅速“沸腾”，皮与肉分离，然后破除真空，冲洗或搅动去皮。此法适用于成熟的桃、番茄。

3.3.1.4 破碎

除了柑橘类果汁和带肉果汁的原料外，对于形体比较大的果蔬，一般在榨汁前都必须经过切块或破碎，组成破碎-压榨工序，以提高出汁率。

由于破碎程度直接影响出汁率，因此破碎时要注意破碎块大小均匀，破碎度要适当。如果破碎块太大，榨汁时汁液流出太慢，降低出汁率；破碎粒度太小，在压榨时外层的果汁很快被榨出，形成一层厚皮，堵塞滤层，使内层果汁流出困难，也会影响汁液的流出速度，降低出汁率。同时，破碎过度，汁液中悬浮物太多也不易澄清。通过压榨取汁的果蔬，如苹果、梨、菠萝、芒果、番石榴以及某些蔬菜，其破碎粒度以3~5 mm为宜，草莓和葡萄以2~3 mm为宜，樱桃为5 mm。所用的破碎机有磨碎机、锤式破碎机、挤压式破碎机、打浆机等设备，并通过调节器控制粒度大小。果实在破碎时常喷入适量的由氯化钠及维生素C配成的抗氧化剂，防止和减少氧化作用的发生。

3.3.1.5 加热处理

由于在破碎过程中和破碎后果蔬中的酶被释放，酶活性大大增加，可引发各种反应，特别是多酚氧化酶会引起果蔬汁色泽的变化，对果蔬汁加工极为不利。加热可以抑制酶的活性，使果肉组织软化，使细胞原生质中的蛋白质凝固，改变细胞膜的半透性，有利于细胞中可溶性物质向外扩散，还能使胶体物质发生凝聚，使果胶水解，从而提高出汁率。

红色的葡萄品种、红色的西洋樱桃和草莓等莓果类果实，破碎后的预热有利于色素和风味物质的溶出和提取，并能抑制酶的活性和降低汁液中果胶黏度，以提高出汁率。若用橙带皮压榨取汁，应先预煮1~2 min，这样可以减少榨出汁中果皮精油的含量。宽皮橘类为便于剥皮，也常进行预煮，与罐藏相似。一般热处理条件为70~75℃，10~15 min。也可采用瞬时加热，加热温度80~90℃，1~2 min。通常采用管式热交换器进行间接加热。

3.3.1.6 果胶酶处理

榨汁时果胶物质的含量对出汁率影响很大。果胶含量高的果实由于汁液黏性大，榨汁比较困难。果胶酶可以有效地分解果肉组织中的果胶物质，使汁液黏性降低，便于榨汁过滤，提高出汁率。因此，在制取透明果蔬汁时，为了去除过量的果胶物质，榨汁前有时需要在果蔬浆中添加果胶酶，对果蔬浆进行酶解。

可以在果蔬破碎时，将酶液连续加入破碎机中，使酶均匀分布在果蔬浆中，也可用水或果蔬汁将酶配成1% ~10%的酶液，用计量泵按需要量加入。果胶酶制剂的添加量一般为果蔬浆重量的0.01% ~0.03%，酶反应的最佳温度为45 ~50℃，反应时间2 ~3 h。酶作用时的温度不仅影响分解速度，而且影响产品质量。苹果浆在40 ~50℃条件下用果胶酶处理50 ~60 min，可使出汁率从75%增加到85%左右。

为了防止酶处理阶段的过度氧化，通常将热处理和酶处理相结合。简便的方法是将果蔬浆在90 ~95℃下进行巴氏杀菌，然后冷却到50℃时再用酶处理，并用管式热交换器作为果蔬浆的加热器和冷却器。

3.3.1.7 护色

果蔬原料经切块或破碎后，很容易变色，使其品质大大降低，所以护色过程非常重要。水果和蔬菜的变色主要由褐变引起，褐变作用可按其发生机制分为酶促褐变及非酶褐变两大类。防止酶促褐变的主要途径是：热处理法；酸处理法；二氧化硫及亚硫酸盐处理；驱氧或隔绝氧气。防止非酶褐变的主要方法有：尽量缩短高温处理的时间；降低pH；使用不易发生褐变的糖类；添加适量的护色物质。

果蔬汁原料经过处理后，必须迅速地进行后续加工，最大限度地防止微生物的侵蚀，防止被氧化，保持果蔬汁的新鲜度。

3.3.2 取汁、打浆

取汁是制汁生产的重要环节，不同的果蔬原料采用不同的取汁方式，同一种原料也可以采用不同的取汁方式。含果汁丰富的果实，如苹果等大都采用压榨法提取果汁；含汁液较少的果蔬，如山楂等可采用浸提的方法提取汁液；对于一些浆果类可直接打浆处理，粗滤时控制筛孔直径为2 ~3 mm；制取橘汁也可使用打浆机来破碎和取汁。

3.3.2.1 压榨取汁

利用外部的机械挤压力，将果蔬汁从果蔬或果蔬浆中挤出的过程称压榨。榨汁方法依果实的结构、果汁存在的部位及其组织性质、成品的品质要求而异。大多数果实通过破碎就可榨取果汁，但某些水果，如柑橘类果实和石榴果实等，都有一层很厚的外皮，榨汁时外皮中的不良风味物质和色素物质会一起进入到果汁中；同时，柑橘类果实外皮中的精油含有极容易变化的萜类化合物，容易生成萜品物质而生成萜品臭；而且果皮、果肉皮及种子中存在柚皮柑和柠檬碱等导致苦味的化合物，为了避免上述物质进入果汁中，这类果实不宜采用破碎压榨法取汁，应该采用逐个榨汁方法取汁。某些品种(如石榴)皮中含有大量单宁物质，故应先去皮后进行榨汁。供制带肉果汁的桃和杏等果品，也不宜采取破碎压榨取汁法，而是代之以磨碎机将果实磨制成浆状的制汁法。榨汁机的种类很多，主要有杠杆式压榨机、螺旋式压榨机、液压式压榨机、带式压榨机、切半榨汁机、柑橘榨汁机、离心分离式压榨机、控制式压榨机、布朗400型榨汁机等。

果蔬榨汁要求榨汁时间短，以防止和减轻榨汁过程中果蔬色、香、味的损失，防止营养物质的分解，减少空气的混入。果实的出汁率依果品种类和品种、加工季节、压榨方法和压榨机效能而异。一般以果浆类出汁率最高，柑橘类和仁果类略低。

3.3.2.2 浸提取汁

山楂、酸枣、梅子等果蔬含水量少，难以用压榨机取汁，而需要用浸提法取汁，苹果、梨等通常用压榨法取汁的水果，为了减少果渣中有效物质的含量，有时也用浸提取汁法。浸提法通常是将破碎的果蔬原料浸入水中，由于果蔬原料中的可溶性固形物含量与浸汁(溶剂)之间存在浓度差，果蔬细胞中的可溶性固形物就要透过细胞进入浸汁中。果蔬浸提汁不是果蔬原汁，而是果蔬原汁和水的混合物，即加水的果蔬原汁，这是浸提与压榨取汁的根本区别。浸提时要依据浸汁用途，确定浸汁的可溶性固形物的含量。对于制作浓缩果汁，浸汁的可溶性固形物要高，出汁率就不会太高；对对于制造果肉型果蔬汁的浸汁，可溶性固形物的含量也不能太低，因而加水量要合理控制。以山楂为例，浸提时的果水重量比一般为1：(2.0～2.5)。一次浸提后，浸汁的可溶性固形物的浓度为4.5～6.0°Bx，出汁率为180%～230%。

浸提温度、浸提时间和破碎程度除了影响出汁率外，还影响到果汁的质量。浸提温度一般为60～80℃，最佳温度为70～75℃；一次浸提时间1.5～2.0 h，多次浸提累计时间为6～8 h；进行适当破碎，以增加果蔬组织与水接触的机会，有利于可溶性固形物的浸提。

果蔬浸提取汁主要有一次浸提法和多次浸提法等方法。

1. 一次浸提法

浸提过程一般是在浸提容器中进行的，料水装量为容器容量的80%～85%。按料水比1：(2.0～2.5)的比例，放入所需要的90～95℃的温水，再加入相应量的被破碎的果蔬原料，略加搅拌，浸提1.5～2.0 h或6～8 h，放出果汁。果汁经过滤和澄清作为原料汁使用，滤渣不再浸提取汁。

一次浸提的可溶性固形物含量一般为4.5～6.0°Bx，果汁中的果胶含量低，透明度高，色泽和风味均佳，但一次浸提的浸提率较低，果蔬内还有一半以上的可溶性固形物未提取出来，因此，一次浸提的果渣可用做加工原料，生产其他副产品以进行综合利用。

2. 多次浸提法

一次浸提后的果蔬渣中含有较多的糖、酸、果胶和维生素C等营养成分，对专一的果蔬加工厂来说，果渣是废弃物，因此，应充分提取果蔬中的有效成分，将果渣利用至尽，以提高果蔬原料的利用率。

多次浸提法是对浸提分离后的果渣，用相同方法再次浸提，然后将各次浸提后的汁液混合，经过过滤、澄清，作为原料汁使用，例如：将压碎的果蔬放入2倍其重量的沸水中，浸提1.5～2 h后分离，得到第一次浸汁，在分离的果渣中再放入2倍渣重的沸水，按以上方法再次浸提。一般新鲜果蔬可以浸提3～4次，干果原料可以浸7～8次。多次浸提法的浸提率高，果蔬中各种成分的提取比较彻底，果渣中残留的营养成分含量低，利用价值不大，可以废弃。但多次浸提得到的浸提汁，可溶性固形物含量低，浓缩时消耗大，果汁中维生素C损失较多，芳香物质的损失也较严重。因而多次浸提的各次浸汁可以根据用途分别使用，以提高经济效益。

3.3.3 澄清

果汁生产上常用的澄清方法有以下几种。

3.3.3.1 自然沉淀澄清法

将压榨出的果汁置于密闭容器中，经过一定时间静置，使悬浮物沉淀，使果胶质逐渐水解，从而降低果胶的黏度。在静置过程中，蛋白质和单宁也可逐渐形成不溶性的单宁酸盐而沉淀，所以经过长时间静置可以使果汁澄清。但果汁经长时间的静置易发酵变质，因此必须加入适当的防腐剂或在 -1 ~2℃的低温条件下保存。此法常用在亚硫酸保藏果汁半成品的生产上，也用于果汁的预澄清处理，以减少精制过程中的淀渣。

3.3.3.2 加热凝聚澄清法

果汁中的胶体物质受到热的作用会发生凝聚，形成沉淀。将果蔬汁在 80 ~90 s 内加热到 80 ~82℃，并保存 1 ~2 min，然后以同样的时间冷却至室温，静置使之沉淀。由于温度的剧变，果汁中的蛋白质和其他胶体物质变性，凝聚析出，使果汁澄清。一般可采用密闭的管式热交换器和巴氏杀菌器进行加热和冷却，可以在果汁进行巴氏杀菌的同时进行。该法加热时间短，对果汁的风味影响很少。

3.3.3.3 加酶澄清法

加酶澄清法是利用果胶酶水解果汁中的果胶物质，使果汁中其他物质失去果胶的保护作用而共同沉淀，达到澄清的目的。澄清果汁时，根据果汁的性质、果胶物质的含量及酶制剂的活力来决定酶制剂的用量，一般为果蔬汁质量的 0.2% ~0.4%。酶制剂可以在榨出的新鲜果汁中直接加入，也可以在果汁加热杀菌后加入。榨出的新鲜果汁未经加热处理，直接加入酶制剂，果汁中的天然果胶酶可起到协同作用，使澄清作用较加热后加入酶制剂更快。因此，果汁在加酶制剂之前不经热处理为宜。若榨汁前已用酶制剂来提高出汁率，则澄清时不需要加酶处理，或加少量的酶处理即能得到透明、稳定的产品。酶反应温度通常控制在 45 ~55℃。酶作用的时间由温度、果汁种类、酶制剂种类和数量决定，通常为 2 ~8 h，酶浓度增加时，反应时间缩短。

3.3.3.4 明胶单宁澄清法

明胶单宁澄清法是利用单宁与明胶或鱼胶、干酪素等蛋白质物质络合形成明胶单宁酸盐络合物的作用来澄清果蔬汁的。当果蔬汁液中加入单宁和明胶时，便立即形成明胶单宁酸盐络合物，随着络合物的沉淀，果汁中的悬浮颗粒被缠绕而随之沉淀。此外，果汁中的果胶、纤维素、单宁及多缩戊糖等带有负电荷，在酸性介质中明胶带正电荷，正负电荷微粒相互作用，凝结沉淀，也使果汁澄清。加入明胶和单宁的量因果汁的种类而不同，每一种果汁、每一种明胶和单宁的在使用前必须进行澄清试验确定用量。一般每 100 L 果汁大约需要明胶 20 g、单宁 10 g，按照实际需要量将明胶配成 0.5% 的溶液，单宁配成1%的溶液，先在果汁中加入单宁溶液，然后在不断搅拌下将明胶溶液徐徐加入果汁中，充分混合均匀，在8~12℃条件下静置6~10 h，使胶体凝集沉淀。添加明胶的量要适当，如果使用过量，不仅妨碍络合物絮凝过程，而且影响果汁成品的透明度。

3.3.3.5 冷冻澄清法

利用冷冻可改变胶体的性质、解冻时可破坏胶体的原理，将果蔬汁置于-4~-1℃的条件下冷冻3~4 d，解冻时可使悬浮物形成沉淀。故雾状浑浊的果汁经过冷冻后容易澄清。这种冷冻澄清作用对于苹果汁尤为明显，葡萄汁、草莓汁、柑橘汁、胡萝卜汁和番茄汁也有这种现象。因此，可以利用冷冻法澄清果汁。

3.3.3.6 蜂蜜澄清法

用蜂蜜做澄清剂不仅可以强化营养，改善产品的风味，抑制果汁的褐变，而且可将已褐变的果汁中的褐色素沉积下来，澄清后的果汁中天然果胶含量并未降低，但果汁却长期保持透明状态。用蜂蜜澄清果汁时蜂蜜的添加量一般为1%~4%。

3.3.4 过滤

果蔬澄清后，必须进行过滤操作，以分离其中的沉淀物和悬浮物，使果蔬汁澄清透明。常用的过滤器有袋滤器、纤维过滤器、板框压滤器、真空过滤器、硅藻过滤机、离心分离机、超滤膜过滤等。滤材有帆布、不锈钢丝网、纤维、石棉、棉浆、硅藻土和超滤膜等。过滤器的滤孔大小、液汁进入时的压力、果汁黏度、果汁中悬浮粒的密度和大小以及果汁的温度高低都会影响过滤的速度。无论采用哪一类型的过滤器，都必须减少果肉对滤孔的堵塞，以提高过滤效果。在选择和使用过滤器、滤材以及辅助设备时，必须特别注意防止果蔬汁被金属离子所污染，并尽量减少与空气接触的机会。

1. 板框式过滤机

板框式过滤机是目前最常用的分离设备之一，近年来经常作为苹果汁进行超滤澄清的前处理设备，对减轻超滤设备的压力十分重要。

2. 硅藻土过滤机

硅藻土过滤机是在过滤机的过滤介质上覆上一层硅藻土助滤剂的过滤机。该设备在小型苹果汁生产企业中应用较多。它具有成本低廉、分离效率高等优点。但硅藻土等助滤剂容易混入果蔬汁，给以后的作业造成困难。

3. 超滤膜过滤

在果蔬汁澄清工艺中采用的主要技术是超滤技术，用超滤膜澄清的果蔬汁，无论从外观上还是从加工特性上都优于其他澄清方法制得的果蔬澄清汁。超滤膜过滤是一种没有相变的物理方法，果蔬汁在过滤过程中不经热处理，并在闭合回路中运行，可减少与空气的接触机会，过滤后的汁液保留了原有的果、香、味及维生素、氨基酸、矿物质，汁液清澈透明，同时还可除去微生物，提高了果蔬汁的质量。超滤法是果蔬汁澄清过滤的发展方向。

4. 纸板过滤-深过滤

尽管有许多过滤工艺，但深过滤过滤片是至今为止在各个应用领域使用最广泛、效率最高和最经济的产品过滤工艺。它的应用范围包括食品工业、生物技术、制药工业等，可用于粗过滤、澄清过滤、细过滤及除菌过滤等。利用深过滤过滤片所分离物质可以从直径为几微米的微生物到分子大小的颗粒。

3.3.5 调整与混合

为使果蔬汁符合一定规格要求，改进风味，常需要对果蔬汁作适当调整，使其风味接近新鲜果蔬，但调整范围不宜过大，以免丧失果汁原来的风味。调整范围主要包括糖酸比的调整及香味物质、色素物质的添加。调整糖酸比及其他成分，可在均质、浓缩、干燥、充气等特殊工序以前进行，澄清果汁常在澄清过滤后调整，有时也可在特殊工序中间进行调整。

果蔬汁饮料的糖酸比是决定其口感和风味的主要因素。不浓缩果蔬汁适宜的糖分和酸分的比例在13∶1~15∶1范围内，适宜大多数人的口味。例如：中国产品中，菠萝汁糖度13°~15°，酸分0.7%~0.8%；柚汁糖度12°~14°，酸分0.7%~1.0%；柑橘汁糖度12°~14°，酸分0.9%~1.2%，皆属适当。因此，调配果蔬汁饮料时，首先需要调整含糖量和含酸量。一般果蔬汁含糖量在8%~14%，有机酸含量在0.1%~0.5%。调配时用折光仪测定并计算果蔬汁的含糖量，然后通过公式计算补加浓糖液和柠檬酸的量。糖酸调整时，先按要求用少量水或果蔬汁使糖或酸溶解，配成浓溶液并过滤，然后再加入果蔬汁中，放入夹层锅内，充分搅拌，调和均匀后，测定其含糖量，如不符合产品规格，可再行适当调整，调整方法如下：

(1)确定原汁用量 M(kg)和调整后的糖度 B(%)、酸度 C(%)。由生产的具体要求而定。

(2)测定原汁可溶性固形物含量 D(%)、含酸量 E(%)。

(3)汁液应补加糖量 X(kg)和酸量 Y(kg)：

$$X=(B-D)M/(1-B)$$

$$Y=(C-E)M/(1-C)$$

如采用一定浓度 Z(%)的浓糖液调整时，添加量计算式为：

$$X=(B-D)M/(Z-B)$$

果蔬汁除进行糖酸调整外，还需要根据产品的种类和特点进行色泽、风味、粘稠度、稳定性和营养价值的调整。所使用的食用色素的总量按规定不得超过0.005/100；各种香精的总和应小于0.005/100；其他防腐剂、稳定剂等按规定量加入。

许多果品，如苹果、葡萄、柑橘、番茄、胡萝卜等，虽然能单独制得品质良好的果蔬汁，但若与其他种类的果实配合，风味会更好。不同种类的果蔬汁按适当比例混合，可以取长补短，制成品质良好的混合果汁，也可以得到具有与单一果蔬汁不同风味的果蔬汁饮料。如玫瑰香葡萄具有较好风味，但色淡、酸分低，宜与深色品种相配合；宽皮橘类缺乏酸味和香味，宜加用橙类果汁；甜橙汁可与苹果、杏、葡萄、柠檬和菠萝等果汁混合；菠萝汁可与苹果、杏、柑橘等果汁混合。中国农业大学研制成功的“维乐”蔬菜汁，是由番茄、胡萝卜、菠菜、芹菜、冬瓜、莴笋六种蔬菜复合而成，其风味良好。混合汁饮料是果蔬汁饮料加工的发展方向。

3.3.6 均质

均质是混浊果蔬汁制造上的特殊工艺。但一般多用于玻璃罐包装的制品，马口铁罐包装较少采用，冷冻保藏的果汁和浓缩果汁也无均质的必要。其目的在于使果蔬汁中所含的悬浮颗粒进一步破碎，使微粒大小均一，促进果胶和果蔬汁亲和，并均匀而稳定地分散于果蔬汁中，保持果蔬汁的均匀混浊度，获得不易分离和沉淀的果蔬汁。不经均质的混浊果蔬汁，由于悬浮颗粒较大，在重力作用下会逐渐沉淀而失去混浊度，使混浊果蔬汁质量变差。

目前使用的均质设备有高压均质机、超声波均质机及胶体磨等几种。高压均质机的均质压力为10～50 MPa，其工作原理是通过均质机内高压阀的作用，使加高压的果蔬汁及颗粒从高压阀极端狭小的间隙通过，然后由于剪切力的作用和急速降压所产生的膨胀、冲击和空穴作用，使果蔬汁中的细小颗粒受压而破损，细微化达到胶粒范围而均匀分散在果蔬汁中。根据经验，混浊果蔬汁饮料的均质压力一般为18～20 MPa，果肉型果蔬汁饮料宜采用30～40 MPa的均质压力。果蔬汁在均质前，必须先进行过滤，除去其中的大颗粒果肉、纤维和颗粒，以防止均质阀间隙堵塞。

超声波均质机是利用20～25 kHz超声波的强大冲击波和空穴作用力，使物料进行复杂搅拌和乳化作用而完成均质化的设备。在超声波均质机中，除了诱发产生强大空穴作用外，固体离子还受到湍流、摩擦和冲击等作用，使粒子被破坏，粒径变小，达到均质的目的。超声波均质机由泵和超声波发生器构成，果蔬汁由特殊高压泵以1.2～1.4 MPa的压力供给超声波发生器，并以72 m/s的速度喷射通过喷嘴，而使粒子细微化。

胶体磨也可用于均质，当果蔬汁流经胶体磨时，因上磨与下磨之间仅有0.05～0.075 mm的狭腔，随着磨的高速旋转，果蔬汁受到强大的离心作用，所含的颗粒相互冲击、摩擦、分散和混合，微粒的细度可达0.002 mm以下，从而达到均质的目的。

3.3.7 脱气

存在于果实细胞间隙中的氧、氮和呼吸作用的产物二氧化碳等气体，在果汁加工过程中能以溶解态进入果汁，或被吸附在果肉微粒和胶体的表面；同时，果蔬汁与大气接触，更增加了气体含量，因此制得的果蔬汁中必然存在多量的氧、氮和二氧化碳气体。例如：生产上每升甜橙压榨汁的气体总量约为33～35 mL，其中氧约为2.5～4.7 mL；实验室制备的甜橙汁，每升中约含气体2.7～5.0 mL，其中二氧化碳占1/4，氧占1/5，其余为氮。这些气体的存在，不仅会破坏果蔬汁的稳定性，加速营养物质的分解，还会给以后的加热带来不便（如出现大量泡沫），因此这些气体必须除去。脱气操作就是采用一定措施除去果蔬汁中的气体，特别是氧气。

脱气又称去氧或脱氧。脱氧可防止或减轻果蔬汁色素、维生素C、香气成分或其他物质的氧化，防止品质变劣；去除附着于悬浮颗粒上的气体，减少或避免微粒上浮，以保持良好外观；防止和减少装罐和杀菌时产生泡沫；减少马口铁罐内壁的腐蚀。然而脱氧亦会导致果汁中挥发性芳香物质的损失，所以必要时可对芳香物质进行回收，并加回果汁中。与之相反，对于柑橘类果汁，若有过量的外皮精油混入果汁中，为了避免产生不良味，常进行减压去油，因去油时空气也被除去，其后就不必再进行脱氧。

果蔬汁脱气有真空脱气法、氮交换脱气法、酶法脱气法和抗氧化脱气法等。真空法和酶法是目前生产上常用的除氧方法。真空法是在一定的真空条件下，使氧气逸出并通过真空泵抽除；酶法是在果蔬汁中加入葡萄糖氧化酶，通过产生化学反应消耗氧气，减少果蔬汁中氧气的含量，达到脱氧的目的。

真空脱气的原理是气体在液体内溶解度与该气体在液体表面上的分压成正比。当果蔬汁进入真空脱气罐时，由于罐内逐步被抽空，果蔬汁液面上的压力逐渐降低，溶解在果蔬汁中的气体不断逸出，直至总压力降至果蔬汁的饱和蒸汽压为止。这样果蔬汁中的气体便可被排除。真空脱气时被处理果蔬汁的表面积要大，一般将果蔬汁分散成薄膜或雾状。脱气容器有三种类型：离心式、喷雾式和薄膜流下式。控制适当的真空度和果蔬汁温度，果蔬汁温度热脱气时为50～70℃，常温脱气为20～25℃，一般脱气罐内的真空度为90.7～93.3 kPa，温度低于43℃。

3.3.8 浓缩

浓缩果蔬汁体积小，可溶性物质含量高达65%～68%，可节约包装及运输费用；能克服果实采收期和品种所造成的成分上的差异，使产品质量达到一定规格要求；浓缩后的汁液，提高了糖度和酸度，所以在不加防腐剂的情况下也能长期保藏，而且还适用于冷冻保藏。因此，目前浓缩果蔬汁饮料生产增长较快。目前常用的浓缩方法有真空浓缩法、冷冻浓缩法、反渗透浓缩法、超滤浓缩法等。

3.3.8.1 常压浓缩法

即在常压下加热浓缩，水分蒸发慢，加热时间长，芳香物质和维生素损失比较严重，产品色泽差。

3.3.8.2 真空浓缩法

果蔬汁在常压高温下长时间浓缩，容易发生各种不良变化，损害了成品品质，因而多采用真空浓缩，即在减压条件下迅速蒸发果蔬汁中的水分，这样既可缩短时间，又能较好地保持果蔬汁的色香味。真空浓缩温度一般为25～35℃，不超过40℃，真空度约为94.7 kPa。这种温度较适合于微生物的繁殖和酶的作用，故果蔬汁在浓缩前应进行适当的高温瞬间杀菌。果汁中以苹果汁比较耐煮，浓缩时可以采取较高的温度，但不宜超过55℃。

果汁在真空浓缩过程中，由于芳香组分的损失，制品风味趋于平淡。浓缩后添加原果汁或果皮(柑橘)的冷榨油，或将浓缩时回收的香精油回加于浓缩果汁中，都可以克服以上缺点。例如，甜橙汁可浓缩到58°糖度，而后加用原果汁稀释到42°糖度的产品浓度，即可恢复良好风味。

葡萄汁约含1.6%～1.7%的酒石，在浓缩过程中常发生析出酒石的现象，使制品呈混浊状态。为此，葡萄汁浓缩前应先进行低温贮藏（-5℃），使葡萄汁中大部分水分结成冰，未结冰部分的酒石浓度达到过饱和而析出结晶，而后分离之。此外，也可以加用0.05%～0.1%偏酒石酸使葡萄汁稳定。

真空浓缩方法可分为真空过浓缩法和真空薄膜浓缩法等多种。目前真空薄膜浓缩设备主要有强制循环蒸发式、降膜蒸发式（薄膜流下式）、升膜蒸发式、平板（片状）蒸发式、离心薄膜蒸发式和搅拌蒸发式等多种类型。这类设备的特点是果蔬汁在蒸发中都呈薄膜流动，果蔬汁由循环泵送入薄膜蒸发器的列管中，分散呈薄膜状，由于在减压和低温条件下脱去水分，热交换效果好，它是目前广泛使用的浓缩设备。

3.3.8.3 冷冻浓缩法

冷冻浓缩法是将果蔬汁进行冷冻，果蔬汁中的水即形成冰结晶，分离去这种冰结晶，果蔬汁中的可溶性固形物就得到浓缩，即可得到浓缩果汁。这种浓缩果汁的浓缩程度取决于果蔬汁的冰点温度，果蔬汁冰点温度越低，浓缩程度就越高。冷冻浓缩避免了热及真空的作用，没有热变性，挥发性风味物质损失极微，产品质量远比蒸发浓缩的产品优。同时，热量消耗少，在理论上冷冻浓缩所需热量约为蒸发浓缩热量的1/7。但是，冰结晶生成与分离时，冰晶中吸入少量的果蔬汁成分及冰晶表面附着果蔬汁成分要损失掉，浓缩效率比蒸发效率差，浓缩浓度很难达到55%以上。美国的一套冷冻浓缩专利设备，可以把冻结分离出来的冰，用另外蒸发器进行浓缩，然后与冷冻浓缩的果蔬汁混合，使果蔬汁损失减少，浓缩果汁浓度可达42°Bx以上。

3.3.8.4 反渗透浓缩法

反渗透浓缩是一种现代的膜分离技术，与真空浓缩等加热蒸发方法相比，物料不受热的影响，不改变其化学性质，能保持物料原有的新鲜风味和芳香气味。

渗透是高浓度溶液利用其自身高渗透压，通过半透膜吸收低浓度溶液中的水分。较高浓度的溶液所产生的压力称为渗透压。半透膜两侧溶液浓度差愈大，渗透压也就愈大，即渗透压与膜两侧溶液浓度之差成正比。反渗透是在浓度较大的溶液一侧加上足以克服渗透压的压力，水分则通过半透膜由较浓的一侧流向较稀或溶质浓度为“0”的一侧，这种反方向透过半透膜的扩散现象称为反渗透或逆渗透。

反渗透膜孔径较小，只能透过水分子而不能通过其他可溶性固形物，截留范围为0.0001～0.001 nm，如海水淡化、果蔬汁和其他液态食品的浓缩，操作压力为2.94～14.7 MPa左右，使用的半透膜是醋酸纤维或其衍生物。反渗透浓缩度可达35～42°Bx。操作所需能量约为蒸发式浓缩的1/17，为冷冻浓缩法的1/2，是节能的有效方法。

3.3.8.5 超滤浓缩法

超滤浓缩法是在溶质分子量与溶剂分子量相差10000～50000时的溶质分离技术，其操作压力为0.49～5.81 MPa。使用的半透膜为聚丙烯腈和其他的聚烯烃膜。

反渗透法和超滤法是通过膜移动物质的，因为不需要加热，可节约能源，营养物质损失也比较少，加工过程中的成本较低，膜使用一段时间后通过反向加压而使其恢复透性，可以重复使用，是目前果蔬汁浓缩技术中值得推广的一项高新技术。

3.3.9 芳香回收

芳香回收系统是各种真空浓缩果蔬汁生产线的重要部分。在加热浓缩过程中，将果蔬中部分典型的芳香成分进行回收浓缩，加入至果蔬汁中。目前苹果能回收8% ~10%的芳香物质，黑醋栗能回收10% ~15%，葡萄、甜橙26% ~30%。其技术路线有两种：一是在浓缩前，首先将芳香成分分离回收，然后加到浓缩果汁中；另一种是将浓缩罐中蒸汽进行分离回收，然后回加到果汁中。

芳香物回收还应注意：只有从完整、新鲜和成熟的果蔬中制取的果蔬汁，才可能回收满意的浓缩香精。

3.3.10 干燥与脱水

干燥与脱水也称干制，是指在自然或人工控制的条件下促使食品中水分蒸发，脱出一定水分，从而将可溶性固形物的浓度提高到微生物难以利用的程度的一种加工方法。一般而言，干制包括自然干制和人工干制。

自然干制包括晒干、风干等。人工干燥脱水包括热风干制、微波干制、膨化干制、红外线及远红外线干制、真空干制等。果蔬干制的目的是减少新鲜果蔬中所含水分，降低其水分活性，迫使微生物不能生长发育，同时抑制果蔬中酶的活动，从而使果蔬干制品得以保存。果蔬干燥过程可分为初期加热、恒速干燥和减速干燥三个阶段，其动力为水分梯度和温度梯度。干燥时果蔬水分的蒸发依靠水分外扩散作用与水分内扩散作用。目前果蔬脱水干制应用比较多的是热风干燥脱水和冷冻真空干燥脱水，冷冻真空脱水法是当前一种先进的蔬菜脱水干制法，产品既可保留新鲜果蔬原有的色、香、味、形，又具有理想的快速复水性。

3.3.11 杀菌与包装

3.3.11.1 杀菌

杀菌是果蔬汁生产必需的操作步骤，其目的：一是杀死有害微生物，防止果蔬汁败坏；二是破坏酶类，以免引起种种不良变化。杀菌的方法有沸水杀菌、巴氏杀菌、高温短时杀菌和超高温瞬时灭菌。

1. 沸水杀菌

将果蔬汁灌装密封后置于沸水中10 ~30 min，然后迅速冷却至37℃保存。

2. 巴氏杀菌

即80 ~85℃杀菌20 ~30 min，然后迅速放入冷水中冷却，此法适用于pH在4.5以下的果汁。

无论是沸水杀菌还是巴氏杀菌，由于加热时间太长，果蔬汁的色泽和香味都有较多的损失，尤其是混浊果汁，容易产生煮熟味。因此，常用高温短时杀菌或超高温瞬时灭菌。

3. 高温短时杀菌

一般高温短时杀菌条件为(93 ±2)℃保持15 ~30 s，但对于低酸性的蔬菜汁，均采用106 ~121℃的高温处理5 ~20 min，然后迅速冷却至37℃。此法营养物质损失小，适宜于热敏性果汁。

4. 超高温瞬时灭菌(UHT)

对于生产技术较为先进的生产厂家，大都采用该法：超高温120 ~135℃，时间控制在2 ~10 s，冷却后在无菌条件下灌装密封。由于加热时间短，对于果蔬汁的色、香、味及营养成分保存非常有利。

果蔬汁的杀菌原则上是在装填之前进行，装填的方法有高温装填法和低温装填法两种。高温装填法是杀菌后，在果蔬汁处于热状态下进行装填的，利用果蔬汁的热对容器的内表面进行杀菌。低温装填法是将果蔬汁加热到杀菌温度之后，保持一定时间，然后通过热交换器立即冷却至常温或常温以下，将冷却后的果蔬汁进行装填。高温装填法或低温装填法都要求在果蔬汁杀菌同时对包装容器、机械设备、管道等进行杀菌。

3.3.11.2 包装

果蔬汁的包装方法因果蔬汁的品种和容器种类而有所不同。常见的有铁罐、玻璃瓶、纸容器、铝箔复合袋等。灌装前应将所采用的容器彻底消毒处理，使其符合使用标准。装罐时要在顶部留有一定的空隙，罐的顶隙度为2 ~3 mm，瓶的顶隙度为10 ~15 mm。果实饮料的灌装除纸质容器外均采用热灌装，使容器内形成一定的真空度，较好地保持成品品质，一般采用装汁机热装罐，装罐后立即密封，罐头中心温度控制在70℃以上；如果采用真空封罐，果蔬汁温度可稍低些。

结合高温短时杀菌，果蔬汁常用无菌灌装系统进行灌装。目前，无菌灌装系统主要有纸盒包装系统(各种利乐包和屋脊纸盒包装)、塑料杯无菌包装系统、蒸煮袋无菌包装系统和无菌罐包装系统等。所谓无菌包装是指食品在无菌环境下进行的一种新型包装方式。这种包装方式的程序是先对食物杀菌，杀菌通常采用蒸汽超高温瞬时杀菌方式，然后在无菌的环境下把食物放入已经杀菌的包装容器内，并进行封闭，容器一般用过氧化氢溶液或环氧乙烷气体进行灭菌。

换言之，无菌包装要求包装前食物本身无菌，包装容器无菌和包装环境无菌。这种包装由于灭菌过程相当短，食物的色、香、味改变不大，较其他包装方式优越。果蔬汁无菌包装容器有纸盒、塑料杯、蒸煮袋、金属罐和玻璃瓶等。

3.3.12 果蔬汁加工中常见的问题

1. 混浊与沉淀

1)果蔬清汁的混浊与沉淀

原因：微生物的污染；加工处理不当。

措施：严格澄清和杀菌质量。

2)果蔬浊汁的混浊与沉淀

原因：残留果胶酶作用；微生物的污染。

措施：榨汁前后灭酶要彻底；严格均质和脱气操作及灭菌。

2. 变色

主要是酶促褐变和非酶褐变引起的。

1)酶促褐变

原因：酶促褐变主要发生在破碎、取汁、粗滤、泵输送等工序中。

措施：加热钝化酶；添加抗氧化剂；添加有机酸抑制酶活；隔绝氧气。

2)非酶褐变

原因：非酶褐变发生在果蔬汁贮藏过程中，主要由还原糖和氨基酸之间的美拉德反应引起。

措施：避免过度热处理；控制 pH 在 3.2 以下；低温贮藏或冷冻贮藏。

3. 变味

原因：主要由微生物生长繁殖引起腐败，包括由细菌、酵母菌和霉菌引起的变味。

措施：控制加工原料、生产环境；采用合理的杀菌条件。

4. 农药残留

农药残留是果蔬汁国际贸易中非常重视的问题，是影响我国果蔬汁出口的重要因素之一。

措施：强化加工前清洗；关键是实施良好农业生产规范(GAP)，加强果园或田园管理，减少或不使用化学农药。

5. 果蔬汁掺假

即用低果蔬汁含量的产品添加一些相应的化学成分使其达到规定含量。

措施：严格实施质量监督管理。

3.4 果蔬汁饮料加工

3.4.1 工艺流程

果蔬汁的生产工艺较为简单。一般有以下几个步骤：

1. 稳定剂的溶解

由于果蔬汁的稳定剂一般都为胶体，其溶解需较长时间，一般可与适量白砂糖先干混以提高其分散性，防止形成难溶的胶团，再加热并搅拌溶解。如用胶体磨或高剪切设备处理，溶解效果会更为理想。特别要注意的是稳定剂的溶解一定要充分，否则不但起不到稳定的作用，反而会使稳定剂本身产生沉淀或絮凝。

2. 白砂糖的溶解

白砂糖的溶解很快，但由于白砂糖中一般含有少量的杂质，因此在溶解后应过滤，并加热煮沸几分钟杀菌。

3. 酸的添加

一般先将酸溶解成 10% 左右的酸溶液，再添加到产品中。

4. 香精的添加

由于香精中含有较多的挥发性物质，因此灌装前加入效果会更好一些。

5. 果汁的添加

如使用新鲜果汁，直接加入即可。如使用浓缩果汁，可先用部分水稀释后再加入，当然也可以直接加入，视操作的方便性而定。

6. 均质

在果蔬汁饮料生产中，通过均质能使残存的果渣小微粒进一步破碎，并使稳定剂等其他物料的直径小于2 μm，制成液相均匀的混合物，减少成品沉淀的产生。均质压力一般为20～25 MPa，温度为65～70℃左右。

7. 杀菌

杀菌是饮料生产中的重要一步，工艺正确与否不仅影响到产品的保质期也影响产品的品质，果汁中有许多各种微生物，也有丰富营养成分，特别是维生素C，受热后易分解影响产品色泽，杀菌时间也对产品色泽影响大，一般采用高温短时杀菌，可为95℃、38 s或121℃、5 s。没有条件的厂家也可以采用二次杀菌的方法，一般条件为：85～90℃，20～30 min。

8. 果蔬汁饮料生产的一般工艺流程

选料→清选→破碎→护色→榨汁→过滤→果蔬汁
稳定剂→与适量白砂糖干混→溶解→过滤
糖、酸→溶解→过滤
其他辅料
} →混合调配→定容→均质→杀菌→灌装→成品

3.4.2 辅料

果蔬汁在加工的过程中常用的辅料有甜味剂、酸度调节剂、澄清剂、增稠稳定剂、香料和香精、防腐剂、抗氧化剂、乳化剂和乳化稳定剂。

1. 甜味剂

果汁饮料中传统的甜味剂是蔗糖，但由于饮食观念的进步，果汁饮料中正逐步使用一些不仅具有甜味，还具有一定功能的其他甜味剂，比如果葡糖浆、蛋白糖、甜菊苷等。此外，果汁饮料中也有使用蜂蜜做补充甜味剂的。

2. 酸度调节剂

酸味与甜味相互间存在着减效作用，甜味物质中加少量酸则甜味感觉减弱，在酸中加甜味物质则酸味感觉减弱，酸味中加少量盐则酸味减弱。但在食盐中加少量酸则咸味增强。酸中有少量的苦味或涩味物质时会使酸感增强。

常用的酸度调节剂有柠檬酸、酒石酸、苹果酸等。果蔬饮料中使用的酸度调节剂以柠檬酸最为广泛。柠檬酸具有圆润、滋美、爽快的酸味，特别适用于柑橘类饮料。酒石酸是用葡萄酿酒沉淀的酒石经酸解制备得到的，其酸味为柠檬酸的1.2%～1.3%，与柠檬酸相比，具有稍涩的收敛味。苹果酸在果蔬饮料中是常用的酸度调节剂，苹果酸可从天然物中提取，或采用发酵、合成等方法制备。苹果酸的酸味略带刺激性的收敛，相当于柠檬酸的1.2倍左右。苹果酸可以单独或与柠檬酸合并使用。因为其酸味比柠檬酸刺激性强，因而对使用人工甜味剂的饮料具有掩蔽后味的效果。

3. **澄清剂**

对于澄清型果汁生产而言，通过使用澄清剂澄清和过滤，可除去汁液中粗大的悬浮物和胶粒，使汁液呈稳定澄清态。常用的澄清剂有酶制剂、明胶、单宁以及一些助剂。

在浓缩果汁的生产中，果汁澄清(脱胶)时所加入的材料为果胶酶、淀粉酶、明胶、单宁、硅溶胶和膨润土。果胶酶是混合酶，最适温度为40～50℃，最适pH 3.5～4.0。果胶酶用于果汁饮料的澄清，可将果胶物质分解而降低果汁黏度，破坏胶体保护作用，从而提高出汁率，加速和加强澄清作用；可按生产需要适量使用。果汁中过多的单宁物质使果汁涩味过重，当其与蛋白质结合也会产生混浊。加入明胶(与硅溶胶配对使用)，可以形成明胶单宁配合物沉淀，果汁中的悬浮物质亦被缠绕而随之沉淀。加入膨润土可吸附果汁中的蛋白质及其他胶体，沉降其他悬浮物质，它是果汁澄清中非常好的助滤剂。

4. **增稠稳定剂**

增稠剂能提高饮料汁液的黏度，使其有足够的浮力保证微粒的均匀悬浮；而乳化剂能提高饮料中脂类物质的亲水性，阻止脂肪球的聚集上浮。因此，添加适当的增稠剂或乳化剂，可以达到一定的稳定效果。在果汁饮料中常用的稳定剂有海藻酸钠、琼脂、羧甲基纤维素钠、果胶等，几种稳定剂混合而成的复合稳定剂的使用效果最好。

5. **香料和香精**

在果蔬汁饮料中，香精和香料的使用可以起到增香、补香、矫味、赋香、稳定香气等作用。在果蔬汁饮料中应用的香精有油溶性、水溶性和乳化香精等。油溶性香精适用于经高温处理的产品，水溶性香精呈透明澄清状，应用较广；乳化香精在水中能迅速分散，使水呈浮浊状态，通常用于需要一定乳浊度的饮料中。要获得良好的加香效果，除了选择好的食用香精外，还要注意香精的用量、均匀性、其他原料的质量、甜酸度的配合以及温度的影响。香精的使用量对香味效果的好坏关系很大，用量过多或不足，都不能取得好效果。香精适宜用的使用量只能通过反复的加香试验来掌握，最后确定适合当地消费者口味的用量。使用的香精在果汁饮料中必须分散均匀，以避免产品出现部分香味过强或过弱的质量问题。此外要注意果汁饮料用水和用糖的质量对于香精香味的影响。甜酸度配合得当，对香味效果可以起到很大的帮助作用。加香精于糖浆中时，一般控制在常温下。

6. **防腐剂**

常用的防腐剂为苯甲酸、苯甲酸钠和山梨酸及其钾盐。

单纯的苯甲酸不能起到很好的防腐作用，需与其他防腐剂并用。苯甲酸钠的使用方法为先制成20%～30%的水溶液，然后一边搅拌一边徐徐加入果汁中。必须要注意在加入时不断搅拌，否则难溶的苯甲酸会析出沉淀而失去防腐作用。

因苯甲酸在100℃时开始升华，浓缩果汁要在浓缩后添加。山梨酸难溶于水，因此要将其预先溶于醋酸、酒精、丙二醇中使用，在番茄中的使用量为0.005%，在橘汁中的使用量为0.025%。

7. **抗氧化剂**

果蔬很容易因氧化而造成质量问题，因此在加工中常使用抗氧化剂以降低氧化作用。

在使用抗氧化剂的同时，往往还结合使用金属离子螯合剂，以提高抗氧化效果。抗氧化剂有油溶性和水溶性之分，果蔬饮料中常用水溶性抗氧化剂，如抗坏血酸、异抗坏血酸、亚硫酸盐类、葡萄糖氧化酶、过氧化氢酶等。

8. **乳化剂和乳化稳定剂**

混浊型果汁饮料的特征之一是由本身的风味物质果浆、色素和果汁形成的浑浊性。天然果汁的浑浊是由于细胞质的悬浊物和细胞膜的小片经过微粒化，并分散于胶质液中形成的。这种浑浊在产生可口风味的同时，还强调了果汁的存在，产生感官效果。

3.4.3 工艺要点

1. **原料的选择**

若直接选用成熟度适合和同种水果中最香甜的新鲜水果来生产，这样做会很复杂、很麻烦，所以可以选择大厂家生产的浓缩果汁、果酱来生产，这样会简单、方便得多，质量也有保证。

如果选用新鲜水果来生产，就要注意水果的成熟度，成熟的水果才会芬芳香甜，最香甜的水果的成熟度在八九成的时候，太熟了也不适合生产，因为它会产生一种不愉快的熟臭味。

2. **防残留农药**

首先要了解用于加工的水果是否经过喷洒农药来灭虫。如确实喷过则要采取除农残措施。方法是用0.3%~0.6%的稀盐酸浸泡20 min→上毛刷喷淋机→流动清水漂洗。这样做可以把水果表皮的残留农药去除干净。

3. **注意防止乙烯利超标**

现在很多饮料厂都喜欢自己制造芒果酱来生产芒果饮料，因芒果多是用乙烯催熟，所以芒果表皮及果肉均会含有大量的乙烯，稍不注意就会使产品的乙烯利超标而不合格，还会危害消费者的健康。一种很有效的方法是臭氧跟踪中和法。削了头尾的成熟芒果先浸泡在第一反应池，该池的水先流经会产生臭氧的电水管，使水含有一定量的臭氧。此时的微量臭氧既可把芒果表皮的果肉的乙烯中和干净，又可以把芒果表皮的细菌彻底消灭。

4. **高压均质**

高压均质不单是为了产品亲和性好，不产生沉淀，也不单是为了使产品口感细腻，高压均质的最主要目的在于将水果的多种酯类芳香颗粒进一步细化，使人们饮用时感觉非常芳香。

5. **避免受热**

几乎所有的果汁高温受热都会产生热臭和营养损失。为了果汁饮料的营养不受损失和风味达到或超过原水果的风味，日本政府提出日本的果汁饮料厂在生产果汁饮料时不得采用热杀菌，而要求采用高压常温杀菌等方法。据了解，这项政策在日本也很难实施。事实上，在生产果汁必须受热的工序中，瞬间加热到工艺所需的温度后，又以最快的速度冷却到常温以下，其营养、风味等几乎没有变化。

6. **添加2% ~4%的西番莲原汁**

果汁饮料的生产一般添加与自身香味相同的香精，但用量千万不要过大，用量一般为香精商标说明用量的一半或更少一点。西番莲又叫百香果，又称水果“味精”，加了2% ~4%的西番莲原汁(制造西番莲原汁时千万不要加热超过90℃，最好是冷制)，即使不添加香精，经高压均质后产品的香味也非常浓郁。控制成品总酸度在0.4% ~0.6%，使pH控制在3.7 ~3.9，这不仅仅可以调整口感、改良风味，更是在巴氏杀菌使产品达到商业无菌中起主要作用。为使产品口感圆润，一般采用柠檬酸和苹果酸并用的办法。

3.5 果蔬汁加工实例

3.5.1 苹果汁

苹果中富含维生素C、维生素A、矿物质、多酚类物质以及微量元素，具有保护心血管、心脏，保持血糖稳定的功效，还能帮助消化、减肥。

1. **工艺流程**

原料选择→清洗和分选→破碎→压榨→粗滤→澄清→精滤→糖酸调整→脱气→杀菌→包装

2. **工艺要点**

1)原料选择

选择成熟适中、新鲜完好的苹果。适宜的品种有国光、红玉等。

2)清洗和分选

把挑选出来的果实放在流水槽中冲洗。如表皮有残留农药，则用0.5% ~1%的稀盐酸或0.1% ~0.2%的洗涤剂浸洗，然后再用清水强力喷淋冲洗。清洗的同时进行分选和清除烂果。

3)破碎

用苹果磨碎机和锤碎机将苹果粉碎，颗粒大小要一致，破碎要适度。破碎后用碎浆机进行处理，使颗粒微细，提高榨汁率。

4)压榨和粗滤

常用压榨法和离心分离法榨汁。用孔径0.5 mm的筛网进行粗滤，使不溶性固形物含量下降到20%以下。

5)澄清和精滤

方法是将榨取的苹果汁加热至82 ~85℃，再迅速冷却，促使胶体凝聚，达到果汁澄清的目的。也可以用明胶、单宁、皂土、液体浓缩酶、干型酶制剂等进行处理。澄清处理后的苹果汁，采用需要添加助滤剂的过滤器进行过滤。用硅藻土作滤层的还可除去苹果中的土腥味。

6)糖酸调整

加糖、加酸使果汁的糖酸比维持在18∶1 ~20∶1，成品的糖度为12%，酸度为

0.4%。天然苹果汁中的可溶性固形物含量为15%~16%。

7)脱气

如果不需要浓缩，透明果汁可进行脱气处理。

8)杀菌

将果汁迅速加热到90℃以上，维持几秒钟时间，以达到高温瞬时杀菌目的。

9)包装

将经过杀菌的果汁迅速装入消毒过的玻璃瓶或马口铁罐内，趁热密封。密封后迅速冷却至38℃，以免破坏果汁的营养成分。

3.5.2 柑橘汁

1. 工艺流程

原料选择→清洗、去皮→酸碱处理→破碎、榨汁→过滤→均质→脱氧→杀菌、罐装→冷却→成品

2. 工艺操作要点

1)原料选择

挑选皮薄、汁多、出汁率高的柑和橘，基本配比为5∶5，手工分级去除病虫果、霉变果及未成熟果等。

2)清洗、去皮

用0.1%高锰酸钾溶液浸泡原料3~5 min后以清水冲洗干净，手工剥皮，以防止果皮中的乙-苎烯渗入果汁，引起果汁发苦味。

3)酸碱处理

将去皮后的果肉剥切成片，用0.1%左右盐酸溶液浸润20~25 min后以清水洗净、控干，再以0.5%~0.8%的氢氧化钠溶液浸润，温度为42~43℃，时间5 min，处理时可轻轻搅拌，待绝大部分果衣脱落后，以清水漂洗30 min以上，直到漂净残余碱液为止，并用1%柠檬酸溶液中和。

4)破碎、榨制

先用破碎机将果肉压碎，再以抗腐的铝制榨汁机取汁。

5)过滤

将榨出的果汁放在10℃以下阴凉处静置12~14 h，对取出上清液后的果汁液进行过滤，用80目过滤器滤出果汁，并与上清液混匀。

6)调配、均质

取滤后果汁液50 g，加一定量白砂糖、柠檬酸、羧甲基纤维素钠，在调配锅中调制成总酸为0.8%~1.6%、糖度13%~16%、可溶性固形物含量15%~17.5%的橙黄色柑橘汁，并放在高压均质机中在压力100~200 kg/cm^{2}下均质，使果肉微粒均匀悬浮于果汁中。

7)脱氧

可用离心喷雾式或压力喷雾式对果汁脱氧，排除其中氧气，避免果汁因氧化而变质。

8)杀菌、罐装、冷却

用巴氏杀菌法，即将柑橘果汁迅速加热到91～92℃，持续40 min，杀菌后，立即灌装，分段冷却至室温。试验结果表明，柑橘汁比单一柑或橘汁营养更丰富，原汁含量高，酸甜适中；柑橘汁生产设备与单一柑或橘汁所使用设备相同，很便于厂家马上生产。

3.5.3 葡萄汁

葡萄是物美价廉的普通水果，市场供应很丰富。葡萄汁被科学家们誉为“植物奶”。一份研究报告称，葡萄是肾炎、肝炎、关节炎和贫血病人最好的食品，同时还能抗癌和抵抗肺病。食品专家卡迈勒教授说，葡萄在医疗方面具有重要意义，主要是它含有许多营养成分和对身体有益的物质。医学研究证明，葡萄汁是肾炎病人最好的食品，它可以降低肾脏的白蛋白和氯化钠。同时，葡萄汁还含有大量易于消化和吸收的糖分，碳水化合物含量高达16%，其中大部分是葡萄糖。葡萄还含有0.5%的植物纤维以及氯化钾、铁和磷等，这些物质有助于平衡血酸，是身体构建，特别是骨骼和神经构建的必要物质。同时，葡萄还含有促进消化的有机酸。

1. 生产工艺

葡萄→挑选→清洗→破碎→除梗→加热→压榨→杀菌→冷却→酶处理→过滤→调配→过滤→灌装→杀菌→冷却→成品

2. 操作要点

1)挑选、清洗

果汁加工用葡萄要求八成熟左右。成熟度过低则没有葡萄的风味，过高则贮藏加工过程易出现腐烂，加工时要及时挑去腐烂果、不成熟果等。葡萄清洗一般先采用0.03%的高锰酸钾，然后再用清水冲洗干净。

2)破碎、除梗

葡萄清洗之后，立即进行破碎与除梗，便于榨汁，减少果梗带来的异味。

3)加热

将破碎后的葡萄浆加热至60℃左右，维持1 h，软化果肉，有利于果皮与果肉中的色素的溶出和榨汁。

4)压榨、杀菌

热处理后的果浆应尽快榨汁，压榨后的果渣加入适量水进行第二次榨汁，两次汁液混合后立即进行巴氏杀菌(80℃左右)，避免在后续加工过程中果汁发酵，杀菌后将果汁冷却至40℃，进行酶处理。

5)酶处理

在果汁中加入果胶酶进行脱胶处理，果胶酶使用浓度为0.01%～0.05%，处理时间为2 h，以提高果汁的澄清度和减少果汁的后混浊，脱胶之后进行硅藻土过滤。

6)化糖

将净化水定量加入化糖罐中加热至90～100℃，加入称好的白砂糖和柠檬酸，化糖温度在80～90℃，糖化后过滤备用。

7)调配

将果汁、糖液、香精及色素(先加少量果汁稀释)加入到调配罐中混合，边混合边搅拌。一般香精浓度为0.1%，色素用量为0.1%。

8)灌装、密封

包装容器(铁罐或玻璃瓶)应用净化水清洗，灌装时饮料温度应控制在60℃左右，以保证罐内有一定的真空度，并及时密封。

9)杀菌、冷却

密封之后马上进行杀菌，杀菌温度为95~100℃，杀菌时间10 min左右。杀菌结束后尽快冷却至35~40℃，玻璃瓶应采用分段冷却方式。

3.5.4　带肉果蔬汁

1. 生产工艺流程

原料选择→清洗→去皮→切粒成型→热烫→打浆→果肉细化→调配→均质→真空脱气→灌装→封口→杀菌→冷却→质检→成品

2. 技术操作要点

1)原料选择

细碎果肉，除去虫害斑，并清洗干净。组织硬度大、色泽好的果肉用于造粒，组织较软的果肉用于制造果汁。

2)切粒成型

硬度大的果肉切成2 mm×2 mm×3 mm的果粒。切粒要完整，无毛边，粒与粒不连接，并用清水滤去细碎果屑。

3)打浆

较软的果肉热烫后立即用带有80目筛网的打浆机打浆，同时除去大颗粒及长纤维。

4)果肉细化

用胶体磨将果浆细化，使颗粒直径在3~4 μm。

5)糖水调配

按配方要求将果浆调成果汁糖浆。

调配比例：白砂糖8%~10%，果汁8%，卡拉胶0.08%，果粒8%，加水至100%，用柠檬酸调整pH至3.5~3.8。

糖浆配制：白砂糖溶解在沸水中制成50%的糖浆。

卡拉胶溶液的制备：卡拉胶提前3 h热水浸软，然后加热溶解，过滤得1%的卡拉胶溶液，并在保温桶中盛放。调糖后的果汁在温度不低于70℃时一边搅拌一边加入卡拉胶溶液，并调整果汁的浓度。

6)均质、脱气

脱气真空度0.06 MPa左右，果汁温度25℃，均质压力15~20 MPa。

7)灌装、封口

为了保证果粒定量装瓶，先将果粒在0.1%的柠檬酸沸水中热烫，然后迅速装瓶，再灌入调好的果汁，果汁温度不高于85℃，迅速封口。

8)杀菌、冷却

杀菌公式为(5′~15′~5′)/100℃，杀菌结束后迅速冷却至常温。

3.5.5 浆果类果汁

草莓、杨梅、树莓等浆果类水果的色泽一般多为红紫色，果实柔嫩多汁，风味独特；但收获期短，上市集中，保藏和运输较困难，易腐烂变质。利用浆果资源生产系列果蔬汁饮料，是解决这一问题的有效途径，也符合当代饮料发展的方向。

1. **工艺流程**

原料选择→破碎→榨汁→粗滤→酶解→护色、灭酶、灭菌→浓缩→配料、过滤→均质→包装

2. **技术操作要点**

1)原料选择

选择新鲜、成熟度好的原料，用清水漂洗 2 遍，并除去腐烂发霉部分。因原料往往带皮压榨，如果清洗不干净，会将灰尘污物带入汁液而影响品质。采用喷水冲洗，喷嘴流量以 20 ~ 23 L/min 为宜，喷嘴与果实距离为 17 ~ 18 cm。

2)破碎

榨汁前需进行破碎，组成破碎－压榨工序，以提高原料的出汁率。

3)榨汁

利用外部的机械压力，将果汁挤出。根据酶解榨汁工艺要求，进行榨汁及分离系统的设备配套设计和设备选型；并建冷库一座，将野生蓝莓浆果的榨汁周期从与采摘期同步的 30 d(采摘期为每年 7、8 月)，延长 1 倍，至 45 ~ 60 个工作日。

4)粗滤

除去分散在果汁中的粗大颗粒或悬浮颗粒。粗滤设备的滤孔大小约为 0.5 mm 左右。

5)酶解

果汁中含有的果胶物质，会使果汁混浊不清，此外还有保护其他物质的作用，阻碍果汁的澄清。利用果胶酶水解果汁中的果胶物质，使果汁中其他物质失去果胶的保护作用而共同沉淀，可达到澄清的目的。一般酶制剂加量为果汁质量的 0.2% ~ 0.4%，温度控制在 50℃，3 ~ 4 h。

6)护色、灭酶、灭菌

在蓝莓野果中，含有丰富的抗氧化成分维生素 C、维生素 E 和 β-胡萝卜素，此外，还含有多种水溶性天然花色素苷类物质，对许多眼科疾病具有非常好的疗效。需要采用护色和灭酶技术使活性物质在加工的过程中最大限度地得以保留。灭菌的目的包括：一是杀灭微生物，防止败坏；二是钝化酶的活性，防止各种不良变化的发生。一般采用超高温瞬时灭菌法。

7)浓缩

在减压条件下迅速蒸发果汁中的水分，这样既可以缩短浓缩时间，又能较好地保持果汁的色香味。果汁浓缩后，一部分作为浓缩汁储存、出售，一部分用做营养饮品。

8)配料、过滤

取浓缩汁，按比例调配后加入其他经处理的辅料，然后用过滤机过滤。

9)均质

目的是使果汁中所含的悬浮颗粒进一步破碎，使微粒大小均一，促进果胶的渗出，使果胶和果汁亲和，均匀而稳定的分散于果汁中，保持果汁的均匀度，获得不易分离和沉淀的果汁。

3.5.6 番茄汁

1. 工艺流程

原料选择→去籽→预热→打浆→配料→脱气→均质→装罐→杀菌→冷却→成品

2. 技术操作要点

1)原料选择

选用成熟适度、香味浓、色泽鲜红、可溶性固形物在5%以上、糖酸适宜(约6∶1)、无霉烂变质的番茄，洗净，除去果柄、斑点及青绿部分备用。

2)去籽

将准备好的番茄进行破碎去籽(可使用番茄去籽机)。

3)预热

将破碎去籽的番茄，迅速加热到85℃以上，以杀死附在番茄上的微生物，取得汁液。

4)配料

将番茄汁100 kg、砂糖0.70～0.90 kg、精盐0.40 kg混合均匀。

5)脱气、均质

将番茄汁喷入真空脱气机，脱气3～5 min，然后在100～150 kg/cm^2压力下均质。

6)装罐

加热到80～90℃，趁热装入消过毒的罐内，并趁热封罐，罐中心温度应在70℃左右。

7)杀菌、冷却

封罐后在沸水中杀菌，然后在冷水中冷却到38℃左右。

【复习思考题】

1. 简述果蔬汁对原料品质的基本要求。
2. 试述原果蔬汁的加工工艺流程及操作要点。
3. 试述澄清汁、混浊汁和浓缩汁的加工工艺流程及操作要点。
4. 简述果蔬汁对包装材料的基本要求，并说明何为无菌包装。
5. 简述果蔬汁加工中常见的质量问题及处理方法。
6. 以当地一两种主产水果、蔬菜为例，设计果蔬汁加工工艺流程，并说明操作要点。

主要参考文献

丁克芳. 2002. 果蔬复合法及其饮料工艺和特性研究. 天津：天津科技大学.

董全. 2011. 果蔬加工学. 郑州：郑州大学出版社.

钱骅，等.2006.黑莓果蔬汁加工工艺研究.食品科技，9：186－189.
武杰.2001.新型果蔬食品加工工艺与配方.北京：科技文献出版社.
谢红涛，等.2010.果蔬汁加工技术进展.农产品加工(学刊)，1：76－80.
叶兴乾.2008.果品蔬菜加工工艺学.北京：中国农业出版社.
佚名.2010.如何配制多维复合蔬菜汁.保鲜与加工，(4)：54－54.
岳昊博，等.2007.胡萝卜-番茄复合果蔬汁加工工艺的研究.饮料工业，1：24－26.
曾庆孝.2002.食品加工与保藏原理.北京：化学工业出版社.

第 4 章　果蔬脱水干制

【内容提要】

本章主要介绍了果蔬中水分存在的状态，果蔬脱水干制的原理，果蔬脱水干制的一般加工工艺(原料选择、前处理、脱水干制方法、包装、储藏和复水)。

【教学目标】

1. 掌握果蔬干燥过程的特性，包括恒速干燥阶段和降速干燥阶段。
2. 理解水分活度与微生物生长活动的关系，掌握有效控制酶活及各种生化反应的 A_W。
3. 了解干制对果蔬原料的要求。
4. 了解干燥设备的性能和选用设备所要考虑的因素。
5. 掌握干制对果蔬影响的因素，探究提高干制果蔬质量的途径。

【重要概念及名词】

水分活度　平衡相对湿度　恒速干燥阶段　壳化　升华干燥　酶促褐变　微波干燥　干制品复水　干制品贮藏

果蔬脱水(或果蔬干燥)的历史与人类有记载的历史一样悠久。在丰收的季节把产品保藏起来，供短缺的时节食用。《圣经》中就有晒干枣子、无花果、杏子及葡萄的记载。

第一次人工干燥的历史记载出现在 18 世纪英国的专利上。据记载，这些干制的食品经海运到达克里米亚的英国军队。在美洲，南北战争期间的美国军队曾用脱水果蔬作为它们的部分给养。

果蔬干制系指果蔬原料经加热状态下的蒸发或升华，脱去水分制成固体产品的操作过程。根据这一定义，干制显然与过滤、膜分离、离心、液固萃取、压榨以及浓缩均有区别。

脱水与干燥的区别有时很难划清。果蔬脱水这一术语一般是指在控制条件下的人工干燥。但是在现代果蔬加工工业中，这一术语并不是泛指所有从食物中除去水分的操作过程。如炸土豆、烤面包或是烤牛排时，也都会失去水分，但是这些操作并不仅仅是为了移走体系中的水分，它们还有许多其他的功用，因而人们并不认为这些操作是果蔬脱水的一种形式。同样，浓缩过程只是除去了食品体系的一部分水分(如制备糖浆、浓缩牛奶和浓缩汤汁等)，因而也不属于目前被普遍认可的果蔬脱水范畴。

严格地说来，果蔬脱水是指在控制的条件下几近完全地除去果蔬中的水分，而果蔬的其他性质在此过程中几乎没有或者极小地发生变化。

脱水是降低果蔬中水分含量的操作，使水分含量降低到不致发生微生物作用、化学反应和生物化学反应的程度。果蔬干燥有以下几个目的：①制成干制品以便于贮藏和运输；②降低运输费用；③在加工过程中提高其他设备的生产能力；④为进一步加工时便于处理；⑤提高废渣及副产品的利用价值。

4.1 水分活度

4.1.1 水分与微生物的关系——水分活度

脱水干燥过程并不一定会破坏微生物的生命活动。在预处理的各个阶段，微生物活动的存在可能会损害制品的色泽、风味及其他品质特征。作为维持微生物活动的必要条件，水分的可利用性取决于其相对蒸气压，即水分活度。水分活度(A_W)是果蔬物系蒸气压(p)与纯水蒸气压(p_0)之比值

$$A_W = p/p_0$$

当某物系中的水分与其蒸气处于平衡的状态下，则相对湿度等于水分活度，即 A_W = ERH(equilibrium relative humidity，平衡相对湿度)。此时空气和制品之间不存在吸着作用和解吸作用。

每一种微生物的生长都有其最低适宜的水分活度。大量关于与果蔬腐败有关的微生物的最低水分活度资料表明：①所有食物致病菌在水分活度小于或等于0.85时均受到抑制。②细菌芽孢包括内毒梭状芽孢杆菌的发芽，在水分活度较高时受到抑制；在水分活度低于0.95的环境中生长的产芽孢菌类不可能在巴氏杀菌温度下被杀灭。③在低水分活度下生长的大多数微生物，其繁殖速度很慢，需要特定的生长条件。

由此，要把水分活度降低到能制止一切生物性腐败的最低值，就应当将水分含量减少到商业上干制果蔬中的水分含量。商业化加工果蔬的水分活度下限是0.70，而上限则取决于果蔬本身的特性和制作方法，还有容器以及贮藏条件。对于水分活度在0.83～

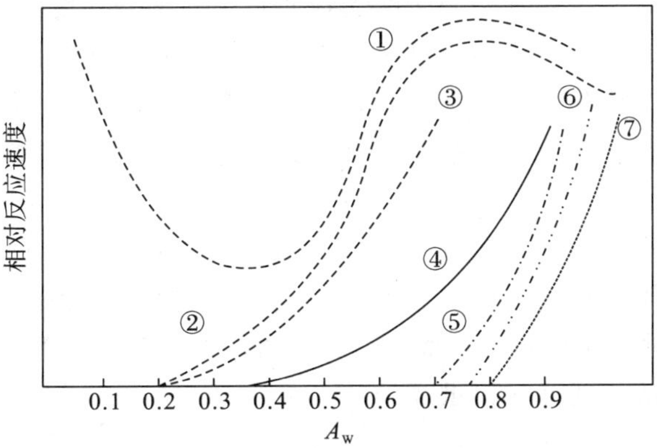

图4.1 水分活度与变质反应之间的关系

①类脂氧化；②非酶褐变；③酶作用；④霉菌作用；⑤酵母作用；⑥细菌作用

0.85的果蔬，常用山梨酸钾作为抗霉菌剂。图4.1表示了食物制品的水分活度与变质反应之间的相互关系。

4.1.2 水分活度对微生物的影响

果蔬干制是通过接受太阳光或其他热量使原料失水的过程。在此过程中，若采用日晒，果蔬接受了肉眼看不见的红外线及紫外线照射，除能脱去果蔬水分外，还可以对果蔬起消毒杀菌的作用。虽然紫外线穿透力不强，但是它能使微生物的核酸成分发生化学变化，造成微生物的死亡。而阳光中的红外线，穿透力很强，可使微生物体内形成热解。此外，在果蔬水分蒸发的同时，微生物体内的水分也蒸发掉，干制后，微生物就长期地处于休眠状态；但当环境条件一旦适宜，微生物又会重新吸湿恢复活动。由于干制并不能将微生物全部杀死，而只能抑制它们的活动，因此，干制品并非无菌，遇温暖潮湿气候，果蔬干制品就会发生腐败变质。

微生物病原菌在干燥的果蔬制品上有时能经受不利的环境而生存下来，当人们食用后就会发生公共卫生事件。常见的例子就是肠道细菌感染和食物中毒细菌感染。虽然微生物能忍受不良的干燥环境，但在干制品干藏过程中微生物总数将缓慢地减少。干制品复水后，残留微生物仍能复苏，并再次生长。控制果蔬干制品腐败变质的方法包括采用新鲜度高、污染少、高质量的果蔬做原料；干燥前将原料进行巴氏消毒；保证加工环境的清洁；将干燥的果蔬在不受昆虫、鼠类及其他感染的情况下贮藏。

微生物的耐旱力常随菌种及其不同生长期而异。例如，葡萄球菌、肠道杆菌、结核杆菌在干燥状态下能保存活力几周到几个月，乳酸菌能保存活力几个月或1年以上；干酵母保存活力可达2年之久；干燥状态的细菌芽孢、菌核、厚膜孢子、分生孢子可存活1年以上；黑曲霉菌孢子可存活6~10年以上。

4.1.3 水分活度对酶的影响

酶的活性与水分有着密切的关系。许多以酶为催化剂的酶促反应，水除了起反应物的作用以外，还作为输送介质促使底物向酶扩散，并且通过水化作用促使酶和底物活化。当水分活度低于0.8时，大多数酶的活性受到抑制；当水分活度降低到0.25~0.30的范围，果蔬中的淀粉酶、多酚氧化酶和过氧化物酶就会受到强烈的抑制，甚至丧失其活性。而在水分减少的时候，酶和反应基质同时增浓，使得它们之间的反应加速。因此，在低水分干制品中，特别在它吸湿后，酶仍会缓慢地活动，从而有可能引起制品品质恶化或变质。

酶对湿热环境是很敏感的，在湿热温度接近水的沸点时，各种酶几乎立即灭活。当酶暴露于相同温度的干热环境中时，酶对于热量的影响并不敏感，如在干燥状态下，即使用204℃热处理，对酶的影响也极微。因此，通过将果蔬原料置于湿热环境下或用化学方法使酶失活来控制酶的活性是很重要的。

4.2 果蔬脱水干燥的基本原理

4.2.1 空气在脱水干燥过程中的作用

降低果蔬中所含水分是果蔬能否安全贮藏的一个重要因素。要使果蔬能够长期安全贮藏，必须把果蔬水分降低到安全水分的范围内。

果蔬的干燥过程就是果蔬的降水过程，同时，这个降水过程必须是增进其贮藏稳定性，保持和改善干燥后果蔬品质的过程。

在果蔬干燥过程中，干燥空气(即气流)是一个最重要的因素。它起着两种作用：①把从果蔬中蒸发出来的水分带走；②提供使水分蒸发所需要的热量。而能否有效地带走水分和提供蒸发所需要的热量，则主要取决于空气的温度和相对湿度。在温度一定的条件下，气流的相对湿度越低，干燥能力越强。反之，当气流的相对湿度高于与果蔬相平衡的空气的相对湿度值时，不仅不能把果蔬的水分带走，相反果蔬还有可能吸收空气中的水分。所以，自然空气相对湿度的高低是决定果蔬通过自然风干燥或加热干燥的主要因素。除温度与湿度外，气流速度也是一个重要因素。在一定温度、湿度条件下，气流速度越高，在一定范围内干燥的进程越快。但气流速度不能无限度地增加，气流速度过高时，果蔬内部水分向外表面扩散的速度跟不上，从而造成动力和能源的浪费。同时，过快速度的干燥对果蔬的品质有一定的影响。同样，在果蔬允许的温度范围内，气流的温度越高，干燥就越迅速。而且温度对干燥进度的影响比气流速度更为明显。

4.2.2 果蔬的脱水干燥特性曲线

在干燥过程中，果蔬中的水分不断汽化，果蔬的重量相应减轻。研究干燥过程，就是研究不同条件下，果蔬重量随干燥时间而变化的过程。将一定干燥条件下，果蔬水分变化与时间的关系用图线表示出来，所得到曲线就称为该条件下的干燥特性曲线。

干燥过程可通过将干燥曲线、干燥速率曲线和干燥温度曲线组合在一起完整地表示出来(图 4.2)。

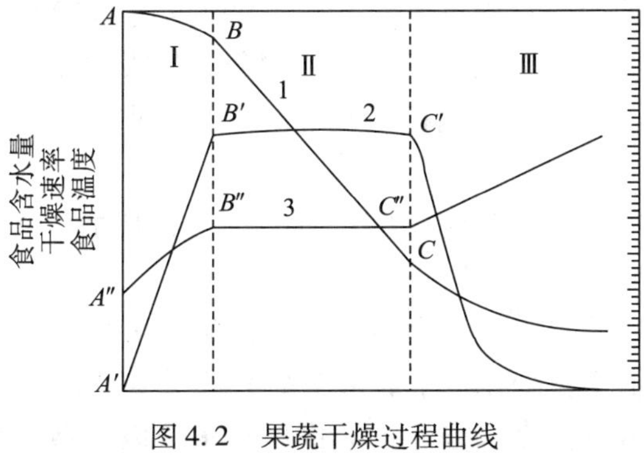

图 4.2　果蔬干燥过程曲线

Ⅰ初期加热阶段；Ⅱ恒速干燥阶段；Ⅲ降速干燥阶段

干燥曲线就是干制过程中果蔬绝对水分($W_{绝}$)和干燥时间(t)间的关系曲线，即 $W_{绝}=f(t)$。

干燥速率曲线就是干制过程中任何时间的干燥速率($\frac{dW_{绝}}{dt}$)和该时间果蔬绝对水分($W_{绝}$)的关系曲线，即$f(W_{绝})$。在干燥曲线各点上画出切线后所得的斜率即为该点果蔬绝对水分时的相应的干燥速率。又因 $W_{绝}=f(t)$，故有时在图中也可按照 $\frac{dW_{绝}}{dt}=f(t)$的关系画出干燥速率曲线。

干燥温度曲线就是干燥过程中果蔬温度($T_{食}$)和干燥时间(t)的关系曲线，即 $T_{食}=f(t)$。

如图4.2所示，干燥过程的最初阶段果蔬水分降低是按直线(或近似直线)进行的，果蔬处于恒(等)速干燥阶段(A—B)。经过一个较短时间后，从B点开始，果蔬水分按曲线降低，果蔬水分降低的速度，随着干燥时间的延长而不断减慢，果蔬处于降(减)速干燥阶段。到C点后，果蔬水分不再下降。

应该指出，果蔬一开始受热，温度虽线性上升而果蔬的水分还不下降或降低很少，这个短时间称为果蔬的预热阶段。

恒(等)速干燥阶段：果蔬表面水蒸气分压处于和果蔬温度相适应的饱和状态，所有传给果蔬的热量都用于水分的汽化，果蔬温度保持不变，甚至略有下降。

降(减)速干燥阶段：随着干燥过程的进行，果蔬水分不断下降。当果蔬水分下降到吸湿水分时，果蔬内外层水分出现差异，即果蔬表面水分低于其内部水分。若要继续干燥，则果蔬表面汽化的水分须依靠其内部水分向外部转移，这时果蔬表面温度高于内部温度，热量从果蔬的外部向其内部传导(消耗一定热量)，从而阻碍内部水分向外部转移。这两种作用的综合，使果蔬的干燥速度降低，开始进入果蔬干燥的降速阶段。随着干燥过程的继续，果蔬干燥的速度愈来愈慢，当干燥速度降到零时，达到在该干燥条件下果蔬的水分平衡，果蔬的温度可升至与热空气相近的温度。一般来说，减速干燥阶段还可分为两个不同的阶段：开始时水分移动稍为困难，称为第一减速干燥阶段；后来为结合水的移动，称为第二减速干燥阶段，它是从果蔬水分含量降至第二临界点时开始的。

所谓吸湿水分，就是指当果蔬周围空气的相对湿度达到100%时，果蔬从空气中吸附水蒸气所能达到的水含量。通常把果蔬内部的水分，如吸附水、微毛细管水等称为结合水分(这部分水分比较难以干燥)，而把高于吸湿水分的那一部分水分称为自由水分。所以，吸湿水分是果蔬中结合水分与自由水分的分界点。

缓速阶段是停止供热使果蔬保温(数小时)的过程，其主要作用是消除果蔬内、外部之间的热应力，该阶段的干燥速度稍有降低。

冷却阶段是对干燥后的果蔬进行通风冷却，使果蔬温度下降到常温或较低温度。该阶段的果蔬含水率基本上不再变化，干燥速率基本降到零。

干燥时，果蔬水分蒸发依靠水分外扩散作用与水分内扩散作用。果蔬干燥时必须注意保持外扩散与内扩散的配合与平衡。水分内扩散速度应大于水分外扩散速度，这时水分在表面汽化的速度起控制作用，这种干燥情况称表面汽化控制。对于可溶性物质含量高的原料，如枣、柿等，内部扩散速度较表面汽化速度要小，这时内部水分扩散速度起控制作用，这种情况称内部扩散控制。当干燥时，因受内部扩散速度的限制，水分无法及时到达表面，因而汽化表面逐渐向内部移动，故干燥过程较表面汽化控制更为复杂。这时，减少料层厚度、增加翻动次数、采用接触加热和微波加热方法，使深层料温高于表层料温，水分借助温度梯度沿热流方向向外迅速移动而蒸发，使干燥顺利进行。

4.3 影响果蔬脱水干制的因素

脱水干燥速度的快慢与干制品的品质有密切的关系。在其他条件相同时，干燥越快则制品的品质越佳。干燥速度受许多因素的制约和影响，归纳起来可分为两方面：一是干燥环境条件，如干燥介质的温度、相对湿度、空气流速等；二是原料本身性质和状态，如原料种类、原料干燥时的状态等。

4.3.1 干燥介质的温度和相对湿度

果蔬干制时，广泛应用空气作为干燥介质。干燥介质的温度和湿度饱和差决定着干燥速度的快慢。干燥介质的温度越高，果蔬中的水分蒸发便越快；干燥介质的湿度饱和差越大，达到饱和所需的水蒸气越多，水分蒸发容易，干燥速度就越快。但温度过高反会使果蔬汁液流出，糖和其他有机物质发生焦化，或者变褐，影响制品品质；反之如果温度过低，干燥时间延长，产品容易氧化变褐，严重者发霉变味。一般来说，对原料含水量高的，干燥温度可维持高一些，后期则应适当地降低温度，使外扩散与内扩散相适应。对含水量低的原料和可溶性固形物含量高的果蔬种类，干燥初期介质温度不宜过高，温度不宜过低，以免引起表面结壳、开裂和焦化。具体所用温度的高低，应根据干制品的种类来决定，一般为40～90℃。

4.3.2 空气流速

为了降低湿度，常增加空气的流速，流动的空气能及时将聚积在果蔬原料表面附近的饱和水蒸气带走，以免它会阻滞物料内水分进一步外逸。如果空气不流动，吸湿的空气逐渐饱和，呆滞在果蔬原料表面的周围，不能再吸收来自果蔬蒸发的水分，导致果蔬停止蒸发。因此，空气流速越快，果蔬等食品干燥也越迅速。为此，人工干制设备中，常用鼓风的办法增大空气流速，以缩短干燥时间。

4.3.3 原料的种类和状态

果蔬原料种类不同，其理化性质、组织结构亦不同，因此，在同样的干燥条件下，干燥的情况并不一致。一般来说，果蔬的可溶性物质较浓，水分蒸发的速度也较慢；淀粉类原料，如小麦(软粒)、水稻等，这类原料的组织结构疏松，毛细管极大，传湿力较强，所以干燥比较容易，可采用较高的温度进行干燥。

物料切成片状或小颗粒后，可以加速干燥。因为这种状态缩短了热量向物料中心传递和水分从物料中心向外扩散的距离，从而加速了水分的扩散和蒸发，缩短了干制的时间。显然，物料的表面积越大，干燥的速度就越快。例如，用胡萝卜切成片状、丁状和条状进行干燥，结果片状干燥速度最佳，丁状次之，条状最差，这是由于前两种形态的胡萝卜蒸发面大的缘故。

4.3.4　原料的装载量

设备的单元负载量越大，原料装载厚度越大，不利于空气流通，影响水分蒸发。干燥过程中可以随原料体积的变化，改变其厚度，干燥初期宜薄些，干燥后期可以厚一些。

4.3.5　大气压力

水的沸点随着大气压力的减少而降低，气压越低，沸点也越低。若温度不变，气压降低，则水的沸腾加剧，真空加热干燥就是利用这一原理，在较低的温度下使果蔬内的水分以沸腾的形式蒸发。果蔬干制的速度和品温取决于真空度和果蔬受热的强度。由于干制在低气压下进行，物料可以在较低的温度下干制，既可缩短干制的时间又能获得优良品质的干制品，尤其是干制对热敏性的果蔬特别重要。

4.4　果蔬干制的前处理

4.4.1　防止褐变处理

此项操作多用于果蔬干制之前的处理。果蔬在干制过程中常出现颜色变黄、变褐甚至变黑的现象，一般称之为褐变。

褐变反应的机制包括：在酶催化下的多酚类的氧化(常称为酶促褐变)；不需要酶催化的褐变(称为非酶褐变)，它的主要反应是羰－氨反应。

酶促褐变(enzymatic browning)是多酚氧化酶(polyphenoloxidase，PPO)在氧的参与下将酚类化合物氧化成醌，醌再聚合成有色物质的过程。

为了抑制酶促褐变，可以采取以下措施：

(1)加热处理：热烫是一种行之有效的传统物理预处理方法，热烫使酶失活的化学解释是蛋白质遇热变性，从而失去催化反应功能。大多数PPO在90～95℃下7 s便可失活。但脱水所用热风温度并不能钝化酶活性，原因是温度和湿度均不够。因此，在干制前对原料进行热烫处理是非常必要的。

在某些制品中，酶作用于细胞中央部位的风味物质便产生异味。而在另一些制品，如洋葱、大蒜和辣根中，酶系统又造出了特有的风味。因此，对某些蔬菜必须直接进行热烫，以钝化酶的活力，防止产生异味，而对另一些蔬菜决不可使它受到机械损伤，也不必进行热烫，因为要保存酶系统以利于产生香气，如上述中的洋葱、大蒜。

(2)使用螯合剂：利用多酚氧化酶是含铜的金属蛋白这一特性，使用一些金属螯合剂对此酶发生抑制作用。最理想的是抗坏血酸及其各种异构体，抗坏血酸既可以作为醌的还原剂，又可以作为酶分子中铜离子的螯合剂。另外，EDTA和EDTA二钠钙也可用做螯合剂防止酶促褐变。

(3)硫处理：硫对防止酶促褐变有很好的效果。可使用亚硫酸氢钠和二氧化硫，二氧化硫比亚硫酸氢钠更有效，因二氧化硫穿透果蔬组织的速度更快。亚硫酸盐的抑制效果取决于亚硫酸盐浓度及反应体系中酶的性质和浓度。对一元酚，低浓度的亚硫酸盐就能有效地抑制酶促褐变，但当存在邻二酚时，亚硫酸盐在酶完全失活前就被耗尽，抑制效果不理想，此时需同时使用一定浓度比的抗坏血酸和亚硫酸盐才能奏效。目前一些发达国家对亚硫酸盐的添加限制加强，如在日本，对果蔬干制品的二氧化硫残留量限制在0.5 ~5 g/kg。

(4)调节 pH：添加某些酸如柠檬酸、苹果酸和磷酸，降低 pH，在某种程度上有助于抑制褐变。一般控制 pH 在 3 以下，酚酶的活性可完全丧失。然而并非所有的果蔬都能忍受低 pH，特别是 pH 低于 3，难以保持果蔬良好的感官性。使用几种酸的复合溶液比使用单一酸来抑制褐变效果要好。

(5)排除空气：由于酶促反应是需氧过程，可通过排除空气或限制果蔬与空气中氧的接触来防止褐变。将干燥前去皮切开的果蔬原料浸没在水、盐液或糖液中是一种简便易行的方法。

非酶褐变(nonenzymatic browning，NEB)：不属于酶的作用所引起的褐变，均属非酶褐变，在果蔬干制和干制品的贮藏过程中均可发生。其中羰-氨反应，也称美拉德反应(maillard reaction)，是主要反应之一，这种反应为氨基化合物(包括游离氨基酸、肽类、蛋白质、胺类)与羰基化合物(包括醛、酮、单糖以及多糖分解或脂质氧化生成的羰基化合物)的反应。最终生成类黑色素。

防止非酶褐变，可采用以下方法：

(1)硫处理：硫处理对非酶褐变有抑制作用，因为二氧化硫与不饱和的糖反应形成磺酸，可减少黑蛋白素的形成。

(2)半胱氨酸：不少研究表明，L-半胱氨酸无论是在模拟系统中还是果蔬中都会降低褐变速度。在苹果片中至少要0.08%浓度的半胱氨酸才可以防止褐变。王清章等用半胱氨酸处理藕浆，在0.01 % ~0.05 %浓度范围内，都有显著的抑制褐变效果。作用的机制是半胱氨酸同还原糖反应产生无色化合物。半胱氨酸还可以作为一种营养补充剂，不存在法律限制问题。

4.4.2 防止脂肪和油溶性成分的变化

果蔬在干燥过程中，由于温度升高，不仅油脂容易被氧化，挥发油、油溶性色素及维生素 A 等成分也会被氧化。真空干燥或冻结干燥的制品，在干燥过程中因隔氧或在低温下进行，未被氧化，但由于干制品组织结构多孔，表面积大，在贮藏中上述成分就容易被空气中的氧气所氧化而变色、变味，甚至因氧化生成有毒物质。防止脂肪和油溶性成分氧化的方法是在干燥前加入适量的抗氧化剂。

4.4.3 防止干制品破碎和氧化

经真空干燥或冻结干燥的果蔬，品质优良，但由于水分含量低、质地脆弱而容易破碎。如果在干燥前加入适量的甘油、丙二醇或山梨(糖)醇或用上述溶液浸渍，经干燥后，制品的柔软性增强，可减少破损。而且由于干制品表面形成一层处理剂的薄膜，起到隔氧的作用，可以达到防止氧化的效果；若在处理液中添加抗氧化剂，则防止氧化的效果就更好。

4.4.4 提高干燥效率

许多果实的表皮附有一层蜡质，阻碍水分的转移而使干燥速度减慢。如在干制前用0.5% ~1.0%的氢氧化钠沸腾液浸渍6 ~20 s，然后用水洗净，则果皮蜡质被破坏，就可以提高干燥的速度。对于果皮或种皮组织致密的果实，冻结干燥前在表面刺以小孔，也可缩短干燥的时间。

液体果蔬，如果汁、茶、咖啡、豆浆等，由于水分含量较大，为了减少干燥时能源的消耗，必须在干燥前进行真空浓缩或冻结浓缩(表4.1)。

表4.1 适用于干燥的浓缩程度

品名	固形物/%	品名	固形物/%
葡萄	45 ~50	绿茶	30
柠檬	40 ~45	红茶	30 ~35
柑桔	50 ~55	咖啡	30 ~35
菠萝	50 ~60	全乳	40 ~50
苹果	40 ~50	酱油	25 ~30
番茄	25 ~35	调味液	30 ~35

柑桔油、香辛料等提取液，不可能直接粉末化，若加入淀粉、植物胶、干酪等增粘剂以及糖、甘油酸脂、脂肪酸脂等表面活性剂，然后进行喷雾干燥，则容易粉末化。湿淀粉、水饴等泥状物，如果直接用气流进行干燥，由于原料在干燥装置内互相黏结，气流无法通过，导致干燥难；若在原料中混合一部分已经干燥的制品，则气流容易通短干燥时间。

4.5 脱水干制果蔬的质量控制

4.5.1 脱水干制对果蔬外观与组织状态的影响

1. 收缩

无论是细胞果蔬还是非细胞果蔬，脱水过程最明显的变化就是出现收缩。

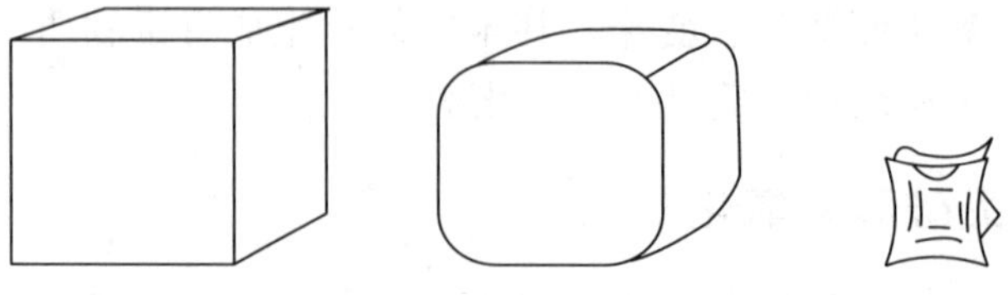

a b c

图4.3 块状蔬菜干燥过程中形状的变化

如果水分从一个具有极好弹性的丰满物料中均衡地逸出，则随着水分的散失，物料会以均匀线性的方式收缩。这种匀速收缩在脱水处理的食物中是难以见到的，因为果蔬物料常常并不呈极好的弹性，而且在干燥时整个食物体系的水分散失也不是均匀的。不同的果蔬物料在脱水过程中表现出不同的收缩方式。图4.3是蔬菜脱水过程中典型形状变化示意图，其中4.3a表示未处理时的原始状态；表面收缩造成的果蔬边缘和角落部位的内陷使块状果蔬逐渐变得浑圆起来，其结果可见图4.3b；持续的干燥使水分从越来越深的内部最后直至果蔬的中心逸出，果蔬不断地向中心收缩形成了图4.3c所示的凹形立体状外观。

2. 表面硬化

表面硬化是果蔬干燥过程中出现的与收缩和密封有关的一个现象。干燥时，如果果蔬表面温度很高，而且果蔬干燥不均衡，就会在果蔬内部的绝大部分水分还来不及迁移到表面时，表面已快速形成了一层硬壳，即发生了表面硬化。这一层透过性能极差的硬壳阻碍了大部分仍处于果蔬内部的水分进一步向外迁移，因而食物的干燥速度急剧下降。

表面硬化常见于富含可溶性糖类以及其他溶质的果蔬体系，这一现象可用干燥过程中水分从果蔬中逃逸具有多种不同的方式加以解释。一种原因是果蔬干燥时，果蔬内部的溶质成分随水分不断向表面迁移、不断积累在表面上形成结晶的硬化现象；另一种是由于果蔬的表面干燥过于强烈，水分汽化很快，因而内部水分不能及时迁移到表面上来，而表面便迅速形成一层干硬膜。

如要获得好的干燥结果，必须控制好干燥条件，使物料温度在干燥的早期保持在50~55℃，以促进内部水分较快扩散和再分配；同时，使空气湿度大些，使物料表层附近的湿度不致变化太快。

3. 物料内多孔性的形成

快速干燥时物料表面硬化及其内部蒸气压的迅速建立会促使物料成为多孔性制品。膨化马铃薯、谷物等正是利用内部大的蒸气压促进膨化的。果蔬运用真空干燥时，高度真空也会促使水蒸气迅速蒸发并向外扩散，从而形成多孔性的制品。目前，有不少的干燥技术或干燥前处理力求促使物料能形成多孔性结构，以便有利于热的传递，加速物料的干燥速度。但实际上多孔性海绵结构为最好的绝热体，会减慢热量的传递。为此，在真空干燥器内部装置微波加热、远红外加热等供热热源，可改善热的传递，提高干燥速度。多孔性的果蔬制品，食用时主要的优越性是组织疏松，能迅速复水和溶解。

4.5.2 脱水干制对果蔬品质的影响

1. 脱水干燥与果蔬成分

脱水干燥的果蔬由于失去水分，故每单位质量干制果蔬中营养成分的含量反而增加（表4.2）。若将复水干制品和新鲜果蔬相比较，和其他类型的果蔬制品一样，它的品质总是不如新鲜果蔬。

表4.2 新鲜的和脱水的果蔬营养成分的比较 （单位:%）

豌豆	新鲜	脱水
蛋白质	7	25
脂肪	1	3
碳水化合物	17	65
水分	74	5
灰分	1	2

2. 干制果蔬的香气与色泽变化

干燥果蔬含水量高的或者干燥处理不当使产品水分增加的制品，在贮藏中都会由于水分含量高而发生颜色与香气的变化。

干菜、果汁粉、菜汤粉等产品常随着水分含量的升高，在贮藏期间促进羰氨反应及多酚类物质、脂肪、抗坏血酸、叶绿素和花青素等成分的氧化而发生褐变。草莓、杏和葡萄等干燥产品的花青素，在水溶状态时性质极不稳定，但是处于无水的干燥状态时，虽经10年贮藏其变化也很微小，甚至在太阳的照射下，也几乎不分解。

冻干果蔬若因干燥不足而水分含量较高，或在干燥后处理失当而导致吸湿，水分含量增加，则在贮存中有变色、褪色、发生异臭的可能，这些都与水溶性成分的变化有关。

叶绿素在无水状态时也颇稳定，当水分含量在6%以上时，它逐渐变成脱镁叶绿素，并进一步分解为无色物质。

干制果蔬的变化之中，最棘手的问题是颜色的变化。褐变通常被认为是品质的一种严重缺陷。如果不太严重，则仅颜色发生变化；但当这种变化继续进行下去，则对风味、复水能力和抗坏血酸含量都可能有不利的影响。

引起上述褐变的机制是美拉德反应。在美拉德反应中，糖类中的各种羰基与氨基酸或蛋白质中的氨基发生反应。复杂的连锁反应产生了粉红或淡红的颜色，最后产生不可溶的褐色聚合物。

具有芳香气味的果蔬在冻干后，如水分含量较高或较低，其芳香气味消失会较快或较慢。例如，水分含量为6%以上的冻干香菇贮藏一年内，其芳香气味完全消失；水分含量为2%的冻干香菇贮藏2～3年，其特有芳香气味未消失。草莓也有相似的情形，水分含量约为3%的冻干草莓在不同湿度下使其吸湿达到平衡，通过测定其挥发性还原物质值（VRS值）而推测其芳香气味的消失程度如表4.3所示。可见芳香气味变化与水分含量有关。

表4.3 冻干草莓粉末的水分含量与挥发性还原物质值

平衡水分含量/%	0	0.8	8.4	11.0	23.0	43.8
VRS值	24	18	14	12	9	3

3. 脂肪及脂溶性成分的变化

果蔬原料经干燥处理，不仅使含水量降低而且改变了原料的形态，如液体果蔬经喷雾、涂膜、泡沫等方式干燥所获得粉状、片状或多孔状的产品均扩大了产品表面面积，比原料扩大 100～150 倍，这样便增加了产品与空气中氧的接触面积，促使果蔬中脂肪氧化酸败而产生异味和变色；同时一些脂溶性的色素如胡萝卜素，也因氧化而使果蔬丧失原有的颜色。

为了防止制品中水溶性成分的变化，希望降低水分含量，但对于油脂及油溶性成分而言，恰恰相反。冻干猪肉在不同湿度下贮藏，通过测定其游离脂肪酸含量及过氧化物值，可知氧化程度在水分含量低时较水分含量高时要高。这是由于吸附于油脂上的水分子层在水分含量低时，部分破裂，于是油脂与空气中的氧相接触而被氧化。相反，吸附于油脂上的水分子层在水分含量高时，油脂被水分包覆得较为严密，故氧化的机会较少。

4. 维生素的变化

在果蔬干燥中，各种维生素的破坏和损失是一个非常值得注意的问题。有些水溶性的维生素在高温下极易被氧化。抗坏血酸就是一个例子。硫胺素对热也很敏感，核黄素还对光敏感。胡萝卜素也会因氧化而遭受损失。未经酶钝化处理的蔬菜在干制时胡萝卜损耗量高达 80%，如果脱水方法选择适当，可下降到 5%。

5. 糖分的变化

果蔬中果糖和葡萄糖不稳定而易于分解，自然干制时，呼吸作用的进行要消耗一部分糖分和其他有机物质；人工干制时，长时间的高温处理会引起糖的焦化。

表 4.4 不同时间和温度条件下大荔圆枣糖分损失率 （单位:%）

干燥温度/℃	干燥时间		
	10 h	20 h	34 h
45	0.1	0.7	1.8
65	1.5	15.4	5.6
70	12.3	3.2	16.4

4.6 果蔬干制方法

4.6.1 自然干制

利用自然条件如太阳辐射、热风等使果蔬干燥，包括晒干和风干，这种方法仍在继续沿用，产品有晒干枣子、无花果、杏子及葡萄以及风干鱼和腊香肠等。

自然干制，一般包括太阳辐射的干燥作用和空气的干燥作用两个基本因素。太阳光的干燥能力和果蔬原料水分蒸发的速度，主要取决于照射到果蔬表面的辐射强度，这种因子在自然环境条件下人力是无法加以控制的，只有通过对晒场位置的选择、晒制管理上加以注意，如选择晒场要有充分的阳光照射，尽量获得最长照射时间，还可将晒帘或晒场的地向南面倾斜与地面保持 15°～30°的角度，提高晒干物体表面所受到太阳辐射强度。

自然干制简便易行，仅需要晒场和简陋的晒具，管理粗放，生产成本低，群众有丰富的经验。但是，自然干燥速度缓慢，产品的质量变化很大，也不易干制到理想的含水要求。并且，受气候的限制，常常因阴雨天气致使产品大量腐烂损失，还因产品的霉烂变质而造成环境污染，影响人体健康。

4.6.2 机械人工干制

机械人工干制是人工控制脱水条件的干燥方法，因而不受气候条件的限制，可大大加速干制速度，缩短干制时间，降低腐烂率，及时而迅速地进行人工干制，以获得高质量的产品，提高产品的等级和商品价值。但人工干制需要干制设备，加上必要的附属用房和能源消耗等，成本较高，技术比较复杂。

现在采用的机械人工干制的方法很多，有烘制、隧道干制、滚筒干制、泡沫干制、喷雾干制、溶剂干制、薄膜干制、加压干制以及冷冻干制等。每一种方法不一定适合于各种原料，需根据原料的种类、产品的要求，而采取适当的干制方法。

4.6.3 果蔬脱水干燥方法

果蔬脱水干燥可分常压干燥和真空干燥。常压干燥下，气相主要为惰性气体(空气)和少量水蒸气的混合物，通常称为干燥介质，它具有在干燥时带走汽化水分的载体作用。但是在真空干燥下，气相中的惰性气体(空气等不凝结气体)为量甚少，气相组成主要为低压水蒸气，借真空泵的抽吸而除去。果蔬干燥首先要吸收热能，使水分吸收相变热得以汽化。根据热能传递方式的不同，果蔬干燥可以分为以下4种方法：

1. 热风干燥

此法亦称对流干燥，直接以高温的热空气为热源，借对流传热将热量传给湿物料。热空气既是载热体，又是载湿体。一般热风干燥多在常压下进行。在真空干燥的环境中，由于气相处于低压，其热容量很少，不可能直接以空气为热源，而必须采用其他的热源。

2. 接触干燥

此法是间接靠间壁的导热将热量传给与壁面接触的物料。热源可以是水蒸气、热水、燃气、热空气等。接触干燥可以在常压或真空下进行。

3. 辐射干燥

与接触干燥一样，辐射干燥也可在常压或真空下进行。辐射干燥也是果蔬工业上的一种重要干燥方法。

4. 冷冻干燥

此法是将果蔬中水分预先冻结成冰，然后在极低的压力下，使之直接升华而转入气相，达到干燥之目的。

4.6.4 干燥设备及其应用

目前国内外人工干燥设备，其形状大小、热作用方式、载热体的种类等各有不同，其中决定干燥设备的结构特征和操作原理的最主要的因素是烘干时的热作用方式，根据上面果蔬干燥方法的分类，将干燥设备分述如下：

1. 空气对流干燥机

空气对流干燥通常称为直接加热干燥，是一种最常见的干燥方法。任何一种空气对流干燥设备中都包含有某种形式的绝热腔、绝热腔空气循环装置及循环空气加热装置。

此外，设备中还包括各种果蔬承托件和干燥果蔬收集装置，有些还备有空气干燥器以降低循环空气的湿度。空气的循环流动通常是由风扇、吹风机和折流板控制的。空气的体积和流速直接影响干燥速度。在直接加热式干燥机中，干燥介质直接接触被干燥物料，并且把热量通过对流方式传递给物料，干燥所产生的水蒸气则由干燥介质带走。

1)柜(厢)式干燥机

柜(厢)式干燥设备由框架结构组成，四壁及顶、底部都封有绝热材料以防热量散失。箱内有多层框架，其上放置料盘，也有将湿物料放在框架小车上推入箱内的。热风沿着物料的表面通过，称为水平气流厢式干燥(图4.4)；热风垂直穿过物料，称为穿流气流箱式干燥(如图4.5所示)。穿流气流箱式干燥的热空气与湿物料的接触面积大，内部水分扩散距离短，因此干燥效果较水平气流厢式干燥机好，其干燥速率是水平气流式的3~10倍。但穿流式干燥器动力消耗大，对设备密封性要求较高；另外，热风形成穿流气流容易引起物料飞散，要注意选择适宜风速和料层厚度。支架或小车上置放的料层厚度为10~100 mm。空气速率依被干燥物料的粒度而定，要求物料不致被气流所带出，由于热空气流经果蔬时果蔬的水分蒸发会使热空气中水分含量增大，因而在那些采用循环装置的设备中应采取措施将湿空气在再循环前干燥。可采用硅胶柱等干燥剂或通过在冷板或冷排管上凝结水分等方法来干燥空气。如果排出的空气不进行干燥和循环，排气口就应远离新鲜空气进口区域，否则排出的湿空气会随新鲜空气进入干燥设备，造成干燥效率的下降。

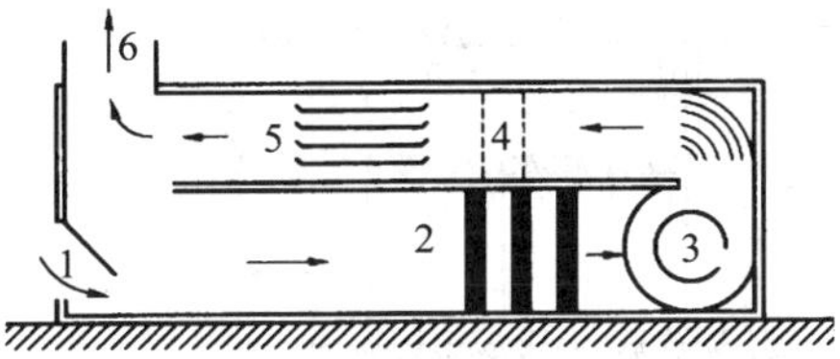

图4.4 水平气流厢式干燥机结构示意图

1. 送风机 2. 排气口 3. 空气加热器

4. 整流板 5. 料盘 6. 台机固定件

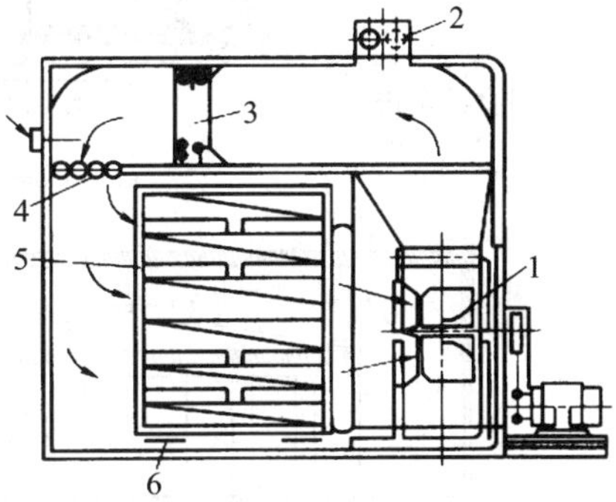

图4.5 穿流气流厢式干燥机结构示意图

1. 新鲜空气进口 2. 排管加热器 3. 送风机

4. 滤筛 5. 料盘 6. 排气口

柜式干燥设备通常运用于小规模生产，相对来说价格比较便宜，而且干燥条件容易控制。托盘的最高容纳量可达25只，操作时允许使用的最高空气干燥温度为94℃，空气流速2.5~5 m/s。这种干燥设备通常用于水果和蔬菜的干燥，根据果蔬种类和对干燥果蔬最终水分含量的要求不同，干燥时间一般在10~20 h。

2)隧道干燥机

隧道式干燥设备有加长的干燥室，装有托盘的小车可在干燥室内移动(图4.6)。若达到理想的水分含量所需的干燥时间为10 h，那么每一个装满托盘的小车穿越隧道的时间就应调整为10 h。待干燥完成后，一个小车离开隧道，腾出的空间就允许在隧道的另一端有一车待干燥果蔬进入隧道。因此，这种干燥设备的操作是半连续的。

用以区分隧道干燥设备类型的一个重要的结构特征是热空气流流向与小车前进方向之间的关系。根据热空气与装有待干燥果蔬的小车的运动方向不同，分为顺流、逆流和混合式[图4.6(a，b，c)]。逆流时，最热、最干燥的空气与基本完成干燥的果蔬相接触，而刚进入隧道的湿果蔬则由已在穿越隧道过程中被冷却、润湿的空气进行初始的干燥。因此，干燥伊始果蔬内温度和水分含量的梯度较小，不易出现表面硬化或收缩现象，其中心保持湿润状态。而且，由于逆流时最干燥的果蔬与最干燥的热空气接触，因而有利于得到低水分含量的果蔬(图4.6b)。与此相反，顺流时被干燥果蔬车与热空气按同一方向进出隧道，在这种情况下，起始干燥速度很快，随着干燥的进行，干燥速度逐渐下降，很容易引起表面硬化，形成内部干裂和中心多孔的干燥果蔬(图4.6a)。

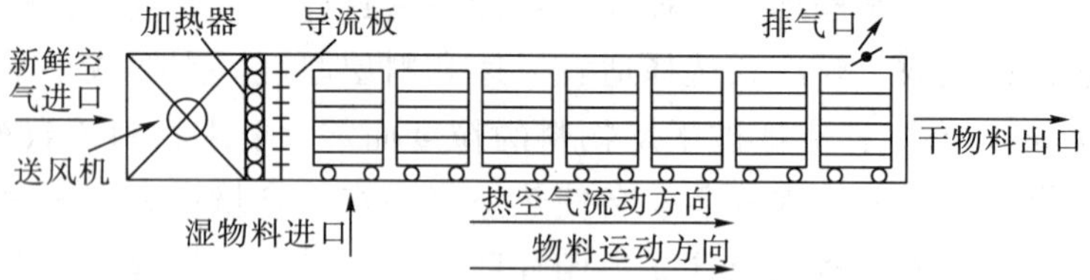

a. 顺流隧道干燥示意图

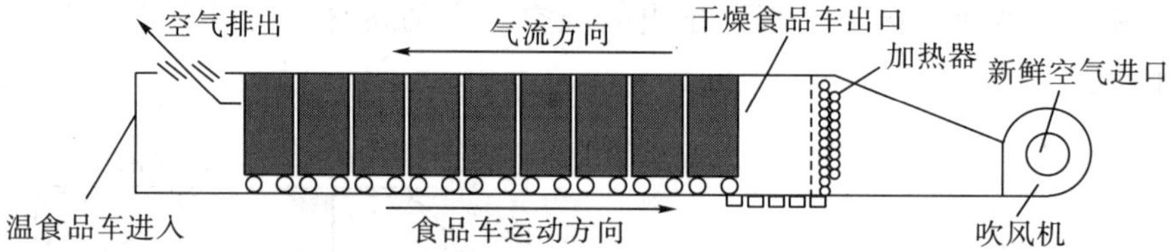

b. 逆流隧道干燥示意图

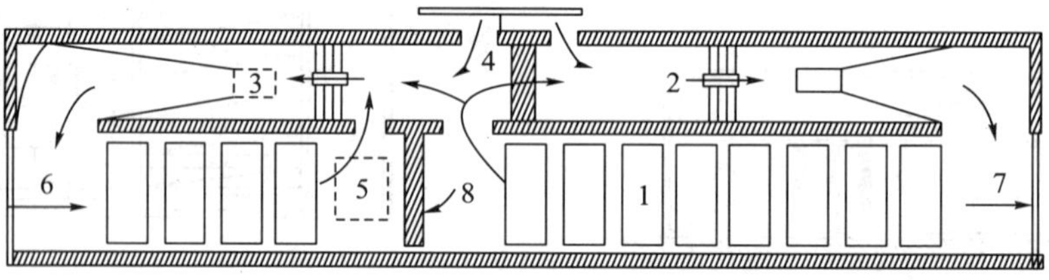

c. 混合式隧道干燥示意图

图4.6　隧道干燥的几种形式

1. 运输车　2. 加热器　3. 电扇　4. 空气入口　5. 空气出口　6. 湿果蔬入口　7. 干燥品出口　8. 活动隔门

顺逆流混合式如图4.6c所示，最常见的顺逆流组合式是第一阶段采用顺流，第二阶段采用逆流。这种方式集中了顺流式湿端水分蒸发速率高和逆流式后期干燥能力强两个优点。采用顺逆流组合式隧道干燥，整个干燥过程比较均匀，传热传质速率稳定，干制品质量好。根据需要，组合方式灵活多变，可以采用等长的两段隧道，也可采用不等长的两段隧道，现在还有两段以上的多段式隧道干燥设备。与等长的单一式干燥器相比，此种形式生产能力高、干燥时间短。因此，果蔬工业生产普遍采用这种组合方式，这类设备广泛应用于蔬菜，如胡萝卜、洋葱、大蒜和马铃薯等的干燥，但其投资和操作费用高于单一式隧道干燥器。

3)流化床干燥机

流化床干燥设备是另一类压缩空气输送带式干燥设备，如图4.7所示。进行流化床干燥时，热空气从果蔬颗粒的下方自下而上地流动，气流强度控制在刚好使果蔬颗粒处于一种微沸悬浮状态。半干燥的果蔬颗粒，比如土豆粒等从设备的左端进入并逐渐向右移动，干燥好的干颗粒在右端出料。干燥热空气从承托果蔬颗粒的多孔盘下方向上吹，流经果蔬层后湿空气从设备顶部排空。整个操作是连续的，果蔬颗粒在干燥设备中的停留时间可通过调节流化床层深度的方法或其他途径加以控制。流化床干燥设备可用于谷物、豆类及其他颗粒果蔬的干燥。

进行流化床干燥时，物料在热气流中上下翻动，彼此碰撞和充分混合，表面更新机会增多，大大强化了气固两相间的传热和传质。虽然两相间对流传热系数并非很高，但单位体积干燥器传热面积很大，故干燥强度大。

流化床中的气固运动状态很像沸腾着的液体，并且在许多方面表现出类似液体的性质。

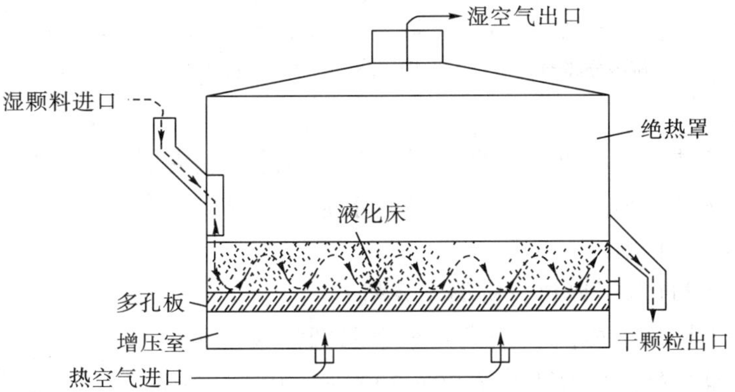

图4.7 流化床干燥机

4)喷雾干燥设备

喷雾干燥设备是一种最重要的空气对流干燥设备。在所有的干燥设备中，喷雾干燥设备的生产能力最高。为适应不同果蔬的需要，产生了多种型号的喷雾干燥设备。喷雾干燥仅局限于可雾化果蔬，比如流态、低黏度糊状或浓汁果蔬。果蔬经雾化形成小液滴，雾化液滴(雾滴)的直径通常为10~200 μm，干燥可在几秒钟内完成，通常采用的热空气进口温度为200℃。由于水分蒸发会带走一部分热量，所以果蔬颗粒的温度一般不会超过80℃；而且设计合理的喷雾干燥系统可将已干燥果蔬迅速移出加热区域，因此，对于那些热敏感性的果蔬材料，包括牛奶、鸡蛋和咖啡来说，采用喷雾干燥可获得超乎预期的高品质。

在典型的喷雾干燥设备中，液态果蔬是以喷雾的形式与热空气一起进入喷雾塔或喷雾室的。小的液滴与热空气紧密接触，其水分被闪蒸后变成小颗粒，继而小颗粒下沉到塔底。与此同时，热空气的水分含量升高并在排风扇的作用下排出塔外(见图4.8)。喷雾干燥是一连续过程，液态果蔬经泵连续送入塔中并雾化，干燥的热空气也连续地进入塔内取代被排出的湿空气，已干燥的果蔬则在下沉后出料至塔外。

一套完整的喷雾干燥系统由空气加热和循环系统、雾滴形成装置(雾化器)、干燥室和产品回收系统四部分组成。

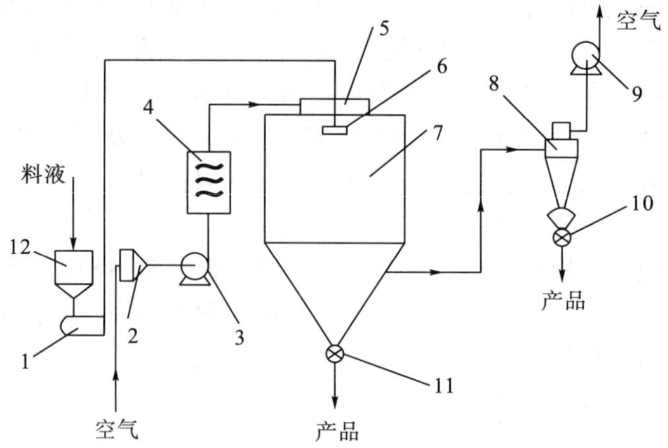

图4.8 喷雾干燥装置的工艺流程

1. 供料系统 2. 空气过滤器 3. 鼓风机 4. 空气加热器 5. 热风分布器 6. 雾化器 7. 干燥室 8. 旋风分离器 9. 引风机 10. 卸料阀 11. 卸料阀 12. 料液贮槽

2. **接触干燥**

干燥所需要的热，并不直接来自热风，而是通过加热夹层、搅拌浆、导管等的传导传热供给，将湿物料与加热表面直接接触时水分自然蒸发。在传导加热体系中，蒸发潜热由热传导提供给湿物料。

1)滚筒式干燥机(膜干燥机，圆筒干燥机)

这种类型的干燥机主要由一个或几个金属圆柱滚筒组成，圆柱滚筒绕水平轴旋转，滚筒直径为20~200 cm，中空，内部导入蒸气或其他液体加热介质，滚筒内部通有热蒸气或热循环水等热介质，滚筒表面温度可达100℃以上，使用高压蒸气时，表面温度可达145℃左右。该法是在加热滚动的金属圆筒表面涂布浆状类果蔬原料而干燥成膜状产品，滚筒转动1周，原料便可干燥；然后由刮器刮下原料并收集于滚筒下方的盛器中。一般液体或稀浆状或泥状果蔬原料均可采用滚筒干燥，常用于马铃薯薄片、蔬菜浓汤、果汁和香蕉泥等的干燥。湿物料膜，厚度均匀一致，涂于转鼓表面。当转鼓旋转时，干燥即开始进行。滚筒干制机有单滚筒、双滚筒两种形式，改进的设计是在滚筒干制机外部加上密封的外壳，使干燥在真空条件下进行，如图4.9所示，并配以抽气设备，这种设备对在干制过程中排除氧的作用，提高产品的质量更为有效。

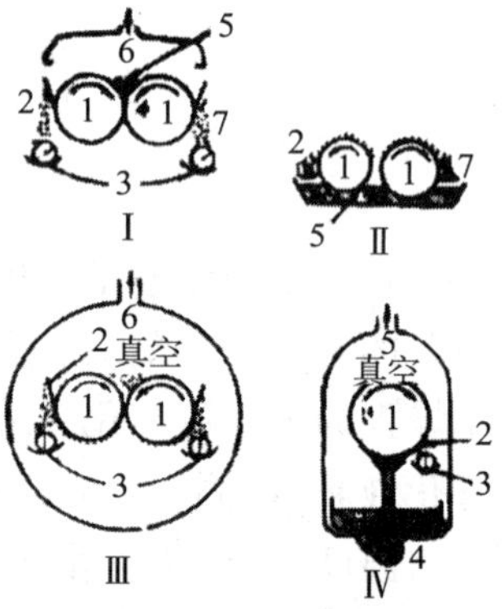

图4.9 滚筒干制机类型

Ⅰ—双干燥滚筒(顶部供料) Ⅱ—对装滚筒(浸液供料) Ⅲ—真空干燥滚筒(顶部供料) Ⅳ—真空干燥单滚筒(盘式供料) 1. 滚筒 2. 刮刀 3. 输送装置 4. 泵 5. 液态果蔬 6. 蒸气 7. 干制品

由于滚筒干燥使用的温度很高(121℃左右)，对产品有产生糊味的可能，因而对热敏性果汁的应用有限。水果、果汁以及其他易于黏结或受热会呈半熔化状态的产品经干燥后从滚筒上除去就比较困难。这些产品趋向于卷曲、缠绕、聚结并黏结在刮片上形成太妃糖样的物质。

2)带式干制机

该设备是在通风干制机的基础上改进的，其主要差别是用循环运行金属履带取代烘盘和车架，如厢式连续干制机。它是在厢室内装置多层循环运行的金属履带，原料由进料斗均匀地卸落在最上层的履带上，由于履带的移动速度控制原料铺放的厚度，原料由履带送至末端时，就将原料卸落在第二层履带上，而第二层履带的移动以与上层相反的方向进行。如此反复装卸向下逐层转移，至最低一层的履带末端卸出干制品，如图 4.10。这种干制机用蒸气加热，暖管装在每层金属网的中间。这种干制机单位干燥面积的生产能力较高，可以连续操作，自动装卸原料，节省人工，提高生产效率。蒸气耗量较少，所需干燥时间短，产品质量好。

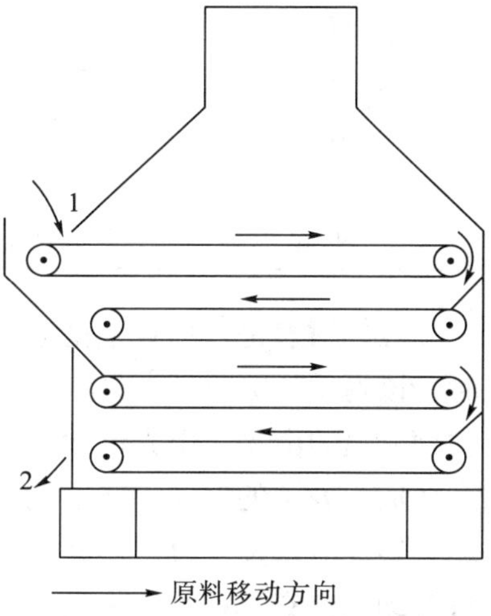

图 4.10 带式干制机

1. 原料进口 2. 原料出口

→原料移动方向

3. 辐射干燥

下面主要介绍红外辐射和微波加热干燥技术。

1)红外辐射

红外辐射习惯上通称为红外线，早在 19 世纪初就被发现，而实际应用是在第二次世界大战期间；之后又发现了远红外辐射，而广泛应用于工农业生产上是在 20 世纪 70 年代。现在这项新技术的优越性愈来愈被人们所认识。

红外辐射和其他的电磁波一样，都是以辐射方式直接传播，也就是说不像声音传播时需要媒介物。这样，从太阳和星球发出来的可见光和红外辐射都能通过太空宇宙传到地球上来。

红外辐射又可按波长细分为几个区域。按工业上的分类方法，把 0.75 ~ 2.5 μm 波段的辐射称为近红外；把 2.5 ~ 1000 μm 波段的辐射称为远红外。因此，所谓远红外辐射加热，主要指的是利用波长比 2.5 μm 长的红外辐射进行热加工的应用。

近红外本质上与利用太阳能晒干没有很大差别，只是波长稍长一点而已。尽管操作简单安全，但主要缺点是电能消耗大，故不作详述。下面主要介绍远红外辐射加热。

(1)远红外辐射加热的优点与机理。以加热的方式来讲，有热风、蒸气和电磁能等。红外辐射(特别是远红外辐射)加热与其他加热方法相比，能缩短物料热处理或加热到所需温度的时间；减少物料单位面积的能量消耗；控制辐射通量的空间分布；能直接加热物料，避免能量加热周围物体的损耗。因此，它具有节约能源，提高生产率和便于实现生产工艺自动化等优点。实践证明，采用远红外辐射加热干燥与热风干燥相比，具有以下优点：烘烤时间可以缩短到 1/10 左右；电力消耗可以较热风干燥降低 1/3 ~ 1/2；烘烤占地面积可以减少到 1/10 ~ 1/3；使用方便，造价低和便于温控等。

远红外辐射加热与其他加热干燥法的比较详见表 4.5。

表4.5 远红外辐射加热与其它加热干燥法的比较

项目	远红外	热风	红外灯	煤气红外灯
设备费用/%	100	300～400	200	220～250
占地面积/%	100	300～1000	300	200
生产成本/%	100	150	200	200
元件寿命	2年以上	2年(燃烧炉)	1～2年	2年
危险性	中	中	中	大
温控	精度高	普通	普通	普通

红外辐射是一种看不见的电子辐射，当辐射源的波长与被辐射物的吸收波长相一致时，该物质就吸收了大量红外能，从而改变和加剧其分子的运动，达到发热升温的作用。这种升温的由来，由光谱学的分析可知，物质的分子在吸收光子后，可使光子的能量完全变成为分子的振动、转动能量；而当物质分子吸收了红外辐射能后，也可使分子的振动、转动能量发生改变。并且发现，振动光谱的能量大约为转动光谱能量的100倍。不过转动光谱有一种加宽振动——转动带的作用，能扩大以平衡位置为中心的振幅，加剧其内部的振动；也由于电子的运动和分子的振动是处在极高的速度下，这种运动可能不断地使晶格、键、团的振动在其相互间产生碰撞。这种运动状况的变化，犹如两个快速运转的物体加快了摩擦生热而导致发热升温。

(2)远红外辐射涂料的种类

据研究，很多金属氧化物在远红外区有很宽的吸收带，它们具有强烈吸收远红外线、产生激烈共振现象的性质。因此，采用这些金属氧化物做成红外辐射元件，或用以涂在原有的热元件上，就可以发射出远红外线。目前用在热辐射源的高辐射系数远红外辐射材料有金属氧化物、碳化物、氮化物和硼化物等。

①锆钛系：由 ZrO_2 97.5%～5%，加 TiO_2 2.5%～95%组成；

②三氧化二铁系：如 α-Fe_2O_3和以 γ-Fe_2O_3为主体的辐射涂料；

③碳化硅系：多数以SiC 60%以上和粘土40%以下烧结成的碳化硅板，或以SiC为主配比其他材料制成的涂料；

④稀土系：如铁锰酸稀土钙复合涂料，或将某些稀土材料烧结在碳化硅元件表层以提高其辐射率的涂料。

⑤锆英砂系：以锆英砂(含67% ZrO_2和31% SiO_2)为主，添加其他金属氧化物，呈浅黑色锆系辐射元件的涂料。

⑥沸石分子筛系。

⑦镍钴系：以 Ni_2O_3和 Co_2O_3为主的涂料。

此外还有以氟化镁、三氧化二铬、高硅氧等为主体的辐射涂料。

(3)远红外辐射元件

远红外辐射元件加上定向辐射等装置称做远红外辐射器。它是将电能或热能转变成远红外辐射能，以高效地加热、干燥物品。其结构主要由发热元件(电热丝或热辐射本体)、热辐射体、保温紧固件或反射装置等部分组成。随其供热方式与加热要求的不同而有多种结构形式的器件，如图4.11。

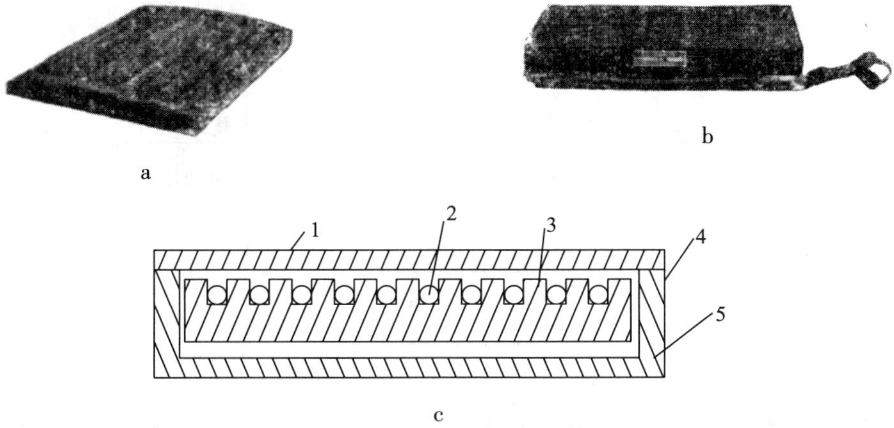

图4.11 各种类型远红外辐射元件

a.锆英砂远红外辐射板 b.陶瓷复合远红外辐射板 c.板状搪瓷远红外辐射板

1.搪瓷远红外涂层 2.电热丝 3.耐火板 4.搪瓷框架 5.保温石棉板

2)微波干燥

微波是指波长在1 mm～1 m(其相应的频率为300～300000 MHz)的电磁波。由于微波的频率很高，所以在某些场合也称为超高频。微波可由磁控管产生，磁控管将50～60 Hz的低频电能转化成电磁场，场中形成许多正负电荷中心，其方向每秒钟可变化数十亿次。微波能量对果蔬物体是瞬间穿透式加热，与传统的体表受热、由表及里的加热方式相比，速度要快10～20倍。

(1)微波加热的基本原理。微波加热意味着微波与果蔬物料直接作用，将微波的电磁能转变为热能的过程即为微波加热过程，转变的过程与物质中分子等微观粒子的运动有关。在电磁场的作用下，物质中微观粒子可产生4种类型的介电极化，即电子极化(原子核周围电子的重新排布)、原子极化(分子内原子的重新排布)、取向极化(分子永久偶极的重新取向)和空间电荷极化(自由电荷的重新排布)。在这4种极化中，与微波频率相比，前两种极化要快得多，所以不会产生微波加热，而后两种极化与之相当，可产生微波加热，即可通过微观粒子的这种极化过程，将微波能转变为热能。

果蔬物料是由水、蛋白质、脂肪、碳水化合物和无机物等复杂化合物构成的一种凝态物质。其中水是生物细胞的主要成分，含量为75%～85%。在通常情况下，这些分子呈杂乱无规律的运动状态。当微波发生器——磁控管将50～60 Hz的低频电能转化成频率极高的微波时，其中水作为极性分子在高频率、强电场强度的微波场中将被极化；若将电源正负极对凋、电场方向发生变化时，物料内极性分子也随之改变运动方向，重新进行排列。带正电的一端趋向负极，带负电的一端趋向正极。这使本来作杂乱运动无规律排列的分子变成有序排列的极化分子，改变了其原有的分子结构，并随着微波场极性的迅速改变而引起分子运动发生了巨变：高速运动，往复振动，彼此间频繁碰撞、摩擦、挤压，使微波能动能转化为热能，产生大量摩擦热，以热的形式在物料内表现出来，从而导致物料在短时间内迅速升高温度、加热或熟化。

(2)微波加热干燥装置。微波加热干燥装置主要由电源、微波管、连接波导、加热器及冷却系统等几部分组成，如图4.12所示。

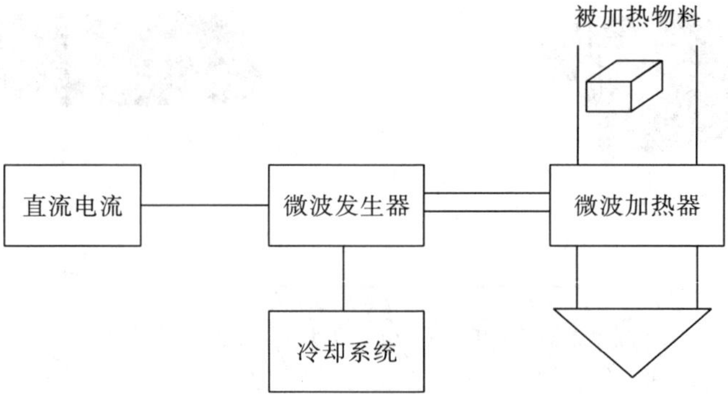

图4.12　微波装置系统示意图

在微波干燥系统中，微波加热器是主要设备之一，其他还有如磁控管、功率监视器、匹配器。微波加热干燥器按被加热物和微波场的作用形式，可分为驻波场谐振腔加热干燥器、辐射型加热干燥器和慢波型加热干燥器等几大类。亦可以根据其结构型式，分为箱式、隧道式、平板式、曲波导式和直波导式等几大类。其中箱式、平板式和隧道式最为常用。

(3)微波加热的特点。与传统的加热技术不同，微波加热克服了常规加热时先加热环境介质，再进入果蔬的缺点，它既不需要传热介质，也不利用对流。微波加热是使被加热物体本身成为发热体，果蔬与微波相互作用而瞬时穿透式加热，因此称之为内部加热法。微波从四面八方穿透果蔬物料，被加热的果蔬物料直接吸收微波能而立即生热，内外同时加热、物料温度同时上升。它无需预热，热效率高，使整个果蔬物料表里同时产生一系列热和非热生化作用来达到某种处理目的，因而加热速度快，内外受热均匀。而且内部温度反比外部温度高，因此温度梯度与水分的扩散方向是一致的，有利于水分的扩散和蒸发，可节省大量能源。微波加热中物料对微波功率的吸收具有选择性，其吸收主要取决于介质的损耗因数，不同物质的损耗因数是不同的，如物料中的水分的损耗因数比干物质为大，即水分比干物质吸收微波能多，水分蒸发就快。但是微波加热干燥的主要缺点是电能消耗大。

4. 冷冻干燥

又称真空冷冻干燥、冷冻升华干燥、分子干燥等。它是指用人工制冷的方法，视果蔬种类的不同将其冻结到$-30\sim-15$℃或更低的温度要求后，使水分变成固态冰，然后在较高的真空度下，将冰直接转化为蒸气而除去，物料即被干燥。冷冻干燥早期用于生物的脱水，二次世界大战后才开始用于果蔬工业，但一直未被广泛应用。其原因是由于过程强度低、费用大。目前主要用于生物制药工业和食品工业。在食品工业上，常用于肉类、水产类、蔬菜类、蛋类、速溶咖啡、速溶茶、水果粉、香料、酱油等的干燥。在深入研究过程机理的基础上，国外建立了工业规模的冷冻干燥设备，并已用于生产。

1)冷冻干燥原理及其特点

(1)冷冻干燥原理。水有三种相态，即固态、液压和气态，三种相态之间既可以相互转换又可以共存(图4.13)。*OA*、*OB*、*OC*三条曲线分别表示冰和水、水和水蒸气、冰和水蒸气两相共存时水蒸气与温度之间的关系，分别称为融化曲线、汽化曲线和升华曲线。O 点称为三相点，所对应的温度为 0.01℃，水蒸气压力为 610.5 Pa(4.58 mmHg)，在这样的温度和水蒸气压下，水、冰、水蒸气三者可共存且相互平衡。

(2)冷冻干燥特点。由于在低温下操作，能最大限度地保存果蔬的色、香、味，如蔬菜的天然色素保持不变，各种芳香物质的损失可减少到最低限度，升华干燥对保存含蛋白质果蔬要比冷冻的好，因为冷冻降低了果蔬的持水性；由于物料中水分存在的空间，在水分升华以后基本维持不变，故干燥后制品不失原有的固体框架结构，能保持原有的形状。

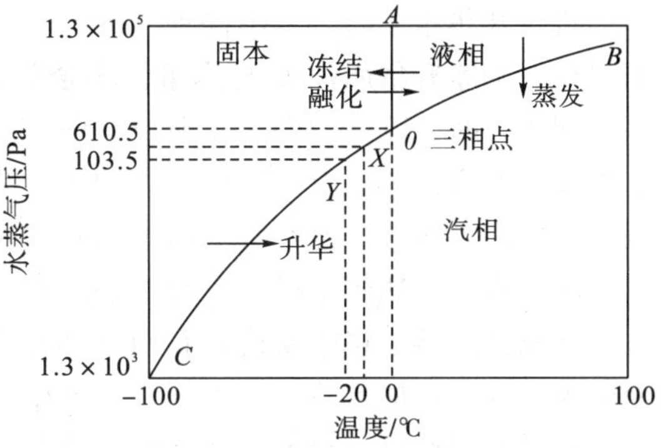

图 4.13 水的相平衡及三相点图

由于物料中水分在预冻结后以冰晶形态存在，原溶于水中的无机盐被均匀地分配在物料中，而升华时，溶于水中的无机盐就会析出，这样就避免了一般干燥方法因物料内部水分向表面扩散所携带的无机盐而造成的表面硬化现象。因此，冷冻干燥制品复水后易于恢复原有的性质和形状。由于果蔬冻结后进行冷冻干燥，果蔬内细小冰晶在升华后留下大量空穴，呈多孔海绵状，所以，冻干果蔬具有优异的复水性能，是高质量的速食方便果蔬。

因物料处于冰冻的状态，升华所需的热可采用常温或温度稍高的液体或气体为加热剂，所以热能利用经济。干燥设备往往毋需绝热，甚至希望以导热性较好的材料制成，以利用外界的热量。

升华干燥的缺点主要是成本高。由于操作是在高真空和低温下进行，需要一套高真空获得设备和制冷设备，故投资费用和操作费用都大。

2)冷冻干燥的过程

(1)冰升华的基本条件。当蒸气压大于 611 Pa 时，冰只能先融化为水，然后再由水转化为水蒸气；而当冰周围的蒸气压力低于 611 Pa 时，冰可以直接升华为水蒸气，这就是升华干燥的理论基础。

水蒸发时，其状态点只能在蒸发曲线上。同样，冰升华时，其状态点只能在升华曲线上。比如：温度为 −10℃的冰，如果其周围的水蒸气压为 400 Pa，则必须将蒸气压降低到低于 260 Pa(−10℃冰的饱和蒸气压)时，冰才能开始升华。蒸气压为 103.5Pa 的冰，如果其温度为 −30℃，则必须将其温度提高到高于 −20℃(与 103.5 Pa 水蒸气压相平衡的冰温)时，冰才能开始升华。

(2)冰升华干燥的必要条件。冰升华需要吸收热量，不同温度下冰的升华热不同，但相差不大(表 4.6)。

表4.6　不同温度下冰的升华潜热

温度/℃	0	-10	-20	-30	-40	-50
升华潜热/(kJ/kg)	2838	2813	2796	2771	2759	2746

所以升华干燥时，要不停地向冰晶传热，以提供升华所需要的热量。但如果所供给的热量大于冰升华所需要的热量，多余的热量就会被冰作为显热吸收，导致冰温上升。当升到冰点时，冰就会融化。所以，即使冰处于总压远远低于三相点压力的环境中，但如果加热不当，它也有可能融化。如果冰表面的水蒸气压低于冰的饱和蒸气压，则一部分冰升华为水蒸气，使水蒸气压增高。当水蒸气压增高到等于此温度下冰的饱和蒸气压时，冰与水蒸气达到平衡，宏观上表现为冰停止升华。

因此，维持升华干燥进行有两个必要条件：一是不断向冰供热；二是不断去除冰表面的水蒸气，以使水蒸气压永远达不到冰的饱和蒸气压。

热量的提供可来自不同的系统，第一种传热方式是通过接触式冻干机进行。将果蔬平铺在金属盘内，金属盘放在水平加热板上，金属盘的一面与加热板相接触，另一面与果蔬的部分表面相接触，热量由加热板向果蔬表面的传递主要是通过金属盘的热传导。果蔬、金属盘、加热板三者之间如果接触良好，热量就均匀分布，升华干燥就可以在充分可控的状况下进行。由于热量传递主要依靠的是向果蔬层一面的热传导，则干燥时间相对较长。

20世纪50年代，人们研制出了双面接触冻干技术，称之为“强化干燥”或“加速干燥”（AFD）。这种技术是将热量由加热片向果蔬层的上下两面同时传导，从而大大降低了干燥时间。该技术仍然使用果蔬浅盘，在盘内果蔬层的底部放置一个膨胀金属片，在果蔬层上表面再放置一个金属片，犹如一个三明治，上下为金属板，中间为果蔬层。将这种“三明治”放置在上下两个水平的加热板之间，加热板将“三明治”紧紧压在一起。热量通过料盘和膨胀金属片的热传导传递到果蔬层的上下两面。膨胀金属片具有双重功能：一个是为果蔬与金属表面之间水蒸气的外逸提供通道；另一个是使果蔬表面的传热量均匀分布。果蔬层厚度如不均匀，可以通过膨胀金属片的挤压得到弥补。

另一种传热方式是辐射加热，即热源与果蔬表面之间主要是通过辐射传热，它们之间没有金属接触。在辐射加热冻干机中，果蔬浅盘处于加热板之间，但与加热板不接触，上边加热板将热量辐射到果蔬的上表面，下边加热板将热量辐射到料盘的底部。

传热系统的任务是发射可控热流量，以使其均匀地到达果蔬的受热表面。控制加热板的温度就可以有效地控制热流量。热流量的均匀分布通过加热系统的结构形状来保证。

升华干燥时物料形态固定不变，水分子外逸后留下的是孔隙，形成海绵状多孔性结构，如图4.14。它具有良好的绝热性，不利于热量的传递。此时，若能利用

图4.14　冻干时冰晶消失留下孔隙示意图

辐射热、红外线、微波等能直接穿透干燥层到后移的冰层界面上，就能加速热量传递，有效增加总的干燥速率，增大加热板和物料间距离并提高加热板温度，热量就能以辐射方式传给物料。

1 kg 的冰在压强为 133.3 Pa 的真空室中升华，约产生 1 m^3 的水蒸气；在压强为 66.7 Pa 的真空室中升华，可产生 2 m^3 的水蒸气。当冻结果蔬升华干燥时，升华界面上产生的如此大体积的水蒸气都必须首先被传递到果蔬表面，然后由表面向外扩散，否则水蒸气压将升高，升华界面温度也随之升高，这可能导致冰晶融化。

当在很低的压力下进行干燥时，必须去除产生的水蒸气，为此可采用两种方法，要么冷凝、泵吸，要么用干燥剂吸收。为了冷凝水蒸气，冷凝介质的温度必须低于正在冻干的果蔬的温度。这样做的费用很大，因为从水蒸气中吸收热量巨大，而且在低温下操作的冷冻机的效率相当低。

在工业化冻干生产中，用机械泵抽吸大量水蒸气是不经济的。真空室内水蒸气的去除一般是采用一个低温表面使水蒸气冷凝，具有此作用的冷凝表面称为冷阱或蒸气捕集器。水蒸气在传递过程中夹带着不凝性气体，真空泵与冷阱相连，将不凝性气体抽去，以维持真空室内的低压。

冷冻升华干燥具有其他干燥法无可比拟的优点，因此越来越受到人们的青睐。目前，随着研究工作的深入，加工材料及制造技术的改进，冷冻升华干燥在果蔬工业中已用于肉糜、水产、果蔬、禽蛋、咖啡、茶和调味品等的干燥。

4.7 果蔬脱水干制品贮藏及品质评价

4.7.1 各类干制品贮藏所需达到的水分要求

干燥果蔬的耐藏性主要取决于干燥后它的水分活性或水分含量，只有将果蔬物料水分降低到一定程度，才能抑制微生物的生长发育、酶的活动、氧化和非酶褐变，保持其优良品质。各种果蔬的成分和性质不同，对干制程度的要求也不一样。

1. 干制蔬菜

干制蔬菜，如洋葱、豌豆和青豆等，最终残留水分为 5% ~10%，如马铃薯为 7%、胡萝卜为 5% ~8%，相当于 A_w 0.10 ~0.35，这种干制品只有在贮藏过程吸湿才会造成变质，采用合适包装一般有较长的贮藏稳定性。蔬菜原料通常携带较多的微生物，尤其是芽孢细菌，因此干燥前的预处理(清洗、消毒或热烫漂)是保证制品微生物指标的重要环节，有效的预处理可杀灭 99.9% 的微生物。

2. 干制水果

多数干制水果水分活度在 0.60 ~0.65。在不损害干制品品质的前提下含水量越小，保存性越好。干果果肉较厚、韧，可溶性固形物含量多，干燥后含水量较干燥蔬菜高，通常达 14% ~24%。为了加强保藏性，要掌握好预处理条件。碱液去皮或浸洗可减少水果表面微生物量；对于许多水果，熏硫却显得更重要。不经硫化处理的水果，如梅干、葡萄干，若不降低水分活度或采用其他防腐措施(如添加山梨酸等)，则会因微生物的活动而发生腐败变质。

3. **中湿果蔬**

有部分果蔬其水分含量达40%以上，却也能在常温下有较长的保藏期，这就是中湿果蔬。

中湿果蔬(intermediate moisture foods，IMF)，也称半干半湿果蔬。中湿果蔬的水分比新鲜果蔬原料(果蔬肉类等)低，又比常规干燥产品水分高，按质量计一般为15% ~ 50%。多数中湿果蔬水分活性在0.60 ~0.90。多数细菌在水分活性0.90以下不能生长繁殖，但霉菌在水分活性0.80仍能生长，个别霉菌、酵母要在水分活性低于0.65时才被抑制。可见，中湿果蔬的水分活性仍难以达到常温保藏的目的。若将其脱水，降低水分活性以达到常规保藏要求的水分，则会影响到制品的品质。这类“半干半湿”果蔬之所以有较好的保藏性，除了水分活性控制外，尚需结合其他的抑制微生物生长的方法。

中湿果蔬的保藏加工方法包括：用脱水干燥方式去除水分，提高可溶性固形物的浓度以束缚住残留水分，降低水分活性；通过热处理或化学作用抑制杀灭微生物及酶，如添加山梨酸钾［用量0.06% ~0.3%(质量分数)］一类的防霉剂；添加可溶性固形物(多糖类、盐、多元醇等)以降低果蔬水分活性；添加抗氧化剂、整合剂、乳化剂或稳定剂等添加剂增加制品的贮藏稳定性；强化某些营养物质以提高制品的营养功能。

由于中湿果蔬较多地保留果蔬中的营养成分(无需强力干燥)，又能在常温下有较好的保藏性，包装简便，食用前无需复水，生产成本较低，成为颇有发展前途的产品。

4.7.2 干制品贮藏的环境条件

合理包装的干制品受环境因素的影响较小。但未经特殊包装或密封包装的干制品在不良环境条件下就容易发生变质现象。实际上，脱水干制果蔬每年有相当数量由于贮藏不善而吸潮，轻则丧失大部分营养成分和色素，重则发霉、腐烂和生虫。如何合理贮藏脱水果蔬，是生产中一个值得重视的问题。

1. **温湿度**

水分含量与水分活度曲线的温度特性表明，以同一水分含量作比较时，温度升高，则水分活度值增大；反之，温度下降，则水分活度值减低。所以就这一点而言，即使同一水分含量的干制品，若贮藏温度高，将有利于微生物的生长，不利于保藏。

1)环境的相对湿度对干制品的品质(水分含量)的影响

不同温度条件下，环境的相对湿度对干制品的品质(水分含量)的影响如图4.15。

(1)温度 t 不变，只是外围的 *RH* 上下变动时，水分含量与水分活度是沿着图内的中间曲线起吸湿和脱湿作用的，其结果是向Ⅲ区或Ⅰ区移动的可能性都很大。

(2)如温度上升 t_1，果蔬试样则由于外围的 *RH* 增高而起着吸湿作用，同时向图右侧的曲线上移动，则进入Ⅲ区的可能性大。

(3)如温度下降 t_1，外围的 *RH* 也降低，则起脱湿作用，且向图左侧的曲线上移进入Ⅰ区。

2)在干制品与周围环境隔绝(用防湿包装)的情况下，环境的相对湿度对干制品的水分含量的影响

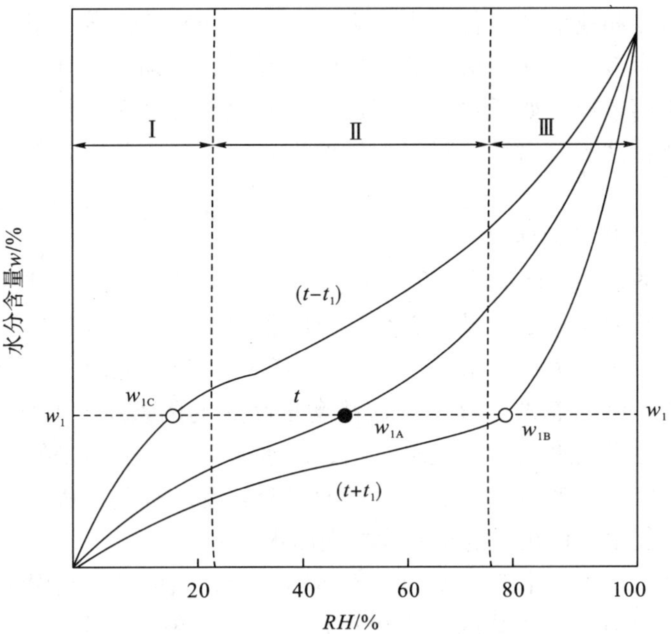

图 4.15 温度变化与品质特性的关系

(1)温度 t 不变时，即使外围的 RH 变化，果蔬中的水分含量 w_{1A} 也不变(及其相应的 A_W 也不变)，常保持在Ⅱ区。

(2)温度上升 t_1 时，其水分含量不变，但移向图右侧曲线上的区内 w_{1B} 点，进入Ⅲ区内。

(3)温度下降 t_1 时，则移向图左侧 w_{1C} 点，进入Ⅰ内。

在理论上，图中的Ⅰ、Ⅱ、Ⅲ区叫做局部等温线。在Ⅰ区会由于脂肪、色素等成分的自动氧化使品质劣化；在Ⅲ区内会由于酶类及微生物的作用使品质劣化；在Ⅱ区内品质最高，大致上可把Ⅱ的水分含量当作相当于安全保藏的水分量。

通过以上分析可以看出，干制品的品质变化与温、湿度的关系密切，干制品的贮藏温度以 0 ~2℃为最好，一般不宜超过 10 ~14℃。高温会加速干制品的变质，据报道，贮藏温度高可加速脱水果蔬的褐变，温度每增加 10℃，干制品褐变速度可增加 3 ~7 倍。贮藏环境中的相对湿度最好在 65% 以下，空气越干燥越好。最好都采用防湿包装。

2. 光线

光线会促使干制品变色并失去香味，还能造成维生素 C 的破坏。因此，干制品应避光包装和避光贮藏。

3. 空气

空气的存在也会导致干制品发生败坏，采用包装内附装除氧剂，可以得到较理想的贮藏效果。除氧剂的配方为氧化亚铁 3 份；氢氧化钙 0.6 份；7 个结晶水的亚硫酸钠 0.1 份；碳酸氢钠 0.2 份，以 5 g 为一包。

4.7.3 干制果蔬的品质评价

评价干制品品质的指标主要有物理指标和化学指标。物理指标主要包括形状、质地、色泽、密度、复水性和速溶性。化学指标主要是指各种营养成分。形状、质地、色泽和成分的变化前面已有涉及，在考虑果蔬的风味问题时，对黏性、弹性、硬度等舌感、齿感、吞咽感等都不容忽视。如新鲜的芹菜在齿咬方面本应具有酥脆的风味感，但其在冷冻干燥后会丧失此特性，复水后的芹菜，质地松软、咬劲较差。下面分析干制品的几种主要品质特性。

1. 干制品的复原性和复水性

块片及颗粒状的蔬菜类干制品一般都在复水(重新吸回水分)后才食用。干制品复水后恢复原来新鲜状态的程度是衡量干制品品质的重要指标。干制品的复原性就是干制品重新吸收水分后在质量、大小、形状、质地、颜色、风味、成分、结构以及其他可见因素等方面恢复原来新鲜状态的程度。在这些衡量品质的因素中，有些可用数量来衡量，而另一些只能用定性方法来表示。复水时间、复水率、持水能力是衡量干产品复水能力的指标。持水能力实际上就是干产品复水后的水分含率。其测定程序为：称取一定质量的干产品→加水→复水→取出→滤干→除去表面水→称重。

复水能力的高低是脱水果蔬重要的品质指标。干燥温度高、高温下预煮时间长都将降低干产品的复水能力。与传统的脱水果蔬相比，冻干果蔬复水快、持水力强。表4.7为某些冻干蔬菜制品与传统脱水蔬菜在沸水中复水时的比较。

表4.7　冻干蔬菜制品与传统脱水蔬菜的复水时间、复水能力

蔬菜品种	冻干蔬菜			传统脱水蔬菜		
	复水时间/min	复水前水分含量/%	复水后水分含量/%	复水时间/min	复水前水分含量/%	复水后水分含量/%
胡萝卜	3	2.24	93.4	21	2.89	85.0
芹菜	3	2.37	95.0	15	4.65	86.5
韭菜	3	1.53	92.0	8	2.37	89.0
西红柿	3	3.76	90.7	20	5.16	85.9
土豆	10	1.84	85.4	20	6.53	71.7

复水性就是新鲜果蔬干制后能重新吸回水分的程度，常用干制品吸水增重的程度来衡量，这在一定程度上也是干制过程中某些品质变化的反映。为此，干制品复水性也成为干制过程中控制干制品品质的重要指标。

干制品的复水并不是干燥历程的简单反复。这是因为干燥过程中所发生的某些变化并非可逆，如胡萝卜干制时的温度采用93℃，则它的复水速度和最高复水量就会下降，而且高温下干燥时间越长，复水性就越差。

复水率(R)是复水后沥干重(m_F)和干制品试样重(m_g)的比值。复水时干制品常会有一部分糖分和可溶性物质流失而失重，它的流失重虽然并不少，一般都不再予以考虑，否则就需要进行广泛的试验和进行复杂的质量平衡计算。

$$R = m_F/m_g$$

复重系数(K)就是复水后制品的沥干量(m_F)和同样干制品试样量在干制前的相应原料重(m)之比。

冻干果蔬的复水能力与复水温度有关。不同的冻干果蔬的复水能力与温度的关系不同。用蒸馏水分别于26℃和98℃下使冻干蘑菇复水，结果在26℃时，蘑菇快速达到复水极限；而98℃时其复水速率较低。

2. 干制果蔬的速溶性

评价干燥后粉末类果蔬的一个重要指标是速溶性，特别是固体饮料。这类果蔬主要包括各类果蔬粉、各类保健固体饮品等。评价速溶性主要有两个方面：一方面是粉末在水中形成均匀分散相的时间；另一方面是粉末在水中形成分散相的量。

影响粉末类干制品速溶性的主要因素有粉末的成分、结构。可溶性成分含量大、粉末细的易溶；结构疏松、多孔，则易溶。表4.8表示红茶浸提工艺对速溶茶粉速溶性的影响。浸提次数对产品溶解性的影响也很大，很明显第1次浸提产品的溶解性好，10℃冷却的在30 s之内立即全部溶解，25℃冷却的也能在60 s之内全部溶解；而第2次浸提产品的溶解性差，25℃冷却的5 min之后仍有部分不溶物，10℃冷却的也还有少量不溶物。

表4.8 红茶浸提工艺对速溶茶粉速溶性的影响

处理方式	溶解性	处理方式	溶解性
第1次浸提25℃冷却	60s之内全部溶解	第1次浸提10℃冷却	30s之内全部溶解
第2次浸提25℃冷却	5 min后仍有部分不溶物	第2次浸提10℃冷却	5 min后仍有部分不溶物

提高粉末类果蔬速溶性的方法有两方面：一方面，改进加工工艺，例如采用喷雾干燥造粒的方法，将粉末制成多孔小颗粒；另一方面，添加各种促进溶解的成分。

4.8 果蔬干制生产实例

4.8.1 果品干制生产实例

1. 葡萄干制

1)原料选择

用于干制的葡萄应皮薄、果肉丰满、粒大、含糖量高(20%以上)，并要达到充分成熟。

2)预处理

凡进行人工干制的葡萄都要经过碱液处理，然后经过熏硫。具体操作如下：

浸碱：将选好的果穗或果粒浸入1%～3% NaOH溶液5～10 s，使果皮外层蜡质破坏并呈皱纹。浸碱处理后的果穗用清水冲洗3～4次，置木盘上沥干。

熏硫：将木盘(放置果粒)放入密闭室，按每吨葡萄用硫磺1.5～2 kg，约经3～4 h。

3)干燥

自然干燥：将处理后的葡萄装入晒盘内，在阳光下曝晒10 d左右，用一空晒盘罩在有葡萄的晒盘上，很快翻转倒盘，继续晒到果粒干缩，手捏挤不出汁时，再阴干一周，直到葡萄干含水量达15%～17%时为止，全部晒干时间约20～25 d；若采用浸碱处理可缩短一半干燥时间。我国新疆吐鲁番等地夏秋气候炎热干燥，空气相对湿度为35%～47%，风速每秒3 m左右，故葡萄不需在阳光下曝晒，而在搭制的凉房内风干就行了。风干时间一般为30～35 d，且制品的品质比晒干的优良。

人工干燥：将处理好的葡萄装入烘盘，使用逆流干制机干燥，初温为45～50℃，终温为70～75℃，终点相对湿度为25%，干燥时间约为16～24 h。

2. 柿果干制

1）原料选择

宜选果大形状端正，果顶平坦或稍有突起，肉质柔软，含糖量高，无核或少核的柿子品种。柿果应由黄变红时采收。

2）去皮

去皮前需将柿果进行挑选、分级和清洗。可人工刮皮或借助旋床刮刀去皮。去皮要求蒂盘周围的皮留得越少越好。

3）熏硫

去皮后的柿果按250 kg鲜果用硫磺10～20 g，置密闭室内熏蒸10～15 min。

4）干燥

（1）自然干燥。自然干燥过程主要包括晾晒、捏饼、上霜等。

晾晒：用高梁杆编成帘子，选通风透光、日照长的地方，用木桩搭成1.5 m高的晒架，将去皮柿果果顶向上摆在帘子上进行日晒，如遇雨天，可用聚乙烯塑料薄膜覆盖，切不可堆放，以防腐烂。

捏饼：晒8～10 d后，果实变软结皮，表面发皱，此时将柿果收回堆放起来，用席或麻袋覆盖，进行发汗处理，3 d后进行第一次捏饼。方法是两手握饼，纵横重捏，随捏随转，直至将内部捏烂，软核捏散或柿核歪斜为止。捏后第二次铺开晾晒4～6 d，再收回堆放发汗，2～3 d后第二次捏饼。方法是用中指顶住柿蒂，两拇指从中向外捏，边捏边转，捏成中间薄、四周高起的蝶形。接着再晒3～4 d，堆积发汗1 d，整形一次，最后再晒3～4 d。

上霜：柿霜是柿饼中的糖随水分渗出果面，水分蒸发后，糖凝结成为白色的固体，主要成分是甘露糖醇、葡萄糖和果糖。出霜的过程是：在缸底铺一层干柿皮，上面排放一层柿饼，再在柿果上放上一层干柿皮，层层相间，封好缸口，置阴凉处约10 d左右即可出现柿霜。

（2）人工干燥：初期温度保持40～50℃，每隔2 h通风一次；每次通风15～20 min。第一阶段需12～18 h，果面稍呈白色，进行第一次捏饼。然后使室温稳定在50℃左右，烘烤20 h，当果面出现纵向皱纹时，进行第二次捏饼。两次烘制时间共约需27～33 h。再进一步干燥至总干燥时间大约37～43 h时，进行第三次捏饼，并定形。再需干燥10～15 h，含水量达36%～38%时便可结束，最后“堆捂”上霜。

3. 苹果干制

1）原料选择与处理

选择肉质致密，可溶性固形物含量高的品种，如小国光、红玉等，切成7～8 mm厚的圆片，送入熏硫室进行熏硫，每1000 kg苹果用硫磺2 kg。

2）干燥

苹果用晒制法，往往变黑，品质差，所以多用人工干制。开始用80～85℃温度干燥，以后逐渐降温至50～55℃，干制时间为5～6 h，以用手紧握再松手互不粘着且富有弹性为度。含水量约20%～22%。

苹果干燥结束，需要进行回软处理。

4.8.2 蔬菜干制生产实例

1. 洋葱干制

1）原料选择

选用充分成熟，葱头大小横径在6.0 cm以上，葱肉呈白色或淡黄白色，干物质不低于14%的洋葱品种。

2）原料处理

切除葱梢、根蒂，剥去葱衣、老皮至露出鲜嫩葱肉。

3）切片

用切片机按洋葱大小横切成宽度约4.0～4.5 mm，切片过程中边切边加入水冲洗。

4）漂洗

切片后须进行漂洗，以除去葱片表面的胶质物。漂洗后沥干水分。

5）干燥

采用单隧道式干制机干燥，入烘前，先将隧道内温度预热升温至60℃左右，连续先进入3架载料烘车，随即关闭进料门。接着每铺满一架烘车，进入一架，直至烘道装满为止，关闭进料门，继续升温，烘烤温度控制在58～60℃，持续时间6～7 h。当葱片含水量降至5.0%以下时，即可从干燥机出口处卸出一架烘车，从进料口进入一架鲜葱烘车，如此连续不断地进行干燥作业。一条全长为14.5 m，内宽、高各2 m的单隧道热风干燥机，在24 h内，可生产脱水洋葱片300～400 kg。13～15 t原料可生产1 t干品。

2. 黄花菜干制

1）原料选择

选充分发育，外形饱满，颜色由青绿转黄或橙色的未开花蕾（裂嘴前1～2 h采收）。

2）蒸制

采摘后的花蕾要及时进行蒸制，否则会自动开花，影响产品质量。方法是把花蕾放入蒸笼中，水烧开后用大火蒸5 min，然后用小火焖3～4 min。当花蕾向内凹陷，颜色变得淡黄时即可出笼。

3）干燥

蒸制后的花蕾应待其自然凉透后装盘烘烤。干燥时先将烘房温度升至85～90℃，放入黄花菜后，温度下降至75℃，并在此温度下干燥不超过10 h。最后令温度自然降至50℃，直至烘干。在此期间注意通风排湿，保持烘房内相对湿度在65%以下，并要倒换烘盘和翻动黄花菜2～3次。

4）均湿回软

干燥后的黄花菜，由于含水量低，极易折断，应放到蒲包或竹木容器中均湿，当黄花菜以手握不易折断，含水量在15%以下时，即可进行包装。

3. 南瓜干制

1）原料选择

选择老熟南瓜，对切，除去外皮、瓜瓤和种子。切片或刨丝。

2）热烫

沸水中热烫5～8 min。

3）干燥

装载量5～10 kg/m^2，干制品含水量在6%以下。

南瓜粉：处理后的南瓜肉切成直径为1.5 cm大小的瓜丁。

粗碎：用锤式粉碎机粉碎，打成浆状，粉碎机筛网以60目孔径为宜。

过滤：通过浆渣分离机，去除粗渣，取出滤液。

浓缩：将过滤液通过浓缩设备将其可溶性固形物提高至30%左右。

干燥：采用喷雾干燥，料液温度维持在55℃，得到色泽绿黄、粉状均匀的南瓜粉。

4. 脱水蒜片

1）原料选择

选用蒜瓣完整、成熟、无虫蛀，直径约4～5 cm的蒜头为原料。

2）剥蒜去鳞片

可人工剥蒜瓣，并要同时除去附着在蒜瓣上的薄蒜衣。

3）切片

用切片机切成厚度为0.25 cm的蒜片。蒜片太厚，烘干后产品颜色发黄；过薄，容易破碎，损耗大。

4）漂洗

可将蒜片放入池或缸内，经过3～4遍漂洗，蒜片基本干净。

5）甩水

将漂洗过的蒜片置于离心机中甩水1 min。

6）干燥

甩水后的蒜片进行短时摊凉，装入烘盘，每平方米烘盘摊放蒜片1.5～2 kg为宜。烘烤温度控制在65～70℃，一般烘6.5～7 h，烘干后蒜片含水量约在5%～6%左右。

冻干大蒜粉的工艺流程如下：

鲜大蒜→去蒂、分瓣→浸泡→剥皮、去膜衣→漂洗→滤干→低温破碎→冷冻干燥→粉碎→过筛→真空包装→成品

大蒜冻干的最佳工艺参数因冻干机不同而不同。对于热量由冷冻层传导的冻干设备，最佳压力为6.7 Pa，最佳料层厚度为1 cm左右，加热介质温度约为53℃，冷冻温度最好为－60℃左右。

5. 香菇干制

1）原料选择

应选菌膜已破，菌盖边缘向内卷成“铜锣边”的鲜菇。采收太早影响产量，香味不足；采收太迟则菌盖展开过大，肉薄，菌褶色变。

2)装盘

按大小、菇肉厚薄分别铺放在烘盘上，不重叠。将装大朵菇或淋雨菇的烘盘放在烘架的中下部，小朵菇、薄肉菇放在烘架的上部。菌盖向上菌柄向下。

3)干燥

开始温度以40℃(不超过40℃)，以后每隔3～4 h升高约5℃，10 h以后升高到55～60℃，14 h降到常温。最好不要一次烤干，八成干时便出烤，然后复烤3～4 h，这样干燥一致，不易碎裂。含水量在12%～13%。

4)分级

按花菇、厚菇、薄菇和菇丁等级分级。

5)包装

待菇体冷却至稍有余温时装入塑料薄膜袋中，扎紧袋口，然后排放于纸箱或装于衬有防潮纸的木箱内，箱内放一小包石灰作干燥剂。

【复习思考题】

1. 果蔬干制保藏的理论依据是什么?
2. “壳化”是怎么形成的?防止的措施是什么?
3. 如何防止干制品褐变?
4. 贮藏干制果蔬应控制哪些因素?
5. 影响果蔬干燥快慢的生要因素是什么?
6. 什么是冷冻干燥?控制冷冻干燥速率的因素是什么?
7. 包装对冷冻干燥制品的重要性如何?
8. 选择干燥器的基本因素是什么?

主要参考文献

北京农业大学.1992.果品贮藏加工学(第2版).北京：中国农业出版社.

高福成.1987.食品的干燥与没备.北京：中国果蔬出版社.

华中农业大学.1991.蔬菜贮藏加工学(第2版).北京：中国农业出版社.

Potter N N，Hotchkiss J H.2001.果蔬科学(第5版).王璋等译.北京：中国轻工业出版社.

吴光红.2001.水产品加工工艺与配方.北京：科学技术文献出版.

夏文水.2007.食品工艺学.北京：中国轻工业出版社.

杨瑞.2006.食品保藏原理.北京：化学工业出版社.

郑继舜，等.1987.果蔬储藏原理与运用.北京：中国财政经济出版社.

中国农学会.1995.蔬菜加工新技术.北京：科学普及出版社.

第5章 果蔬糖制

【内容提要】

本章主要介绍了果蔬糖制品的分类方法，食糖的保藏作用，果胶的凝胶作用及食糖的加工特性，低糖化原理和糖制品加工工艺。

【教学目标】

1. 了解果蔬糖制品的种类特点。
2. 理解食糖的保藏作用。
3. 掌握食糖的加工特性和果胶的凝胶作用机理。
4. 掌握果蔬糖制的加工方法、糖制品常见质量问题及解决方法。

【重要概念及名词】

果蔬糖制 高(低)甲氧基果胶 硬化保脆 返砂 返糖 流糖 酱体流散

果蔬糖制是利用高浓度糖液的渗透脱水作用，将果品蔬菜加工成糖制品的加工技术。加工过程使食糖渗入组织内部，从而降低水分活度，提高渗透压，可有效地抑制微生物的生长繁殖，防止腐败变质，达到长期保藏不坏的目的。果蔬糖制在我国具有悠久的历史，是我国古老的食品加工方法之一。最早的糖制品是利用蜂蜜熬煮果品蔬菜而制成各种加工品，并冠以“蜜”字，称为蜜饯。白砂糖和饴糖等食糖的开发应用以及现代加工技术的发展，促进了果蔬糖制加工业的迅速发展，在产品种类、产量和品质上都有很大提高，并形成了各具地方特色的系列产品。其中北京、苏州、广州、潮州、福州、四川等地的制品尤为著名，如苹果脯、蜜枣、冬瓜条、糖姜片、山楂脯以及各种凉果和果酱，这些产品在国内外市场上享有很高的声誉。

一般糖制品包括果脯蜜饯和果酱两大类产品。果脯蜜饯类是以果蔬等为原料，经整理及硬化等预处理后，加糖煮制或腌渍而成的高糖产品，传统的果脯蜜饯含糖量在60%~70%，制品保持一定的形态。果酱类为果蔬的肉或汁加糖浓缩而成，形态呈黏稠状、冻体或胶态，属高糖和高酸食品，一般用于涂抹面包和馒头等。

糖制品对原料的要求一般不高，通过综合加工，可充分利用果蔬的皮、肉、汁、渣或残、次、落果，甚至不宜生食的橄榄和梅子也可制成美味的果脯、蜜饯、凉果和果酱。尤其值得重视的野生果实，如猕猴桃、野山楂、刺梨和毛桃等，可制成当今最受欢迎的无污染、无农药的糖制品。所以，糖制品加工也是果蔬原料综合利用的重要途径之一。

至今，糖制品的制作多沿用传统加工方法，生产工艺比较简单，投资少，见效快，极适于广大果产区和山区就地取材、就地加工，获取最大的经济效益和社会效益。随着全国技术市场的开放，很多新产品被研制推广，尤以瓜菜和保健蜜饯的开发最为突出。

在蜜饯加工中，常使用丁香、肉桂、厚朴、排草、檀香、八角、陈皮、山奈等天然香辛料，具有增进食欲、消除异味、赋予香气、着色、抗氧化、抗病菌、生理药理作用。另外，食用某些果脯是有益处的，如橄榄败火，金橘润喉，野山枣糕可安神，山楂能软化血管、降血脂，秋海棠可开胃。因此，开发功能性果脯蜜饯大有可为。

我国自古就把蜜饯分成“南蜜”和“北蜜”两种，在形态和习惯上，南方主要称蜜饯，北京则称为果脯。蜜饯偏湿，果脯偏干。南方以湿态制品为主，北方则以干态制品居多，因此俗称“北脯南蜜”。果蔬糖制品种类繁多，除了果脯、蜜饯外，还有果酱类制品。按照不同的分类方法有不同的类型。按加工工艺和组织形态分为果脯蜜饯和果酱两大类，各大类里又有不同的类型和种类。

5.1 果蔬糖制品的分类

我国果蔬糖制品加工原料众多，方法多样，形成制品种类繁多，风味优美，是我国名特食品中的重要组成部分。一般按加工方法和产品形态，可分为果脯蜜饯和果酱两大类。

5.1.1 果脯蜜饯类

加工过程未破坏果蔬组织结构，小型果以整形果糖制，大型果切分成块，保持或基本保持了果蔬的组织结构。果脯蜜饯类包括下述各类产品。

5.1.1.1 按产品性状特点分类

1. **湿态蜜饯**(preserved fruits in syrup)

果蔬原料糖制后，按罐藏原理保存于高浓度糖液中，果形完整，饱满，质地细软，味美，呈半透明。如蜜饯海棠、蜜饯樱桃、糖青梅、蜜金橘等。

2. **干态蜜饯**(preserved or candied fruit)

又称返砂类，糖制后晾干或烘干，不粘手，有些产品表面裹一层半透明糖衣或结晶糖粉。如橘饼、蜜李子、蜜桃片、冬瓜条、糖藕片等。

3. **凉果**

指用咸果坯为主原料的甘草制品。果品经盐腌、脱盐、晒干，加配调料蜜制，再晒干而成。制品含糖量不超过35%，属低糖制品，外观保持原果形，表面干燥、皱缩，有的品种表面有层盐霜，味甘美、酸甜、略咸，有原果风味。如陈皮梅、话梅、橄榄制品等。

5.1.1.2 按产品传统加工方法分类

1. **京式蜜饯**

起源于北京，主要代表产品有北京果脯，又称“北蜜”、“北脯”。果脯选用新鲜果蔬，经糖渍、糖煮后，再经晒干或烘干而成。其产品特点是成品表面干燥，不黏手，呈半透明状，含糖量高，柔软而有韧性，口味浓甜，有原果风味。其中，苹果脯、梨脯、桃脯、杏脯、金丝蜜枣等最为著名。

2. 苏式蜜饯

主产地苏州。主要以糖渍和返砂类产品为主，现已遍及江、浙、沪、皖等地。苏式蜜饯以选料讲究、制作精细、形态别致、色泽鲜艳、风味清雅见长，是我国江南名优特产品之一。代表产品有两类：

1）糖渍蜜饯类

表面微有糖液，色鲜肉脆，清甜爽口，原果风味浓郁，色、香、味、形俱佳。如糖青梅、雕梅、糖佛手、糖渍无花果、蜜渍金柑等。

2）返砂蜜饯类

表面干燥，微有糖霜，色泽清新，形状别致，入口酥松，其味甜润，如天香枣、白糖杨梅、苏式话梅、苏州橘饼等。

3. 广式蜜饯

主产地广州、潮州、汕头一带，有一千多年的历史，大量出口到东南亚和欧洲。以凉果和糖衣蜜饯为代表产品。

1）凉果、甘草制品

味甜、酸、咸适口，回味悠长，如奶油话梅、陈皮梅、甘草杨梅、香草芒果等。

2）糖衣蜜饯

产品表面干燥，与果脯最大的不同是产品外面裹包了一层细小结晶的砂糖糖衣（糖霜），而前面工序与果脯基本相同。原果风味浓。如糖莲子、糖明姜、冬瓜条、蜜菠萝等。

4. 闽式蜜饯

主产地福建漳州、泉州、福州、厦门，以橄榄制品为主产品，已有一千多年历史，产品远销东南亚和欧美，是我国别树一帜的凉果产品。制品最大特点是肉质细腻致密，香味突出，爽口而有回味。如大福果、丁香橄榄、加应子、蜜桃片、盐金橘等。

5. 川式蜜饯

以四川内江地区为主地区，始于明朝，有闻名中外的川瓜糖、蜜辣椒、蜜苦瓜等。

5.1.1.3 按含糖量高低分类

含糖量是果脯蜜饯的重要指标，根据含糖量高低可作如下分类：

1. 高糖果脯蜜饯

高糖果脯蜜饯的含糖量在55%以上，这是果脯蜜饯中生产量最大的一类产品。产品形状完整、饱满，色泽鲜明，呈半透明状，柔韧浓甜。其代表产品主要有各种果脯，如苹果脯、杏脯、梨脯、冬瓜条等；各种湿态蜜饯，如糖樱桃、糖杨梅、糖佛手、糖青梅等。

2. 低糖果脯蜜饯

低糖果脯蜜饯的含糖量低于55%。主要以甘草制品和凉果为代表，产品以甜、咸、酸及浓郁的添加香味为一体。入口时各种滋味依次释放。产品形态完整，表面明显皱缩，色泽各异。

5.1.2 果酱类

果酱类是指将果蔬组织破碎成浆状或榨汁，加糖、酸等熬煮、浓缩、成形后得到的产品。果酱制品无须保持原来的形状，但应具有原有的风味，多数为高糖高酸制品。按其制法和成品性质，可分为以下数种：

1. **果酱**(jam)

分泥状及块状果酱两种。果蔬原料经处理后，打碎或切成块状，加糖(含酸及果胶量低的原料可适量添加酸和果胶)后制成，一般含糖55%以上，含酸1%左右。倾倒在平面上要求“站得住，不流汁，展得开”，甜酸适口，口感细腻。如桃酱、杏酱、草莓酱等。

2. **果菜泥**(fruit and vegetable butter)

果菜经煮软、磨碎打浆，加糖浓缩而成。制品呈酱糊状，糖酸含量稍低于果酱，口感细腻。如什锦果泥、枣泥、南瓜糊、胡萝卜泥等。

3. **果膏**(fruit paste)

以果汁加糖浓缩制成。含糖在60%以上，呈浓糖浆状。如梨膏、桑葚膏、山楂膏、金缨子膏等。这类制品多数作为疗效食品。

4. **果冻**(jelly)

用含果胶丰富的果品为原料，经压榨取汁，加糖、酸浓缩，冷却成形而成。含糖60%~65%，含酸1%以上，含果胶1.5%以上。倾倒在平面上，能保持原来形态，呈透明的冻胶状，不流汁，下刀切面光滑能成形。如山楂冻、苹果冻、柑橘冻、猕猴桃冻等。

5. **果糕**(fruit cake)

在果泥中加入预先搅拌成泡沫状的蛋白，注入容器成形，烘干，可制成呈多孔性而柔软的果糕。或将果泥摊成薄层成形或在果泥中加入粉碎的或切成丝的橘皮、苹果皮或山楂皮等摊成薄层成形，再于50~60℃烘干至不粘手，切成小块，用玻璃纸包装。如山楂糕、水晶山楂糕等。

6. **果丹皮**(fruit leather)

果丹皮是果泥干燥后制成的皮状糖制品。在果泥中加糖搅拌、刮片、烘干、成卷或切片，用玻璃纸包装而成。如苹果果丹皮、山楂果丹皮等。

7. **马莱兰**(marmalades)

指果冻中加入果肉或果皮薄片的制品。马莱兰制品在国外常以甜橙或酸橙为原料，我国多采用柑橘类。加工方法与果冻相似，即在果冻配料中加入柑橘类外果皮切成的条状薄片，令这些薄片均匀分布于果冻中。食时软滑，富有橘皮的特有风味。

5.2 果蔬糖制的基本原理

糖制品是以食糖的保藏作用为基础的加工保藏法，食糖的种类、性质、浓度及原料中果胶含量和特性对制品的质量、保藏性都有较大的影响。因此，了解食糖的保藏作用和理化性质以及果胶的胶凝作用，是科学调控生产工艺，获得优质耐藏制品的关键所在。

5.2.1　食糖的保藏作用

食糖是微生物主要的碳素营养，低浓度糖液能促进微生物生长发育，高浓度糖液对微生物有不同程度的抑制作用。食糖的保藏作用在于以下三点。

5.2.1.1　高浓度糖液产生高的渗透压

食糖是食品保藏剂，而非杀菌剂。糖溶液具有一定的渗透压，而且浓度越高，渗透压越大。1%葡萄糖液的渗透压为0.12 MPa，同浓度的蔗糖液的渗透压只有0.06～0.07 MPa，当蔗糖发生转化时，溶液中的糖分子数增多，溶液的渗透压也随之增大。大多数微生物细胞的渗透压为0.355～1.692 MPa，因此，糖制品中糖液的渗透压远远超过微生物细胞的渗透压，这些微生物在高渗透压的糖液中一般不能活动，因其细胞水分在高渗透压下会通过细胞膜向外流出，原生质因此而脱水出现生理干燥，甚至导致质壁分离。高浓度糖液具有强大的渗透压，使微生物细胞质脱水收缩，发生生理干燥而无法活动。

制品中含有多种糖类，以蔗糖为主，也有部分因酸的作用而水解生成的葡萄糖和果糖。葡萄糖含量比例加大，其渗透压相应提高，保藏作用增强。蔗糖浓度要超过50%才具有脱水作用而抑制微生物活动。但对有些耐渗透压的微生物，如霉菌和酵母菌，糖浓度要提高到72.5%以上时，才能抑制其生长，低于此浓度则制品还会生霉。蔗糖在20℃时的溶解度为67.1%，若是糖液中蔗糖和转化糖量相等，那么饱和时必须达到75%的可溶性固形物含量，制品才不至于败坏。蜜饯制造上的用糖量常取决于糖的饱和度，其理由也在于此。因此，为了有效地抑制微生物，糖制品的含糖量要达到60%～65%以上，或可溶性固形物含量达到68%～75%；对于可溶性固形物含量为65%～68%的制品，则须含有较多的酸分，才有良好的保藏效果。对于长期保藏的果酱类和部分湿态的蜜饯制品，应当结合巴氏杀菌、加酸、罐藏以及真空密封等措施。

5.2.1.2　降低制品的水分活度

糖能使制品的水分活度下降。随着制品中糖浓度的增加，制品的水分活度在下降。大部分微生物要求A_w值在0.9以上，新鲜果蔬的水分活度为0.98～0.99，正适合微生物的生长繁殖。食品中可溶性固形物增加，游离水含量则减少，即微生物可利用的水分大为减少，A_w值变小，可抑制微生物的生长繁殖。干态蜜饯的水分活度在0.65以下，几乎能抑制一切微生物的活动；果酱类和湿态蜜饯的水分活度在0.75～0.80时，霉菌和一般酵母菌的活动可被阻止。对耐渗透压的霉菌和酵母菌，需借助包装(减少空气或真空包装)才能被抑制。不同糖浓度与水分活度的关系见表5.1。

表5.1　不同糖浓度与水分活度的关系(25℃)

糖液浓度/%	水分活度	糖液浓度/%	水分活度
8.5	0.995	48.2	0.940
15.4	0.990	58.4	0.900
26.1	0.980	67.2	0.850

注：摘自赵丽芹、张子德主编，《园艺产品贮藏加工学(第二版)》。

5.2.1.3 抗氧化作用

糖溶液的抗氧化作用是糖制品得以保存的另一原因。氧在糖液中的溶解度小于纯水中的溶解度。糖浓度越高，氧的溶解度越低。如浓度为60%的蔗糖液，在20℃时氧的溶解度仅为纯水的1/6。原料在糖溶液中浸渍或煮制，因氧含量少而有利于制品色泽、风味、维生素C的保存，同时能增强对好气性微生物的抑制能力。

值得注意的是糖制品并非无菌，糖制处理不能代替必要的杀菌和灭酶处理。有效提高糖制品贮藏性应采取的方法有：杜绝生产过程中一切可能的污染源；通过预处理(如烫漂)来减少微生物的数量及钝化酶活；主要利用高浓度糖液的抑菌作用，配合使用加热处理、硫处理及其他防腐剂的应用等技术手段；合理包装，选择适宜贮藏条件。

5.2.2 食糖的种类及其与糖制有关的特性

5.2.2.1 果蔬糖制加工用糖的种类

适用于果蔬糖制的糖种类较多，不同的原料糖的特性和功能不尽相同。

1. **白砂糖**(white sugar)

白砂糖(甘蔗糖、甜菜糖)，是加工糖制品的主要用糖，其蔗糖含量高于99%。因其有纯度高、风味好、色泽淡、取用方便、溶解性好和保藏作用强等优点，在糖制上被广泛应用。糖制时，要求白砂糖的色值低，不溶于水的杂质少，以选用优质白砂糖和一级白砂糖为宜。

2. **饴糖**(cerealose)

饴糖又称麦芽糖浆，是用淀粉水解酶水解淀粉生成的麦芽糖、糊精和少量的葡萄糖、果糖的混合物。其中含麦芽糖和单糖53%～60%，含糊精13%～23%，其余多为杂质。麦芽糖含量决定饴糖的甜度，糊精决定饴糖的粘稠度。淀粉水解越彻底，麦芽糖生成量越多，则甜味越强；反之，淀粉水解不完全，糊精偏多，黏稠度大而甜味小。饴糖在糖制时一般不单独使用，常与白砂糖结合使用。使用饴糖可减少白砂糖的用量，降低生产成本，同时，饴糖还有防止糖制品晶析的作用。

3. **淀粉糖浆**(starch syrup)**与果葡糖浆**(high fructose syrup)

淀粉糖浆是将淀粉经糖化、中和、过滤、脱色、浓缩等工艺而得到的无色透明、具有黏稠性的糖液，其主要成分是葡萄糖、糊精、果糖、麦芽糖等。加工方法不同，产品的特性差异很大。工业产品有葡萄糖值(DE值，即糖浆中还原糖含量占总糖含量的百分数)分别为42、53及63三种，其中以葡萄糖值为42的最多。葡萄糖值为42的淀粉糖浆的甜度约等于白砂糖的30%，其甜味是由成分中的葡萄糖、果糖与麦芽糖组合而呈现的。由于淀粉糖浆中的糊精含量高，可利用它防止糖制品返砂而配合使用，对其甜度并无要求。

果葡糖浆是近代新发展的糖品，其主要成分是葡萄糖和果糖。其制法是先把淀粉分解成葡萄糖，再经葡萄糖异构酶的作用，把部分葡萄糖变成果糖，其甜度与蔗糖相似。与淀粉糖浆和蜂蜜一样，果葡糖浆只在半干态及干态糖渍制品的加工中少量使用，以防止制品结晶返砂，不宜作为主要的糖渍用糖。

4. **蜂蜜**(honey)

蜂蜜一般称为蜜糖，古代的果蔬糖渍制品就是用蜂蜜糖制的。蜂蜜具有很高的营养和保健价值，主要成分是果糖和葡萄糖，占总糖的66% ~77%，其次还含有0.03% ~4.4%的蔗糖和0.4% ~12.9%的糊精。我国蜂蜜品种繁多，习惯上按蜜源花种划分，如刺槐蜜、枣花蜜、油菜蜜等，但以浅白色质量为佳。

蜂蜜吸湿性很强，易使制品发黏。在糖制加工中常用蜂蜜为辅助糖料，防止制品晶析。

工艺生产中主要的糖制用糖是白砂糖，其他食糖作为辅料。其原因有以下三方面：白砂糖吸湿性最小，以保证制品有较长的保存期；白砂糖纯度高，色纯白，无影响制品的特殊味；白砂糖为非还原性糖，结晶性和稳定性好，而其他食糖多为混合物，易吸湿，稳定性差。

5.2.2.2 食糖的性质

与糖制品有关的性质主要有糖的溶解度与晶析，蔗糖的转化，糖的吸湿性、甜度、沸点及凝胶特性等。探讨这些性质，目的在于合理地使用食糖，更好地控制糖制过程，以及提高制品的品质和产量。

1. **溶解度**(solubility)**和晶析**(rime)

糖的溶解度与晶析对糖制品的保藏性影响很大。糖的溶解是指在一定的温度下，一定量的饱和糖液内溶有的糖量。当糖制品中液态部分的糖含量在某一温度下达到过饱和时，糖会结晶析出，也称返砂，液态部分糖的浓度由此降低，也就削弱了产品的保藏性，制品的品质也因此受到破坏。但在蜜饯加工中有些产品也正是利用了晶析这一特点，来提高制品的保藏性，适当控制过饱和率，给干态蜜饯上糖衣，如冬瓜条、琥珀桃仁等。

任何食糖在溶液中都有一定的溶解度，并受温度的直接影响(表5.2)。一般的规律是随着温度的升高溶解度加大，如蔗糖在10℃时的溶解度为65.8%，约相当于糖制品所要求的含糖量；糖制液温为90℃时，其溶解度上升为80.6%。糖制后贮温低于10℃，就会出现过饱和而晶析(返砂)，降低制品的含糖量，削弱了保藏性。

表5.2 不同温度下食糖的溶解度 (单位:%)

种类	温度/℃									
	0	10	20	30	40	50	60	70	80	90
蔗糖	64.2	65.5	67.1	68.7	70.4	72.2	74.2	76.2	78.4	80.6
葡萄糖	35.0	41.6	47.7	54.6	61.8	70.9	74.7	78.0	81.3	84.7
果糖	—	—	78.9	81.5	84.3	86.9	—	—	—	—
转化糖	—	56.6	62.6	69.7	74.8	81.9	—	—	—	—

注：摘自赵丽芹、张子德主编，《园艺产品贮藏加工学(第二版)》。

食糖的溶解度大小受糖的种类和温度的双重影响，如在60℃时，蔗糖与葡萄糖的溶解度相等；高于60℃时，葡萄糖大于蔗糖；低于60℃时，蔗糖大于葡萄糖。而果糖在任何温度下，溶解度均高于蔗糖、转化糖和葡萄糖，高浓度果糖一般以浆体形态存在。转化糖的溶解度受本身葡萄糖和果糖含量的制约，故大于葡萄糖而小于果糖，30℃以下低于蔗糖，30℃以上则高于蔗糖。

纯葡萄糖液因渗透压大于同浓度的蔗糖溶液，具有很好的保藏性，但常温下溶解度较小，易结晶析出，不适宜单独作为制品的糖源。同样，糖煮时蔗糖过度转化，也易发生葡萄糖的晶析。因此，一些含酸过高的原料须先脱酸、后糖煮，或者要控制适当的糖煮时间，不要过长，以防止蔗糖的过度转化而引起葡萄糖的结晶。

为了避免糖制品中蔗糖的晶析或返砂，糖制时常在糖煮液中，加用部分淀粉糖浆、饴糖或蜂蜜，利用其所含的麦芽糖、糊精或转化糖，来抑制晶体形成和增大，可以降低结晶速度，增加糖溶液的饱和度；还可加用部分果胶、蛋清等非糖物质，增强糖液的黏度和饱和度，亦能阻止蔗糖结晶；另外，也可在糖制过程中促使蔗糖转化，形成转化糖来抑制蔗糖的结晶(或返砂)，一般糖液中转化糖含量达30%～40%时，就可以防止蔗糖的结晶。

2. 甜度(saccharinity)和风味(flavour)

食糖是食品主要甜味剂，食糖甜度影响着制品的甜度和风味。食糖甜度是以口感判断，即以能感觉到甜味的最低含糖量——“味觉阈值”来表示，“味觉阈值”越小，甜度越高。不同糖类的“味觉阈值”不同，果糖为0.25%，蔗糖为0.38%，葡萄糖为0.55%。若以蔗糖的甜度为基础，其他糖的相对甜度顺序为：果糖最甜，转化糖次之，蔗糖甜于葡萄糖、麦芽糖和淀粉糖浆(表5.3)。以蔗糖与转化糖作比较，当糖浓度低于10%时，蔗糖甜于转化糖；当糖浓度高于10%时，转化糖甜于蔗糖。

温度对甜味有一定影响。以10%的糖液为例，低于50℃时，果糖甜于蔗糖；高于50℃时，蔗糖甜于果糖。这是因不同温度下，果糖异构物间的相对比例不同，温度较低时较甜的β-异构体比例较大。

葡萄糖有二味，先甜后苦涩带酸。蔗糖风味纯正，能迅速达到最大甜度。蔗糖与食盐共用时，可降低甜咸味，而产生新的特有风味，这也是南方凉果制品的独特风格。在番茄酱的加工中，也往往加入少量的食盐，使制品的总体风味得到改善。

表5.3 在21℃下相等甜度的糖溶液浓度 (单位:%)

蔗糖	果糖	葡萄糖	麦芽糖	乳糖	淀粉糖浆(42DE)	淀粉糖浆(64DE)
2.0	—	3.2	—	6.0	7.0	5.0
5.0	4.5	7.2	14.0	13.1	15.7	10.4
10.0	8.7	12.7	21.0	20.7	25.1	17.9
15.0	12.8	17.2	27.5	27.8	33.3	23.2
20.0	16.7	21.8	34.2	33.8	42.8	28.2
25.0	—	27.5	—	—	51.0	35.0
30.0	—	31.5	—	—	55.0	41.0
40.0	—	40.5	—	—	—	50.0
50.0	—	50.5	—	—	—	—

注：摘自叶兴乾主编，《果品蔬菜加工工艺学(第三版)》。

3. **吸湿性**(hygroscopicity)**和潮解**(deliquescence)

食糖的吸湿性以果糖最大，葡萄糖和麦芽糖次之，蔗糖最小。缺乏包装的糖制品，贮藏期会因吸湿回潮(流汤)使制品降低糖浓度，削弱糖的保藏性，甚至导致制品变质和败坏。

糖的吸湿性与糖的种类及相对湿度密切相关，各种结晶糖的吸湿量(%)与环境中相对湿度呈正相关(表5.4)。相对湿度越大，吸湿量越多，当吸湿达15%以上，便开始失去晶态而成液态。

纯蔗糖结晶的吸湿性很弱，在相对湿度为60%以下时，它是一种不潮解的物质。在相对湿度为81.8%以下时，吸湿量仅0.05%，吸湿后只表现潮解和结块。商品蔗糖因含有少量灰分，而且晶体表面存在少量非糖杂质，这会引起蔗糖在整个相对湿度范围内的平衡湿度上升，增加蔗糖的潮解机会。蔗糖贮藏的相对湿度条件要求为40%～60%。果糖在同样条件下，吸湿量达18.58%，完全失去晶态而呈液态。含有一定数量转化糖的糖制品，必须用防潮纸或玻璃纸包裹。

在生产中常利用转化糖吸湿性强的特点，让糖制品含适量的转化糖，这样便于防止产品发生结晶(或返砂)。但也要防止因转化糖含量过高，引起制品流汤变质。

表5.4 几种糖在25℃中7 d内的吸湿率 (单位:%)

糖的种类 \ 空气相对湿度/%	62.7	81.8	98.8
果糖	2.61	18.58	30.74
葡萄糖	0.04	5.19	15.02
蔗糖	0.05	0.05	13.53
麦芽糖	9.77	9.80	11.11

注：摘自叶兴乾主编，《果品蔬菜加工工艺学(第三版)》。

4. **沸点**(boiling point)

糖液的沸点随糖液浓度的增大而升高。在101325 Pa的条件下不同糖液的沸点温度如表5.5所示。

表5.5 在101 325 Pa下蔗糖溶液的沸点

含糖量/%	10	20	30	40	50	60	70	80	90
沸点温度/℃	100.4	100.6	101.0	101.5	102.0	103.6	105.6	112.0	113.8

注：摘自赵丽芹、张子德主编，《园艺产品贮藏加工学(第二版)》。

糖液的沸点受压力、浓度等因素影响，随着海拔高度的增加而降低(表5.6)。糖液浓度在65%时，其沸点在海平面为104.8℃；海拔610 m时，为102.6℃；海拔915 m时为101.7℃。因此，同一糖液浓度在不同海拔高度地区煮制，沸点不同；在同一海拔高度下，糖浓度相同而糖的种类不同，其沸点也有差异。如60%的蔗糖液沸点为103℃，60%的葡萄糖液沸点为105.7℃。因此，浓度相同而种类不同的糖液，其沸点也不同(表5.7)。

糖制品糖煮时常用糖液的沸点温度上升数来控制煮制终点，估测糖浓度或可溶性固形物含量，确定熬煮终点。如干态蜜饯出锅时的糖液沸点达104～105℃，其可溶性固形物含量为62%～66%，含糖量约60%。果脯煮制糖液沸点达107～108℃时，其可溶性固形物可达75%～76%，含糖量可达70%。

表5.6 不同海拔高度下蔗糖溶液的沸点温度 (单位:℃)

可溶性物质/% \ 海拔高度	海平面	305 m	610 m	915 m
50	102.2	101.2	100.1	99.1
60	103.7	102.7	101.6	100.6
64	104.6	103.6	102.5	101.4
65	104.8	103.8	102.6	101.7
66	105.1	104.1	102.7	101.8
70	106.4	105.4	104.3	103.3

注：摘自叶兴乾主编，《果品蔬菜加工工艺学(第三版)》。

表5.7 不同浓度的蔗糖和葡萄糖溶液的沸点温度 (单位:℃)

糖液浓度/% \ 种类	蔗糖	葡萄糖
20	100.6	101.4
40	101.5	102.9
60	103.0	105.7

注：摘自赵丽芹、张子德主编，《园艺产品贮藏加工学(第二版)》。

由于在糖制过程中，蔗糖部分被转化，加之果蔬所含的可溶性固形物也较复杂，其溶液的沸点并不能完全代表制品中的含糖量，只是大致表示可溶性固形物的多少。因此，在生产之前要做必要的试验，或者还须结合其他的方法来确定煮制的终点。

5. **蔗糖的转化**(inversion)

蔗糖是非还原性双糖，经酸或转化酶的作用，在一定温度下水解成转化糖(等量葡萄糖和果糖)。蔗糖在酸作用下的水解速度与酸的浓度及处理温度成正相关。在较低pH和较高温度下，蔗糖转化速度快(图5.1)。糖制品中的转化糖量达到30%～40%时，蔗糖就不会结晶。蔗糖转化的最适pH为2.5。一般水果都含有适量的酸分，糖煮时能转化30%～35%的蔗糖，并在保藏期继续转化而达到50%左右。对于含酸量少的原料，可加用少量柠檬酸或酒石酸，以使蔗糖发生转化。对于含酸偏高的原料则避免糖煮时间过长而形成过多的转化糖，发生葡萄糖结晶或出现流汤。蔗糖长时间处于酸性介质和高温条件下，其水解产物会产生少量羟甲基呋喃甲醛，这种物质有抑制细菌生长的作用，但它会使制品轻度褐变。蔗糖在中性或微碱性糖液中不易被分解，pH为9以上时，加热可产生棕色的焦糖。转化糖受碱的影响生成棕黑色物质，还可与氨基酸作用生成黑蛋白，这是引起糖制品非酶褐变的主要原因。由于蔗糖不参与美拉德反应，所以食品加工上对于淡色制品，须不使蔗糖过度转化。

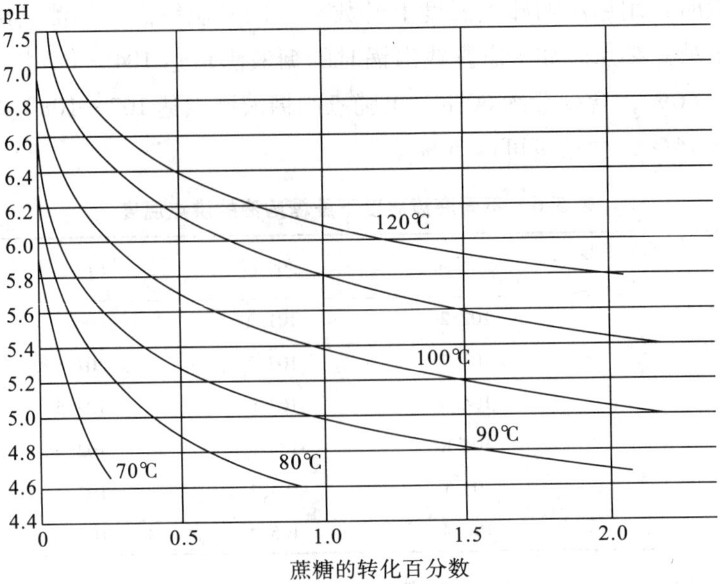

图 5.1　蔗糖的转化曲线

蔗糖的转化反应在糖制中用于提高蔗糖溶液的饱和度，抑制蔗糖的结晶，增大制品的渗透压，提高其保藏性；还能赋予制品较紧密的质地，并提高甜度。但制品中蔗糖转化过度，会增强其吸湿性，使制品吸湿回潮(流汤)而变质。

生产中制取转化糖时，可按 100 份蔗糖、33.6 份水、90 份酒石酸或 118 份柠檬酸，一同加热煮沸维持 30 min，然后迅速冷却即得到转化糖浆。

6. 糖的黏稠性

糖的黏稠性对产品质量有较大影响。糖的黏稠厚味，可体现出糖的可口性；糖的黏稠黏结，可使制品易于成形；糖的黏稠润滑，可使制品光泽柔软。当产品产生“返砂”现象时，则会使黏稠性降低或丧失。为此，可在蔗糖中加入适量还原糖，或使之与酸作用产生转化糖。

糖的黏稠性随温度和浓度的变化而变化。在浓度相同时，温度越高，黏稠性越小；在温度相同时，浓度越高，黏稠性越大。在浓度和温度均相同时，蔗糖的黏稠性比葡萄糖大，比麦芽糖及淀粉糖浆小。

糖的黏稠性给生产也带来不便，凡是与糖液接触的物品和器具均会黏附糖液，既浪费原料，又不卫生。当糖液中混有还原糖时，吸湿性会增强，这样会降低产品的保藏性。对于果脯、蜜饯产品，为便于包装和食用，都不采用湿态产品而采用半干态型，以使产品的表面黏性降至最低程度。洗去果脯表面糖液可降低产品表面黏性。

7. 糖液的发酵性

发酵是微生物在糖液中生长繁殖的结果，细菌、酵母菌、霉菌等都可在糖液中生长繁殖，所以各种糖液都有发酵性。几乎所有酵母都能发酵葡萄糖及淀粉糖浆，大多数酵母可发酵麦芽糖，多数酵母能发酵蔗糖。就酵母的发酵性而言，蔗糖的发酵性低于葡萄糖；而细菌和霉菌能发酵的糖类较少。酵母及霉菌能产生蔗糖酶及转化酶，都能使蔗糖分解为果糖及葡萄糖。有些酵母能产生麦芽糖酶，它们能把麦芽糖分解为葡萄糖。

糖的发酵性对产品质量有一定影响。稀糖液由于浓度较低，它在常温下会很快发酵变质，浓度越低，发酵变质越快。糖类在发酵时，会产生各种极为复杂的变化，稀糖液的液面上会产生各种状态的被膜、黏液、气泡，产生各种气味，多数是难闻的气味，且伴随有许多复杂有机物的产生。霉菌类作用于糖液时，其表面会产生各种形态及各种颜色的菌丝体及孢子，菌落表面多呈粉状。潮湿的糖块，常首先发现霉菌类生长繁殖，而产品在保存期间，多数是霉菌先行污染。糖液在受到微生物污染时，会有程度不同的变质，虽经糖煮，也不能再结晶返砂，这种糖液应当弃之不用。

8. 糖的渗透性

果蔬糖制就是利用高浓度糖液的高渗透性渗入果蔬组织，同时使组织内部的水分渗出。糖液的渗透压也使微生物的细胞质与细胞膜发生分离现象，其活力将受到很大抑制，提高了制品保藏性。微生物的种类不同，对糖液浓度大小所受到的抑制也不同。

5.2.3 果胶及其他植物胶

5.2.3.1 果胶及其胶凝作用

果胶物质以原果胶、果胶和果胶酸三种形态存在于果蔬中。原果胶在酸和果胶酶的作用下能分解为果胶。果胶具有胶凝特性，而果胶酸的部分羧基与钙、镁等金属离子结合时，可形成不溶性果胶酸钙或果胶酸镁的胶凝。

果胶形成胶凝有两种形态：一种是高甲氧基果胶(甲氧基含量在7%以上)的果胶-糖-酸型胶凝，又称为氢键结合型胶凝(图5.2)；另一种是低甲氧基果胶(甲氧基含量在7%以下)的羧基与钙、镁等离子的胶凝，称离子结合型胶凝(图5.3)。

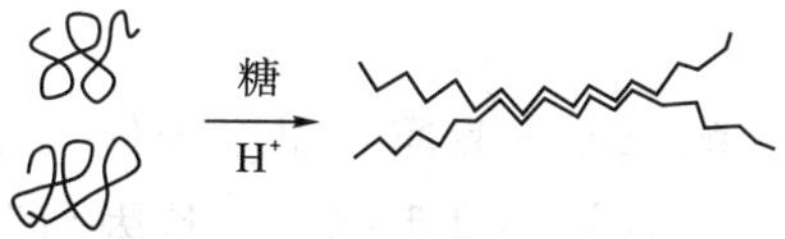

图5.2 高甲氧基果胶的胶凝作用

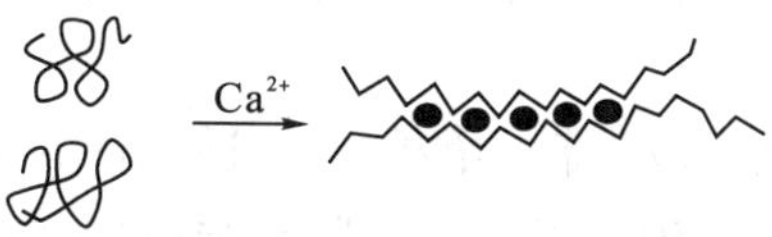

图5.3 低甲氧基果胶的胶凝作用

1. 高甲氧基果胶的胶凝

果冻的冻胶态，果酱、果泥的黏稠度，果丹皮的凝固态，都是依赖果胶的胶凝作用来实现的。高甲氧基果胶的胶凝原理：高度分散水合的果胶胶束，因脱水及电性中和而形成胶凝体。果胶胶束在一般溶液中带负电荷，当溶液 pH 低于 3.5 和脱水剂含量达50%以上时，果胶即脱水，并因电性中和而胶凝。在果胶胶凝过程中，酸起到消除果胶分子中负电荷的作用，使果胶分子因氢键吸附而相连成网状结构，构成凝胶体的骨架。糖除了起脱水作用外，还作为填充物使凝胶体达到一定强度。果胶胶凝过程是复杂的，受多种因素所制约。

1) pH

pH 能影响果胶所带的负电荷数，降低 pH，即增加氢离子浓度而减少果胶的负电荷，使果胶分子借氢键结合而胶凝。当电性中和时，胶凝的硬度最大。产生胶凝时 pH 的最适范围是 2.5 ~ 3.5，高于或低于这一范围时，均不能胶凝。当 pH 为 3.1 左右时，胶凝硬度最大；pH在3.4时，胶凝比较柔软；pH为3.6时，果胶电性不能中和而相互排斥，就不能形成胶凝，此值即为果胶形成胶凝的临界pH。

2）糖浓度

果胶是亲水胶体，胶束带有水膜，食糖的作用是使果胶脱水后发生氢键结合而胶凝。但只有当含糖量达50%以上才具有脱水效果，糖浓度愈大，脱水作用愈强，胶凝速度就愈快。据Singh氏实验结果：当果胶含量一定时，糖的用量随酸量增加而减少。当酸的用量一定时，糖的用量随果胶含量提高而降低（表5.8、表5.9）。

表5.8　果胶凝冻所需糖、酸配合关系（果胶量1.5%）

总酸量/%	0.05	0.17	0.30	0.55	0.75	1.30	1.75	2.05	3.05
总糖量/%	75	64	61.5	56.5	56.5	53.5	52.0	50.5	50.0

注：摘自叶兴乾主编，《果品蔬菜加工工艺学（第三版）》。

表5.9　果胶凝冻所需糖、酸配合关系（酸量1.5%）

总果胶量/%	0.90	1.00	1.25	1.50	2.00	2.75	4.20	5.50
总糖量/%	65	62	55	52	49	48	45	43

注：摘自叶兴乾主编，《果品蔬菜加工工艺学.第三版》。

3）果胶含量

果胶的胶凝性强弱，取决于果胶含量、果胶分子量以及果胶分子中甲氧基的含量。果胶含量高则易胶凝，果胶分子量越大，聚半乳糖醛酸的链越长，所含甲氧基比例越高，胶凝力则越强，制成的果冻弹性越好。甜橙、柠檬、苹果等所含的果胶，均有较好的胶凝力。原料中果胶不足时，可加用适量果胶粉或琼脂，或其他含果胶丰富的原料。

4）温度

当果胶、糖、酸的配比适当时，混合液能在较高的温度下胶凝，温度越低，胶凝速度越快，50℃以下，对胶凝强度影响不大，高于50℃，胶凝强度下降，这是因高温破坏了氢键吸附。

据上述分析，果胶胶凝的基本条件如图5.4所示。

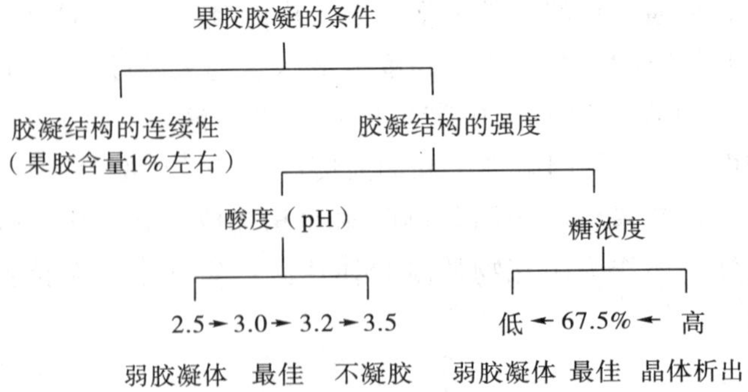

图5.4　果胶胶凝的基本条件

从图5.4中可以看出：形成良好的果胶胶凝最合适的比例是果胶量1%左右，糖浓度65%～67%，pH 2.8～3.3。

2. 低甲氧基果胶的胶凝

低甲氧基果胶是依赖果胶分子链上的羧基与多价金属离子相结合而串联起来，这种胶凝具有网状结构(图5.5)。低甲氧基果胶中有50%以上的羧基未被甲醇酯化，对金属离子比较敏感，少量的钙离子与之结合也能胶凝。

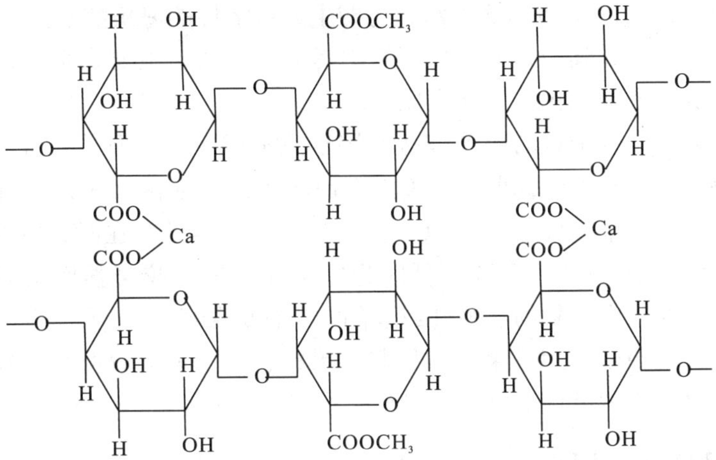

图5.5　低甲氧基果胶的胶凝网状结构图

1)钙离子(或镁离子)

钙等金属离子是影响低甲氧基果胶胶凝的主要因素，用量随果胶的羧基数而定，每克果胶的钙离子最低用量为4~10 mg，碱法制取的果胶为30~60 mg。

2)pH

pH对果胶的胶凝有一定影响，pH在2.5~6.5都能胶凝，以pH为3.0或5.0时胶凝的强度最大，pH为4.0时，强度最小。

3)温度

温度对胶凝强度影响很大，在0~58℃范围内，温度越低，强度越大，在58℃强度为零，0℃时强度最大，30℃为胶凝的临界点。因此，果冻保藏温度宜低于30℃。低甲氧基果胶的胶凝与糖的用量无关，即使在1%以下或不加糖的情况下仍可胶凝，生产中加30%左右的糖仅是为了改善风味。

5.2.3.2　琼脂

琼脂的主要成分是琼脂糖，占琼脂的70%~80%。相对分子质量为12万，是D-吡喃半乳糖和3,6-脱水-L-半乳糖以(1→4)相互连接的直链状结构。琼脂的另一种成分是琼脂胶，除上述成分以外，还有硫酸酯、丙酸酯和一些D-半乳糖醛酸残基等。

琼脂是从以石花菜为主的石花菜属、江蓠属等红藻类中提取出来的。加热到80℃以上就溶解，冷却到30℃以下即成凝胶。将凝胶冻结后溶解，除去不纯物(溶解时随水分溶出而去除)，剩下就是有凝胶能力的琼脂，干燥即成琼脂制品。

在果酱类的加工中添加适量的琼脂能抑制制品脱水收缩，能使制品具有较好的稳定性和期望的质构。

5.2.3.3　褐藻胶

褐藻胶是海藻酸的衍生物，海藻酸与果胶相似，是一种多聚糖醛酸。它是由L-古洛糖醛酸(G)和D-甘露糖醛酸(M)以β-1,4糖苷键连接成的链状分子，相对分子质量变化较大(1.2万~20万)。海藻酸不溶于水，与碱生成可溶性的海藻酸盐。

海藻酸盐是用苏打或其他碱液从褐藻类中提取出来的，主要来自海带(褐藻)。海藻酸盐只有用盐酸沉淀或加入钙盐才能生成凝胶。

碱金属、氨以及低分子量的海藻酸盐易溶于热水或冷水，但是二价或三价阳离子的盐是不溶的。海藻酸盐溶液的黏度随温度上升而降低，它在pH 5~10范围内和室温下能长时间保持稳定。在少量钙离子或其他二价或三价金属离子存在时，室温下就能形成胶凝，或者在无金属离子，pH在3或更低时也能形成胶凝。胶凝强度与海藻酸盐浓度有关，并且能用此来控制产生软的、弹性或硬的、刚性的凝胶。

海藻酸及其衍生物可以用做果冻、果酱、果糕、布丁等的胶凝剂，在果糕类产品制作中添加适量的海藻酸钠可增加产品的韧性，烘烤后易脱盘。

5.2.4　糖制品低糖化原理

糖制品是深受广大消费者尤其是儿童所喜爱的休闲食品，但是传统工艺生产的果脯、蜜饯类属高糖食品，果酱类属高糖高酸食品，一般含糖量为65%~70%，过多食用会使人体发胖，诱发糖尿病、高血压等症，所以很难适应人们对食品的新要求，故采用新配方、新工艺生产出新型的低糖制品势在必行。

生产低糖果酱类产品时，由于糖的浓度降低，为使制品产生一定的凝胶强度，这就需要添加一定量的增稠剂。目前市场上的果冻产品大部分已不是用果汁制造，而是用琼脂、卡拉胶或海藻酸钠、酸、糖、色素、香精等配合制成。

目前生产的低糖蜜饯产品含糖量在45%左右，个别品种可能还低一些。若将糖度降得太低，就会使蜜饯等制品失去存在的依托，很容易造成制品在质量上存在透明度不好、饱满度不足、易霉变、不利于贮藏等问题。

近10多年来，有关低糖蜜饯的研究时有报道，一讲到低糖蜜饯，就必然与采用真空渗糖工艺措施、选择蔗糖替代物、添加亲水胶体和电解质等相联系，把低糖蜜饯搞得很复杂。其实低糖蜜饯是处于传统蜜饯与水果干制之间的加工技术，可以在传统蜜饯生产的基础上减少渗糖次数或减少煮制时间。

实际生产中很少采用真空渗糖，因为真空渗糖设备投资大，操作麻烦，实际效果也不像理论上那么好。主要措施如下：采用淀粉糖浆取代40%~50%的蔗糖，这样既可以降低产品的甜度，又可以保持一定的形状，选择合适的糖原料对低糖蜜饯的饱满度起着重要作用；添加0.3%左右的柠檬酸，使产品pH降至3.5左右，这样可降低甜度，改进风味，并加强保藏性；采用热煮冷浸工艺，即取出糖液，经加热浓缩或加糖煮沸回加于原料中，可减少原料高温受热时间，较好地保持原料原有的风味。至于添加亲水胶体，实际生产中也很少应用，因为胶体的分子量大，很难渗入原料组织，即使采用真空渗糖也很难。此外，胶体的加入增加了糖液的黏度，影响渗糖速度。就算有胶体渗入到原料组织，但经过烘干后，对保持蜜饯的饱满和透明所起的作用也不大。

提高低糖蜜饯保藏性的方法有：通过烘干脱水，控制水分活度在0.65~0.7，可有效控制微生物的活动，使低糖蜜饯具有高糖蜜饯的保藏性；采用抽真空包装或充氮包装延长保藏期；必要时按规定添加防腐剂，或进行杀菌处理，或冷藏等辅助措施，均可解决低糖蜜饯的保藏问题。

5.3　果蔬糖制工艺

5.3.1　蜜饯类加工工艺

蜜饯类的一般加工工艺为：

原料选择→预处理(选别分级、清洗、去皮、切分、切缝、硬化、硫处理、预煮等)

→糖制
- →装罐密封→杀菌冷却→湿态蜜饯
- →干燥→上糖衣→干态蜜饯
- →加配料→干燥→凉果

蜜饯类的操作要点包括以下五个方面。

5.3.1.1　原料选择

优质产品的品质需要优质的原料来保证，食品质量不是生产出来的。原料的质量主要取决于品种和成熟度两个方面。蜜饯类产品需要保持一定形态，原料应为肉质紧密、耐煮性强的品种。水果一般在八成熟，即绿熟-坚熟时采收。

1. 青梅类制品

原料宜选鲜绿质脆、果形完整、果大核小的品种，于绿熟时采收。大果适合加工成雕花梅，中等以上果实适合加工成糖渍梅，而小果适合加工成青梅干、雨梅、话梅和陈皮梅等制品。

2. 蜜枣类制品

宜选果大核小，含糖较高、耐煮性强的品种。如安徽宜城的央枣、圆枣和郎枣，广德的牛奶枣和羊奶枣，歙县的马枣；浙江省义乌、东阳的大枣和团枣，兰溪的京枣、扑枣；北京的糠枣；山西的泡红枣；河南新郑的秋枣；河北阜平的大枣。果实由绿转白时采收，转红时不宜加工，全绿时表明褐变严重。

3. 橘饼类制品

金橘饼以质地柔韧、香味浓郁的罗纹和罗浮为好，其次是金弹和金橘。橘饼以宽皮橘类为主。带皮橘饼宜选用苦味淡的中小型品种，如浙江黄岩的朱红。

4. 杨梅类制品

选果大核小、色红、肉饱满的品种。如浙江萧山的早色、新昌的刺梅、余姚的草种。

5. 橄榄制品

选肉质脆硬的惠园和长营两个品种为好，药果、福果、笑口榄也可以。

6. 其他果脯蜜饯类

1)苹果脯

选用河北怀来的小苹果、花红、海棠等为好，国光、红玉、青香蕉等罐用品种也可以。

2)梨脯

选用石细胞少、含水分较少的鸭梨、莱阳梨、雪花梨、秋白梨等为好。

3)桃蜜

选用陵白桃、快红桃、白凤、黄露、京白、大久保等为好。

4)杏脯

选用色泽鲜艳、风味浓郁、离核的铁叭哒、山黄杏品种为好。

7. 瓜类制品

以冬瓜制品为主。原料宜选果大肉厚瓤小的品种，如广东青皮冬瓜。

8. 其他蔬菜制品

1)胡萝卜

宜选用橙红色品种，直径3~3.5 cm为宜，过粗过细均影响外观和品质。

2)生姜

代表产品有糖姜片、冰姜片。应选肉质肥厚、结实少筋、块形较大的新鲜嫩姜。

5.3.1.2　预处理

1. 选别分级

目的是选择适宜的品种，剔除不合乎加工的原料，除去杂质；并对原料按大小或成熟度进行分级。

2. 去皮、切分、切缝、刺孔、雕刻

剔除不能食用的皮、种子、核，果形大的原料宜适当切分成块、片、丝、条。枣、李、杏等小果不便去皮和切分，常在果面切缝或刺孔。雕刻时以手工雕刻为主，如花鸟柚皮、佛手梅，但不宜大量生产。

3. 盐腌

盐腌制成的盐坯(果坯)常作为半成品保存以延长加工期限。由于腌制过程及脱盐处理对产品营养成分造成较大损失，因此该方法主要用于凉果的制造。

盐腌包括腌制、曝晒、回软、复晒四个阶段。盐腌也可与硬化相结合，腌制过程中加入少量明矾或石灰。腌制有干盐腌和盐水腌两种方法。干盐腌适合于成熟度高、水分多、易渗透原料，用盐量为原料重的14%~18%(表5.10)。盐水腌适合于成熟度低、水分少、未成熟、酸涩苦味浓、不易渗透原料。盐水浓度约10%，盐水须淹没果蔬，上加竹帘或重物以防上浮。盐腌结束后，可作为水坯保存或经晒制成干坯长期保存。良好的果坯色浅、皱缩，表面有盐霜。

表 5.10 果坯腌制实例

果坯种类	100 kg 果实用料量/kg			腌制时间/d	备注
	食盐	明矾	石灰		
梅	16~24	少量	—	7~15	—
桃	18	0.13~0.25	—	15~20	—
毛桃	15~16	0.13~0.25	0.25	15~20	—
杨梅	8~14	0.10~0.30	—	5~10	—
杏	16~18	—	—	20	—
橘、柑、橙	8~12	—	1~1.25	30	水坯
金柑	24	—	—	30	分两次腌渍
柠檬	22	—	—	60	—
橄榄	20	—	—	1	盐水腌渍
三稔	6	—	—	7	盐水腌渍
仁面	10	—	—	15	另加他种果品的腌渍剩余液
李	16	—	—	20	—

注：摘自罗云波、蔡同一主编，《园艺产品贮藏加工学·加工篇》。

4. 硬化保脆

硬化保脆，又称浸灰。作用是提高原料的耐煮性和疏脆性，对于含酸分较多的果蔬可中和部分酸。硬化保脆是将原料浸泡于石灰(CaO)、氯化钙($CaCl_2$)、亚硫酸氢钙［$Ca(HSO_3)_2$］、明矾［$Al_2(SO_4)_3 \cdot K_2SO_4$］或葡萄糖酸钙［$(C_6H_{11}O_7)_2Ca$］等稀薄溶液中，令钙、铝离子与原料中的果胶物质生成不溶性的盐类，使组织硬化耐煮。亚硫酸氢钙有护色和保脆的双重作用。明矾还有触媒作用，使某些需要染色的制品容易着色，增进成品的色泽与亮度。

用石灰做硬化剂时，其用量视产品品种和形式而定，处理时间一般为 10~24 h。氯化钙的使用量为0.1%，处理时间30~60 min。易变色的苹果、梨、藕、荸荠等制作果脯时，用0.1%氯化钙与0.2%~0.3%亚硫酸氢钠($NaHSO_3$)溶液浸泡，以达到护色和保脆作用。亚硫酸盐还能起到防腐作用，用0.4%~0.6%的亚硫酸氢钙溶液浸泡1 h，可防止樱桃和草莓的腐败，且有硬化作用。

硬化剂的选用、用量及处理时间应适当，过量会生成过多钙盐或引起部分纤维素钙化，使产品质地粗糙，品质劣化。经硬化处理后的原料，糖制前需经漂洗除去残余的硬化剂。

5. 硫处理

为获得色泽清淡而半透明的制品，在糖制前进行硫处理，抑制氧化变色。在原料整理后，浸入含有效SO_2浓度0.1%~0.2%的亚硫酸盐溶液中数分钟即可。硫处理也可在糖制过程中使用，达到护色和防腐的目的，所用浓度为0.1%~0.2%。

经硫处理的果蔬原料，在糖制前应除去残留的硫。用镀锡铁罐包装的制品，脱硫必须充分，防止过量的SO_2引起铁皮腐蚀产生氢胀。蜜饯凉果成品的SO_2残留量应不超过国家标准规定的0.35 g/kg(以SO_2残留量计)。

6. 染色

果蔬所含色素类物质受加工条件影响，容易发生变色，因此常需人工染色以增进制品的感官品质。

染色用的色素有天然色素和人工色素两类，天然色素有姜黄、胡萝卜素和叶绿素等。由于天然色素的着色效果较差，在实际生产中多使用人工色素。我国允许用做食品着色剂的人工色素有靛蓝、红花黄、萝卜红、柠檬黄、日落黄、胭脂红、苋菜红等。人工色素的着色效果和稳定性优于天然色素，但其用量不得超过 GB 2760—2011《食品安全国家标准 食品添加剂使用标准》规定的最大使用量。

染色时，可先将原料用1%～2%明矾溶液浸渍后再行着色，然后糖制；或将色素溶于糖液中，使糖制与染色同时进行。

7. 漂洗和预煮

凡经盐腌、硬化、硫处理及染色处理的原料，在糖制前均需漂洗或预煮，除去残留的食盐、硬化剂、SO_2及染色剂，避免对制品的品质产生不良影响。预煮还有钝化酶类、排氧、防止氧化变色、利于糖分渗入和脱苦、脱涩等作用。

5.3.1.3 糖制

糖制过程是果蔬原料排水吸糖的过程，糖液中的糖分依赖扩散作用进入组织细胞间隙，再通过渗透作用进入细胞内。要求在原料和糖液之间建立温度差、浓度差和压力差，实现均匀、快速的渗糖，防止出现干缩现象。产品应具有保质期长、丰满度高、透明度好、光泽性强、色泽漂亮和原果味浓等特点。

1. 影响渗糖的因素

1)冷浸糖渍

当果蔬组织开始加入糖液中浸渍时，组织与糖液接触的表层水分即与糖液浓度取得接近平衡，此时组织表面形成一个渗糖界面，渗糖层不断向内发展，最终达到果蔬组织中心部位从而完成渗糖过程。由于室温条件下分子热运动慢，渗糖作用完全依靠室温下糖分子和水分子的自然扩散作用。

影响渗糖的因素是果蔬的组织结构及糖液浓度。被破坏的组织结构易于扩散透糖，可采用热烫的方法，破坏果蔬的组织结构。高浓度糖液能加速排水吸糖，但在室温下，糖液黏度高，扩散速度慢，果蔬组织极度失水收缩，糖液不易达到果蔬组织内部，从而出现干缩现象，因此要分次加糖、分次提度。

2)加热煮制

加热使分子热运动加快，糖液粘度下降，扩散渗透速度作用增强。由于糖液的沸点随浓度上升而升高，因而在糖液未达到沸腾温度时，果蔬组织内的水分已汽化蒸发，强大的水蒸气分压阻碍了糖分的继续渗透，造成果蔬内部细胞失水收缩而渗糖不足，从而出现干缩现象。

影响渗糖的因素主要是果蔬组织间隙中的空气及果蔬组织内的水蒸气分压，其次是果蔬的组织结构和糖液浓度。采取的措施是用热烫的方法，破坏果蔬的组织结构及排除果蔬组织间隙中的空气；改变温度或减压煮制来降低果蔬组织内的水蒸气分压；分次加糖、分次提度。

2. 糖制方法

1)蜜制

蜜制是我国果脯蜜饯加工的传统方法，其特点是分次加糖，不对果实进行加热，较好保持了原料的色泽、风味、形态和营养价值。适合于皮薄多汁、质地柔软的原料。其缺点是加工周期长，生产效率低。青梅、杨梅、樱桃、枇杷、杏、无花果以及多数凉果，都采用蜜制法制成。

(1)分次加糖法。在蜜制过程中，先用40%的糖液浸渍原料，剩余糖分2~3次加入，每次提高糖浓度10%~15%，直到制品糖浓度达60%以上时出锅。

(2)一次加糖多次浓缩法。在蜜制过程中，分期将糖液倒出加热浓缩，提高糖浓度，再将热糖液加到原料中继续糖渍，冷果与热糖液接触，利用温差热冲加速糖分的扩散渗透，此法效果优于分次加糖法。

(3)减压蜜制法。通过减压锅对果蔬进行抽空处理，抽空和浸泡同时进行，利用压力差来促进糖分渗透。每次抽空的真空度为98.0 kPa，保持40~60 min，抽空后的浸泡时间不少于8 h。

(4)蜜制干燥法。凉果的蜜制多用此法。在蜜制后期，取出半成品曝晒，使之失去20%~30%的水分后，再行蜜制至终点。此法可减少糖的用量、降低成本、缩短蜜制时间。

2)煮制

加热煮制有利于糖分迅速渗入，缩短加工周期，但制品色香味较差，维生素损失多。适合于质地紧密、耐煮性强的原料。

(1)一次煮制法。经预处理好的原料在加糖后一次性煮制成功。一般先将配好的40%糖液入锅，倒入处理好的果实，加大火使糖液沸腾，然后分次加糖，使糖浓度增高至60%~65%时停火。此法快速省工，但持续加热时间长，原料易软烂，色香味差，维生素破坏严重，糖分难以达到内外平衡，致使原料失水过多而出现干缩现象。

(2)多次煮制法。经3~5次完成煮制，先用30%~40%的糖溶液煮到原料稍软时，放冷糖渍24 h。然后，每次煮制均增加糖浓度10%，煮沸2~3 min，直到糖浓度达60%以上。

该法每次加热时间短，辅以放冷糖渍，降低果蔬组织内的水蒸气分压，因而获得较好品质产品。适合于细胞壁较厚难以渗糖的原料、煮制易软烂的原料或含水量高的原料。但加工周期长，煮制过程不能连续化。

(3)快速煮制法。又称变温煮制法。让原料在糖液中交替进行加热煮制和放冷糖渍，降低果蔬组织内的水蒸气分压，使糖分快速渗入而达到平衡。处理方法是将原料装入网袋中，先在30%的热糖液中煮4~8 min，取出后立即浸入相同浓度的15℃糖液中冷却。如此交替进行4~5次，每次提高糖浓度10%，最后完成煮制过程。此法可连续生产，时间短，产品质量高，缺点是需要准备充足的冷糖液。

(4)加压煮制法。通过高温高压条件加速果蔬组织渗糖，适合于耐煮且不易渗糖的坚密果蔬原料。由于加压条件下不利于糖液水分和果蔬组织水分的蒸发浓缩，在加压处理后，原料须再在常压下完成糖煮过程。因此加压处理通常作为一种辅助措施，可与上述三种方法相结合。具体蒸煮时间及变换蒸煮压力次数，要依据果蔬组织的坚密性与透糖难易而定。一般时间为10～40 min，次数3～4次。

(5)微波速煮法。通过箱式微波加热器对原料进行加热，利用微波加热速度快、热效率高的特点，提高原料渗糖效果，缩短生产周期。由于高功率长时间的微波处理容易使果蔬组织变形、软烂，因此原料可先采用高功率微波处理，煮沸后改用低功率微波加热；微波处理后再进行常温糖渍。具体微波功率及加热时间，可依据果蔬特性而定。该方法也可与快速煮制法相结合。

(6)减压煮制法。又称真空煮制法。原料在真空和较低温度下煮制，有效排除果蔬组织间隙中的空气，降低果蔬组织内的水蒸气分压，糖分能迅速渗入而达到平衡。温度低，时间短，制品色香味比常压煮制优。真空煮制时真空度为83.5 kPa，煮制温度约为55～70℃。

(7)扩散煮制法。原料装在一组不同浓度糖液的真空扩散器内，按糖液浓度从低到高的顺序，依次对原料进行煮制渗糖，这种方法是真空处理，煮制效果好，可连续化操作。

3. 糖制终点判断

糖制终点的判断是指确定制品含糖量是否达到成品的要求，可以通过对糖液浓度的判断来进行。

1)比重法测糖度

一定浓度的溶液都有一定的密度或比重。通过比重法来测定糖液浓度，常用的仪器是糖锤度计，它是以蔗糖溶液重量百分比浓度为刻度，单位用°Bx表示。由于糖液体积会随温度变化而发生改变，若测定温度不在标准温度(20℃)，需查表进行温度校正。

2)折光法测糖度

不同浓度糖液在光线下的折射率是不同的。通过折光法来测糖液浓度，常用的仪器是手持糖量计，所测数据也要查表进行温度校正。

3)温度计测糖度

利用糖液的沸点随浓度上升而升高的特点，通过温度计来测量糖液浓度，一般糖液温度达103～105℃时可结束煮制。

4)经验法

利用不同浓度糖液粘度大小不同的特点来进行经验判断。如挂片法，将木片沾上糖液，不断翻转木片不让热糖液滴下，冷却后，根据其形成糖液薄片的速度和形状来判断糖液浓度；手捏法，手指沾取少许糖液，通过手感的粘滑程度、糖液能否拉丝及拉丝长短来判断糖液浓度；滴凝法，将糖液滴在瓷盘上，冷却后用手指按压，通过手指对糖块韧性的感觉来判断糖液浓度；经验法，根据糖液自然下滴的速度来判断。

5.3.1.4　干燥和上糖衣

除湿态蜜饯外，其他制品在糖制后需进行烘晒，除去部分水分，以利于保藏。干燥的方法一般是烘烤或晾晒。干燥后的蜜饯，要求外观完整、形态饱满、不皱缩、不结晶、质地柔软，含水量在18%～22%，含糖达60%～65%。

糖制后产品表面残留糖液多，沥糖困难，干燥时间较长。可以将制品在20～30°Bx稀热糖液中轻轻晃动一下，涮去表面粘稠的浓糖浆，或用0.1%羧甲基纤维素钠溶液（CMC）冲洗果坯，使果脯表面干爽，还能增加产品的透明度和光泽。烘烤温度为50～60℃，不宜过高，以免糖分焦化。

所谓上糖衣，是将制品在干燥后用过饱和糖液短时浸泡处理，使糖液在制品表面凝结成一层糖衣来增加产品的含糖量，延长保质期。以40 kg蔗糖和10 kg水的比例煮至118～120℃后将蜜饯浸入，取出晾干，可在蜜饯表面形成一层透明糖衣。另外，将干燥的蜜饯在1.5%的果胶溶液中浸渍并轻摇30 s后取出，在50℃下干燥2 h，也能形成一层透明胶膜。

所谓上糖粉，是在干燥蜜饯表面裹上一层糖粉，以增加制品保藏性。先将白砂糖烘干磨碎成粉，干燥快结束时在蜜饯表面撒上糖粉，拌匀，筛去多余糖粉。上糖粉也可以在产品回软后、再行烘干前进行。

5.3.1.5　包装贮藏

干燥后的蜜饯经整形和分级之后，使产品外观达到整齐一致、形态美观，再按商品包装要求进行包装。

干态蜜饯和凉果的包装要求防潮、防霉。一般内包装选用食品塑料袋或小塑料瓶罐，外包装选用纸箱。湿态蜜饯则以罐头食品的包装要求进行。

贮存糖制品的库房要清洁、干燥、通风。库房地面要铺垫隔湿材料。库房温度应为12～15℃，避免温度低于10℃而引起蔗糖晶析；相对湿度控制在70%以下。

贮存期间如发现制品轻度吸湿变质现象，应将制品放入烘房复烘，冷却后重新包装；受潮严重的制品要重新煮烘后包装为成品。

5.3.2　果酱类加工工艺

5.3.2.1　果酱的加工工艺

原料选择→预处理（选别分级、清洗、去皮、切分、加热软化、打浆）→调配→浓缩→装罐密封→杀菌冷却→成品

1. 原料选择

果酱生产原料要求是柔软多汁、易于破碎的品种，一般在充分成熟时采收。宜选用香气浓郁、色泽美观的柑橘、凤梨、苹果、杏、无花果、草莓等果实为原料。凤梨、柑橘类果酱也可用罐藏下脚料加工制成。杏子以大红杏、鸡蛋杏、巴斗杏、串枝红等品种为佳。无花果以浙江、安徽的红皮无花果为佳。草莓宜选红色的鸡心、鸡冠、鸭嘴等品种。

2. 预处理

原料需选别分级，剔除霉烂、成熟度低等不合格果实。按不同种类的产品要求，分

别进行清洗、去皮（或不去皮）、去心核、切分、修整、加热软化（softening）、打浆（pulping）等处理。

加热软化的目的是破坏酶活，防止变色和果胶水解；软化果肉组织，便于打浆和糖液渗透；促使果肉组织中果胶溶出，并蒸发掉部分水，缩短浓缩时间。果实软化时，可加原料重量10%～20%的水进行软化，也可用蒸汽软化，软化时间一般为10～20 min。软化升温要快，时间依原料种类及成熟度而异。每批投料不宜太多，生产流程要快，防止变色并避免长时间受热影响风味和色泽。软化后用打浆机打浆，还可采用胶体磨处理使果肉组织更加细腻。但果肉肉质柔软的原料可直接浓缩，如草莓等果实。

3. 调配

果酱的配方按原料种类及成品标准要求而定。一般果肉（汁）占配料量的40%～50%，砂糖占45%～60%（允许使用占总糖量20%的淀粉糖浆）；当原料的果酸或果胶含量不足时，应添加适量的柠檬酸、果胶或其他增稠剂，使成品总酸量达0.5%～1.0%，果胶含量达0.4%～0.9%。

所有固体配料使用前都应配成浓溶液后过滤备用。砂糖配成70%～75%的溶液；柠檬酸配成50%的溶液；果胶粉不易溶于水，先与粉量2～4倍的砂糖充分混合均匀，再按粉量加10～15倍的水，在搅拌下加热溶化为溶液；琼脂用50℃左右的温水浸泡软化，洗净去杂，加热溶解后过滤，加水量为琼脂重的20倍；其他增稠剂按其性质采用不同方法溶解备用。

4. 浓缩

加热浓缩是果蔬原料及糖液中水分的蒸发过程。常用的浓缩方法有常压浓缩和减压浓缩。浓缩过程要采用严格的投料顺序，否则成品易出现变色、液体分泌和酱体流散等现象。投料顺序为浓缩过程中分次加糖，这样有利于水分蒸发，缩短浓缩时间，接近终点时加入果胶或其他增稠剂，最后加酸，在搅拌下浓缩至终点出锅。

1）常压浓缩

主要设备是带搅拌器的夹层锅。物料入锅后在常压下用蒸汽加热浓缩，开始加热时蒸汽压力为294～392 kPa，浓缩后期，压力应降至196 kPa。每锅下料量以控制出成品50～60 kg为宜，浓缩时间以30～60 min为好。时间太短会因转化糖不足而在贮藏期出现糖结晶现象。

浓缩初期，由于物料中含有大量的空气，在浓缩时会产生大量的泡沫，为防止外溢，可加入少量冷水或植物油，以消除泡沫，保证蒸发正常进行。浓缩过程中要不断搅拌，以防止锅底焦化。

常压浓缩的主要缺点是温度高、水分蒸发慢、芳香物质和维生素C损失严重、制品色泽差。欲制出优质的果酱，宜选用减压浓缩。

2）减压浓缩

又称真空浓缩，分单效、双效两种浓缩装置。以单效浓缩锅为例，该设备是一个带搅拌器的双层锅，配有真空装置。工作时，先通入蒸汽于锅内赶走空气，再开动离心泵，使锅内形成一定的真空，当真空度达53.3 kPa以上时，开启进料阀，待浓缩的物料靠锅内的真空吸力吸入锅中达到容量要求后，开启蒸汽阀门和搅拌器进行浓缩。加热蒸汽压力务必保持在98.0～147.1 kPa，锅内真空度为86.7～96.1 kPa，温度50～60℃。浓缩过程若泡沫上升激烈，可开启锅内的空气阀，使空气进入锅内抑制泡沫上升，待正常后再关闭。浓缩过程应保持物料超过加热面，以防焦锅。当浓缩至接近终点时，关闭真空泵开关，破坏锅内空气，在搅拌下将果酱加热升温至90～95℃，然后迅速关闭进汽阀，出锅。

番茄酱宜选用双效真空浓缩锅，该设备是由蒸汽喷射泵使整个装置形成真空，将物料吸入锅内，由循环泵打循环，加热器进行加热，然后由蒸发室蒸发，浓缩泵出料。整个设备由电器仪表控制，生产连续化、机械化、自动化，生产效率高，产品质优，番茄酱固形物浓度可高达22%～28%。

对浓缩终点的判断，与蜜饯类产品的方法类似。生产中主要用折光法测定可溶性固形物的浓度，也可凭经验判断。具体方法是用搅拌的木片挑取少许料液，横置，若料液呈片状脱落，即为终点。

5. 装罐密封

果酱可采用玻璃瓶、金属罐或高温蒸煮袋作为包装容器，容器使用前必须清洗消毒。装罐时，酱体温度不低于80～90℃，装罐后立即杀菌冷却。

6. 杀菌冷却

果酱在加热浓缩过程中，绝大多数微生物被杀死，加上果酱高糖高酸对微生物有着很强的抑制作用，一般装罐密封后，残留在果酱中的微生物是难以繁殖的。对于加工卫生条件好的生产厂家，可在装罐后倒置数分钟，利用酱体的余热进行罐盖消毒，然后直接入库，不用杀菌。但为安全起见，在装罐后通常要进行杀菌处理。杀菌方法可采用热水或蒸汽杀菌，杀菌温度和时间依据果蔬品种及罐型而定，一般为100℃下杀菌5～10 min。

金属罐包装可在杀菌结束后迅速用冷水冷却至30～40℃，利用罐体余温蒸发掉容器表面水分。玻璃瓶包装宜分段降温冷却，然后用干布擦去瓶外的水分和污物，入库保存。

5.3.2.2 果冻的加工工艺

原料选择→预处理→榨汁→澄清→过滤→调配→浓缩→装罐密封→杀菌冷却→成品

1. 原料选择、预处理

利用果蔬原料中的果胶物质形成胶凝，因而要求果实的果胶物质和酸含量丰富，如南酸枣、山楂、花红、柑橘、酸樱桃、番石榴以及酸味浓的苹果等。原料成熟度为七八成熟，即较生时采收。预处理同果酱的加工工艺。

2. 榨汁、澄清、过滤

榨汁、澄清、过滤详见第3章的有关内容。

3. 调配、浓缩

煮制浓缩时，需要不断搅拌，防止糊锅。浓缩过程中需要添加配料，在添加配料之前，需要对果汁测定pH和果胶含量，形成果胶胶凝的适宜条件。若含量不足，可适当加入果胶或柠檬酸进行调整。当可溶性固形物含量达66%～69%时即可出锅。

4. **装罐密封**

将料液灌装到经消毒的容器中，及时封口，不能停留。

5. **杀菌冷却**

封口后的果冻，可采用85℃热水浸泡杀菌10 min，杀菌后的果冻立即用冷水喷淋或浸泡，冷却至40℃左右，以便能最大限度保持食品的色泽和风味。冷却后用50～60℃的热风干燥，将果冻杯(盒)外表的水分蒸发掉，防止产品在贮藏销售过程中长霉。

产品要求光滑透明，有原果实的芳香味，凝胶软硬适度，从罐内倒出时保持完整光滑形状，切割时有弹性，切面柔滑而有光泽。

5.3.2.3 果丹皮的加工工艺

原料选择→预处理→调配→浓缩→刮片→烘烤→揭皮→整形→包装→成品

1. **原料选择、预处理**

原料选择、预处理同果酱的加工工艺。

2. **调配、浓缩**

经打浆过滤而得到的果浆一般含水量偏多，需要进行适当浓缩。可采用常压浓缩，也可用真空浓缩法进行，后者效果更佳。浓缩过程中根据产品要求添加糖、酸、增稠剂等配料。浓缩后的果浆置贮存罐内备用。

3. **刮片**

将果浆在钢化玻璃板上用模具及刮板制成均匀一致、厚度为3～4 mm的酱膜，要求四边整齐，不流散。

4. **烘烤**

将刮片后的玻璃板置烘房内，65～70℃下烘烤8 h。烘烤过程中要随时排潮，促进制品中的水分排出。当烘至不粘手、韧而不干硬时即可结束烘烤。

5. **揭皮**

烘烤结束后趁热用铲刀将果丹皮的四周铲起，然后将整块果丹皮从玻璃板上揭起，置适宜散热处进行冷却。之后即可切分整形，包装后即为成品。

5.3.3 果蔬糖制品常见质量问题及解决方法

5.3.3.1 蜜饯加工中常见的问题

1. **返砂、返糖与流糖**

返砂是指由于蔗糖的转化率过低，转化糖含量不足，在低温干燥季节，制品表面或内部所含的蔗糖重新结晶析出，而失去原有的色泽、光泽和透明感。返糖是指制品中蔗糖过分转化，转化糖含量过高，在低温干燥季节，制品表面或内部的转化糖结晶析出，形成白色冻猪油状固体，从而失去原有色泽、光泽和透明感，且质地变硬。流糖，也称流汤，是指制品中转化糖含量过高及贮藏时相对湿度过大或烘晒时内部水分过高，造成制品吸湿潮解。

造成返砂、返糖与流糖的主要原因是转化糖占总糖的比例问题。一般来说，制品总糖量在68% ~70%，含水量17% ~19%，转化糖达到总糖量60%时，制品不会返砂，但较低气温下高转化糖易返糖及潮湿条件下流糖，因此一般情况下，转化糖达到总糖量40% ~50%为宜。

防止返砂的方法是：①对于含酸量低的果蔬，糖煮时加酸，保持糖液含酸量在0.3% ~0.5%左右；②糖液中加入旧糖液；③糖液中加入部分淀粉糖浆或麦芽糖浆（一般添加量不超过20%）；④贮藏温度在10℃以上。对于已返砂产品可利用旧糖液或配制含一定转化糖的糖液煮沸后糖烫一段时间，要求糖烫透心，再烘干即可。防止返糖的方法是糖煮时控制加酸量，贮藏温度在10℃以上，避免过冷。防止流糖的方法是：①糖煮时控制加酸量；②避免烘干温度过高，造成内部水分扩散不出来；③贮藏环境的相对湿度小于70%；④抽真空或充氮包装。

2. 返砂产品不返砂

返砂蜜饯产品应是表面干爽、有结晶糖霜析出、不黏不燥。但由于加工方法不当，使得制品转化糖含量增高，致使产品发黏，糖霜析不出。

造成返砂产品不返砂的原因主要是原料处理时，没有添加硬化剂；原料本身的果酸或果胶较多；糖渍时，半成品有发酵现象，糖液发黏；糖煮时间太短，糖液的浓度不足。

解决的办法：①在处理原料时，应适当添加一定数量的硬化剂，对含酸量较多的果蔬，选择石灰做硬化剂，中和部分酸；②延长烫漂时间，尽量除去果胶、果酸；③在糖煮时掌握好时间，防止蔗糖过度转化，尽量采用新糖液，或者添加适量的白砂糖；④防止半成品发酵，增加糖用量或添加防腐剂。

3. 软烂与干缩

软烂的原因主要是品种选择不当，果蔬的成熟度过高；预处理时切缝太深；糖煮温度过高或时间过长。干缩的原因主要是果蔬成熟度过低；糖渍或糖煮时糖浓度过大、糖渍或糖煮时间太短、糖液浓度不够，致使产品吸糖不饱满等。

解决的办法：①选择成熟度适中的原料；②通过硬化保脆，提高原料的耐煮性；③糖制中应分次加糖、分次提度，并适当延长糖渍的时间，使原料充分吸糖饱满后再进行糖煮，糖煮时间要掌握适当。

4. 变色

由于加工方法不当，制品会出现褐变现象或色泽发暗的情况。其原因主要是原料发生酶促褐变和非酶褐变或原料本身的色素物质发生变色或褪色。糖煮时间越长、温度越高、转化糖越多、干燥时的条件及加工设备都会加速褐变或色素物质破坏。

解决的办法：①工序间护色处理（烫漂、硫处理、抽空处理等）；②缩短糖煮时间和尽量避免多次重复使用糖煮液；③干燥温度不能过高，一般控制在50 ~60℃；④抽真空或充氮包装；⑤避光低温贮存（12 ~15℃）。

5. 发酵、生霉

微生物败坏的主要原因是产品含糖量太低和含水量过大；贮藏中湿度过大、通风不良；卫生条件差导致微生物污染严重。

解决的办法：①控制成品的含糖量和含水量；②加工和贮藏中加强卫生管理；③适当添加防腐剂。

此外，加工中还容易出现添加剂(如着色剂、防腐剂及甜味剂)的超标问题，需要在生产中严格控制配方、加强管理来避免。

5.3.3.2　果酱加工中常见的问题

1. 变色

造成果酱变色的原因有很多，包括单宁的氧化、糖和酸及含氮物质的作用、糖的焦化、金属离子的作用等。防止果酱变色方法：①各工序良好控制，加工操作迅速；②碱去皮后务必洗净残碱；③尽量缩短加热时间，浓缩中不断搅拌，防止焦化；④加工设备采用不锈钢设备；⑤贮藏温度不宜过高，以20℃左右为宜。

2. 糖结晶

造成糖结晶的原因是果酱中转化糖含量过低。防止方法是严格控制配方，使果酱中含糖量不超过65%，并使其中转化糖占30%左右。也可用淀粉糖浆代替部分砂糖，一般为总糖量的20%。

3. 液体分泌和酱体流散

液体分泌和酱体流散是在15～20℃取15～20 g果酱置于白色搪瓷器皿上，在1 min内液体从酱体中流出或1 min内酱体向四周扩散。造成液体分泌和酱体流散的原因是果块加热软化不充分；原料中果胶或酸含量过低；浓缩时间短。防止方法是充分加热软化，使果胶物质溶出；对果胶含量低的可适当增加糖量；添加果胶或其他增稠剂增强胶凝作用。

4. 发酵、生霉

微生物败坏的主要原因是原料霉烂；装罐时瓶口污染，装罐温度低；密封不严，杀菌不足；加工、贮藏卫生条件差。防止方法：①严格分选原料，剔除霉烂变质原料；②原料库房严格消毒，良好通风；③装罐中防止瓶口污染；④80℃热装罐，彻底杀菌；⑤容器、加工器具、车间严格消毒。

5.3.4　超高压法生产果酱

1899年，美国化学家Bert Hite首次发现了450 MPa的高压能延长牛乳的保藏期，之后相继有很多报道证实了高压对各种食品和饮料的杀菌效果。美国物理学家P. W. Briagmun在1906年开始对固体压缩性、熔化现象、力学性质、相变、电阻变化和液体粘度等宏观物理行为的高压效应进行了系统的研究，并于1914年提出了静水压下卵白变硬和蛋白质变性、凝固的报告，但在当时没有引起足够重视。1986年，日本京都大学的林力丸教授率先开展了高压食品的实验。1991年4月日本明治屋食品公司生产出世界上第一号高压食品——果酱，并在日本取得良好的试售效果。目前日本在超高压食品加工方面居国际领先水平，而德、美、英、法等欧美国家也先后对高压食品的加工原理、方法及应用前景开展了广泛的研究，并取得了不少成果。

5.3.4.1　定义

超高压技术(ultra high pressure，UHP)是将食品密封于弹性容器或无菌压力系统中，常以水或其他流体介质作为传递压力的媒介物，高静压一般在100 MPa以上，常温或较低温度下（<100℃）处理一段时间，以达到加工保藏的目的。该方法采用静水压，为非热高压，属于冷杀菌。

5.3.4.2 保藏原理

高压杀菌的基本原理是压力对微生物的致死作用。高压导致微生物的形态结构、生物化学反应、基因机制以及细胞壁膜发生多方面的变化，从而影响微生物原有的生理活动机能，甚至使原有功能破坏或发生不可逆变化，最终造成微生物的死亡。

影响高压杀菌效果的因素有微生物的种类和特性、压力的大小和加压时间、施压方式、温度、pH、水分活度、食物本身的组成和添加物。

5.3.4.3 高压处理与热处理的区别

热处理是利用加热后分子剧烈运动，破坏氢键、离子键、疏水键等非共价键，从而引起蛋白质等高分子物质的变性，在此过程中，也对共价键产生破坏作用，使色素、维生素、芳香性成分等低分子物质发生变化。加热改变了食品的色、香、味，也可能产生异臭和毒性因子，并对部分营养成分造成破坏。

高压只破坏非共价键，造成蛋白质变性却无损其基本特性，对低分子物质的影响小，因而食品能保持其原有的生鲜风味和营养成分，不产生异臭和毒性因子。但蛋白质的变性状态及淀粉糊化状态与加热处理亦有所不同，也无法期待加热时着色或产生香气，如美拉德反应。高压处理时，压力传递均匀、迅速；缩短了生产流程，生产效率高；能耗低，污染小。

因此，高压加工技术具有很多热加工无法比拟的优点。但是高压处理很难实现彻底的杀菌灭酶；并且高压设备价格昂贵，限制了高压技术的商业化发展。

5.3.4.4 加工方法

果实、砂糖、果胶→混合→充填密封→加压→成品

整个加工过程要求在无菌系统下进行。主要工艺参数为室温下以400～600 MPa的压力处理10～30 min。被处理的物料一般经过包装后置于超高压容器中进行加压，要求包装材料至少应满足三个基本条件：能够传递压力；在压力下不被破坏；能防止高压介质的渗入。由于传统的玻璃罐、金属罐等包装容器不能满足超高压处理的要求，因此高压下只能使用软包装材料。通常选择高阻隔性的复合薄膜袋，采用真空包装。

5.3.4.5 加工设备

超高压装置包括超高压容器、加压装置及辅助设施。超高压容器通常为圆筒形，由高强度不锈钢制造而成。高压容器的圆筒通常为内外双重构造，容器外面设计有夹层套，用温水或冷水循环，进行容器内的温度调节。加压装置主要指超高压泵和增压器。超高压泵一般为电动液压泵，由柱塞泵、控制阀、油箱、电机和仪表等组合成的一个独立的液压动力装置。增压器为传压和增压的装置，它通过低压大直径活塞驱动高压小直径活

塞，将压力提高。辅助设施包括加热或冷却系统、监测和控制系统及物料的输入输出装置等

超高压设备的传压介质多是用水或油。当超高压设备的压力为100~600 MPa时，一般可用水作为传压介质。但当压力超过600 MPa以上时，一般宜采用油性传压介质。油的黏度不能太高，通常以变压器油与煤油按3∶1比例混合为宜。

超高压技术食品加工设备按操作方式可分为间歇式和连续式两种。间歇式超高压加工系统可处理液态、固态和不同大小形状的物料，适用于经过包装后食品的处理。操作过程是将产品装在耐压、无毒、柔韧并能传递压力的软包装内，然后放入超高压容器内并密封好。首先将容器内的空气排出，然后升高到所需的压力，并在此压力下保持一定的时间。卸除压力，取出超高压加工后的产品。超高压容器的放置可以是垂直的、水平的或倾斜的。

连续式超高压加工系统用于处理液态物料，如牛奶、果汁、饮料等。操作过程是按料液充填、升压、保压、降压、排液的顺序循环运行处理。连续式超高压加工装置由多台超高压容器组成一个超高压加工系统，错开循环时间即可实现全系统连续生产。处理后的液体从超高压加工装置经无菌排料口排到无菌中间贮藏罐内，然后通过无菌包装得到成品。

5.4 果蔬糖制品加工实例

5.4.1 果脯蜜饯类

5.4.1.1 化皮橄榄

橄榄属橄榄科，橄榄属，又名青果，因果实尚呈青绿色时即可供鲜食而得名。橄榄营养丰富，含有17种人体所需要的氨基酸，果肉富含钙质与维生素C。中国是世界栽培橄榄最多的国家。橄榄肉质不厚、组织坚密，皮层带蜡，汁少，味苦涩带甘。通常先将橄榄制成盐坯，去除苦涩味后再进行糖制。本工艺以鲜榄为原料临时加盐使苦涩汁液去除，去皮后进行糖制，故称“化皮榄”。

1. 工艺流程

原料选择→去皮→盐腌→漂洗→糖制→烘制→包装→成品

2. 操作要点

1）原料选择

采用八成熟、肉质脆、纤维细的品种。果实要求新鲜饱满，表皮呈淡黄绿色且光滑，剔除病虫害及严重机械伤果、软烂果。

2）去皮

将鲜榄在2%的氢氧化钠溶液中浸碱去皮。主要设备为夹层锅，沸腾碱液中烫碱1 min后立即投入大量清水中浸泡，去除多余的碱液。

3）盐腌

以 50 kg 鲜榄为例，用盐量为 25 kg，采用盐水腌，不断搅拌 20 ~ 30 min，擦去鲜榄表面浮皮，使苦涩榄汁渗出，然后用清水漂净。为更好破坏橄榄坚密的果肉结构，也可采用 0.15 MPa，15 min 的高压蒸煮处理。

4）糖制

配制 50% 的白砂糖糖液 50 kg，加入榄坯煮沸到 108℃，停止加热，浸渍 24 h。在糖液中补加麦芽糖浆 8 kg，脱苦陈皮粉末 0.5 kg，苯甲酸钠 50 g，加热煮沸到 118℃，停止加热，浸渍 3 d。

5）烘制

将果粒捞出，在沸水中轻轻晃动 1 ~2 s，涮去表面糖液。用烘干机在 60℃下烘至表面不粘手为止。

6）包装

成品包装以聚乙烯塑料袋作 50 g、100 g、200 g 定量散粒密封包装；或用玻璃纸作单粒紧密包裹，然后作定量密封袋包装；也可用塑料瓶包装。

3. 质量标准

淡黄色或淡绿色，有光泽，半透明；果肉爽脆，无明显粗纤维感；清甜，无异味；总糖含量 45% ~50%，含水量不超过 18%。

5.4.1.2 藕片糖

藕，又称莲藕，属睡莲科植物。藕原产自印度，后来引入中国，迄今已有三千余年的栽培历史了。藕微甜而脆，可生食也可做菜，而且药用价值相当高。藕富含淀粉，组织紧密，糖渍中不易透糖，糖渍时间较长。可通过加酶或加酸的方法使淀粉分解，加速糖渍过程。

1. 工艺流程

原料选择→清洗→烫漂→切片→浸酸→糖制→烘制→包装→成品

2. 操作要点

1）原料选择

选择颜色浅淡，藕节直径在 5 cm 以上的新鲜大节藕。

2）清洗、烫漂、切片

切除藕节，充分洗净，放入沸水中热烫 10 min，然后用大量清水漂洗至室温。将藕横切成 1 cm 厚的薄片，用清水洗去藕丝和胶体液。

3）浸酸

用大量清水加盐酸调整 pH 为 2，加入藕片，浸渍 6 ~8 h。然后用缓慢流水漂洗 4 h，以漂洗到藕片的 pH 为 6 时，移出，沥去水分备用。

4）糖制

每 50 kg 藕片用 40% 的砂糖液，加热煮沸到 105℃，随时加少量水维持此沸点浓度 20 min，再煮到沸点 110℃时，加入砂糖 10 kg，迅速搅拌到开始结砂时，停止加热。在余热下不断搅拌到结砂为止。

5）烘制

将藕片放入烘盘中，用烘干机在55℃下烘至表面干燥不粘手为止。

6)包装

成品用聚乙烯塑料袋作定量真空密封包装。

3. 质量标准

色泽浅淡美观；结砂晶亮；外脆内嫩，甜酸适口；含水量不超过9%。

5.4.1.3　花鸟柚皮

利用柚果制作蜜饯，常见的产品有柚皮糖、花鸟柚皮、柚皮蜜饯等，其中花鸟柚皮是传统的艺术花样水果糖制品。利用薄块柚皮雕刻成花卉或鸟兽形状，其艺术在于雕刻造型的技巧，类似剪纸艺术。产品精巧美观，并有行气化痰的功能。

1. 工艺流程

原料选择→清洗→片皮→硬化→雕刻→糖制→烘制→包装→成品

2. 操作要点

1)原料选择

原料要求为无病虫害、果形大的柚子，成熟度为六七成熟。

2)片皮

剥去柚皮后，用刀削除表面浓绿色的油胞层，再将靠近果肉部分疏松的白皮组织削去，保留致密的白皮层。采用片皮法进行切片，即用左掌按平白皮层，右手持锋利的薄钢阔面小刀，沿水平方向将柚皮平削成薄片。片取的薄片厚度约为0.5 cm。

3)硬化

先将柚皮薄片用2%的明矾水浸泡2 h进行硬化处理，再用沸水热烫1 min，捞出后用大量清水漂洗，以去除柚皮中的苦味物质。

4)雕刻

柚皮轻轻榨除多余水分，平置于工作台上。将花卉鸟兽的花样模板，压在柚皮薄片上，按模板用刀雕刻。花样模板可用薄木板或透明塑料板，以透明塑料板为好。所刻花样大小尽量与柚皮薄片形状大小一致。也可在片皮后手工雕刻，再作硬化烫漂处理。

5)糖制

将75%的白砂糖溶液煮沸后，趁热倒入浸渍缸中，使柚皮充分吸收糖液。浸渍24 h后，移出糖液，补加白糖保持糖液浓度为75%，煮沸后再浸渍柚皮2 d。染色与糖渍同时进行，着色要求颜色协调、淡雅美观，避免颜色太深而失真。

6)烘制

将柚皮摊放在烘盘上，入烘房烘干，烘烤温度应控制在50℃以下，也可采用晒干的方法。

7)包装

将柚皮用扁平纸盒包装，纸盒正面镂空，内衬玻璃纸，方便消费者选择购买。纸盒外面采用热收缩薄膜包装，避免制品吸湿，以利于保藏。

3. 质量标准

色泽鲜艳；平整美观、造型多样；总糖含量70%～75%，含水量不超过3%。

5.4.1.4 低糖圣女果脯

圣女果属茄科，蕃茄属，又称小西红柿、樱桃番茄。它既是蔬菜又是水果，果实横径约 1 ~ 3 cm，鲜红碧透(另有中黄、橙黄、翡翠绿等颜色的品种)，味清甜，无核，除了含有番茄的所有营养成分之外，其维生素含量比普通番茄高。长期食用不仅能美容抗衰老，还有防病抗癌之功效。

1. 工艺流程

原料选择→清洗→烫漂→硬化→糖制→烘制→包装→成品

2. 操作要点

1)原料选择、清洗

选用新鲜、成熟、色泽亮红，无病虫害的新鲜圣女果作为原料，洗去泥沙、残留农药及微生物，除去腐烂、有病虫斑或色泽不良的圣女果。

2)烫漂

烫漂可以灭酶护色，排除圣女果实组织内部的空气与异味，提高细胞组织的通透性，从而改善成品品质。烫漂时间为 45 ~ 60 s，温度为 90 ~ 100℃。烫漂后应迅速用冷水冲洗，将原料冷却至室温。

3)硬化

选择 δ－葡萄糖酸内酯作为硬化剂，虽然其价格较贵，但它既可作为硬化剂，又可作为酸味剂，且制成后成品柔软，无残渣、饱满。因此可以使用。其适宜的硬化浓度为 3%，时间为 4 h。

4)糖制

漂洗后，将圣女果放入真空锅进行真空渗糖，糖液浓度为 45%。在 0.06 ~ 0.08 MPa 的真空锅内抽 20 min。为保证糖液均匀渗入，防止成品干缩与返砂，在渗糖液中加入 1.1% 柠檬酸和 0.3% 的羧甲基纤维素钠，而后在 50% 的糖液中常温浸渍 36 h。

5)烘制

将果块捞出，沥干糖液，摆放在烘盘上，在烘房用 60 ~ 66℃下干燥至表面不粘手为止，烘烤时间 10 ~ 12 h。也可选择真空干燥。

6)包装

烘干后将产品用手捏成扁圆形，剔除黑点、斑疤等。成品采用聚乙烯塑料袋充氮包装，贮藏在干燥通风的室(库)内。

3. 质量标准

色泽鲜红、透明；形态完整、果体饱满；口感酸甜适口；具有圣女果芳香、无异味；总糖含量 40% ~ 45%。

5.4.1.5 低糖雪莲果果脯

雪莲果属菊科，葵花属，又称菊薯、亚贡、地参果，原产自南美洲的安第斯山脉，是当地印第安人的一种传统根茎食品。雪莲果形似甘薯，汁多而晶莹剔透，香甜脆爽。雪莲果含丰富的带有甜味的低聚果糖，由于人体内缺乏酶来水解低聚果糖，因此雪莲果适合糖尿病人及减肥者食用。

1. **工艺流程**

原料选择→清洗→去皮→切片→烫漂→护色硬化→糖制→烘制→包装→成品

2. **操作要点**

1)原料选择

选择新鲜饱满、八成熟、大小一致，无畸形、无虫害、无霉变的雪莲果。

2)去皮

将雪莲果表面的灰尘、泥砂及杂质用清水洗去。用不锈钢刀具人工去皮，切成0.5 cm的薄片。

3)烫漂

由于雪莲果易发生酶促褐变，因而采用烫漂处理来钝化酶类，同时破坏果片组织结构利于渗糖。将鲜切果片放入沸水中热烫4 min，立即浸入冷水中冷却至室温。

4)护色硬化

将烫漂好的果片浸入1%食盐、0.5%柠檬酸、1.5%氯化钙组成的护色硬化液中常温浸泡2 h，然后用清水漂洗沥干备用。

5)糖制

将果片浸入含蔗糖30%、果葡糖浆15%、羧甲基纤维素钠0.8%、柠檬酸0.4%的糖液中，采用80℃超声波辅助渗糖80 min，然后在糖液中浸渍1 h。

6)烘制

采用50℃烘5 h→65℃烘3 h→50℃烘5 h的低温慢速变温干燥工艺进行烘干，烘至果片表面不粘手并稍带弹性为止。

7)包装

成品采用聚乙烯塑料袋真空密封包装，并结合紫外线杀菌处理。

3. **质量标准**

金黄色，有光泽，透明度好；酸甜可口，具雪莲果的天然香气；组织饱满，片形整齐，表面光滑；软硬适中，有弹性。总糖含量40%～45%，含水量17%～20%。

5.4.2 果酱类

5.4.2.1 黑莓果酱

黑莓，为蔷薇科悬钩子属浆果类植物，原产自北美。黑莓果实柔软多汁、营养丰富、色泽宜人，适合于鲜食或加工成饮料、果汁、果酱、糖水罐头等。同时黑莓花还是一种很好的蜜源植物。

1. **工艺流程**

原料选择→清洗→加热软化→打浆→调配→浓缩→装罐密封→杀菌冷却→成品

2. **操作要点**

1)原料选择

选择新鲜良好、成熟度高、色泽乌黑有光泽、无霉烂和病虫害的果子。果子应及时加工处理，避免因气温高、原料积压而发生变味及霉烂现象。若原料较多应送冷库冷藏。

2）加热软化

用洗果机洗去果实表面污物和微生物及外来杂质。加热软化温度为70℃，软化时间5～10 min。

3）打浆

用打浆机进行破碎处理，破碎粒度大小为3～5 mm。

4）浓缩

常压浓缩采用夹层锅进行熬煮，夹层蒸汽压力为0.2 MPa。浓缩近终点时依次缓慢加入其他添加剂，然后迅速出锅。在浓缩过程中应不断搅拌，严防焦锅。

5）装罐密封

浓缩后立即趁热灌装、封口，以保证罐内真空度。

6）杀菌冷却

玻璃瓶装，采用倒杀正放，杀菌公式为5～20 min/100℃，杀菌后迅速冷却到40℃以下。

3. 质量标准

酱体紫红色或暗红色、有光泽、均匀一致；具有黑莓浓郁的滋味及气味；甜酸适口；酱体呈粘稠状，组织细腻；可溶性固形物含量60%～65%（以折光计）。

5.4.2.2 山楂果糕

山楂属蔷薇科落叶乔木，原产中国。山楂果实营养丰富，也具有重要的药用价值，自古以来就是健脾开胃、消食化滞、活血化痰的良药。山楂适合于加工成多种制品，本工艺利用山楂含有的丰富果胶物质使其结成冻糕。

1. 工艺流程

原料选择→清洗→加热软化→打浆→调配→浓缩→成型→烘制→包装→成品

2. 操作要点

1）原料选择、清洗

选择果胶含量高、成熟度为八九成熟的果实，或利用山楂罐头的下脚料。剔除病虫、腐烂果及杂质。除去果柄果核，清洗干净后备用。

2）加热软化、打浆

山楂果肉坚密少汁，为了溶出更多的果胶物质，加入软水煮至果肉变软。果肉与水的比例为5∶4，煮沸5 min。加热软化后的原料用打浆机打成均匀细腻的浆体。

3）调配、浓缩

浆料与白砂糖配比为1∶1。入锅熬煮时，要不断搅拌。煮沸成浓浆状即可起锅。若要生产低糖山楂果糕，除减少糖用量外，还要加入增稠剂增加胶凝强度。

4）成型、烘制

熬煮好的浆料置于浅烘盘中摊成厚度约1.5 cm的薄层，室温下放置1～2 h，使其冷却凝结。将烘盘放入烘干机中以65℃烘4 h，翻面再烘至半干状态。

5）包装

冷却后切成小块，用玻璃纸包装。也可用玻璃罐密封保存。

3. **质量标准**

颜色鲜艳，呈鲜亮的红棕色；质地均匀，口感细腻；切面光滑，外观有光泽，半透明；含水量不超过8%。

5.4.2.3　柑橘马茉兰

马茉兰制品最早以榅桲为原料，现一般采用柑橘类原料生产。其加工方法与果冻相似，不同的是配料中加入用柑橘类外果皮切成的块状或条状薄片，均匀分布于制品中，有柑橘类特有的风味。

1. **工艺流程**

原料选择—┬→果肉→榨汁→澄清→过滤—┬→调配浓缩→装罐密封→杀菌冷却
　　　　　└→果皮→软化→脱苦→糖制—┘

→成品

2. **操作要点**

1)原料选择

选用色艳、表皮无斑点的成熟柠檬、橙或蜜柑等为原料。经清水冲洗干净后，用刀纵切半或四开，去除外皮。蜜柑可用人工去皮。

2)果肉处理

果肉经压榨、澄清、过滤后备用。果肉渣中添加适量水搅拌，加热30~60 min，抽取出残留果胶，经澄清、过滤后与上述果汁混和。

3)果皮处理

用刀去除果皮内面白皮层，再切成长约30 mm、厚约3 mm的条片。将条片放在5%~7%盐水中煮沸20~30 min，再用流动水洗4~5 h，以有适量苦味及芳香味为宜，晾干。条片在50%糖液中加热煮沸后，浸渍8~12 h，再加热至可溶性固形物达65%，出锅备用。

4)调配浓缩

配方为：果汁50 kg，糖制果皮16~20 kg，果胶粉约1%(成品计)，淀粉糖浆33 kg，砂糖34 kg，柠檬酸0.4%~0.6%(成品计)。

采用夹层锅加热浓缩，至可溶性固形物达66.5%~67.5%时出锅装罐。

5)装罐密封

保持酱温在85~90℃，趁热装罐。倒罐消毒2~3 min。果皮在装罐时易上浮，应充分搅拌均匀后再装罐。

6)杀菌冷却

先用85~90℃热水淋洗杀菌，再分段用冷水冷却。

3. **质量标准**

酱体呈金黄色或黄褐色，半透明，均匀一致；具有柑橘特有的风味，无异味；柑橘皮在酱体中分布均匀；可溶性固形物不低于65%(以折光计)。

5.4.2.4 红茶果冻

国家标准《果冻》(GB 19833—2005)中规定果冻是以水、食糖和增稠剂等为原料，经溶胶、调配、灌装、杀菌、冷却等工序加工而成的胶冻食品。按其原料划分为果味型、果汁型、果肉型、含乳型和其他型。目前市场上较少使用果胶作为增稠剂，而选择卡拉胶、魔芋粉等增稠剂，因而果冻在口味上并非高糖高酸。本工艺在果冻配方中加入具有降血糖助消化作用的红茶，制成具有保健功能的食品。

1. **工艺流程**

溶胶→煮胶→过滤→调配→装罐密封→杀菌冷却→成品

2. **操作要点**

1)溶胶

将卡拉胶和魔芋胶按比例与糖干混，防止其相互结团，在搅拌条件下慢慢加入冷水溶解，浸泡2 h，使胶充分吸水溶胀。

2)煮胶

将胶液边加热边搅拌至沸腾，使胶完全溶解，并保持微沸状态8 ~ 10 min。

3)过滤

趁热用已消毒的120目不锈钢过滤网过滤，以除去其中杂质及泡沫，得到透明澄清、黏滑的胶液。

4)调配

胶液沸腾时加入红茶粉汁，当料液温度降至70℃左右，加入柠檬酸，边加酸边搅拌，使之混合均匀。具体配方是以果冻重量100 g为标准，卡拉胶和魔芋胶两者的配比为7：3，总胶粉的添加量为0.8%，白砂糖添加量为14%，红茶粉汁的添加量为0.2%，柠檬酸的添加量为0.12%。

5)装罐密封

将调配好的胶液趁热灌装入经消毒的果冻杯中，并及时封口。

6)杀菌冷却

将果冻杯放入85℃热水中杀菌5 ~ 10 min。杀菌后的果冻立即用冷水浸泡，冷却至40℃。成品按重量要求采用聚乙烯塑料袋密封包装。

3. **质量标准**

浅褐色，软滑爽脆，酸甜可口，具有浓郁茶香味。

【复习思考题】

1. 简述果蔬糖制品的种类和特点。
2. 简述食糖的保藏作用。
3. 简述不同类型果胶的凝胶原理及影响因素。
4. 试述糖制品低糖化的原理与措施。
5. 简述影响蜜饯类产品渗糖的因素和提高渗糖速度的措施。
6. 蜜饯类产品的糖制有哪些方法，如何判断糖制终点？

7. 试述果脯类和果酱类的加工工艺。
8. 果脯蜜饯加工中常见质量问题有哪些，如何解决？
9. 简述果酱加工中加热软化的目的。
10. 简述果酱加工中出现液体分泌和酱体流散的原因和防止方法。

主要参考文献

董全. 2007. 果蔬加工工艺学. 重庆：西南师范大学出版社.
董志铭，等. 2011. 红茶果冻的加工工艺研究. 现代食品科技，2(11)：1367－1371.
李桂琴，等. 2003. 实用果脯加工工艺. 北京：中国农业出版社.
林亲录，邓放明. 2003. 园艺产品加工学. 北京：中国农业出版社.
刘玉冬. 2008. 果脯蜜饯及果酱制作与实例. 北京：化学工业出版社.
刘章武. 2007. 果蔬资源开发与利用. 北京：化学工业出版社.
龙桑. 2001. 果蔬糖渍加工. 北京：中国轻工业出版社.
罗云波，蔡同一. 2001. 园艺产品贮藏加工学. 加工篇. 北京：中国农业大学出版社.
吴竹青，等. 2009. 低糖雪莲果果脯的生产工艺. 食品科学，30(18)：440－443.
肖春玲. 2003. 低糖圣女果脯生产工艺技术的研究. 食品科学，24(7)：99－101.
叶兴乾. 2009. 果品蔬菜加工工艺学. 第3版. 北京：中国农业出版社.
张志勤. 1992. 果蔬糖制品加工工艺. 北京：中国农业出版社.
赵丽芹，张子德. 2009. 园艺产品贮藏加工学. 第2版. 北京：中国轻工业出版社.
郑海燕，等. 2001. 黑莓果酱加工工艺的研制. 江苏食品与发酵，3：36－37.

第 6 章　蔬 菜 腌 制

【内容提要】

本章主要介绍了蔬菜腌制的分类、原理及常见的几类蔬菜腌制品的加工工艺。

【教学目标】

1. 了解蔬菜腌制品的主要种类和特点。

2. 掌握蔬菜腌制原理：①熟练掌握蔬菜腌制的基本原理；②掌握蔬菜腌制品色、香、味形成机理，掌握其保脆保绿的常见方法。

3. 理解蔬菜腌制与亚硝基化合物的关系。

4. 理解各类腌制品(盐渍类、酱菜类、泡菜类、糖醋类)的加工工艺。

【重要概念及名词】

蔬菜腌制　酱腌菜　盐渍菜　酱菜　泡菜　糖醋菜　腌制原理　亚硝基化合物　腌制工艺

凡利用食盐渗入蔬菜组织内部，降低其水分活度，提高其渗透压，有选择地控制微生物的发酵，并添加各种配料，以抑制腐败菌的生长，增强保藏性能，保持其食用品质的保藏方法，称为蔬菜腌制。其制品称为蔬菜腌制品，又称酱腌菜或腌菜(pickled vegetables)。

蔬菜腌制品由于制法简单、成本低廉、保存容易、风味佳美而深受消费者欢迎，是我国加工最普遍，产量最多的一类蔬菜加工品。蔬菜腌制在我国具有悠久的历史。我国最早的诗集《诗经》中有“中田有庐，疆场有瓜，是剥是菹，献之皇祖”的诗句。“庐”和“瓜”是蔬菜，“剥”和“菹”是腌渍加工的意思。汉代许慎所著的《说文解字》解释：“菹菜者，酸菜也。”《周礼・天官》记载“下羹不致五味，铡羹加盐菜”，所谓“羹”是用肉或咸菜做成的汤，由此可更进一步证实盐渍菜的历史。到了秦汉时期，由于豆麦酱的出现，蔬菜的腌制逐步发展到酱渍。1971 年在湖南长沙东郊马王堆西汉古墓的随葬品中发现了酱菜——豆豉姜，这是我国迄今发现的最早的酱腌菜实物证据，它是世界上储藏最久的酱菜。在东汉崔寔的《四民月令》中有“正月可作诸酱，上旬炒豆，中旬煮之，以碎豆作末都，至六七月之交，分以藏瓜”的记载，“末都”即是酱的意思。

至南北朝，我国各种类型的腌制菜已经相继出现。我国历史上最伟大的农学家贾思勰在他的《齐民要术》一书中记载了许多品种不同的腌菜制作方法，如咸菹法(加盐的咸菜腌制法)、瓜菹法(高盐分渍瓜的制法)、藏蕨法(层盐渍菜的盐渍法)、卒菹法(速成酸菜的做法)、菹法(厌氧以利泡菜的制作)。这是对古代腌菜、酸菜、酱菜的种类和制作方法记载最为全面和详细的一本书，其中有些品种现已失传。

到了唐代，我国制作酱菜的技术还传到了日本。唐玄宗天宝十二年(公元753年)，唐高僧鉴真和尚第六次东渡日本，将我国的制酱方法传入日本，著名的奈良渍就是鉴真所传。因此，日本的酱菜和我国有很多相似之处。当时日本孝谦皇帝曾向鉴真和尚表示："江水异域，日月同光，以唐为范。"鉴真和尚答称："中华文化，两国共享。"至今日本人还传诵着"豆腐酱菜数奈良，来自贵国育圣乡，民俗风气千年久，此地无人不称唐"的一段佳话。

到了宋、元、明朝，我国的腌制菜已有很大的发展，盐渍、酱渍、醋渍、糖渍等蔬菜品种均有。如宋朝孟元老《东京梦华录》中记载有"姜辣萝卜、生腌木瓜"等"淹藏菜蔬"；元朝韩奕《易牙遗意》中记载有"三煮瓜法"。

到明清时期，酱腌菜生产工艺和方法已相当成熟。很多古籍，如明代刘基所撰写的《多能鄙事》、清代袁枚所著的《随园食单》等书中都有详尽的记载。其加工工艺、酱菜品种一直流传至今，目前很多酱腌菜的做法基本沿袭传统制法。

经过劳动人民的不断改进，后来又涌现出不少新的加工方法和品种繁多的腌制蔬菜，可谓咸、酸、甜、辣，应有尽有，充分满足了口味不同的各种消费者的需求。如今已形成众多酱腌菜名品，如四川榨菜、北京冬菜、扬州酱菜、萧山萝卜干、云南大头菜等著名特产，不仅国内驰名，而且远销国外。

6.1 蔬菜腌制品的分类

蔬菜腌制品加工方法各异，种类品种繁多。由于所用原料、生产工艺、发酵程度、成品状态等不同，因此分类方法各异。一般是按照生产工艺进行分类的，所以在此仅介绍按生产工艺分类。

1. 盐渍菜类

这是一种腌制方法比较简单、大众化的蔬菜腌制品，利用较高浓度的盐溶液腌制而成，如咸菜。有时也有轻微的发酵，或配以各种调味料和香辛料。根据产品状态不同分为以下三种。

1)湿态蔬菜

由于蔬菜腌制中有水分和可溶性物质渗透出来形成菜卤，伴有乳酸发酵，其制品浸没于菜卤中，即菜不与菜卤分开，所以称为湿态盐渍菜。如腌雪里蕻、盐渍黄瓜、盐渍白菜等。

2)半干态蔬菜

以不同方式脱水后，再经腌制成不含菜卤的蔬菜制品，如榨菜、大头菜、冬菜、萝卜干等。

3)干态蔬菜

以反复晾晒和盐渍的方式脱水加工而成的含水量较低的蔬菜制品，或利用盐渍先脱去一部分水分，再经晾晒或干燥使其产品水分下降到一定程度的制品。如梅干菜、干菜笋等。

2. **酱渍菜类**

以蔬菜为主要原料，经盐渍成咸坯后，浸入酱或酱油酱渍而成。如扬州酱黄瓜、北京八宝菜、天津什锦酱菜等。

3. **糖醋渍菜类**

蔬菜盐腌制成咸坯，经过糖和醋腌制而成的蔬菜制品，如武汉的糖醋藠头、南京的糖醋萝卜、糖醋大蒜等。

4. **盐水渍菜类**

将蔬菜直接用盐水或盐水和香辛料的混合液生渍或熟渍，经乳酸发酵而成的制品。如泡菜、酸黄瓜等。

5. **清水渍菜类**

其典型特点是在渍制过程中不加入食盐。它是以新鲜蔬菜为原料，用清水生渍或熟渍，经乳酸发酵而成的制品。如酸白菜等。

6. **菜酱类**

以蔬菜为原料，经过处理后，经盐渍或不经盐渍，加入调味料、香辛料等辅料而制成的糊状蔬菜制品。如辣椒酱、蒜蓉辣酱等。

6.2 蔬菜腌制原理

蔬菜腌制的原理主要是利用食盐的防腐保藏作用、微生物的发酵作用，蛋白质的分解作用以及其他生化作用，来增加产品的色、香、味和抑制有害微生物的活动。

6.2.1 食盐的保藏作用

有害微生物大量繁殖和酶的作用，是造成蔬菜腐烂变质的主要原因，也是导致蔬菜腌制品品质败坏的主要因素。食盐的防腐保藏机理，包括脱水、抗氧化、降低水分活性、离子毒害和抑制酶活性等作用。

1. **脱水作用**

1%的食盐溶液可以产生 618 kPa 的渗透压，大多数微生物细胞的渗透压为 304 ~ 608 kPa。蔬菜腌制的食盐用量大多在 4% ~15%，可产生 2472 ~9270 kPa 的渗透压，远远超过了微生物细胞的渗透压。由于这种渗透压的差异，必然导致微生物细胞脱水失活，发生生理干燥而被抑制，甚至死亡。

不同种类的微生物，具有不同的耐盐能力。一般来说，对腌制有害的微生物对食盐的抵抗力较弱。表 6.1 列出了几种微生物在中性溶液中能耐受的最大食盐浓度。

从表 6.1 可见，霉菌和酵母菌对食盐的耐受力比细菌大得多，酵母的耐盐力最强。上述参数是微生物在 pH 7 的中性溶液中的耐受力，如果在酸性条件下，其耐盐力就会降低，pH 愈低，微生物的耐盐力愈弱，如酵母菌在 pH 7 时，最大耐盐浓度为 25%，但当 pH 2.5 时，其耐盐浓度只有 14%。

表6.1 几种微生物能耐受的最大食盐浓度

菌种名称	食盐浓度/%
Lactobacillus plantarum 植物乳杆菌	13
Lactobacillus brevis 短乳杆菌	8
Bacterium brassicae fermentati 甘蓝酸化菌	12
Clostridium butyricum 丁酸菌	8
Escherichia coli 大肠杆菌	6
Clostridium botulinum 肉毒杆菌	6
Proteus vulgaris 普通变形杆菌	10
Mycoderma 醭酵母	25
Oidium lactis（产生乳酸的一种霉菌）	20
Moulds 霉菌	20
Yeasts 酵母菌	25

2. **抗氧化作用**

由于氧气很难溶于盐水中，盐腌会使组织内部的溶解氧排出，从而形成缺氧环境，抑制好氧性微生物活动。

3. **降低水分活性**

食盐溶解后离解，在离解后的离子周围聚集水分子，形成水合离子。水合离子周围水分子的聚集量占水分总量的比例随食盐浓度的增加而提高，相应地溶液中的自由水分就减少，其水分活性就下降(表6.2)。在饱和食盐溶液中(质量分数为26.5%)，无论细菌、酵母，还是霉菌都不能生长。

表6.2 水分活度与食盐含量的关系

食盐/%	0.87	1.72	3.43	9.38	14.2	19.1	23.1
A_W	0.995	0.990	0.980	0.940	0.900	0.850	0.800

4. **毒性作用**

Winslow 和 Falk 发现少量 Na^+ 对微生物有刺激生长的作用，但当达足够高的浓度时，就会产生抑制作用。他们认为 Na^+ 能和细胞原生质中的阴离子结合，从而对微生物产生毒害作用。pH 降低能加强 Na^+ 的毒害作用。

食盐对微生物的毒害作用也可能来自 Cl^-，因为 NaCl 离解时放出的 Cl^- 会与微生物细胞原生质结合，从而促使微生物死亡。

5. **对酶活力的影响**

微生物分泌出来的酶常在低浓度盐液中就遭到破坏，盐液浓度仅为3%时，变形杆菌(*Proteus*)就会失去分解血清的能力。斯莫罗金茨认为盐分和酶蛋白分子中肽键结合，破坏了微生物蛋白质分解酶分解蛋白质的能力。

总之，食盐的防腐作用随食盐浓度的提高而增强。从理论上讲，蔬菜腌制过程中食盐浓度达10%左右就比较安全。随着盐浓度进一步增加，防腐作用虽然增强，但也延缓了有关生物化学反应速度，后熟期增长。因此，在蔬菜腌制过程中的用盐量必须恰当掌握，并结合按紧压实、隔绝空气等措施来防止微生物败坏，保证成品品质。

6.2.2　微生物的发酵作用

6.2.2.1　正常的发酵作用

在蔬菜腌制过程中，正常的发酵作用不但能抑制有关微生物的活动而起到防腐保藏作用，还有助于品质形成。正常发酵作用以乳酸发酵为主，辅之轻度的酒精发酵和极轻微的醋酸发酵。

1. **乳酸发酵**(lactic acid fermentation)

任何蔬菜腌制品在腌制过程中都存在乳酸发酵作用，只不过强弱不同而已。如泡酸菜中乳酸发酵较强，而榨菜或酱菜中乳酸发酵则较弱。

1)乳酸菌类群

从应用科学角度讲，凡是能产生乳酸的微生物都可称为乳酸菌，其种类繁多，属兼性或厌氧性，在10～45℃内能生长，最适温度25～32℃，最高产酸能力为0.8%～2.5%。杨瑞鹏(1991)对酸泡菜发酵过程中的乳酸菌区系进行了研究，结果发现其中起主导作用的有4种乳酸菌：肠膜明串珠菌(Leuconostoc mesenteroides)、植物乳杆菌(Lactobacillus plantarum)、小片球菌(Pediococcus parvulus)、短乳杆菌(Lactobacillus brevis)。该4种乳酸菌在不同蔬菜原料，不同发酵阶段，其消长情况是不相同的(表6.3、表6.4)。

表6.3　泡萝卜发酵进程中4种乳酸菌消长情况

时间/d	pH	总酸量/% (以乳酸计)	菌娄/ (10^5/mL)			
			肠膜明串珠菌	小片球菌	短乳杆菌	植物乳杆菌
1	5.70	0.11	2.5	—	—	—
2	4.50	0.31	3.5	110.0	70.0	540.0 *
3	3.66	0.70	29.0	73.6	50.0	860.0
4	3.58	0.79	—	—	—	415.0
5	3.48	0.92	—	—	—	280.0
6	3.45	1.00	—	—	—	142.0
7	3.45	1.05	—	—	—	28.0
8	3.44	1.06	—	—	—	4.5

注：＊包括少量棒状乳杆菌。

由表6.3可见，肠膜明串珠菌、小片球菌及短乳杆菌前期活跃，4 d后消失，产酸量低，不耐酸；植物乳杆菌第二天开始大量出现，第三天达高峰，随着酸度增加，pH下降而逐渐减少。

表6.4　泡小白菜酸菜发酵进程中四种乳酸菌消长情况

时间/d	总酸量/%	菌数/(10^5个/mL)			
		肠膜明串珠菌	小片球菌	短乳杆菌	植物乳杆菌
1	0.13	7.2	—	—	—
2	0.17	23.0	7	—	4.2
3	0.23	—	—	—	108.0
5	0.32	—	—	4.8	96.0
7	0.41	—	—	72.0	57.0
9	0.46	—	—	32.0	29.0
15	0.48	—	—	4.7	2.8

注：摘自杨瑞鹏、赵学慧，《酸泡菜发酵过程中乳酸菌区系的研究》。

由表6.4可见，肠膜明串珠菌、小片球菌初期活跃，第三天消失；植物乳杆菌、短乳杆菌分别于第二天、第五天出现，参与到最后，数量迅速增加至最高，而后逐日下降。

2)发酵类型

不同的乳酸菌发酵产物各有不同，根据发酵产物不同可分为：

(1)正型乳酸发酵。发酵只生成乳酸，产酸量高。参与正型乳酸发酵的有植物乳杆菌和小片球菌。除能发酵葡萄糖外，还能将蔗糖等水解成葡萄糖后发酵生成乳酸。发酵的中后期以正型乳酸发酵为主。

$$\underset{\text{葡萄糖}}{C_6H_{12}O_6} \xrightarrow{\text{正型乳酸发酵}} \underset{\text{乳　酸}}{2CH_3CHOHCOOH}$$

(2)异型乳酸发酵。发酵产生乳酸外，还有其他产物及气体放出。

如肠膜明串珠菌将葡萄糖、蔗糖等发酵生成乳酸外，还生成乙醇及二氧化碳。肠膜明串珠菌菌落黏滑，灰白色，常出现在发酵初期，产酸量低，不耐酸，会引起蔬菜组织变软，影响品质。

$$C_6H_{12}O_6 \xrightarrow{\text{异型乳酸发酵}} CH_3CHOHCOOH + CH_3CH_2OH + CO_2\uparrow$$

短乳杆菌将葡萄糖发酵生成乳酸外，还生成醋酸、二氧化碳和甘露醇。

有氧时：$C_6H_{12}O_6 \xrightarrow{+O_2} CH_3CHOHCOOH + CH_3COOH + CO_2\uparrow + H_2O$

无氧时：$2C_6H_{12}O_6 \longrightarrow CH_3CHOHCOOH + CH_3COOH + CO_2\uparrow$

$$+ CH_2OH(CHOH)_4CH_2OH$$

在蔬菜乳酸发酵初期，大肠杆菌也常参与活动，将葡萄糖发酵产生乳酸、醋酸、琥珀酸、乙醇、二氧化碳与氢等产物，亦属异型乳酸发酵，产酸不高，约0.25%左右，不耐酸，后期死亡。

$$2C_6H_{12}O_6 \longrightarrow CH_3CHOHCOOH + CH_3COOH + COOHCH_2CH_2COOH$$
$$+ CH_3CH_2OH + CO_2\uparrow + H_2\uparrow$$

异型乳酸发酵多在腌制初期活跃，可利用它抑制其他杂菌的繁殖；虽产酸不高，但其产物乙醇、醋酸等，对腌制品的风味有增进作用；产生二氧化碳，同时将蔬菜组织和水中的溶解氧带出，造成缺氧条件，促进正型乳酸发酵。

2. **酒精发酵**(alcoholic fermentation)

在蔬菜腌制过程中也存在着酒精发酵，其量可达0.5%~0.7%，对乳酸发酵并无影响。酒精发酵是由于附着在蔬菜表面的酵母菌将蔬菜中的糖分解而生成酒精和二氧化碳：

$$C_6H_{12}O_6 \xrightarrow{\text{酵母菌}} 2CH_3CH_2OH + 2CO_2 \uparrow$$

另外，腌制初期发生的异型乳酸发酵中也能形成部分酒精。蔬菜在被卤水淹没时所引起的无氧呼吸也可产生微量的乙醇。在酒精发酵过程中和其他作用中生成的酒精及高级醇，对于腌制品在后熟期中品质的改善及芳香物质的形成起到重要作用。

3. **醋酸发酵作用**(acetic acid fermentation)

异型乳酸发酵中会产生微弱的醋酸。但醋酸的主要来源是由于醋酸菌(*Acetobacter*)氧化乙醇生成的，这一作用称为醋酸发酵。

$$2CH_3CH_2OH + O_2 \xrightarrow{\text{醋酸菌}} 2CH_3COOH + 2H_2O$$

醋酸菌为好气性细菌，仅在有空气存在的条件下才可能使乙醇氧化成醋酸，因而发酵作用多在腌制品的表面进行。正常情况下，醋酸积累量为0.2%~0.4%，可以增进产品品质，但过多的醋酸有损于风味，如榨菜制品中，若醋酸含量超过0.5%，则表示产品酸败，品质下降。

6.2.2.2 有害的发酵及腐败作用

在蔬菜腌制过程中有时会出现变味发臭，长膜生花，起漩生霉，甚至腐败变质，不堪食用的现象，这主要是由于下列有害发酵及腐败作用所致。

1. **丁酸发酵**

由丁酸菌(*Clostridium butyricum*)引起，该菌为嫌气性细菌，寄居于空气不流通的污水沟及腐败原料中，可将糖、乳酸发酵生成丁酸、二氧化碳和氢气，使制品产生强烈的不愉快气味。

2. **细菌的腐败作用**

腐败菌分解原料中的蛋白质，产生吲哚、甲基吲哚、硫化氢和胺等恶臭气味的有害物质，有时还产生毒素，不可食用。

3. **有害酵母的作用**

有害酵母常在泡酸菜或盐水表面长膜、生花。表面上长一层灰白色、有皱纹的膜，沿器壁向上蔓延的称长膜；而在表面上生长出乳白光滑的“花”，不聚合，不沿器壁上升，振动搅拌就分散的称生花。有害酵母在有氧条件下，以糖、乙醇、乳酸、醋酸等为碳源，分解生成二氧化碳和水，使制品酸度降低，品质下降。

4. **起漩生霉**

蔬菜腌制品若暴露在空气中，因吸水而使表面盐度降低，水分活性增大，就会受到各种霉菌危害，出现起漩、生霉。导致起漩生霉的多为好气性的霉菌，在腌制品表面生长，耐盐能力强，能分解糖、乳酸，使产品品质下降。还能分泌果胶酶，使产品组织变软，失去脆性，甚至发软腐烂。

6.2.3 蛋白质的分解作用及其他生化作用

在蔬菜腌制和后熟期中，原料中的蛋白质受微生物的作用和蔬菜原料本身所含蛋白质水解酶的作用而逐渐被分解为氨基酸，这一变化在蔬菜腌制过程中和后熟期中是十分重要的生物化学变化，也是腌制品产生一定的色泽、香气和风味的主要来源，但其变化是缓慢而复杂的。

6.2.3.1 鲜味的形成

由蛋白质水解所生成的各种氨基酸都具有一定的鲜味，但蔬菜腌制品鲜味的主要来源，是谷氨酸与食盐作用生成的谷氨酸钠。其化学反应式如下：

$$\underset{\text{谷氨酸}}{HOOC(CH_2)_2CH(NH_2)COOH} + NaCl \longrightarrow \underset{\text{谷氨酸钠(味精)}}{NaOOC(CH_2)_2CH(NH_2)COOH} + HCl$$

蔬菜腌制品中不只含有谷氨酸，如榨菜含有17种氨基酸，其中谷氨酸占31%，另一种鲜味氨基酸天门冬氨酸占11%。此外，微量的乳酸及甘氨酸、丙氨酸、丝氨酸和苏氨酸等甜味氨基酸对鲜味的丰富也大有帮助。由此可见，蔬菜腌制品鲜味的形成是多种物质综合呈味的结果。

6.2.3.2 香气的形成

蔬菜腌制品香气的形成是多方面的，也是比较复杂而缓慢的生物化学过程。腌制品的芳香成分甚为复杂，邓勇(1992)研究发现榨菜的香气成分达100种之多，按类型分，包括异硫氰酸酯类、腈类、二甲基三硫、酯类、萜类、杂环类、醇类、醛类及其他化合物；对其中41种组分进行定量分析，结果显示它们占香气成分总量的90%以上。蔬菜腌制品的香气成因主要有以下几方面：

1. **酯化反应**

原料中本身所含及发酵过程中所产生的有机酸、氨基酸，与发酵中形成的醇类发生酯化反应，产生乳酸乙酯、乙酸乙酯、氨基丙酸乙酯、琥珀酸乙酯等芳香酯类物质。反应式如下：

$$\underset{\text{乳酸}}{CH_3CHOHCOOH} + CH_3CH_2OH \longrightarrow \underset{\text{乳酸乙酯}}{CH_3CHOHCOOCH_2CH_3} + H_2O$$

$$\underset{\text{氨基丙酸}}{CH_3CH(NH_2)COOH} + CH_3CH_2OH \longrightarrow \underset{\text{氨基丙酸乙酯}}{CH_3CH(NH_2)COOCH_2CH_3} + H_2O$$

2. **芥子苷类香气**

十字花科蔬菜常含有芥子苷，尤其是芥菜类含黑芥子苷(硫代葡萄糖苷)较多，使芥菜类常具刺鼻的苦辣味。而芥菜类是腌制品的主要原料，当原料在腌制时搓揉或挤压使细胞破裂，硫代葡萄糖苷在硫代葡萄糖酶的作用下水解，苦味生味消失，生成异硫氰酸酯类、腈类和二甲基三硫等芳香物质，称为“菜香”，为腌咸菜的主体香。

$$\underset{\text{黑芥子苷}}{C_{10}H_{16}NS_2KO_9} + H_2O \longrightarrow \underset{\text{黑芥子油}}{CSNC_3H_5} + \underset{\text{葡萄糖}}{C_6H_{12}O_6} + \underset{\text{硫酸氢钾}}{KHSO_4}$$

3. **烯醛类芳香物质**

氨基酸与戊糖或甲基戊糖的还原产物4-羟基戊烯醛作用，生成含有氨基的烯醛类芳香物质。由于氨基酸的种类不同，生成的烯醛类芳香物质的香型、风味也有差异。其反应式如下：

$$\underset{\text{戊糖}}{C_5H_{10}O_5} \longrightarrow \underset{\text{4-羟基戊烯醛}}{CH_3COH{=}CHCH_2CHO} + H_2O + O_2\uparrow$$

$$\underset{\text{4-羟基戊烯醛}}{CH_3COH{=}CHCH_2CHO} + \underset{\text{氨基酸通式}}{R\cdot CH(NH_2)COOH} \longrightarrow \underset{\text{香质}}{CH_3-\overset{\overset{\displaystyle OOC\cdot CH(NH_2)\cdot R}{|}}{C}{=}CHCH_2CHO} + H_2O$$

4. **丁二酮香气**

在腌制过程中乳酸菌类将糖发酵生成乳酸的同时，还生成具有芳香风味的丁二酮(双乙酰)，是发酵性腌制品的主要香气成分之一。反应式如下：

$$C_6H_{12}O_6 \longrightarrow \underset{\text{丙酮酸}}{2CH_3COCOOH} \xrightarrow{\text{丙酮酸脱羧酶}} \begin{cases} \underset{\text{乳酸}}{2CH_3CHOHCOOH} \\ \underset{\text{丁二酮}}{CH_3COCOCH_3} + 2CO_2\uparrow \end{cases}$$

5. **外加辅料的香气**

腌咸菜类在腌制过程中一般都加入某些辛香调料。花椒含异茴香醚、牻牛儿醇；八角含茴香脑；小茴香含茴香醚；山奈含龙脑、桉油精；桂皮含水芹烯、丁香油酚等芳香物质。这些香料均能赋予腌咸菜不同的香气。

6.2.3.3 色泽的变化

蔬菜腌制品尤其是腌咸菜类，在后熟过程中要发生色泽变化，逐渐变成黄褐色至黑褐色，其成因有两方面。

1. **酶促褐变引起的色泽变化**

蛋白质水解所生成的酪氨酸在微生物或原料中酪氨酸酶的作用下，在有氧气供给或前述戊糖还原中有氧气产生时，经过一系列复杂而缓慢的生化反应，逐渐变成黄褐色或黑褐色的黑色素，又称黑蛋白。反应式如下：

$$\underset{\text{酪氨酸}}{HO\cdot C_6H_4\cdot CH_2\cdot CH(NH_2)COOH} \xrightarrow{O_2} \underset{\text{黑色素(黑蛋白)}}{[(C{-}OH)_3\cdot C_5H_3\cdot NH]_n} + H_2O$$

原料中的酪氨酸含量愈多，酶活性愈强，褐色愈深。

2. **非酶褐变引起的色泽变化**

原料蛋白质水解生成的氨基酸与还原糖发生美拉德反应(Maillard reaction)，亦称羰氨反应，生成褐色至黑色物质。由非酶褐变形成的这种褐色物质不但色深而且还有香气。其褐变程度与温度和后熟时间有关。一般来说，后熟时间愈长，温度愈高，则色泽愈深，香味愈浓。如四川南充冬菜装坛后经三年后熟，结合夏季晒坛，其成品冬菜色泽乌黑而有光泽，香气浓郁而醇正，滋味鲜美而回甜，组织结实而嫩脆，不失为腌菜之珍品。此外，叶绿素变色和外加有色物质也会导致色泽变化。

1)叶绿素破坏

蔬菜原料中所含的叶绿素，在腌制过程中会逐渐失去其鲜绿的色泽。特别是在腌制的后熟过程中，由于pH下降，叶绿素在酸性条件下脱镁生成脱镁叶绿素，变成黄褐色或黑褐色。

2)外加有色物质

在腌咸菜的后熟腌制过程中，一般都加入辣椒、花椒、八角、桂皮、小茴香等香辛料，既能赋予成品香味，又使色泽加深。

6.2.4 影响腌制的因素

影响腌制的因素有食盐浓度、酸度、温度、气体成分、香料、原料含糖量与质地、腌制卫生条件和腌制用水等。食盐的影响已如前述，现就其他影响因素分述如下。

1. 酸度

不同微生物生长的pH条件不同，表6.5为泡菜发酵过程中常见几种微生物生长繁殖的最低pH。

表6.5 几种微生物发育的最低pH

菌　株	最低pH	菌　株	最低pH
腐败菌	4.4~5.0	丁酸菌	4.5
酵母菌	2.5~3.0	大肠杆菌	5.2~5.5
霉菌	1.2~3.0	乳酸菌	3.0~4.0

注：摘自尹明安，《果品蔬菜加工工艺学》。

由表6.5可看出，不同微生物所适应的最低pH是不同的，腐败菌、丁酸菌和大肠杆菌的耐酸能力均较差，而乳酸菌的耐酸能力较强，在pH为3的环境中仍可发育，霉菌和酵母菌抗酸力是最强的。但霉菌和酵母菌都是好气微生物，只有在空气充足条件下才能发育，在缺氧条件下难以繁殖。

不同乳酸菌株的耐酸能力各不相同。在腌制过程中耐酸能力不同的乳酸菌接力发酵，使腌菜的发酵得以顺利完成。在腌渍初期，由产酸不多、繁殖快而不耐酸的肠膜明串珠菌或粪链球菌占优势，当含酸量达到0.7%~1.0%时，它们就死亡了，由植物乳杆菌或耐酸的片球菌继续发酵；当含酸量达到1.3%左右时，植物乳杆菌也受到抑制，则让位于短乳杆菌和戊糖醋酸乳杆菌，它们能耐受含酸量高达2.4%，使酸菜发酵完成。

2. 温度

适宜的温度可大大缩短发酵时间，但发酵温度不宜过高，以防有害微生物活动。发酵温度在20~32℃时，发酵正常，产酸量较高。不同温度下完成发酵所需时间各异，如酸甘蓝完成发酵所需的时间：25~30℃时6~8 d，20~22℃时8~10 d，10~14℃时15~20 d。此外，温度不同，产酸量也有较大差异，如酸白菜在10℃产酸量仅为0.5%左右，但在20℃时，产酸量高达1.5%左右。

3. 气体成分

乳酸菌属兼性厌氧菌，在嫌气状况下能正常进行发酵作用。腌渍过程中的酵母菌及霉菌等有害微生物均为好气菌，可通过隔绝氧气来抑制其活动。蔬菜腌制过程中由于酒精发酵等过程会产生大量 CO_2，部分二氧化碳溶解于腌渍液中对抑制霉菌的活动与防止维生素 C 的损失都有良好作用。

4. 香料

腌制蔬菜常加入一些香辛料与调味品，这些香辛料与调味品具有改进风味、增加防腐保藏性和改善色泽等作用。例如，芥籽分解所产生的芥籽油和大蒜中的大蒜油等，均具有极强的防腐能力。

5. 原料含糖量与质地

原料中的糖对微生物的发酵是有利的，蔬菜原料中含糖 1% ~3%，为了促进发酵作用可以加糖，1 g 糖经乳酸发酵可以生成 1 g 乳酸，1 g 糖经酒精发酵可以生成 0.51 g 酒精，因而进行乳酸发酵和酒精发酵的腌制品需要一定的糖。

若原料中糖含量偏低可适量补加食糖，同时还应采取揉搓、切分等方法使蔬菜表皮组织与质地适度破坏，促进可溶性物质外渗，从而加速发酵作用进行。

6. 腌制卫生条件

原料菜应经洗涤，腌制容器要消毒，盐液要杀菌，腌制场所要保持清洁卫生。

6.2.5 腌制蔬菜的保脆与保绿

6.2.5.1 保脆

脆性是腌制品的重要质量指标之一。制作良好的腌菜一般都能保持较好的脆性，但腌制过程中如果处理不当，会使腌菜变软而不脆。

1. 失脆原因

腌菜脆性的降低主要是由于果胶物质的变化而引起的。具体又有两种情况：一是蔬菜腌制前由于成熟过度，果胶物质在自身果胶酶的作用下，分解为果胶酸而使蔬菜组织变软失脆，如果用这种原料腌制，其制成品就不会有脆性；二是由于蔬菜在腌制过程中，一些有害微生物的活动，分泌果胶酶类，继而分解菜体内的果胶物质，使腌制品失去脆性。

2. 保脆措施

1）原料选择

要选择成熟度适中，脆嫩而无病虫害的蔬菜原料，防止成熟过度或时间过长。

2）及时加工

蔬菜采收后要及时运输、处理，原料入厂后要尽快加工。在加工旺季，蔬菜量大不能及时腌制时，需将蔬菜摊在阴凉处，否则由于蔬菜呼吸作用产生的呼吸热不能及时排除，会为微生物的大量繁殖创造适宜的温度条件，使蔬菜腐烂变质。

3）硬化处理

利用蔬菜原料中的可溶性果胶与金属离子结合形成不溶性的果胶酸盐，以保持腌菜的脆性。

具体方法：将原料菜放在溶有保脆剂的水中适当浸泡，或者在腌渍液中直接添加保脆剂，也可以在呈微碱性硬度较大的深井水(其中含有较多的钙离子)中进行浸泡，都能起到使腌制品保脆的作用。

一般常用的保脆剂是含有钙离子的化学物质，如氯化钙、硫酸钙、碳酸钙等，添加用量通常为原料重的0.05% ~0.1%。其中以氯化钙为好，它易溶于水，用量约为菜重的0.05%，用量过多会使制品带有苦味，且组织过度硬化，粗糙感加重。有的地方的老百姓使用明矾保脆，明矾属于酸性，对于绿色蔬菜腌制品保绿不利，不宜使用，另外，明矾中含有铝离子，也不利于食用。

4)控制腌制条件，如食盐浓度、pH 等，抑制有害微生物的活动，防止微生物对腌菜脆性的破坏。

6.2.5.2 保绿

1. 失绿原因

绿色蔬菜在发酵性腌制或糖醋渍过程中，由于乳酸或其他有机酸的作用，会失去原有的绿色。在非发酵性腌制过程中，因渗出的菜汁带有酸性，也会使蔬菜逐渐失去绿色，变成黄绿色或灰绿色，甚至变为黄褐色，从而大大降低腌制品的色泽、品质。这种色泽的变化就叫做失绿，是由叶绿素本身的性质所决定的。

2. 护绿措施

为保持蔬菜原有的绿色，可在腌制前先将原料经沸水烫漂，以钝化叶绿素酶，防止叶绿素被酶催化而变成脱叶醇叶绿素(绿色褪去)，可暂时地保持绿色。或者利用微量的碱性物质处理使叶绿素变成叶绿素钠盐，也可使制品保持一定的绿色。例如，在腌黄瓜时，先将黄瓜放在 pH 为7.4 ~8.3 的微碱性的水中浸泡，并多次换水，然后再用食盐腌制；或者在腌制黄瓜时，在盐液中添加适量的弱碱性物质，如石灰乳、碳酸钠、碳酸氢钠或碳酸镁等，可以保持腌黄瓜的绿色。

6.2.6 蔬菜腌制与亚硝基化合物

N-亚硝基化合物是指含有═NNO 基的化合物，是一类致癌性很强的化合物。按其结构可分为 N-亚硝胺、N-亚硝酰胺、N-亚硝脒和 N-亚硝基脲等。N-亚硝基化合物在动物体内、人体内、食品中以及环境中均可由其前体物质胺类、亚硝酸盐及硝酸盐合成。此种化合物如作用于胚胎，则对胚胎有致畸作用；如作用于基因，则使基因发生突变，可遗传给下一代；如作用于体细胞，则使机体发生癌变。

合成亚硝基化合物的前体物质能在各种食品中发现，尤其在质量较差的、不新鲜的或加过硝酸盐、亚硝酸盐保存的食品中。早在 1907 年，Richardson 就首先报道在蔬菜、谷物中存在着硝酸盐。1943 年 Wilson 指出蔬菜中的硝酸盐可被细菌还原成亚硝酸盐，喂养动物后，亚硝酸盐可与动物血红蛋白结合形成高铁血细蛋白，使血红蛋白失去携氧功能而中毒。同时，微生物和酶对蔬菜、肉类等食物中蛋白质、氨基酸有降解作用，致使食物中存在一定量胺类物质，这些胺类物质与亚硝酸盐在一定条件下合成 N-亚硝基化合物。1956 年 Magee 将含有 50 mg/kg 二甲基亚硝胺的饲料喂养大鼠一年，结果几乎全部大鼠发生肝癌，揭示了亚硝基化合物的致癌性。此后，食品中特别是酱腌菜和肉类食品中亚硝基化合物的产生机理、含量和致癌性引起了食品工艺学家和营养学家的广泛关注。

许多蔬菜含有硝酸盐，其含量随蔬菜种类和栽培地区不同而有差异。一般来说，叶菜类大于根菜类，根菜类大于果菜类(见表6.6)。

表6.6 蔬菜可食部分硝酸盐含量 (单位：mg/kg)

类 别	含量	类 别	含量
萝 卜	1950	西 瓜	38~39
芹 菜	3620	茄 子	139~256
白 菜	1000~1900	青豌豆	66~112
菠 菜	3000	胡萝卜	46~455
甘 蓝	241~648	黄 瓜	15~359
马铃薯	45~128	甜 椒	26~200
葱	10~840	番 茄	20~221
洋葱	50~200	豆 荚	139~294

具有硝酸还原能力的微生物污染是腌制蔬菜在腌制过程中产生亚硝酸盐的根本原因。自然界中大约有100余种菌株具有硝酸还原能力，如大肠杆菌、白喉棒状杆菌、白念珠菌、金黄色葡萄球菌、芽孢杆菌、变形菌、放线菌、酵母和霉菌等，尤以大肠杆菌、白喉棒状杆菌、金黄色葡萄球菌和粘质赛氏杆菌等在腌制过程中易污染，且他们的还原能力最强，通常使蔬菜中的 NO_3^- 还原到 NO_2^- 的阶段而终止，使 NO_2^- 蓄积起来。由于蔬菜原料不可避免地受到大肠杆菌等有害菌污染，腌制加工初期，乳酸菌处于繁殖阶段，酸性环境尚未形成，大肠杆菌等有害菌会生长繁殖，分泌硝酸还原酶，使硝酸盐还原成亚硝酸盐；在腌制中、后期，一些耐酸、耐盐、厌氧的有害菌会继续促使硝酸盐的还原。

腌制蔬菜中的亚硝酸盐含量的变化及峰值出现主要受食盐浓度、温度、酸度、含糖量及微生物种群几个方面的影响。

新鲜蔬菜亚硝酸盐含量一般在0.7 mg/kg以下，咸菜、酸菜亚硝酸盐含量可上升至13~75 mg/kg。大量研究表明：蔬菜腌制过程中亚硝酸盐含量高于同种属新鲜蔬菜，不同种属蔬菜亚硝酸盐含量差异显著。亚硝酸盐随食盐浓度不同而有差别，通常在5%~10%的食盐溶液中腌制，会形成较多的亚硝酸盐。腌菜在较低温度下，亚硝峰形成慢，但峰值高，持续时间长，全程含量高。产品的酸度对亚硝酸盐的产生也有很大的影响。实验表明，在腌制过程中，添加一些物质(如碳酸钠、醋酸等)改变其酸碱度，酸度越高，亚硝酸盐浓度越低。这是因为较高的酸度除能抑制有害微生物外，还能分解破坏亚硝酸盐。研究还表明：亚硝酸盐含量与蔬菜腌渍时含糖量呈负相关。

以乳酸发酵为主的泡菜，茎用芥菜与叶用芥菜原料的亚硝酸盐含量分别为1.6 mg/kg、1.7 mg/kg，经发酵、杀菌后的成品亚硝酸盐含量增长到3.2 mg/kg、6.4 mg/kg，以在预腌期中增长幅度最大，发酵阶段增长甚微。因预腌阶段，食盐浓度和乳酸含量均低，不能完全抑制杂菌活动，故亚硝酸盐陡增。而在乳酸发酵阶段，杂菌受到抑制，乳酸菌既不具备氨基酸脱羧酶，因而不产生胺类，也不具备细胞色素氧化酶，因而亚硝基的生成量甚微。泡酸菜中亚硝酸盐含量一般均低于10 mg/kg。即使人均每日食用100 g，也远远低于肉制品中亚硝酸盐含量应小于30 mg/kg的国家标准和世界卫生组织(WHO)建议的日允许摄入量(ADI)0.2 mg/kg体重。

亚硝基化合物虽然会对人体健康造成很大威胁，但只要在蔬菜腌制时，选用新鲜原料蔬菜，腌制前经清水洗涤，适度晾晒脱水，严格掌握腌制条件，防止好气性微生物污染，食用时避开亚硝酸盐生成高峰期，就可减少或阻断亚硝胺前体物质的形成，减少亚硝基化合物的摄入量。据报道，在腌制中，适量加入一些抗坏血酸能降低腌制蔬菜中亚硝酸盐含量，0.01%~0.04%的抗坏血酸对亚硝酸盐的阻断率为16.16%~72.33%。在腌制蔬菜中加入蒜、姜、葱、辣椒等一些常用调味佐料，利用其中的巯基化合物与亚硝酸盐结合生成硫代亚硝酸盐酯，可以减少酱腌菜中亚硝酸盐的含量。采用乳酸菌纯种发酵或混合乳酸菌发酵，超低盐多菌种快速发酵，加糖或加酸等也均能降低酱腌菜中亚硝酸盐含量。

此外，还可采用生物降解法降低亚硝酸盐含量，有研究人员从多种传统腌制蔬菜中分离到12株乳酸菌，对其生化特征以及亚硝酸盐耐受性和降解能力进行了研究和比较，最终筛选出1株各项指标优良，且能快速降解亚硝酸盐的植物乳杆菌J-10，该菌降解亚硝酸钠的最适温度为37℃，最适pH为6.2，在添加0.25 mg/mL的亚硝酸钠的培养液中培养24 h后，亚硝酸盐降解率为99.2%。

6.3 盐渍菜类加工工艺

6.3.1 榨菜加工工艺

榨菜以茎用芥菜膨大的茎(青菜头)为原料，经去皮、切分、脱水、盐腌、拌料装坛(或入池)、后熟转味等工艺加工而成。

榨菜为我国特产，1898年创始于涪陵市，故有“涪陵榨菜”之称。在加工过程中曾将盐腌菜块用压榨法压出一部分卤水，故称榨菜。在国内外享有盛誉，列为世界名腌菜。原为四川独产，现已发展至浙江、福建、上海、江西、湖南及台湾等省市，产品畅销国内外。

榨菜生产由于脱水方法不同，又有四川榨菜(川式榨菜)与浙江榨菜(浙式榨菜)之分。前者为自然晾晒(风干)脱水，后者为食盐脱水，形成了两种榨菜品质上的差异。

6.3.1.1 四川榨菜

四川榨菜具有鲜香嫩脆，咸辣适口，回味返甜，色泽鲜红细腻，块形整齐美观等特色。其工艺流程：

原料选择→剥皮穿串→晾晒下架→头道盐腌→二道盐腌→修剪除筋→整形分级→淘洗上囤→拌料装坛→后熟清口→封口装篓→成品

1. 原料选择

榨菜的原料是茎用芥菜，俗称青菜头。加工榨菜最好的品种是永安小叶、三转子、蔺市草腰子等。原料要求组织紧密脆嫩、粗纤维少、皮薄、菜头突起物圆钝、整体呈圆形或椭圆形，单个重150 g以上，含水量低于94%，可溶性固形物含量5%以上，无病虫害、空心、抽苔者为佳。立春前后至雨水期间采收的青菜头品质好，成品率高。过早采收单产低，过迟采收则菜头抽苔，纤维素逐渐木质化，肉质变老，甚至空心，制成的榨菜品质低劣。

2. 剥皮穿串

原料应及时剥去基部老皮，抽去硬筋，按菜头大小适当切分，500 g以上的切分为三，250～500 g的切分为二，250 g以下者纵切一刀，深至菜心，不切断，制作“全形菜”。切分时切块必须大小一致，以保证晾干后干湿均匀，成品整齐美观。切好的菜头可用长2 m左右的竹丝或聚丙烯塑料丝沿切块两侧穿过，称排块穿菜。穿满一串两头竹丝回穿于菜块上锁牢，每串4～5 kg。

3. 晾晒下架

菜串搭在事先搭好的架上，切面朝外，青面朝里，以利风干。在晴天微风条件下大致7～10 d可达到要求的脱水程度，手捏菜块周身柔软无硬心，表面皱缩而不干枯，无黑斑烂点，黑黄空花，发梗生芽等不良变化，此时便可下架。每100 kg鲜菜块下架时干菜块重为45～35 kg(视早、中、晚期采收时间而定)，含水量由93%～95%下降至90%左右，可溶性固形物由4.0%～5.5%上升至10%～11%。

4. 腌制

风干菜块下架后立即腌制。目前多用大池进行，菜池一般为地下式，规格约3.3 m×3.3 m×3.3 m(约36 m^3)或4 m×4 m×(2～3)m的矩形池，用耐酸水泥做内壁，或铺耐酸瓷砖，每个池可腌制菜块25～27 t。

第一次腌制，也称头道盐腌。将风干菜块过秤装入腌制池，按菜量的4%加盐，一层坯料，一层盐，每层坯料厚30～45 cm，如此装满池为止。每层都必须用人工或踩池机踩紧，以表面盐粒溶化，现汁水为适宜。顶层撒盖面盐，盖面盐由最先4～5层提留，每层留10%。腌制3 d后即可起池，起池时利用渍出的菜盐水，边淘洗边上囤，池内盐水转入专用澄清池贮存。囤高不宜超过1 m。经压囤24 h即成半熟菜块。

第二次腌制，即半熟菜块过秤再入池进行第二次腌制，也称二道盐腌。方法与第一次腌制相同，只是每层菜量减少20%～40%，用盐量为半熟菜块重量的6%，用力压紧，顶层撒盖面盐，早晚再压紧一次，约经7 d，起池淘洗上囤，压囤24 h即为毛熟菜块，应及时转入修剪除筋工序。

入池腌制的菜块，应经常注意检查，以防菜块变质发酵。一般说来，第一道腌制时所加食盐比例较少，容易发生“烧池”现象，如果发现发热变酸或气泡放出特别旺盛时，应立即起池上囤，压干明水后转入第二次腌制。如果修剪除筋工序来不及，可以适当延长第二次腌制留池的时间，不过早晚均要进行追踩一次，并加入少量面盐以防变质。

5. 修剪除筋和整形分级

用剪刀仔细剔除毛熟菜块上的飞皮、叶梗基部虚边，抽去硬筋，削净黑斑烂点。修整的同时，按大、中、小及碎菜块分级。

6. 淘洗上囤

将分级的菜块用经过澄清的盐水充分淘洗，洗去泥砂污物，随即上囤，压囤24 h即为净熟菜块，可转入拌料装坛。

7. **拌料装坛**

首先按净熟菜块重配好调味料，调味料的配比各有所不同，常用的有红辣椒粉、整粒花椒、混合香料末等。混合香料末主要由八角、白芷、山奈、桂皮、干姜、甘草、砂头、白胡椒等组成。食盐用量按大、小、碎菜块分别为净熟菜块重量的6%、5%、4%。食盐、辣椒、花椒及香料等宜事先混合拌匀后再撒在菜块上，充分翻转拌和均匀后装坛。

榨菜坛为土陶坛，容量大小不等，内外光滑满釉，不裂不漏。装坛前先检查坛子是否有沙眼裂缝，清水洗净，并用酒精擦抹杀菌。菜要分次填装，每坛宜分5次装满，分层压紧，排出坛内空气，切勿留有空隙。坛口撒一层红盐(1 kg食盐加辣椒粉25 g拌匀)，约60 g。在红盐面上交错盖上2~3层干净玉米壳，再用干萝卜叶扎紧坛口封严，入库堆码后熟。

8. **后熟及清口**

刚装坛的菜块还是生的，鲜味和香气还未形成，需经存放在阴凉干燥处后熟。后熟期一般至少需要2个月以上，时间延长，品质会更好。后熟期中会出现“翻水”现象，即坛口菜叶逐渐被上升的盐水浸湿，进而有黄褐色的盐水由坛口溢出坛外，这是正常现象，是由坛内发酵作用产生气体或品温升高菜水体积膨胀所致。翻水现象至少要出现2~3次，即菜水翻上来之后不久又落下去，过一段时间又翻上来，再落下去，如此反复2~3次，直到每坛尚残余盐水1 kg左右时停止。每次翻水后取出菜叶并擦净坛口及周围菜水，换上干菜叶扎紧坛口，这一操作称为“清口”，直到不再翻水时即可封口。后熟期中，如果装坛30 d仍无翻水现象，可能是菜坛渗漏或装菜不紧，空隙大，应及时加以补救。

爆坛常发生在气温30℃以上，由于装坛过紧，菜体膨胀而爆坛；或因嗜盐性产气微生物(如酵母菌等)大量繁殖，产生CO_2，坛口封扎过严而爆坛。

9. **封口装篓**

封口多用水泥砂浆，加水拌合后涂敷坛口，中心打一小孔，以利气体排出。此时榨菜已初步完成后熟。

四川榨菜的感官要求及理化指标参见表6.7、表6.8。

表6.7 榨菜的感官要求

项目	要求	
	川式榨菜	浙式榨菜
色泽	菜块微黄色，辅料色泽正常，不发暗，不变褐	菜块黄绿色，辅料色泽正常，不发暗，不变褐
滋味	具有风干榨菜特有的鲜香味及其辅料固有的滋味，无异味	具有盐脱水榨菜的鲜香味及其辅料固有的滋味，无异味
形态	菜块呈近圆球形、扁圆球形或纺锤形，肉质肥厚，菜块表面呈皱纹，辅料分布均匀，空心菜个数总量不超过5%	菜块呈近圆球形、扁圆球形或纺锤形，肉质肥厚，菜块表面呈皱纹，辅料分布均匀，空心菜个数总量不超过5%
质地	具有风干脱水榨菜特有的嫩、脆	具有盐脱水榨菜特有的嫩、脆

注：摘自GH/T 1011—2007《榨菜》。

表 6.8 榨菜的理化标准

项 目	要 求
水分/%	≤85.0
含盐量(以氯化钠计)/%	≤15
总酸(以乳酸计)/%	≤10

注：摘自 GH/T 1011—2007《榨菜》。

6.3.1.2 浙江榨菜

浙江榨菜因青菜头采收期在 4 ~5 月，正值雨季，难以自然晾晒风干脱水，而采用食盐直接腌制脱水。其工艺流程如下：

原料收购→剥菜→头次腌制→头次上囤→二次腌制→二次上囤→修剪挑筋→淘洗上榨→拌料装坛→覆查封口→成品

1. 原料收购

一般从清明节开始收购，菜头大小适中，未抽苔，无空心硬梗，菜体完整无损伤。

2. 剥菜

俗称扦菜。用刀从根部倒扦，除去老皮老筋，刀口要小，不可损伤菜头上突起菜瘤。扦菜后根据菜头形状和大小，进行切分：500 g 以上菜头，切分为 2 ~3 块，中等大小圆形的对剖为两半，150 g 以下的不切。切分时应注意菜块的大小形状，要均匀一致，不可差异过大，以免腌制不匀。

3. 头次腌制

一般采用大池腌制，菜池与四川相似，每层不超过 16 ~17 cm，按 3.5 kg/100 kg 菜坯用盐。

4. 头次上囤

腌制一定时间后(一般不超过 3 d)即须出池，行第一次上囤。先将菜块在原池的卤水中淘洗，洗去泥沙后即可上囤，面上压以重物，以卤水易于沥出为度。上囤时间勿超过 1 d，出囤时菜块重为原重的 62% ~63%。

5. 二次腌制

菜块出囤后过磅，进行第二次腌制。操作方法同前，但菜块下池时每层不超过 13 ~14 cm。用盐量为出囤后菜块重的 5%。在正常情况下腌制一般不超过 7 d，若需继续腌制，则应翻池加盐，每 100 kg 再加盐 2 ~3 kg，灌入原卤，用重物压好。

6. 二次上囤

操作方法同前一次上囤，这次囤身宜大不宜小，菜块上囤后只须耙平压实，面上可不压重物，上囤时间以 12 h 为限。

7. 修整挑筋

出囤后将菜块进行修剪，修去粗筋，剪去飞皮和菜耳，使外观光滑整齐，整理损耗约为第二次出囤菜块的 5% 左右。

8. 淘洗上榨

整理好的菜块需进行初洗与复洗两次淘洗，以除尽泥沙，淘洗时所用卤水为第二次腌制后的滤清菜卤。洗净后上榨，上榨时榨盖一定要缓慢下压，使菜块外部的明水和内部可能压出的水分徐徐压出，而不使菜块变形或破裂。上榨时间不宜过久，程度须适当，必须掌握榨折率在85% ~87%。

9. 拌料装坛

可加入辣椒粉、花椒、五香粉、甘草粉、苯甲酸钠等进行拌料，先将各配料混合拌匀，再分两次与菜块同拌，拌好即可装坛，每坛分五次装满，每次菜块装入时，均须三压三捣，使各部分紧实，用力要均匀，防止用力过猛而使菜块或坛破损。每坛装至距坛口2 cm为止，再加入面盐50 g，塞好干菜叶(干菜叶是用新鲜榨菜叶经腌渍晒干的咸菜叶)。塞口时必须塞得十分紧密。装坛完毕后，坛面要标明毛重、净重、等级、厂名、装坛日期和装坛人编号。

10. 覆查封口

装坛后15 ~20 d要进行一次覆口检查，将塞口菜取出，如坛面菜块下陷，应添加同等级的菜块使其装紧，铺上一层菜叶，然后塞入干菜叶，要塞得平实紧密，随即用水泥砂浆封口，贮于冷凉干燥处，以待运销。

浙江榨菜的感官要求及理化指标参见表6.7、表6.8。

6.3.1.3　方便榨菜

方便榨菜又称小包装榨菜，是以坛装榨菜为原料，经切分拌料、称量装袋、抽空密封、防腐保鲜而成。目前凡有榨菜生产的地区，均有方便(袋装)榨菜生产加工和投放市场。因小型包装，便于携带，开启容易，取食方便，且风味多样，较耐保存，方便榨菜畅销国内外。

包装袋现普遍采用复合塑料薄膜袋，有聚酯/铝箔/聚乙烯、聚酯/聚乙烯和尼龙/高密度聚乙烯等几种。以聚酯/铝箔/聚乙烯使用较好。

方便榨菜的感官和理化要求见表6.9、表6.10。

表6.9　方便榨菜的感官要求

项目	要　求	
	川式榨菜	浙式榨菜
色泽	原辅料应色泽正常，无异常色变	原辅料应色泽正常，无异常色变
滋味	具有风干榨菜特有的鲜香味及其辅料固有的滋味，无异味	具有盐脱水榨菜的鲜香味及其辅料固有的滋味，无异味
味型	可配制成各种味型，但内装榨菜味型必须与标签标志味型一致	可配制成各种味型，但内装榨菜味型必须与标签标志味型一致
质地	具有风干脱水榨菜特有的嫩、脆	具有盐脱水榨菜特有的嫩、脆
形状	菜型可呈丝状、片状、颗粒状	菜型可呈丝状、片状、颗粒状

注：摘自GH/T 1012—2007《方便榨菜》。

表 6.10 方便榨菜的理化指标

项目	要求		
	低盐类	中盐类	高盐类
水分/%	≤92.0	≤86.0	≤82.0
含盐量(以氯化钠计)/%	≤6	≤10	≤15
总酸(以乳酸计)/%	—	≤1.0	—

注：摘自 GH/T 1012—2007《方便榨菜》。

6.3.2 冬菜加工工艺

6.3.2.1 南充冬菜

南充冬菜是四川南充著名特产，生产历史已逾百年，畅销全国各地。成品乌黑而有光泽，组织嫩脆，香气浓郁，风味鲜美，无硬筋老梗，含水量60%～62%，含盐量12%～14%。其工艺流程：

原料→晾菜→修剪→淘洗、晾干→揉菜腌制→上囤→拌料→装坛→晒坛→后熟→分坛包装→成品

1. 原料

生产选用的叶用芥菜原料主要有两个品种：

(1)箭杆菜：叶片直立如箭杆形，是南充历史悠久的腌制冬菜品种。用箭杆菜腌制的冬菜，组织嫩脆、味鲜、香气浓郁，存放三年以上组织仍嫩脆而不软化，且鲜香味愈来愈浓，色泽愈来愈黑。

(2)乌叶菜：是南充目前加工冬菜的大宗品种，菜身肥壮，基部茎比箭杆菜粗大，叶片也大，亩产高，但制成冬菜的品质不及箭杆菜，存放三年以上时组织开始软化，失去脆性。

2. 晾菜

当年11月下旬至翌年1月是采收原料的季节，过早采收菜未充分长大，亩产低；延迟采收，则菜开始抽苔，组织变老不合要求。采后从菜根端纵切开，按菜基部大小，纵切一刀或两刀，但均不要划断，称“划菜”。利用划口将整株菜挂搭在牵藤、木杆或树枝上，晾晒3～4周，多者达6周，等其外叶全部萎黄，内叶及菜心萎蔫、尚未干枯，顶端有萌发的嫩尖时，即可下架。100 kg鲜菜可得干菜23～25 kg。

3. 修剪

先剪去外部老黄叶，供以后做坛口菜封坛用。再剪下中间叶片及菜心上过长叶片的尖端，称为二菜。最后剥净根端基部粗筋部分，剩下萎蔫的菜尖，称蔫菜尖。100 kg鲜原料晒干后经修剪可得到蔫菜尖10～12 kg，二菜4～5 kg，老黄叶8～9 kg。

4. 淘洗、晾干

将修剪的二菜、蔫菜尖分别用清水淘洗，去除泥沙污物，上囤压干明水。

5. 揉菜腌制

按菜坯重13%的盐腌制，留出盖面盐后，把盐撒在菜上，从上至下用力搓揉，揉至

菜身软和，不见盐粒，即可入池。池内分层码放，层层压紧，撒上盖面盐，盖上竹席，用重石加压，以利菜水排出。腌制一月后翻池，并加入0.1% ~0.2%花椒，分层入池压紧，继续加压腌制，以排出更多的菜水。老黄叶淘洗干净，用10%食盐，同法入池腌制，腌后晒干做坛口菜。

由于冬菜系一次加盐腌制，有大量的卤水排出，为了排除卤水可在池底设一孔道，卤水由此孔流出，以降低菜的含水量。流出的卤水经澄清过滤后可晒制“菜酱油”。

6. 上囤、拌料、装坛

翻池续腌2~3月后，即可起池上囤，再加0.1% ~0.2%花椒拌匀，囤高可达3 m，撒上盖面盐，盖上竹席，加压重石，使卤水继续排出，经1~2月不再有卤水流出，即可拌料装坛。香料主要为花椒、八角、山奈、陈皮、桂皮香松、小茴、白芷，将其混合粉碎，保存干燥处备用。按1.1 kg/100 kg左右添加香料粉，拌匀装坛，装坛时菜分次入坛，每次用各种装菜工具由坛心到坛边反复压紧压实，不得留空隙或左虚右实。装至坛口后用腌过晒干的老黄菜叶扎紧坛口，用塑料薄膜包裹捆扎，或用三合土封坛口亦可。

7. 晒坛后熟

装坛后置于露地任其日晒夜露，晴天暴晒，雨天盖棚，其目的是增加坛内品温，促进各种物质的生物化学变化、渗透扩散作用，使菜加速后熟。经过2~3个炎夏，坛内菜色头年由青转黄，二年由黄转乌，三年由乌转黑，并产生特殊芳香。用箭杆菜为原料者，需晒坛三年风味才臻完善，脆度仍佳。而用乌叶菜为原料者，晒坛二年即需销售，否则易失去脆度。晒坛期间，夏季炎热，坛内温度增高，卤水溢出坛外；冬季温度下降，坛内菜体收缩下沉，宜开坛检查，下沉者用同级菜装满，有霉变者取出换以同级菜补充或将霉变菜淘洗去霉压干补加盐回坛压紧，用老黄菜叶塞紧，包裹、密封同前。

8. 分坛包装

冬菜成熟后，取出用容重25~30 kg或2.5 kg瓦坛分装，封口如前，以待运销。近年选用复合塑料薄膜袋包装，真空密封，在反压操作下于100℃沸水浴中杀菌8~12 min，可防止胖袋变质。

6.3.2.2 京冬菜

京冬菜，即北京冬菜，北京和天津一带均有此种加工品，其风味与四川冬菜完全不同，在北方供荤食炒菜及汤菜用。色泽金黄，有冬菜特殊香气，味鲜，咸淡适口，质柔。水分含量为60%以下，食盐含量11%以下。

工艺流程：原料加工→晾晒→腌制→装坛发酵→成品

1. 原料加工

除菜根，用刀将大白菜由上而下切成4~6瓣，然后切成1 cm宽的细长条，再将菜条切成1 cm见方的小块(也可切成丝状)，放入大缸或桶里用清水洗一下，捞出放入筐内沥干。

2. 晾晒

将切好的白菜丝或块，放在席子上均匀摊开，呈薄薄的一层(约1~2 cm)，进行晾晒。在晾晒过程，每天要翻动2~3次，以利水分迅速蒸发，晚上将菜垛成垛，用席子或塑料布盖上。次日将菜摊平继续晾晒，需用3 d左右时间，经风吹日晒使菜的水分含量在50%左右。每100 kg鲜大白菜的菜坯收率为20%左右。

3. 腌制

将晾好的菜坯按比例拌入细盐(每100 kg菜坯加食盐12 kg)，充分搓揉，装入缸内，边装进边压紧实，缸面撒一薄层面盐，封闭缸口，2~3 d后取出。

4. 装坛发酵

将腌制好的菜坯从坛内取出再转入另一个坛里，每装一层即用木棒捣紧压实，直至装满为止。最后在坛口处菜面上撒一层薄薄的细盐，再用干菜叶塞满压紧，用塑料布封上坛口，用麻绳捆紧，糊上黄泥封口后置于室内进行后熟发酵，需约30~40 d即为成品。出品率为每100 kg鲜大白菜出20~25 kg。

在次年春季3月上旬至4月下旬，也可进行大白菜的腌制，成品称为春菜，其腌制法与冬菜相同。装坛后必须密封坛口置于阴凉处，待其后熟。也可在后熟后取出晒干，再装坛压紧密封，长期保存。

6.3.2.3 咸萝卜干加工工艺

萝卜可切成小块状或条状，干燥脱水后添加食盐腌制，制成咸萝卜干，也可以直接用新鲜萝卜加盐腌制脱水制成咸萝卜干。萧山萝卜干、五香萝卜干、爽甜萝卜干等是萝卜干中的精品。萧山萝卜干起源于20世纪40年代，季节性生产，常年销售，在国内外销量很大，与涪陵榨菜齐名。萧山萝卜干原料品种以“白头一刀”、“驼背白”、“白头晒干”三种为最好。“白头一刀”产量高，味道甜脆；“驼背白”质软肉多；“白头晒干”水分少，出干率高，条均匀。以下简要介绍萧山萝卜干的生产工艺。

1. 原料

鲜萝卜要选用薄皮一刀种，其皮色全白，肉质结实，根须水分较少。选择新鲜、皮薄而光滑、肉质结实而脆嫩、粗纤维少的萝卜，剔除腐烂、粗老、空心、黑心的萝卜。加工季节一般在12月至来年2月。

2. 整理、清洗

将萝卜削去叶丛、青皮、须根、尾根，用水洗净表面的泥沙和污物，切成长10 cm，粗如手指的萝卜条，呈三角形，以每条都带皮为宜。大的萝卜可抽去心部不要，过长的要切断。

3. 第一次晒腌

将切条放在四面通风的晒帘上，摊薄均匀晒3~5 d，每天翻动2次，晚上盖上草帘。晒至每100 kg新鲜原料干至35 kg左右，收菜下架，摊晾散热，装缸盐腌，100 kg蔫萝卜条加盐3 kg，拌匀。用力揉搓，至盐粒溶化入坛或缸，压实，越紧越好，满装，盖好盖，封口腌制3~5 d。

4. 第二次晒腌

第一次腌制萝卜干出缸再晒2~3 d，至初晒时重量的70%为止，经摊晾散热，加盐腌制，按一层盐一层萝卜装缸揉压，装得扎实，封口。100 kg腌干萝卜条加盐1.5~2

kg，腌制 5 ~7 d 即可出缸。

5. 晒、拌料

第二次腌制萝卜干取出再晒，100 kg 晒至 80 kg，摊晾散热。装缸，加盐混匀腌制，一层盐一层萝卜，装得扎实，满装，盖好盖，封口。100 kg 腌干萝卜条加盐 2 kg，苯甲酸钠 100 g，腌制 7 d。

6. 装坛、封口

取出上述腌制萝卜干，装坛、压紧，每坛 25 kg。每坛用 250 g 拌有苯甲酸钠的盐封口(每 100 kg 盐 +1 kg 苯甲酸钠)，盐上垫一层竹叶或油纸，再用一团草绳塞满坛口。用砂浆、水泥封口、后熟 30 d 即可达到要求。

6.3.4 咸雪里蕻及梅干菜加工工艺

6.3.4.1 咸雪里蕻加工工艺

雪里蕻是一种叶用芥菜，没有明显的茎部。叶丛生而平展，叶面狭长。咸雪里蕻制作较简单，它以初冬霜降时节收获的雪里蕻为原料，除去老根黄叶，用刀将菜棵竖切一刀或两刀，成两瓣或四瓣，清水中洗净泥沙污物，挂在绳上，阳光下晾晒 1 ~2 d，然后放缸或池中腌制，每 100 kg 菜用盐 10 kg，分层放菜、分层撒盐，直至装满容器，表面再撒一层盐，然后用洗净的石头加压，次日起至第四日，每天翻一次，以散发热气和辛辣味，以后每隔 2 ~3 d 翻一次，15 d 后腌制成熟。产品色绿，脆嫩，可以用于炒菜和凉拌。

6.3.4.2 梅干菜加工工艺

梅干菜是我国传统酱腌菜，是用茎用、叶用芥菜或雪里蕻经盐腌发酵后，再经晒干而制成的成品，其味鲜清香，味咸略甜，色泽黄亮。以梅干菜烹调的佳肴，如梅菜扣肉，独具特色，享誉中外。梅干菜主产于浙江绍兴、萧山、桐乡等地和广东惠阳、惠州一带，江苏、安徽、福建、湖南、台湾等地也有生产。

1. 原料

梅干菜一般以各类芥菜为原料，但不同地区，具体使用品种不同，如浙江梅干菜以雪里蕻为原料，萧山梅干菜以鸡冠芥为原料，绍兴梅干菜和湖南梅干菜以大叶芥为原料，广东的梅干菜以梅菜(芥菜的变种)为原料。加工梅干菜时，应选用高矮基本一致、茎粗叶肥、质地鲜嫩、粗纤维少的芥菜作为原料。

2. 加工工艺

各地梅干菜制作工艺大体相同，但具体加工工艺有所不同。各地梅干菜加工工艺比较见表 6.11。可以看出，除了湖南梅干菜制作中使用酱油、酱色等辅料外，其他各地梅干菜均不使用辅料，主要的工艺包括晾晒、腌制、再晾晒，腌制采用干盐腌制，不加水；腌制时的装缸方式基本相同，都有揉压过程，利用揉菜挤出的菜汁将菜覆盖菜面，造成厌氧环境，在腌制过程中进行微生物的发酵作用。各地梅干菜加工工艺最明显不同之处就是腌制时的食盐含量不同，从 4% 到 21% 不等，晾晒的时间和次数也不相同，有的晾晒2次，有的晾晒3次；另外，浙江的梅干菜在腌制之前有堆积发酵的过程，而广东梅干菜则没有这个过程。就生产周期来看，大陆梅干菜一般为1~2个月左右，而台湾地区梅干菜需要2~6个月。

表6.11 各地梅干菜加工工艺对比

地区	名称	原料	食盐浓度/%	辅料	是否堆存	主要工艺
湖南	湖南梅干菜	大叶芥	4	酱色、酱油油、茶油	否	鲜菜→第一次晾晒(1~2 d，失水30%)→腌制(5~10 d)→第二次晾晒→拌料→蒸→拌料→成品
浙江	萧山梅干菜	鸡冠芥	12	—	否	鲜菜→第一次晾晒(1~2 d)→切片→第二次晾晒(2~3 d)→腌制→晒干→成品
	绍兴梅干菜	大叶芥	不详	—	是	鲜菜收割→晾晒(田间1 d)→整理堆叠(6~7 d)→腌制(1个月)→晾晒(4~5 d)→蒸(0.5~1 h)→凉透→成品
	浙江梅干菜	雪里蕻	7	—	是	鲜菜→第一次晾晒(2 d)→堆存(发酵→腌制→漂洗→第二次晾晒→回潮→打捆→成品
广东	惠阳梅干菜	梅菜	10.5	—	否	鲜菜→第一次晾晒→劈片→第二次晾晒→装缸→换缸→揉压→第三次晾晒→成品
	惠州梅干菜	梅菜	21	—	否	鲜菜→第一次晾晒(2 d)→整理→第二次晾晒(2~3 d)→腌制→倒缸→第三次晾晒(4~5 h)→成品
台湾	霉干菜	芥菜叶	9~15	—	否	鲜菜→晾晒→盐渍→密封→翻缸→密封2~6个月→劈片→晾晒→取叶部分→晾晒→打捆→成品
	福(覆)菜	芥菜茎	9~15	—	否	鲜菜→晾晒→盐渍→密封→翻缸→密封2~6个月→劈片→晾晒→取茎部分→切小段→入罐或玻璃瓶→密封→成熟2个月→成品

注：摘自韩春然，《传统发酵食品工艺学》。

6.3.5 盐渍藠头加工工艺

藠头产于我国长江流域及云南、贵州、广东、台湾等省，国外如日本、韩国也有栽培。国内以湖南、湖北、江西、广西、贵州、重庆、四川等省区栽培最盛。藠头质地松脆，色泽洁白，具有良好的风味，经盐渍后可以长期保存。

工艺流程：原料选择→淘洗→腌制→修剪→分级→精选→装桶(坛)→装箱→成品

1. 原料选择

藠头又叫薤，我国南方自古栽培，一般6月份收获，最好边出土边收购加工，选色白、质地嫩脆、个大把短的藠头用于加工，如有青皮、红皮、破口，应剔除另作处理。

2. 淘洗、腌制

腌制前先将须根剪去，地上茎保留1.5~2 cm，然后尽快用清水反复冲洗干净。装于竹筐等周转箱内晾干水分，入缸或池腌制。腌制方法是先配制8%食盐的溶液，再倒入淘洗干净、沥干的鲜藠头，次日起每天测定盐水浓度，若不足8%，补足食盐，搅拌让盐粒全部溶化，盐水应淹没藠头，如盐水不足可适当加些盐水，直到盐液浓度保持8%不再下降，说明藠头与盐水达到平衡；当天增加食盐1%，直到盐水浓度达到18～20°Bé，并保持不再下降，说明藠头腌制成熟，大约需要腌制15 d。也可以采用一次性加盐腌制，但质量不如此法。

3. 修削、分级

将腌制好的藠头捞起，用锋利的不锈钢刀修削，切去根、把、黑斑等，使成腰鼓形。同时按下列标准分为四级，并再放入22°Bé的盐水中浸泡。

L级：100～140粒/kg，141～180粒/kg；

M级：181～220粒/kg，221～260粒/kg；

S级：261～300粒/kg，301～340粒/kg；

SS级：341～380粒/kg。

4. 精选、包装

将分级的藠头捞出，细致地按质量和分级标准精选一次，边选边称量，装入洗净消毒的软桶内，每捅20～22 kg，加入22°Bé的新鲜盐水置桶口，灌装后敞口放置半天至一天，盖紧，倒置一夜，确实无盐水涌出，方可装入外用特制纸壳箱，即为成品。

6.4　酱菜类加工工艺

蔬菜酱制是采用盐腌保藏的咸坯菜，经去咸排卤后进行酱料酱渍，使酱料中的各种成分通过渗透、扩散作用进入蔬菜组织内，从而制成滋味鲜甜、质地脆嫩的酱菜的过程。各地酱菜加工均有传统制品，如杨州的什锦酱菜、绍兴的酱黄瓜、北京的“六必居”酱菜都很有名。

6.4.1　传统酱制工艺

酱菜的原料绝大多数是利用新鲜蔬菜收获季节先行腌制的咸菜坯，为了提高咸菜坯的保藏期，在腌制时都采用加大食盐用量的办法来抑制微生物的活动。所以咸菜坯的含盐量都很高，在酱渍前均需对咸菜坯进行脱盐工艺。咸菜坯的食盐量一般在20%～22%，酱渍时应使菜坯盐分控制在10%左右。酱制的一般工艺流程为：

原料选择及处理→盐腌→切制→脱盐→酱制→成品

1. 切制

蔬菜腌制成成坯后，有些咸坯需要进行切分，制成各种形状，如片、条、丝等，在酱制前将咸坯切成比原来形状小得多的各种形状。

2. 脱盐

菜坯经清水浸泡去咸后，捞出时将淡卤自然加压排除。传统的操作是将菜坯从缸内捞出装入篾箩或布袋中，一般是每三箩或每五袋，相互重叠利用自重自然排卤，隔1～1.5 h上下相互对调一次，使菜坯表层的淡卤排出均匀，以保证酱渍质量。一般需1～3 d，也有的泡几小时即可，浸泡时要注意每天换水1～3次。

3. 酱制

酱渍的方法有三：其一是直接将处理好的菜坯浸没在豆酱或甜面酱的酱缸内；其二是在缸内先放一层菜坯再加一层酱，层层相间地进行酱渍；其三是将原料先装入布袋内然后用酱覆盖。酱与菜坯的比例一般为5∶5，最少不低于3∶7。由于去咸菜坯中仍含有较多的水分，入酱后菜坯中的水分会逐渐渗出使酱的浓度不断降低。为了获得品质优良的酱菜，最好连续进行三次酱渍，酱渍的时间长短随菜坯种类及大小而异，一般约需15~20 d。如果在夏天酱渍，由于温度高，酱菜的成熟期限可以大为缩短。

在酱渍过程中，为了使原料能均匀地吸收酱色和酱味，同时使酱的汁液能顺利地渗透到原料组织中去，可进行搅动。成熟的酱菜不但色、香、味与酱完全一致而且质地嫩脆，色泽酱红，呈半透明状。

在酱料中可加入各种调味料酱制成不同花色品种的酱菜。如加入花椒、香料、料酒等制成五香酱菜；加入辣椒酱制成辣酱菜；将多种菜坯按比例混合酱渍，或已酱渍好的多种酱菜按比例搭配包装制成八宝酱菜、什锦酱菜。

酱制后的产品可以直接销售，但由于这种产品没有经过杀菌处理，其货架期有限，因此难以实现规模化销售和生产。现在，一般把经过酱渍的酱菜再用玻璃瓶或蒸煮袋包装，然后按照罐头杀菌方法进行杀菌等处理后再进行销售。

6.4.2　酱汁酱菜工艺

工艺流程：

制酱→压榨→酱汁
↓
咸菜坯→切分→水浸脱盐→脱水→渍制→成品

切分、脱盐和脱水与传统酱渍相同。

1. 压榨天然酱汁

用酿造好的天然酱100 kg，经压榨提取头淋酱汁50 kg左右，用头淋酱渣加三淋酱汁80 kg压榨出二淋酱汁70 kg，用二淋酱渣加13°Bé盐水80 kg榨出三淋酱汁70 kg。头淋酱汁做高酱菜，二淋酱汁做中酱菜，三淋酱汁做淋头酱渣。

2. 酱渍

将脱盐脱水处理好的咸菜坯放入酱汁中，浸泡时间根据各种蔬菜及气温掌握。一般酱渍6~10 d。感官指标以酱菜里外颜色均成棕褐色为好。

此法在保证产品质量的前提下，可节省原酱用量2/3，且具有周期短、成熟快，产品质量稳定，出品率高，降低生产成本和减少劳动强度等优点。

6.4.3　真空渗透酱菜工艺

工艺流程：

甜面酱→加水加温→搅拌装袋→压取酱汁
↓
咸坯→切分→脱盐→压榨脱卤→真空渗酱→灌装→密封→杀菌冷却→检验→成品

1. 压取酱汁

面酱呈糊状，黏度较大，取汁时加12.5%的80℃热水，搅拌装袋，压榨挤酱，取出酱汁。100 kg 面酱取出酱汁 50 ~ 60 kg，可溶性固形物浓度 20% 以上，酱汁使用次数以还原糖降至 10% 时停止使用。

2. 排水脱卤

菜坯放入清水缸内浸泡。脱卤以利于菜坯吸收新的酱液，起到改善酱菜风味的作用。排水脱卤后，菜坯紧密，呈半透明状态，加工处理时不易折断，每 1 kg 坯脱卤 50% ~ 55% 为宜。

3. 真空渗酱

把脱卤菜坯和压取的酱汁装入抽空锅内，加盖密封。在抽空泵和抽空锅之间安装气液分离器，抽空锅上安装真空表。放气阀、抽空泵、抽空锅、气液分离器之间有管道连接。在 0.09 MPa 的真空度及菜温 38 ~ 40℃条件下进行渗酱，48 h 即成酱菜。该工艺不仅保持了酱菜的风味，减轻了劳动强度，而且节约资金，降低成本，改善了加工过程中的卫生条件。其中最突出的优点是大大缩短了生产周期，生产原酱菜需要半年，新酱菜生产只需 6 ~ 10 d，有些品种如花菜丝仅需 2 ~ 3 d。如果再辅之以加温和加压处理，可使酱渍时间再缩短 1 ~ 2 d。

4. 灌装、密封、杀菌冷却、检验等

真空渗酱后，酱菜即可按传统方式直接销售。但现代加工企业一般将其采用瓶装或蒸煮袋包装，杀菌处理后销售，以延长产品保藏期。这一工艺环节与罐头加工相同。

6.5　泡菜类加工工艺

6.5.1　四川泡菜加工工艺

泡菜是我国传统特色发酵食品的典型代表，是源自我国本土的生物技术产品，制作生产工艺传承千年。时至今日，在传统工艺的基础上，人们又发展创新出现代泡菜工艺技术。传统泡菜是我国很普遍的一种蔬菜腌制品，在西南和中南各省民间加工非常普遍，其中以四川泡菜最著名。泡菜因含适宜的盐分并经乳酸发酵，不仅咸酸适口，味美嫩脆，既能增进食欲，帮助消化，还具有保健疗效作用。

1. 原料选择

泡菜以脆为贵，凡组织紧密，质地嫩脆，肉质肥厚，粗纤维含量少，腌渍泡制后仍能保持脆嫩状态的蔬菜，均可选用。如子姜、莴头、苦薤、菊芋、萝卜、胡萝卜、青菜头、黄瓜、莴苣、甘蓝、蒜苔等。将原料菜洗净切分，晾干明水备用。

2. 发酵容器

泡菜乳酸发酵容器有泡菜坛、发酵罐等。

泡菜坛：为我国泡菜传统容器，以陶土为材料，两面上釉烧制而成，大小不等，距坛口 5 ~ 10 cm 处有一圈坛沿，坛沿内掺水，盖上坛盖成“水封口”，可以隔绝外界空气，坛内发酵产生的气体可以自由排出，造成坛内嫌气状态，有利于乳酸菌的活动。

发酵罐：不锈钢制，仿泡菜坛设置“水封口”，具有泡菜坛优点，容积达 1 ~ 2 m^3，能控温，占地面积小，生产量大，但设备投资大。

3. 配制泡菜盐水

配制盐水应选用硬水，硬度在16°H以上为好；若无硬水，也可在普通水中加入0.05%～0.1%的氯化钙或用0.3%的澄清石灰水浸泡原料，然后用此水来配制盐水。食盐以精制井盐为佳，海盐、湖盐含镁离子较多，经焙炒去镁方可使用。

配制盐水时，按水量加入食盐6%～8%，为了增进其色、香、味，可加入黄酒2.5%，白酒0.5%，白砂糖3%，红辣椒1%，以及茴香、草果、橙皮、胡椒、山奈、甘草等浅色香料少许，并用纱布袋包扎成香料包，盛入泡菜坛中，以待接种老泡菜水或人工纯种扩大的乳酸菌液。

老泡菜水亦称老盐水，系指经过多次泡制，色泽橙黄、清晰，味道芳香醇正，咸酸适度，未长膜生花，含有大量优良乳酸菌群的优质泡菜水。可按盐水量的3%～5%接种，静置培养3 d后即可用于泡制出胚菜料。

人工纯种乳酸菌培养液制备，可选用植物乳杆菌、发酵乳杆菌和肠膜明串珠菌作为原菌种，用马铃薯培养基进行扩大培养，使用时将三种扩大培养菌液按5∶3∶2混合均匀后，再按盐水量的3%～5%接种到发酵容器中，即可用于出胚菜料泡制。

4. 预腌出坯

用晾干原料量3%～4%的食盐与之拌合，称预腌。其目的是增强细胞渗透性，除去过多水分，同时也除去原料菜中一部分辛辣味，以免泡制时过多地降低泡菜盐水的食盐浓度。为了增强泡菜的硬度，可在预腌同时加入0.05%～0.1%的氯化钙。预腌24～48 h，有大量菜水渗出时，取出沥干明水，称出坯。

5. 泡制与管理

入坛泡制，将出坯菜料装入坛内的一半，放入香料包，再装菜料至离坛口6～8 cm处，用竹片将原料卡住，加入盐水淹没菜料。切忌菜料露出水面，因接触空气而氧化变质。盐水注入至离坛口3～5 cm。盖上坛盖，注满坛沿水，任其发酵。经1～2 d，菜料因水分渗出而沉下，可补加菜料填满。

原料菜入坛后所进行的乳酸发酵过程，根据微生物的活动和乳酸积累量多少，可分为三个阶段：

(1)发酵初期：pH较高(pH 6.0左右)，不抗酸的肠膜明串珠菌迅速繁殖，产生乳酸；pH下降至5.5～4.5，产出大量CO_2，逐渐形成嫌气状态，便有利于植物乳杆菌、发酵乳杆菌繁殖，迅速产酸；pH下降至4.5～4.0，含酸量0.25%～0.30%，时间2～3 d，是泡菜初熟阶段。

(2)发酵中期：以植物乳杆菌、发酵乳杆菌为主，细菌数可达$(5\sim10)\times10^7$/mL，乳酸积累量可达0.6%～0.8%，pH3.8～3.5，大肠杆菌、腐败菌等死亡，酵母菌受到抑制，时间4～5 d，是泡菜完熟阶段。

(3)发酵后期：植物乳杆菌继续活动，乳酸积累量可达1.0%以上，当达到1.2%左右时，植物乳杆菌也受到抑制，菌群数量下降，发酵速度缓慢，达到1.5%左右时，发酵作用停止。此时不属于泡菜而是酸菜了。

就乳酸积累量、泡菜风味品质而言，以发酵中期的泡菜品质为优。如果发酵初期取食，成品咸而不酸、有生味，发酵后期取食过酸、风味不好。泡菜取出后，适当补充盐量达6%～8%，即可进行新一轮泡制，泡制的次数愈多，泡菜的风味愈好；多种蔬菜混泡或交叉泡制，其风味更佳。

若不及时加新菜泡制，则应加盐提高其含盐量至10%以上，并适量加入大蒜梗、紫苏藤等富含抗生素的原料，盖上坛盖，保持坛沿水不干，以防止泡菜盐水变坏，称“养坛”，以后可随时加新菜泡制。

在泡菜的完熟、取食阶段，有时会出现长膜生花，此为好气性有害酵母所引起，会降低泡菜酸度，使其组织软化，甚至导致腐败菌生长而造成泡菜败坏。补救办法是先将菌膜捞出，缓缓加入少量酒精或白酒，或加入洋葱、生姜片等，密封几天花膜可自行消失。此外，泡菜中切忌带入油脂，因油脂飘浮于盐水表面，被杂菌分解而产生臭味。取放泡菜须用清洁消毒工具。

6. 商品包装

成熟泡菜及时包装，品质最佳，久贮则品质下降。

切分整形：泡菜从坛中取出，用不锈钢刀具，切分成适当大小，边切分边装袋(罐)，中间停留不得超过2 h。

配制汤汁：取优质泡菜盐水，加味精0.2%，砂糖3%～4%，乳酸乙酯0.05%，乙酸乙酯0.1%，食盐、乳酸根据泡菜盐水原有量酌加调整到4%～5%与0.4%～0.8%，溶化过滤备用。

装袋(罐)：包装容器可用复合塑料薄膜袋、玻璃罐、抗酸涂料铁皮罐等，每袋(罐)可只装一个品种，也可装多个品种，称为什锦泡菜。

抽气密封：复合薄膜袋0.09 MPa，玻璃瓶、铁皮罐0.05 MPa真空度抽气密封。

杀菌冷却：复合薄膜袋在反压条件下85～90℃热水浴杀菌，100 g装10 min，250 g装12 min，500 g装15 min；500 g装玻璃罐在40℃预热5 min，70℃预热10 min，100℃沸水浴中杀菌8～10 min，分段冷却；312 g装铁皮罐，沸水浴中预热5 min，杀菌10 min，迅速冷却。

保温检验：将产品堆码于保温室内，在32℃恒温下放置5 d，检出胖袋漏袋、胀罐漏罐，并按规定抽样，进行理化指标、微生物指标及感官评定，合格者即为成品。

6.5.2　韩式泡菜加工工艺

近年来，韩国泡菜在国际上享有盛名，但其加工原料和加工工艺都与四川泡菜有较大差异。国际食品法典委员会(CAC)223—2001中认为韩国泡菜(KIMCHI)是以大白菜为主要原料，辅以其他蔬菜原料，经整理、切分、盐渍和调味后发酵而成。韩国泡菜基本组成为大白菜、复合调味料及食盐(氯化钠)，其制作方法一般是用红辣椒粉、大蒜、生姜、虾酱等调料与蔬菜一起进行低温腌渍发酵，突出“腌”。目前，韩国泡菜的品种已达到190多种，调味料也达到50多种，是韩国主要的佐食菜肴。

韩国泡菜的一般工艺流程：

原料→预处理→盐渍→脱盐脱水→拌料→发酵→检验→成品

1. **原料**

主料选择色泽鲜艳、质地脆嫩、成熟适度适宜、无病虫害的时令新鲜蔬菜，如白菜、萝卜等；辅料如辣椒、大蒜、生姜、白砂糖、鱼露、小葱、胡萝卜、苹果、梨、韭菜等根据需要进行选择，均应符合卫生要求。

2. **预处理**

在盐腌之前需要对原辅料进行预处理，如挑选、清洗、切分，以保证产品质量。首先，去除原料中不符合加工要求的部分，无黄叶、虫叶、病叶、根须等，然后清洗掉表面的泥土等异物，晾干明水。然后将其切成适当大小，如生产大白菜泡菜时，通常将其对切成 2 块，也可根据大白菜大小，将其对切成 4 块。

3. **盐渍**

盐渍有湿法和干法两种，湿法即利用食盐水盐渍，干法即直接用食盐盐渍。采用干法或湿法可根据原料情况选择，一般制作白菜泡菜时采用湿法，先将食盐溶解在不锈钢桶中，去掉粗杂质后，放入切分好的大白菜，食盐浓度为8% ~12%。盐渍时应注意控制好盐水浓度或盐渍时间，避免过生或过熟。

4. **脱盐脱水**

盐渍结束后，需去除部分盐分，使白菜的最终盐分浓度为3% ~5%。脱盐直接采用流动清水进行，可分阶段，以保证泡菜的清洁卫生。在脱盐的同时，对大白菜进行整理，去掉泡烂的菜叶。清洗完成后，人工或用压榨脱水设备尽量将其挤干，以避免带入下一工序。

5. **拌料**

脱水后的白菜可立即进行拌料。拌料前预先将辅料处理好，如姜蒜打成泥，葱切成丝，糯米粉熬成糊，按适当的比例与辣椒粉、虾酱等混合。制作白菜泡菜时，把白菜叶一片一片地扒开，用手将调味料均匀地涂在白菜叶上。通常还会将整块大白菜的叶尾向根部对折，然后用最外层的叶片将其紧紧包裹在内。

6. **发酵、检验**

拌料后的泡菜需要进行发酵，以获得其特殊风味。发酵通常采用低温（5 ~10℃）进行，当泡菜酸度（乳酸）达到为0.5% ~0.8%时，发酵完成。发酵完成后，经感官和理化检验等，合格的即可上市流通。韩国泡菜通常不行杀菌处理，因此必须在低温条件下流通，一般流通时间为25 ~30 d。

6.5.3 酸菜加工工艺

酸菜的腌制在全国各地十分普遍。北方、华中以大白菜为原料，四川则多以叶用芥菜、茎用芥菜为原料。根据腌制方法和成品状态不同，可分为两类，现将其工艺分述如下：

1. **湿态发酵酸菜**

以芥菜为原料，按原料重加3% ~4%食盐干腌，入泡菜坛，稍加压紧，食盐溶化，菜水渗出，淹没菜料，盖上坛盖，加满坛沿水，任其自然发酵，亦可接种纯种植物乳杆菌发酵。在发酵初期，除乳酸发酵外亦有轻微的酒精发酵及醋酸发酵。约经半个月至一个月，乳酸含量积累达1.2%以上，高者可达1.5%以上，便成酸菜。成熟的酸菜，取出分装复合薄膜袋，真空封袋，在反压条件下80～85℃热水浴中杀菌10～15 min，迅速冷却，便可防止胖袋变质败坏，作为成品销售。

若以大白菜为原料，先剥去外叶，纵切成两瓣，在沸水中烫漂1～2 min，迅速冷却，然后层层交错排列在大瓷缸中，注入清水，使水面淹过菜料10 cm左右，以重石压实。经20 d以上自然乳酸发酵即可食用。

2. 半干态发酵酸菜

多以叶用芥菜、长梗白菜和结球白菜为原料，除去烂叶老叶，削去菜根，晾晒2～3 d，晾晒至原重量的65%～70%。腌制容器一般采用大缸或木桶。按4～5 kg/100 kg的比例用盐，如要保藏较长时间可酌量增加。腌制时，一层菜一层盐，并进行揉压，要缓慢而柔和，以全部菜压紧实、见卤为止。一直腌到距缸沿10 cm左右，加上竹栅，压以重物。待菜下沉，菜卤上溢后，还可加腌一层，仍然压上石头，使菜卤漫过菜面7～8 cm，置凉爽处任其自然发酵。

6.6 其他腌渍品加工工艺

除盐渍菜、酱菜、泡菜外，还有其他腌渍菜，如糖醋类。所谓糖醋菜即把蔬菜浸渍在糖醋液内加工制得的一类腌渍蔬菜，其口感酸甜可口。糖醋菜的原料大都先加盐腌制进行乳酸发酵以除去原料中的不良风味，增强原料组织细胞膜的渗透性，使其呈半透明状态，以利下一步进行糖醋浸渍。适宜制作糖醋菜的蔬菜有大蒜头、萝卜、嫩黄瓜、薤、嫩姜、辣椒、蒜薹、洋葱、菇头、菊芋、青番茄、青菜头及大头菜等，以前5种最为常见。糖醋菜各地均有加工，以广东的糖醋酥姜、镇江的糖醋大蒜、糖醋萝卜较为有名。各地配方不一，风味各异，制品甜而带酸、质地脆嫩、清香爽口，深受人们欢迎。现以糖醋大蒜和糖醋藠头为例说明糖醋菜的制法。

6.6.1 糖醋大蒜加工工艺

工艺流程：原料→剥衣→盐腌→晾晒→配料→腌制后熟→包装→成品

1. 原料

供加工糖醋大蒜的原料应选用鳞茎整齐肥大、皮色洁白、肉质鲜嫩的大蒜头。将其分等整理，即特级每千克20只，甲级每千克30只，等外每千克30只以上。

2. 剥衣

用刀切除根部和茎部，剥去包在蒜头外面的粗老蒜皮，清水洗净，沥干水分。

3. 盐腌

按鲜蒜头100 kg、食盐10 kg的比例腌制。蒜盐分层入缸，装至大半缸为止，再在面上撒一层盖面盐。每天早晚各翻缸一次，直至菜卤水能淹到全部蒜头的3/4为止。同时还需将蒜头中央部位刨一个小洞，以使菜卤水流入洞中，经常用瓢舀出洞中的菜卤水浇淋在蒜头的表面。如此管理10～15 d后，即为咸蒜头。

4. **晾晒**

从缸中捞出咸蒜头置于竹席上晾晒，晾至比原重减少30%～35%时为宜。日晒时每天翻动一次，夜间放入室内或覆盖防雨布以防雨淋。

5. **配料**

每100 kg晾晒过的咸蒜头用白醋70 kg、砂糖32 kg(也可用红糖)。配料时先将白醋加热至80℃，再加砂糖使其溶解，有的还加入少许山奈、八角等香料，即得糖醋液。

6. **腌制**

将咸蒜头装入坛中，稍用力压紧，装至坛子的3/4时，将糖醋液倒入，加满为止，蒜头与香液质量基本相等。在坛颈处横档几根竹片，以免蒜头上浮，然后用塑料薄膜或油纸捆严坛口，并加一木板，再用三合泥涂敷坛口，使其密封。经3个月后，蒜头即成熟，如时间更长，成品质量更好。密封的蒜头可长期保存。

6.6.2 糖醋藠头加工工艺

藠头除可进行盐渍加工外，还常可加工制成糖醋藠头。

工艺流程：藠头→预处理→盐渍→脱盐→修剪→分粒→脱盐→漂洗→分选→装罐→排气密封→杀菌冷却→成品

1. **原料**

原料要求新鲜、肥大、质地脆嫩。青头和破口颗粒不得超过10%。

2. **预处理**

将须根剪去，地上茎保留1.5～2 cm，然后尽快用清水反复冲洗干净。

3. **腌制**

腌制分为轻盐腌和重盐腌两种。

1)轻盐腌

每100 kg修剪后的藠头用盐9 kg，氯化钙或明矾0.2 kg，腌制容器可以用大缸或水泥池。盐腌时，用盐注意底轻面重(即下层藠头用盐量少，上层藠头用盐量多，下层用盐量约占全部盐量的40%，上层约占全部盐量的60%)。铺一层菜，撒一层盐和氯化钙，撒盐力求均匀。轻盐腌制的藠头，乳酸发酵提前开始，提前达到高峰期，产乳酸量多。藠头内外渗透压平衡的时间较早，风味好，但藠头的颜色稍黄。这种盐坯可以直接加工成产品，不必重盐贮存。

2)重盐腌

每100 kg修剪后的藠头用盐18 kg，氯化钙或明矾0.2 kg，腌制容器可以用大缸或水泥池。盐腌时，铺一层菜，撒一层盐和氯化钙，掌握底轻面重，撒盐力求均匀。重盐腌制的藠头，乳酸发酵开始时间晚，达到高峰期也晚，产酸量少。藠头内外渗透压平衡的时间较晚，藠头颜色洁白，但风味较差。这种咸坯添加食盐后适于长期贮存。

腌制期间，用大缸做容器的，每天早晚各翻缸菜一次，连续4～5 d。用水泥池做容器的，在藠头上卤后，可每天1～2次吸出盐水淋面。

4. **脱盐**

将咸坯放入清水浸泡，每天换水1～3次，轻盐渍的浸泡时间短，重盐渍的浸泡时间长。在浸泡期间，每天上下午各检测一次。漂至含盐量2% ~3%即可。

5. 修剪

腌制时若没有去梗，此时用剪刀去梗，留下部分1.5 ~2 cm。逐个修剪根部及梗，剔除软烂、青绿色和发暗的藠头，然后用擦洗机去除外膜，并用流水漂洗。

6. 分级

藠头按横径分为大(L)、中(M)、小(S)和特小(T)四个等级，横径≥21mm为L级，16 ~20 mm为M级，10 ~15 mm为S级，7 ~9 mm为T级。分级可以使得产品整齐美观，而且成熟度一致。

7. 装罐

藠头常用各种玻璃瓶盛装，也可采用复合塑料袋包装。装罐时，选大小、色泽一致的装于同一罐内。汤汁含盐2%、醋酸1.3%、糖40%，汤汁应趁热灌入。若采用复合塑料袋包装，汤汁含盐量2% ~3%，醋酸6% ~8%、糖70%；装罐或装袋前经过糖和醋液浸渍，则汤汁中的糖醋可适当减少。

8. 排气、密封

采用抽气密封，真空度为0.035 ~0.045 MPa。若采用复合塑料袋，真空度为0.095 MPa。

9. 杀菌、冷却

198 g装藠头罐头杀菌式为3 ~12 min/100℃，用冷水急速冷却。340 mL玻璃瓶杀菌式5 ~25 min/100℃，分段冷却。

【复习思考题】

1. 简述蔬菜腌制品的主要种类和特点。
2. 简述食盐的防腐保藏作用。
3. 阐述微生物的发酵作用与蔬菜腌制品品质的关系。
4. 分析说明蔬菜腌制品的色、香、味形成机理。
5. 简述蔬菜腌制品的保绿保脆方法。
6. 简述中式泡菜与韩式泡菜的工艺差异。
7. 以当地有特色的蔬菜腌制品为例，用箭头简示工艺流程，说明操作要点，并提出综合利用方案。

主要参考文献

陈功. 2011. 中国泡菜加工技术. 北京：中国轻工业出版社.

董全. 2007. 果蔬加工工艺学. 重庆：西南师范大学出版社.

高海生. 2009. 蔬菜酱腌干制实用技术. 北京：金盾出版社.

韩春然. 2010. 传统发酵食品工艺学. 北京：化学工业出版社.

罗云波，蒲彪. 2011. 园艺产品贮藏加工学·加工篇(第2版). 北京：中国农业大学出版社.

谭兴和. 2003. 新版酱腌泡菜与脱水菜配方. 北京：中国轻工业出版社.

杨瑞鹏，赵学慧. 1991. 酸泡菜发酵过程中乳酸菌区系的研究. 中国调味品，1：8 - 10.

叶兴乾. 2008. 果品蔬菜加工工艺学(第3版). 北京：中国农业出版社.
尹明安. 2010. 果品蔬菜加工工艺学. 北京：化学工业出版社.
于新. 2011. 酱腌泡菜加工技术与配方. 北京：中国纺织出版社.
赵丽芹，张子德. 2009. 园艺产品贮藏加工学. 北京：中国轻工业出版社.

第7章　果 蔬 速 冻

【内容提要】

本章主要介绍了果蔬速冻加工保藏的基本原理、冻结与冻藏对果蔬的影响、速冻加工方法与设备、果蔬速冻加工工艺和速冻加工实例等。

【教学目标】

1. 理解温度与微生物活动、酶活性及其化学反应的关系，掌握有效抑制微生物、酶活性及其化学反应的临界温度。
2. 了解冷冻过程的相变、冻结温度曲线和冰晶体的形成过程，理解冻结速度与冰晶形成状况之间的关系，“最大冰晶生成区”的概念与意义。
3. 理解速冻与慢冻对果蔬组织结构(质地)的影响及其控制。
4. 理解果蔬在速冻和冻藏过程中的化学变化及其控制。
5. 了解速冻果蔬对原料的要求。
6. 理解烫漂的作用和掌握烫漂的方法。
7. 了解主要冻结设备的特点。
8. 理解影响速冻果蔬质量的因素，掌握水果和蔬菜在速冻工艺上的特点，探究提高速冻果蔬质量的途径。

【重要概念及名词】

速冻果蔬　冻结温度曲线　最大冰晶生成区　冻结设备　单体速冻　冷链　速冻果蔬质量

果蔬速冻加工保藏(quick freezing and frozen storage)是利用人工制冷技术和设备，使经过预处理的果蔬的中心温度迅速降低至 -18℃，产品经包装处理后在此温度下可进行较长时间的贮藏，是一种较好保持果蔬产品质量的重要的加工方法。新鲜果蔬在贮藏过程中由于其自身的生理生化作用，风味及营养成分难免有所损失，而且容易受微生物侵染而引起腐烂，因此不耐长期贮藏。应用速冻技术保藏果蔬可以较长期而又良好地保持果蔬原有的品质。

人类远在机械制冷方法发明之前，已利用冬季、天然冰和蒸发冷却降温来保存食品。19 世纪中期，英、法、美等国家机械制冷技术的开发，使冷冻保藏开始在肉类的长途运输实现工业应用，随后是冰淇淋和半成品果蔬的商业冷冻。直到 20 世纪 30 年代，冷冻食品、冷冻蔬菜进入零售市场。

我国的果蔬速冻加工在20世纪60年代已开始发展，尤其是蔬菜速冻，20世纪70年代初在上海、福建、江苏、广州等地陆续兴起，当时已有一定数量的产品用于出口外销。20世纪80年代初在国内市场也相继出现各种速冻蔬菜，尤其在东北地区冬季缺菜时，速冻蔬菜供应颇受消费者欢迎。20世纪80年代中后期已有17个省、市、自治区从事果蔬速冻生产业，也引进了不少先进设备，内销及外销都有了进一步发展。一般在商品供应上以速冻蔬菜较多，速冻水果则多用做其他食品（如果汁、果酱、蜜饯、点心、冰淇淋等）的半成品、辅料或装饰物。

近年来随着消费者生活水平提高、“冷链”配备的不断完善和家用微波炉的普及，速冻食品市场需求不断增加。一般认为人均年收入1500美元是消费速冻食品的临界点，它意味着当达到这样的收入水平时，国民对消费的食品有更多的需求，如食品的方便性、风味的可口性、食用的安全性以及营养等。经济越发达地区速冻食品的消费量越高，在冷冻食品人均年消费量方面，美国已超过60 kg，欧洲国家40 ~45 kg，日本达20 kg，而我国约为5 ~9 kg。由于速冻设备及技术的进步，速冻食品质量有了较大提高，食品速冻业获得迅速的发展，果蔬的速冻保藏也处于这样的趋势，可以说速冻保藏是较先进而理想的加工方法。

7.1 速 冻 原 理

果蔬的水分含量很高，速冻保藏是要将其水分冻结成冰。其水分中，游离水占总含水量的70% ~80%，在冻结时其首先被结成冰，一般果蔬中的游离水是含有溶质的溶液，其冻结点（freezing point）大体在 -3.8 ~ -0.6℃；其余的结合水则难于冻结，在 -20℃以下也不能全部结冰。

果蔬速冻是要求在30 min或更短时间内将新鲜果蔬的中心温度降至冻结点以下，把水分中的80%尽快冻结成冰，这样就必须应用很低的温度进行迅速的热交换，将其中热量排除，才能达到要求。果蔬在如此低温度条件下进行加工和贮藏，能抑制微生物的活动和酶的作用，可以在很大程度上防止腐败及生物化学作用，新鲜果蔬就能长期保藏下来，一般在 -18℃下，可以保存10 ~12个月以上，其质量是其他贮藏保鲜及加工方法所不及的。食品速冻保藏的原理主要有以下几个方面。

7.1.1 低温对微生物的影响

不同温度下食品中的腐败与致病微生物的生长与活动状态见图7.1。防止微生物繁殖的临界温度是 -12℃。微生物的生长与活动有适宜的温度范围，它们生长繁殖最快的温度称之为最适温度，超过或低于此温度，它们的活动就逐渐减弱直至停止或被杀死。大多数微生物在低于0℃的温度下生长活动可被抑制。一般酵母菌及霉菌比细菌耐低温的能力强，有些霉菌及酵母菌能在 -9.5℃的未冻结基质中生活，有些嗜冷细菌也能在低温下缓慢活动。它们的最低温度活动范围：有些嗜冷细菌为 -8 ~0℃，有些霉菌、酵母菌为

-12 ~ -8℃。冷冻不是杀菌措施，并不能完全杀死微生物，即使长久在低温下它们会逐渐死亡，但往往还有生存下来的个体(尤其是污染严重的产品和微生物的孢子和芽孢等)，在冻藏的条件下，幸存的微生物会受抑制，但解冻时在室温下会恢复活动。因此冷冻食品的冻藏温度一般要求低于-12℃，通常都采用-18℃或更低温度。

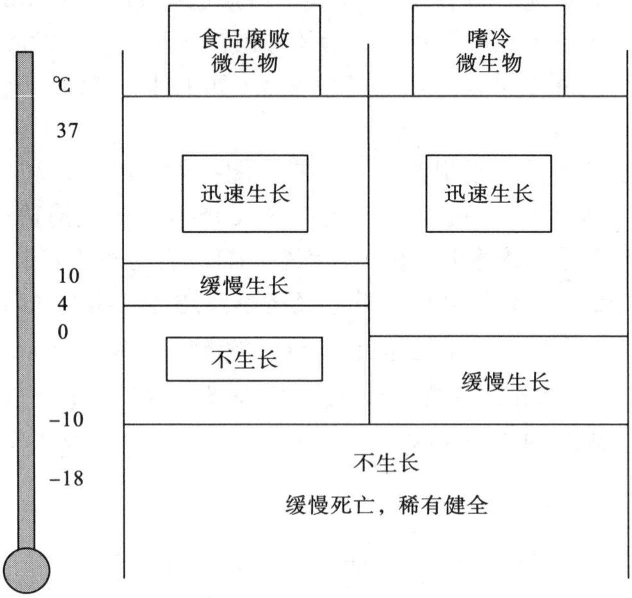

图7.1　不同温度下食品中的腐败与致病微生物的生长与活动
(Hosahalli Ramaswamy and Michèle Marcotte，2006)

冷冻食品中微生物的存在引起关注的原因有两个方面：一是冷冻食品的安全性问题，即存在有害微生物产生有害物质，危及人体健康；另一是造成产品的质量败坏或全部腐烂。

关于冷冻食品的贮藏对于某些产毒致病菌类，如肉毒杆菌、伤寒菌、霍乱菌以及其他致病菌的影响，已进行过很多的研究。微生物在冷冻食品中的生存情况受微生物的种类、原料的清洁度及加工卫生条件、冻结速冻快慢、冻藏时间长短等因素的影响。虽然冷冻和长期的冻藏有可能使细菌在低温下逐渐死亡，但不是所有的细菌。冷冻既能保存食品，也保护了不少的微生物。Engley(1956)的研究结果表明，有的霉菌、酵母菌和细菌在冷冻食品中能生存数年之久(表7.1)。

表7.1　冷冻食品中微生物的生存期

微生物	食品	贮藏温度/℃	生存期
芽孢菌			
肉毒梭状芽孢杆菌	蔬菜	-16	2年以上
肉毒梭状芽孢杆菌	罐头	-16	1年
生芽孢梭状芽孢杆菌	水果	-16	2年以上
肠道菌			

续表

微生物	食品	贮藏温度/℃	生存期
大肠埃希氏杆菌	冷冻鸡蛋	-9	14个月
大肠埃希氏杆菌	甜瓜	-20	1年以上
大肠埃希氏杆菌	蘑菇	-9.4	6个月
大肠埃希氏杆菌	樱桃汁	-17.8及-20	4个月以上
产气肠细菌	甜瓜	-20	1年以上
肠炎沙门氏菌	冰淇淋	-23.2	7年
鼠伤寒沙门氏菌	鸡肉炒面	-25.5	贮藏270d(20% 生存)
伤寒杆菌	鸡蛋	-1，-9及-18	11个月以上
伤寒杆菌	青豆	-9	贮藏12周(0.4%生存)
副伤寒杆菌	樱桃汁	-17.8及-20	4周
副志贺氏痢疾杆菌	冷冻鸡蛋	-9	3个月
普通变形杆菌	樱桃汁	-17.8及-20	4周以上
乳酸菌			
生芽孢乳杆菌	蔬菜及青豆	-10	2年
粪链球菌	蔬菜	-20	贮藏1年(70个试样中89%生存)
葡萄球菌，微球菌			
金黄色葡萄球菌	冷冻鸡蛋	-9	12个月
金黄色葡萄球菌	糖渍草莓片	-18	按500个/g接种，6个月
生芽孢微球菌	青豆	-17.8	贮藏8个月(44%试样中生存)
生芽孢微球菌	玉米	-17.8	贮藏8个月(78.7%试样中生存)
生芽孢微球菌	橙汁	-4	50 h
一般细菌	冷冻鸡蛋	-18	4年以上
一般细菌	冷冻蔬菜	-17.8	9个月以上
一般细菌	苹果汁	-7.0~-21	贮藏1个月(减少90%~96%)
一般细菌	草莓	-18	贮藏6周(不减少)
一般细菌	草莓	-6.6	贮藏6周(14.7%存活)
霉菌	果汁	-23.3	3年
霉菌	罐装草莓	-9.4	3年
酵母	罐装草莓	-9.4	3年
酵母	食品	-9.4	3~15个月

当冷冻食品解冻后并在解冻状态下长时间存放时，腐败菌可能繁殖起来，足以使食品发生腐败，也可能使不安全的微生物繁殖起来，产生相当数量的毒素，使食品食用不安全。保证冷冻食品安全的关键是避免加工品与原料的交叉污染；在加工过程中坚持卫生的高标准；在加工流水线上避免物料积存和时间拖延；保持冷冻产品在合适的低温下

贮藏。

7.1.2 低温对酶的影响

防止微生物繁殖的临界温度(-12℃)还不足以有效地抑制酶的活性及各种生物化学反应，若要实现完全抑制，温度要低于-18℃。

一般食品内的水分被冻结达90%时才能抑制微生物的活动和生物化学反应，这样才可以达到长期贮存的要求。

冷冻产品的色泽、风味、营养等变化，多数情况下有酶参与，由此造成褐变、变味、软化等现象。未冻结的水分在-18℃以上时仍有不少数量存在，这就为酶提供了活动条件；而且有些酶在温度低至-73.3℃时仍有一定程度的活性。至解冻时，酶活性会骤然增强，导致产品的变化。有研究表明(郭忠春，2004)，荔枝果皮过氧化物酶(POD)在冻藏过程中活性明显增加，多酚氧化酶(PPO)在贮藏一个月也有明显增加，故冻藏荔枝解冻后果皮迅速褐变(图7.2)。多数果蔬都存在氧化酶系统，因此在冻结前要考虑钝化或抑制酶活性的处理措施，如采用烫漂或添加护色剂处理。从有效地抑制酶及其引起的反应方面考虑，一般长期冻藏的温度不能高过-18℃，有些还要采用更低的温度。

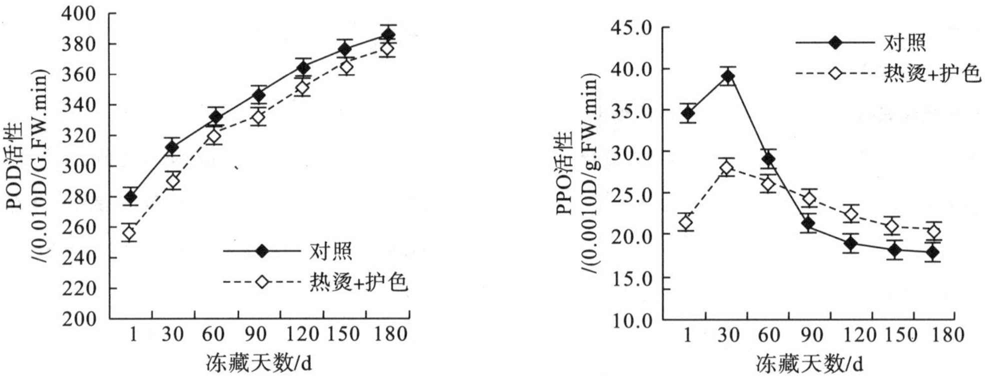

图7.2 冻藏(-20℃)期间荔枝果皮氧化酶活性的变化

(郭忠春，2004)

7.1.3 冷冻过程

7.1.3.1 冷冻时水的物理特性

水冻结的两个过程：降温与结晶。当温度降至冰点，接着排除了潜热时，游离水由液态变为固态，形成冰晶，即结冰；结合水则要脱离其结合物质，经过一个脱水过程后，才冻结成冰晶。

使单位质量的某种物质升高(或降低)单位温度所吸收(或放出)的热量定义为该种物质的比热容。水的比热容是4.184 kJ/(kg·℃)，冰的比热容是2.09 kJ/(kg·℃)，冰的比热容只是水的1/2。

水的冰点是0℃，而0℃的水要冻结成0℃的冰时，每公斤还要排除334.72 kJ的热量；反过来，当0℃的冰解冻融化成为0℃的水，每公斤同样要吸收334.72 kJ 的热量。这称之为“潜热”（latent heat），其热量数值颇大。

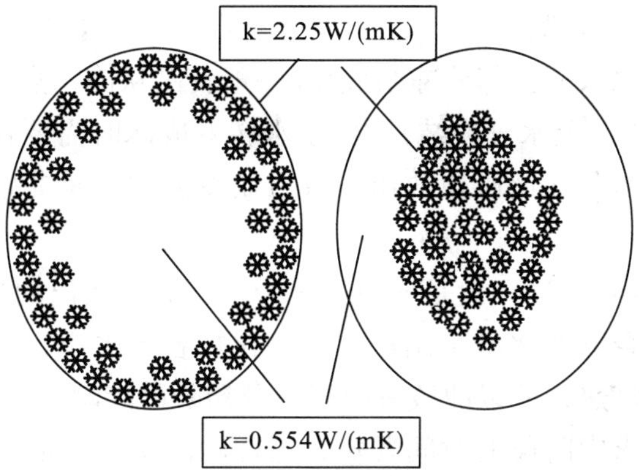

图 7.3 食品冻结和解冻时水和冰的导热系数

（Nesvadba，2008）

水的导热系数(thermal conductivity)为0.554 W/(m·K)，冰的导热系数为2.25 W/(m·K)，冰的导热系数是水的4倍，冻结时，冰层由外向里延伸，由于冰的导热系数高，有利于热量的排除使冻结快速完成。但采用一般的方法解冻时，却因冰由外向内逐渐融化成水，导热系数低，因而解冻速度慢。食品冻结和解冻时水和冰的导热系数如图7.3所示。

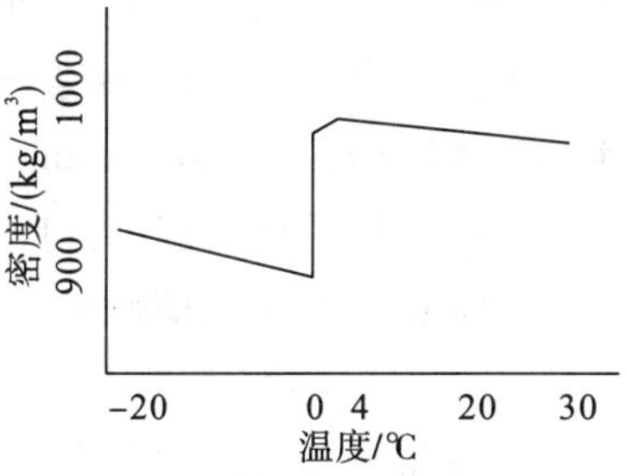

图 7.4 不同温度下水和冰的密度

（Hosahalli Ramaswamy and Michèle Marcotte，2006）

水冻结成冰后，密度发生变化，如图7.4所示，冰的密度变小，体积比水增大约9%，冰在温度每下降1℃时，其体积则会收缩0.01%～0.005%，二者相比，膨胀比收缩大，因此含水量多的果蔬冻品，体积在冻结后会有所膨大。

冻结时，表面的水首先结冰，然后冰层逐渐向内伸展。当内部水分因冻结而膨胀时，会受到外部冻结了的冰层的阻碍，因而产生内压，这就是所谓冻结膨胀压；如果外层冰体受不了过大的内压时，就会破裂。冻品厚度过大、冻结过快，往往会形成这样的龟裂现象。

7.1.3.2 冻结温度曲线和冻结率

食品在冻结过程中，温度逐步下降，表示食品温度与冻结时间关系的曲线，称之为冻结温度曲线(freezing time-temperature curve)，如图7.5。曲线一般分为三段(也可以说是冻结过程的3个阶段。

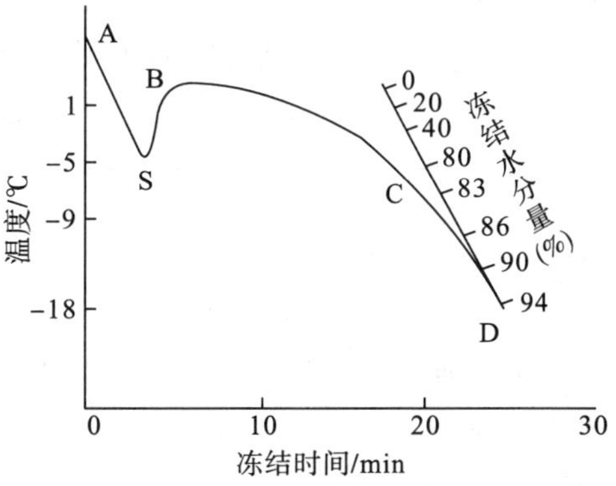

图 7.5 冻结温度曲线和冻结水分量

（冯志哲等，1984）

初阶段：即从初温至冻结点(冰点)，这时放出的是“显热”，显热与冻结过程所排出的总热量比较，其量较少，故降温快，曲线较陡。其中还会出现过冷点（温度稍低于冻结点，图7.5中的S点）。因为食品大多有一定厚度，冻结时其表面层温度降得很快，故一般食品不会有稳定的过冷现象出现。

中阶段：此时食品中水分大部分冻结成冰（一般食品从冻结点下降至其中心温度为-5℃时，食品内已有80%以上水分冻结），由于水转变成冰时需要排除大量潜热，整个冻结过程中的总热量的大部分在此阶段放出，故当制冷能力不是非常强大时，降温慢，曲线平坦。

终阶段：从成冰后到终温（一般是-18～-5℃），此时放出的热量，其中一部分是冰的降温，一部分是内部余下的水继续结冰，冰的比热容比水小，其曲线应更陡，但因还有残余水结冰所放出的潜热，所以曲线有时还不及初阶段陡峭。

在冻结过程中，要求中阶段的时间要短，这样的冻结产品质量才理想。中阶段冻结时间的快慢，往往与冷却介质导热快慢有很大关系。如在盐水中就比在空气中冻结来得迅速，在流动的空气中就比静止的空气中冻结得快。因此速冻设备很重要，要创造条件使之快速冻结，尤其中阶段的冻结，通过的时间要短，才能得到质量良好的速冻产品。

大部分食品从-1℃降至-5℃时，近80%的水分可冻结成冰，此温度范围称为最大冰晶生成区（zone of maximum ice crystal formation），最好能快速通过此温度区域。这是保证冻品质量最重要的温度区间。

冻结食品要在长期贮藏中能充分抑制微生物生长及降低生化反应，一般要求把食品中90%的水分冻结才能达到目的，这是保证冻品质量的冻结率（frozen water ratio）。

要求将食品内的水分全部冻结，温度最后要降至-60℃。这样低的温度，在加工工艺上难以应用，一般只要求中心温度在-30～-18℃左右。在-18℃时，已有94%的水分冻结；-30℃时，有97%的水分冻结，这样就足以保证冻品的质量。

7.1.4 冰点及晶体的形成

食品的水分不是纯水，大多是含有各种无机盐和有机物的溶液，其冰点较低，要降至0℃以下才能结冰。冰晶开始出现的温度即是冻结点（冰点），果品蔬菜的冻结点大多为-2.69～-0.6℃，各种食品的冻结点不同，有些还低些（表7.2）。尤其是在缓慢冻结过程中，结合水从其结合物质中脱水而结冰后，溶液浓度逐渐增大，其冻结点还会下降。

表7.2 一些果蔬产品的水分含量与冻结点

果蔬产品	水分含量/%	冻结点/℃
苹果汁（apple juice）	87.2	-1.44
苹果浓缩汁（apple juice concentrate）	49.9	-11.3
芦笋（asparagus）	92.6	-0.67
胡萝卜（carrots）	87.5	-1.11
葡萄汁（grape juice）	84.7	-1.78
洋葱（onions）	85.5	-1.44

续表

果蔬产品	水分含量/%	冻结点/℃
橙汁(orange juice)	89.0	-1.17
桃(peaches)	85.1	-1.56
梨(pears)	83.8	-1.61
李(plums)	80.3	-2.28
菠菜(spinach)	90.2	-0.66
草莓(strawberries)	89.3	-0.89
甜樱桃(sweet cherries)	77.0	-2.69
番茄浆(tomato pulp)	92.9	-0.72

注：Hosahalli Ramaswamy and Michèle Marcotte，2006。

当温度下降至冻结点，潜热被排除后，开始液体与固体之间的转变，进行结冰。结冰包括晶核的形成(nucleation)和冰晶体的增长(ice growth)两个过程。晶核的形成是极少一部分的水分子有规则地结合在一起，即结晶的核心，这种晶核是在过冷条件达到后才出现的。冰晶体的增长是其周围的水分子有次序地不断结合到晶核上面去，形成大的冰晶体。只有温度很快下降至比冻结点低得多时，各种水分几乎同时析出形成大量的结晶核，这样才会形成细小而分布均匀的冰晶体。

当温度上升波动时，未冻结的水分和小冰晶会移动靠近大冰晶体或互相聚合，即会产生重结晶而使冰晶体体积增大，只有稳定的温度才能避免这个现象。

食品的中心温度从 -1℃下降至 -5℃所需的时间，在 30 min 以内属于快速冻结，超过则属于缓慢冻结。在 30 min 内通过 -1 ~ -5℃的温度区域所冻结形成的冰晶对食品组织影响最小，一般冻结速度越快，影响越小，冻品的质量越好。尤其是果蔬组织比较脆弱，冻结速度应要求更快。

冻结速度还可用单位时间内 -5℃的冻结层从食品表面伸延向内部的距离来判断(冻结速度 V，cm/h)，并以此而将冻结速度分为 3 类：

快速冻结：$V > 5$ cm/h；

中速冻结：$V = 1 \sim 5$ cm/h；

缓慢冻结：$V < 1$ cm/h。

目前应用的各种冻结设备可以用上述的标准来判断其性能。如冷冻库为 0.2 cm/h，送风冻结器为 0.5 ~2 cm/h，悬浮冻结器(即流态床速冻器)为 5 ~10 cm/h，液氮冻结器 10 ~100 cm/h。前者只属于慢冻，其次是中速冻结，后二者才属于快速冻结，由此可见冻结设备的重要性。

冻结速度与冰晶分布的状况有密切的关系，一般冻结速度越快，通过 -5 ~0℃温区的时间越短，冰层向内伸展的速度比水分移动速度愈快时，其冰晶的形状就愈细小，呈针状结晶，数量无数；冰晶分布愈接近新鲜物料中原来水分的分布状态。冻结速度慢的，由于细胞外的溶液浓度较低，首先就在那里产生冰晶，水分在开始时即多向这些冰晶移动，形成了较大的冰晶体，就造成冰晶体分布不均匀(图 7.6)。

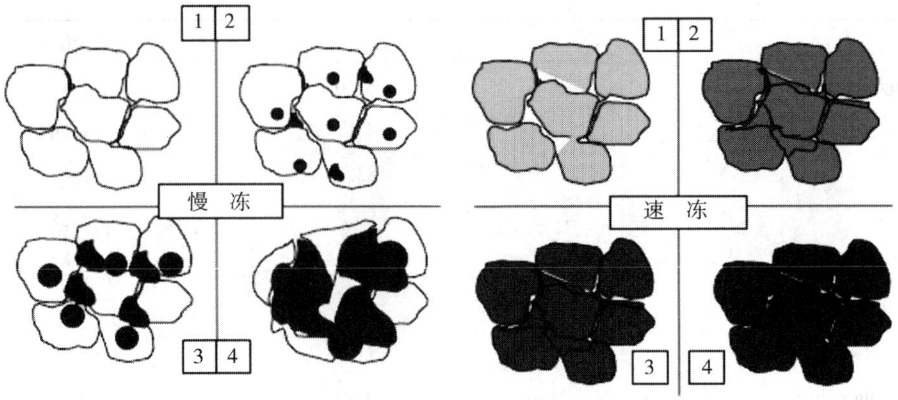

图 7.6 慢冻和速冻对冰晶体的形成和生长的影响示意图

(Hosahalli Ramaswamy and Michèle Marcotte, 2006)

从表 7.3 和表 7.4 可以看到，当采用不同的冻结方式或冻结介质时，由于冻结速度不同，因而形成冰晶的大小与状态不一样（冯志哲等，1984）。

表 7.3 冻结速度与冰晶状况的关系(鱼肉)

通过 0 ~ -5℃的冻结时间	冰晶			数量	冰层伸展速度 I 水分移动速度 ω
	位置	形状	大小(直径×长度)/μm * μm		
数 秒	细胞内	针状	(1~5)×(5~10)	无数	$I >> \omega$
1.5 min	细胞内	杆状	(0~20)×(20~500)	多数	$I > \omega$
40 min	细胞内	柱状	(5~100)×100 以上	少数	$I < \omega$
90 min	细胞外	块状	(50~200)×200 以上	少数	$I << \omega$

表 7.4 龙须菜冻结速度与冰晶大小的关系

冻结方法	冻结温度/℃	冻结速度次序	冰晶大小/μm		
			厚	宽	长
液氮	-196	1	0.5~5	0.5~5	5~15
干冰+乙醇	-80	2	6.1	18.2	29.2
盐水(浸)	-18	3	9.1	12.8	29.7
平板(接近)	-40	4	87.6	163.0	320.0
空气	-18	5	324.4	544	920

近年来，冷冻食品保藏引入了玻璃化转变理论(glass transition theory)的概念。当非晶高聚物的温度低于玻璃化转变的温度(T_g)时，高分子链段运动既缺乏足够的能量以越过内旋转所要克服的能垒，又没有足够的自由体积，链段的运动受到约束，高分子材料失去柔软性，成为玻璃样的无定型的固体，称之为玻璃态。食品在冻结过程中，当冰晶核一旦形成和生长，体系向热动力学的平衡点靠近。当水从液态转变成固态(冰)时，液相中溶质的浓度增加，继而提高了液相黏度，假如溶质不发生结晶，水继续从液相转变为冰，液相的活动性受到很大的约束。浓度的提高和温度的降低造成粘度的增加，液相

不再结冰，将使这一相态具有玻璃的特性。通过冻结浓缩途径达到的玻璃化可称为最大冻结浓缩玻璃化(maximally freeze-concentration glass)，此时达到最大冻结浓缩玻璃化转变温度为 T_g'。T_g'对冷冻食品的稳定性意义很大，当温度低于 T_g'时，由扩散控制的物质交换及化学反应在动力学上受阻，因而体系具有良好的结构和化学稳定性。不同的组织和种类的食品有不同的 T_g'，因此研究清楚各种食品的 T_g'，对探明冷冻食品在冻结和冻藏的过程中的稳定性非常重要。

7.2 速冻对果蔬的影响

果蔬在冷冻、冻藏和解冻中发生的变化是非常复杂的，大致可分为 2 类：物理性的，如冰晶体的膨大和失水干燥引起组织结构的变化等；化学性的，如代谢活动，由微生物和酶引起的化学变化等。

7.2.1 速冻对果蔬组织结构的影响

冻结对果蔬组织结构的不利影响，如造成的组织破坏，引起的软化、流汁等，一般认为不是低温的直接影响，而是由于冰晶体的膨大而造成的机械损伤，细胞间隙的结冰引起细胞脱水、死亡，失去新鲜特性。目前的解释主要集中在机械性损伤、细胞的溃解和气体膨胀 3 个方面。

1. 机械性损伤

在冷冻过程中，细胞间隙中的游离水一般含可溶性物质较少，其冻结点高，所以首先形成冰晶，而细胞内的原生质体仍然保持过冷状态，细胞内过冷的水分比细胞外的冰晶体具有较高的蒸汽压和自由能，因而促使细胞内的水分向细胞间隙移动，不断结合到细胞间隙的冰晶核上面去，此时，在这样条件下，细胞间隙所形成的冰晶体会越来越大，产生机械性挤压，使原来相互结合的细胞发生分离，解冻后不能恢复原来的状态，不能吸收冰晶融解所产生的水分而流出汁液，组织变软。

2. 细胞的溃解

植物组织的细胞内有大的液胞，水分含量高，易冻结成大的冰晶体，产生较大的冻结膨胀压，而植物组织的细胞具有的细胞壁比动物细胞膜厚而又缺乏弹性，因而易被大冰晶体刺破或胀破，细胞即受到破裂损伤，解冻后组织就会软化流水，说明冷冻处理增加了细胞膜或细胞壁对水分和离子的渗透性。

在慢冻的情况下，冰晶体主要在细胞间隙中形成，胞内水分不断外流，原生质体中无机盐浓度不断上升，使蛋白质变性或不可逆地凝固，造成细胞死亡，组织解体，质地软化。

3. 气体膨胀

组织细胞中溶解于液体中的微量气体，在液体结冰时发生游离而体积增加数百倍，这样会损害细胞和组织，引起质地的改变。

果蔬的组织结构脆弱，细胞壁较薄，含水量高，当冻结进行缓慢时，就会造成严重的组织结构的改变。故应快速冻结，以形成数量多、体积细小的冰晶体，而且让水分在细胞内原位冻结，使冰晶体分布均匀，才能避免组织受到损伤。在显微镜下观察速冻番茄的薄壁组织，其细胞内外和细胞壁中存在的冰晶体都非常小，细胞间隙没有扩大，原生质紧贴着细胞壁，阻止水分外移，这种微小的冰晶体对组织结构的影响就很小。较快的解冻对原生质的损害也极微，质地保存较完整，细胞膜有时未损伤。保持细胞膜的结构完整是非常重要的，可以防止流汁和组织软化。

冷冻果蔬的质地和外观与新鲜的果蔬比较，还是有差异的。组织的溃解、软化、流汁等因果蔬的种类、成熟度、加工技术及冷冻方法等的不同而程度各异。

7.2.2 果蔬在速冻和冻藏过程中的化学变化

冷冻过程除了对果蔬组织结构有影响外，还可能发生色泽、风味等化学或生物化学变化，因而影响产品的质量。一般 -12℃的低温环境可抑制微生物的活动，但果蔬内的化学变化没有停止，甚至在 -18℃下仍有缓慢的化学变化。

7.2.2.1 盐析作用引起的蛋白质变性

产品中的结合水在细胞内与原生质、胶体、蛋白质、淀粉等结合，在冻结时，水分从其中分离出来而结冰，这也是一个脱水过程，这个过程往往是不可逆的，尤其是缓慢的冻结，其脱水程度更大。原生质胶体和蛋白质等分子过多失去结合水，分子因受压凝集，结构易被破坏；或者由于无机盐过于浓缩，产生盐析作用而使蛋白质等变性，这些情况都会使这些物质失掉对水的亲和力，以后水分不能再与之重新结合。这样，当冻品解冻时，冰体融化成水，如果组织又受到了损伤，就会产生大量流失液(drip)，流失液会带走各种营养成分，因而影响风味和营养，使食品在质量上受到损失。所以流失液的产生率是评定速冻产品的质量指标之一。

7.2.2.2 与酶有关的化学变化

果蔬在冻结和贮藏过程中出现的化学变化，许多都是与酶的活性和氧的存在相关的。如前所述，在一般的冷冻加工贮藏条件下，酶仍然保持着活性，只不过其催化的反应慢得多，但造成的质量下降是很明显的，尤其是在解冻后更迅速。

有些无烫漂处理的果蔬在冻结和冻藏期间，果蔬组织中会累积羰基化合物和乙醇等，产生挥发性异味。原料中含类脂物多的果蔬，由于氧和脂肪氧化酶的氧化作用也会产生异味。曾有研究报道，豌豆、四季豆和甜玉米在低温贮藏中发生类脂化合物的变化，它们的类脂化合物中游离脂肪酸等都有显著的增加。

冷冻果蔬的组织软化，原因之一是果胶酶的存在，使原果胶水解变成可溶性果胶，造成组织结构分离，质地变软。

维生素 C 是果蔬中最重要的维生素，也是研究冷冻果蔬的一个重要营养质量指标。图 7.7 是不同贮藏温度冷冻的豌豆(无烫漂处理)和桑椹果实维生素 C 的变化情况。该图说明果蔬在 -12℃时维生素 C 还会损失，在 -18℃下的损失就慢得多。冻藏温度越低，越有利于减少维生素 C 的损失。

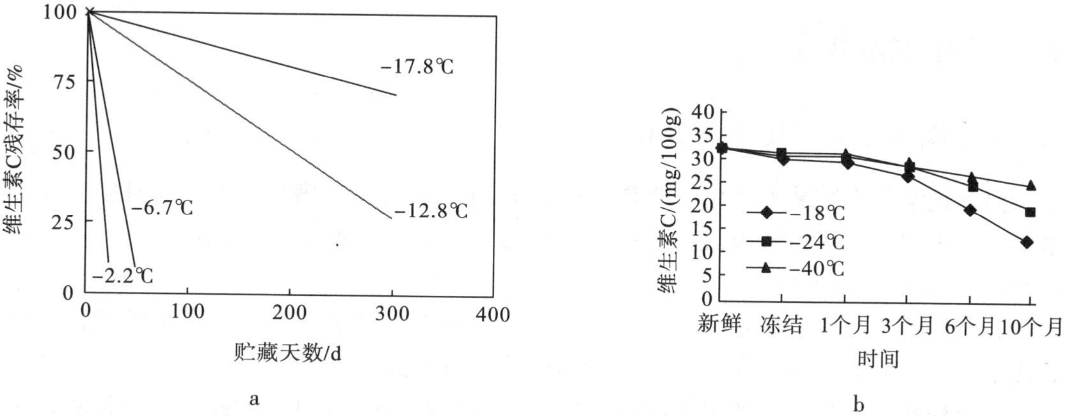

图 7.7　不同贮藏温度和时间冷冻豌豆和桑椹维生素 C 的变化

（a 豌豆：International Institute of Refrigeration，1972；b 桑椹：包海蓉等，2006）

蔬菜在冻结前的热烫以及冻结冻藏期间，由于加热、H^+、叶绿素酶、脂肪氧化酶等的作用，蔬菜中的叶绿素形成脱镁叶绿素，由绿色变为灰绿色或绿色减退。在烫漂溶液中加入碳酸钠等对保持绿色有一定效果，但有研究表明这会降低热钝化酶的效果而需延长热烫时间。

与其他加工方法相比，冻藏本身对果蔬的营养成分保存有利，温度越低，保护作用越强。因为有机物质的化学反应速度与温度成正相关。由于原料在冷冻前的预处理，如洗涤、去皮、切分等工序，使原料暴露于空气中，维生素 C 因氧化而减少，这些化学反应在冻藏中仍继续进行，不过速度要慢得多。

酶在解冻时，尤其是在组织受到损伤时，其活性会大大加强，因而引起一系列生化反应，造成变色、变味、营养损失等变化。这需要在冻结前用热处理或化学处理等方法来将酶破坏或抑制。蔬菜一般用热烫处理。对于无烫漂处理的果品，需经硫处理或加入抗坏血酸作为抗氧化剂以减少氧化，或加入糖浆减少果品与氧的接触机会，有利于减少氧化和保护果品的风味。

由此可知，果蔬应该进行快速冻结，使中心温度尽快达到 -18℃或以下，让大部分水分未及脱水即冻结成冰晶，这是食品速冻的原理，也是当前食品速冻愈来愈向更低温度发展的原因。

7.3　速冻方法和设备

用于食品冻结的装置有多种，按使用的冷冻介质及与食品接触的状况，其形式可分为以下几类：

间接冻结：静止空气冻结、送风冻结、强风冻结和接触冻结。

直接冻结：冰盐混合物冻结、液氮及液态二氧化碳冻结。

7.3.1　间接冻结装置

7.3.1.1　低温静止空气冻结装置

低温静止空气冻结装置是用空气作为冻结介质。空气的导热性能差，而且空气与其接触的物体之间的放热系数也最小；但它对食品无害、成本低、机械化较容易。因此该装置是最早使用的一种冻结方式。

静止空气冻结一般应用管架式，把蒸发器做成搁架，其上放托盘，盘上放置冷冻原料，靠空气自然对流及有一定接触面(贴近管架)进行热交换。

空气的导热系数低，自然对流速度也低(一般只有 0.03～0.12 m/s)，因此原料的冻结时间长。果蔬产品的冻结往往需要近 10 h 左右(视温度及原料的大小厚薄而定)，一般效果差、效率低、劳动强度大。目前只在小库上应用，低温冰箱也属此类，在工艺上已落后。

7.3.1.2　送风冻结装置

送风冻结装置利用增大风速，使原料的表面放热系数提高，从而提高冻结速度。风速达 1.5 m/s 时，可提高冻结速度 1 倍；风速 3 m/s，可提高 3 倍；风速 5 m/s，可提高 4 倍。虽然送风会加速产品的干耗，但若加快冻结，产品表面形成冰层，可以使水分蒸发减慢，减少干耗，所以送风对速冻有利。但要注意使冻结装置内各点上的原料表面的风速一致，如图 7.8 所示。

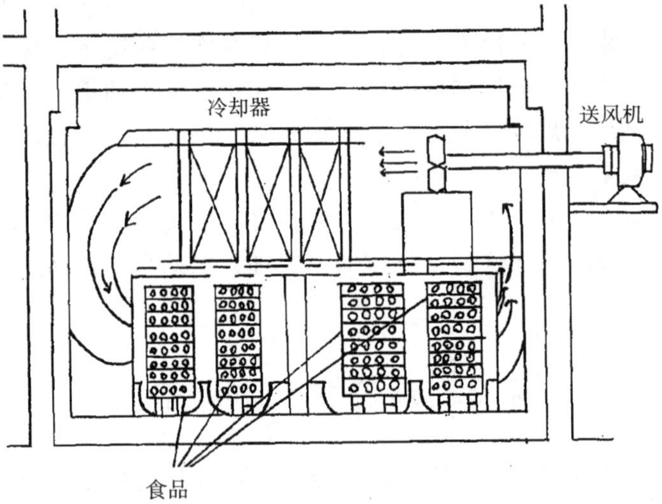

图 7.8　送风冻结装置
(徐进财，1995)

在静止空气冻结装置上装上风机称为半送风冻结装置。但冷风速度如果在 1～2 m/s 时，其各点上的风速会不均匀而造成温差。这在工艺上也颇为落后。

7.3.1.3 强风冻结装置

该装置是以强大风机使冷风以 3 ~5 m/s 以上的速度在装置内循环，它有各种形式。

1. **隧道式**

可以用轨道小推车或吊挂笼传送，一般逆向送入冷风，或用各种形式的导向板造成不同风向。生产效率及效果还可以，连续化生产程度不高。

2. **传送带式**

传送带式也有多种形式。目前多用不锈钢网状输送带，原料在传送带上冻结，冷风的流向可与原料平行、垂直、顺向、逆向、侧向。传送带速度可根据冻结时间进行调节。

单向直走带式：在传送带底部与一冷冻板(蒸发器)相贴紧，上部还装有风机。

螺旋带式：此装置中间是一个大转筒，传送带围绕着筒形成多层螺旋状，逐级将原料(装在托盘上)向上传送，如图 7.9 所示。冷风由上部吹下，下部排出循环，冷风与冻品呈逆向对流换热。原料由下部送入，上部传出，即完成冻结。

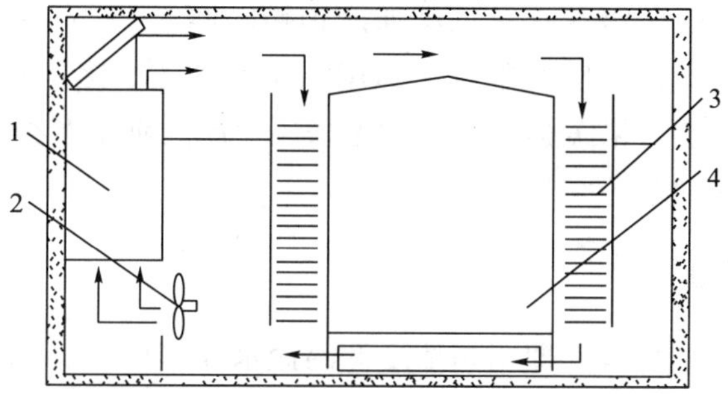

图 7.9 螺旋带式连续冻结装置

1. 蒸发器 2. 风机 3. 传送带 4. 转筒

也有用链带形成传送装置，上挂托盘可以脱卸。头一段，托盘在最下层进入，逐层循链带呈 S 形回转上升，至最上层时进入下一段，再逐级回转下降，直至下一段的最下一层送出托盘，将之脱卸下来即完成整个冻结过程。装置内以多台风机侧向送入冷风。

用这类冻结装置冻结厚 2.5 ~4 cm 的产品，在 40 min 左右能冻至 -18℃，薄一些的还会更快。可以连续进行生产，效率很高，通风性强，适用于果蔬速冻。

3. **悬浮式**

也称流态床，一般采用不锈钢网状传送带，分成预冷及急冻两段，以多台强大风机自下向上吹出高速冷风，垂直向上的风速达到 6 ~8 m/s 以上，把原料吹起，使其在网状传送带上形成悬浮状态不断跳动，原料被急速冷风所包围，进行强烈的热交换，被急速冻结。一般在 5 ~15 min 就能使食品冻结至 -18℃。生产率高、效果好、自动化程度高。由于把冻品造成悬浮状态需要很大的气流速度，故被冻结的原料大小受到一定限制。一般颗粒状、小片状、短段状的原料较为适用。由于传送的带动，原料是向前移动，在彼此不黏结成堆的情况下完成冻结，因此称为单体速冻(individual quick frozen，IQF)，这是目前大多数颗粒状或切分的果蔬加工采用的一种速冻形式，如图 7.10。

4. **接触式**

平板冻结机即属此类。一般由铝合金或钢制成空心平板(或板内配蒸发管)，制冷剂

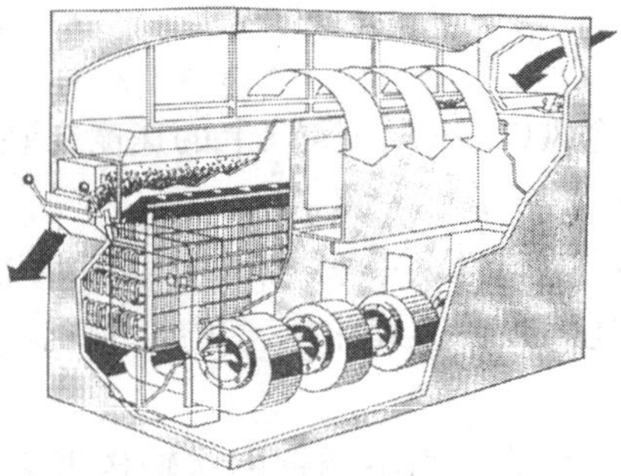

图7.10　悬浮冻结装置
(Mallett C P,1993)

以空心板为通路，从其中蒸发通过，使板面及其周围成为温度很低的冷却面，原料就放置在板面上(即与冷却面接触)。一般用多块平板组装而成，可以用油压装置来调节板与板之间的距离，使空隙尽量减少，这样使原料夹在两板之间，以提高其热交换效率，由于原料被上下两个冷却面所吸热，故冻结速度很快。厚6～8 cm的食品，2～4 h即可完成冻结。原料形状应扁平，厚度有限制，适用于小型加工，多应用于水产品，如鱼、虾等，因此多应用于渔船上。果蔬加工也可考虑采用。属间歇生产类型，生产效率不算高，可用多个冻结器配合，因此劳动强度较大。

7.3.2　直接冻结装置

目前多应用浸渍冻结装置，即用高浓度低温盐水或其他冷媒(其冰点可降至-50℃左右)浸渍原料，原料与冷媒接触，传热系数高，热交换强烈，故速冻快。但盐水很咸，这种方法只适于水产品，不能用于果蔬制品。液态氮(-196℃)和液态二氧化碳(-78.9℃)也用来作为制冷介质(剂)，可以直接浸渍产品，但这样浪费介质。一般多采用喷淋冻结装置，这种装置构造简单，可以用不锈钢网状传送带，上装喷雾器、搅拌小风机，即能超快速进行单体冻结。但介质不能回收，而且介质贵，它的运输及贮藏要应用特殊容器，成本高。对大而厚的产品还会因超快速冻结而造成龟裂。这种方法生产率高，产品品质优良，主要问题是成本。

7.4　果蔬速冻工艺

果蔬速冻加工工艺流程如图7.11所示。

7.4.1　原料选择

加工原料的质量和温度的控制是影响冷冻果蔬质量的两个最重要的因素。而原料的质量依赖于适宜的品种和成熟度，以及原料的产地、栽培条件、采收方法和贮运条件。

一般加工原料的品种要求有突出的风味，出色和均匀的颜色，理想的质地，均一的成熟度，抗病虫害，高产，适合机械采收。对于速冻加工，有些果蔬原料不耐冻(抗冻性较差)，易造成组织损伤。有些纤维质的原料(如菜心)，冻后品质易劣变；番茄、草莓的细胞壁薄而含水量高，冻后易流水变软。如图 7.12 所示，不同品种草莓因其质构特性不同，冻结解冻后汁液流失率也不一样，因此要注意选择宜于速冻加工的品种（主要是看解冻后的食用品质及价值）。

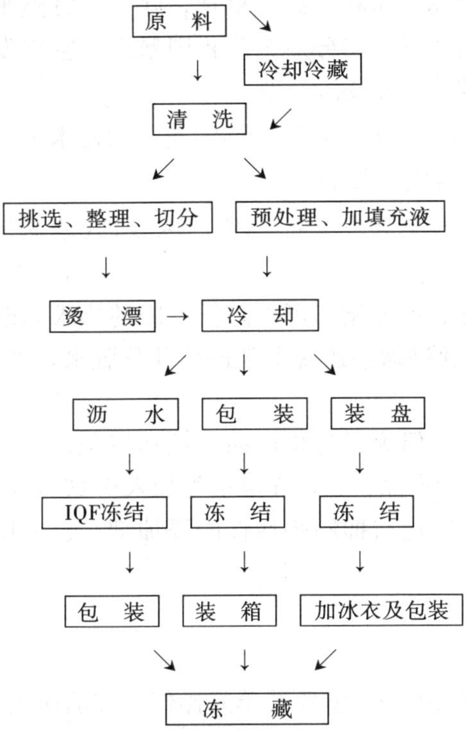

图 7.11 果蔬速冻加工工艺流程

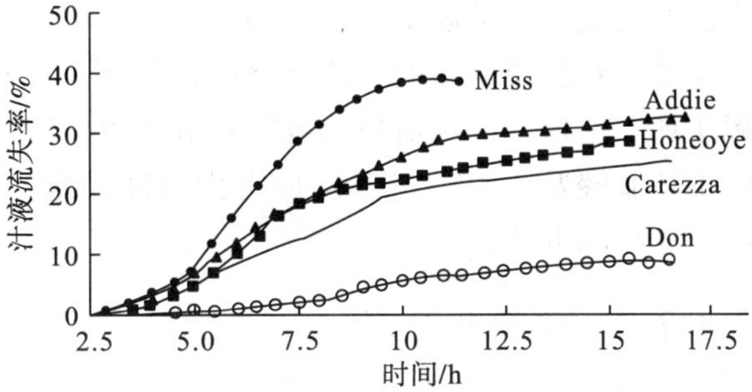

图 7.12 不同草莓品种解冻后的汁液流失率
（Maestrelli，2000）

7.4.2 预处理

7.4.2.1 采收及采后处理

为获得最优的原料质量，要求适时采收，原料成熟度适当，新鲜度好。一些冷冻蔬菜，如豆类和甜玉米，达到最优质量的收获期很短，如果此时不采收而延缓，则原料中的糖很快转化成淀粉，甜味减退，质地粗硬，产品不受消费者欢迎。

原料采收和运输应尽量避免机械伤，进厂检验合格后应及时加工。新鲜果蔬采收后放置而未加工，虽不易看出败坏，但是会很快丧失风味、甜味，组织硬化，质量下降。如豌豆、甜玉米等采收后风味损失很快，失去甜味，原因是果蔬采后继续进行呼吸作用而消耗了糖分。甜玉米在 21℃下 24 h 之内损失其原含糖量的一半，在 0℃下 24 h 之内损失原糖量的 5%；鲜豌豆在 25℃下放置 6 h 就失去其原含糖量的 1/3。一些果蔬在室温下放置时间过长，不能保持原来新鲜的风味。因此必要时可用冷藏保鲜，但时间不宜长，以免鲜度减退或变质。为了避免增加微生物污染，应加速处理，并在各个环节多加注意。

速冻果蔬属于方便食品类，在加工过程中并没有充分的灭菌措施，因此，对其微生物污染的检测指标要求很严格。原料加工前应充分清洗干净，加工所用的冷却水要经过消毒(可用紫外灯)，工作人员、工具、设备、场所的清洁卫生必须符合相关标准，加工车间要加以隔离。

从消费者食用方便及有利于快速冻结的要求考虑，原料要经过挑选，除了适宜整个加工的原料外，一般原料应予以去皮、去核及适当切分，切分后为防止因暴露于空气发生氧化变色，可以用1%食盐、0.5%柠檬酸或醋酸等溶液浸泡处理。

有些蔬菜(如椰菜花、西兰花、菜豆、豆角、黄瓜等)要在2%～3%左右的盐水中浸泡20～30 min，以便将其内部的小害虫驱出，浸泡后应再漂洗。

速冻后的果蔬的脆性不免会减弱，可以将原料浸入含0.5%～1%的碳酸钙(或氯化钙)溶液中浸泡10～20 min，以增加其硬度和脆性。

利用渗透脱水技术在蔬菜冻结前脱去部分水分后再冻结，可以降低冷冻的要求和改良最终产品的质量。有人曾证实青豆在冻结前用氯化钠做渗透脱水剂进行部分脱水处理，产品的接受性与常规工艺冻结相同。

考虑对品质的影响，速冻果品往往不采用热烫。但为了防止产品变色和氧化，可和罐头加工一样，应用适当浓度的糖液做填充液，淹没产品，在填充液里可加入0.1%左右的抗坏血酸及0.5%柠檬酸(应考虑风味而定)等抗氧化与抑制酶活性的添加剂。也可用拌干糖粉的办法。

7.4.2.2　烫漂与冷却

烫漂(blanching)是蔬菜速冻、干制及罐藏等加工中一个重要的单元操作。如前所述，原料中酶的作用会使产品在加工和贮藏过程中发生颜色和风味的改变，为了避免这种不利的变化，可在可在原料速冻前进行烫漂处理，优点是能钝化酶的活性，使产品的颜色、质地、风味及营养成分稳定，杀灭微生物，软化组织，有利于包装。不同烫漂时间的冷冻青豆在－18℃贮藏5个月和10个月后维生素C的残存量变化(如图7.13)表明经烫漂处理后，维生素C的损失大大减少。

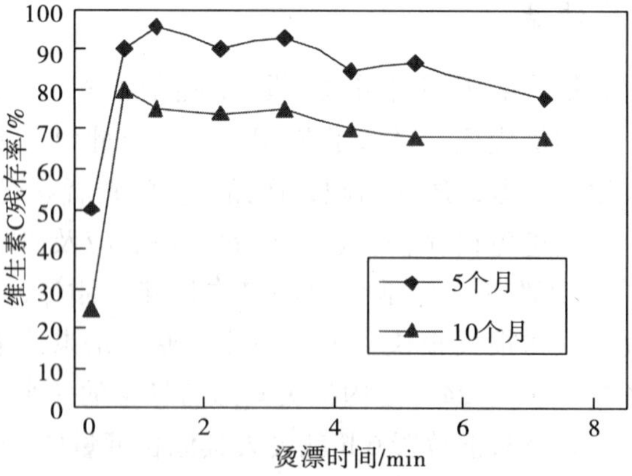

图7.13　不同烫漂时间的冷冻青豆在－18℃贮藏维生素C的残存率

(Lester E Jeremiah, 1995)

烫漂主要是应用在蔬菜速冻产品上，一般进行短时间的热处理（2 ~ 3 min，95℃）以钝化酶活性。烫漂的方法有热水烫漂和蒸汽烫漂等。在各种酶中，过氧化物酶（peroxidase）和过氧化氢酶（catalase）对热失活具有抵抗性，耐热性强，因此它们常用做指示酶，衡量烫漂处理是否适度。若过氧化物酶的活性已被破坏，其他的酶也可达到同样效果。可应用试液或试纸进行检测，如无着色反应即可判断其活性已被破坏，可以此来确定热烫时间。

过度受热会引起质地改变，部分可溶性固形物及营养的损失，产生煮熟味，消耗大量水和能源等是烫漂处理的缺点。烫漂往往造成组织的损伤，因而造成口感不良及营养的损失，必须避免烫漂过度，如何掌握适度的热烫很重要。有些酶活性影响微弱的蔬菜，可以考虑缩短烫漂时间或不用热烫。烫漂还可以减少产品上微生物污染的指数，因此，对此工序的应用，各有不同的看法和新的探索，这必须通过试验观察来确定。

热烫后应迅速加以冷却，否则等于将加热的时间延长，会带来一系列不良反应。而且将温度还相当高的原料直接送进速冻器里，既会增加制冷负荷，而且会造成冻结温度升高，降低产品质量。

冷却措施要求达到迅速降温的效果，一般有水冷和空气冷却，可以用浸泡、喷淋、吹风等方式。必要时将水及空气的温度降低些，使温度高达 80 ~ 90℃左右的原料迅速冷却。原料温度能冷却至 5 ~ 10℃左右最好，最高不应超过 20℃。

经过烫漂和冷却的原料带有水分，要加以沥干，可以用震动筛（或加吹冷风），有些还用离心机脱水，以免产品在冻结时黏结成堆。

7.4.3 速冻

目前大多数颗粒状或切分的果蔬加工采用 IQF 速冻形式。

经过预处理的原料，可预冷至 0℃，这样有利于加快冻结。许多速冻装置设有预冷段的设施。或者在进入速冻前先在其它冷库预冷后，再进入速冻设备。

冻结速度往往由于果蔬的品种不同、块形大小、堆料厚度、进入速冻设备时品温、冻结温度等因素而有差异。必须在工艺条件上及工序安排上考虑紧凑配合。

果蔬产品的速冻温度在 −35 ~ −30℃左右，风速应保持在 3 ~ 5 m/s 左右，这样才能保证冻结以最短的时间通过最大冰晶生成区，使冻品中心温度尽快达到 −18 ~ −15℃以下，能够达到这样的标准要求，才能称之为速冻果蔬。只有这样才能使 90% 以上的水分在原来位置上结成细小冰晶，大多均匀分布在细胞内，从而获得具有新鲜品质，而且营养和色泽保存良好的速冻果蔬。

果蔬速冻生产最理想的方式是采用半机械化或机械化连续作业，速冻装置以螺旋式（链带）连续速冻器或流态床速冻器为好。

7.4.4 包装

通过对速冻果蔬进行包装，可以有效地控制速冻果蔬在长期贮藏过程中发生的冰晶升华，即水分由固体冰的状态蒸发而形成干燥状态；防止产品长期贮藏接触空气而氧化变色，便于运输、销售和食用；防止污染，保持产品卫生。

果蔬速冻品加工完成后，应进行质量检查及微生物指标检测。包装前要经过筛选。

果蔬速冻品生产大多数采用先冻结后包装的方式。但有些产品为避免破碎可先包装后冻结。

冻结果蔬的包装有大、中、小各种形式，包装材料有纸、玻璃纸、聚乙烯薄膜(或硬塑)及铝箔等。为避免产品的干耗、氧化、污染而考虑采用透气性能低的包装材料。近年来已开发出能直接在微波炉内加热或烹调而且安全性能高的微波冷冻食品包装材料。此外还应有外包装，大多用纸箱，每件重约10~15 kg。

包装的大小可按消费需求而定，半成品或厨房用料的产品，可用大包装。家庭应用及方便食品要用小包装(袋、小托盘、盒、杯等)。

在分装时，工场应保证在低温下进行工作。同时要求在最短时间内完成，重新入库。工序要安排紧凑。一般冻品在 -4 ~ -2℃时，即会发生重结晶。

7.4.5　冻藏与运输

1. 冻藏

速冻完成且包装好的冻品，要贮于 -18℃以下的冷库内，要求贮温控制在 -18℃以下，或者更低些，而且要求温度要稳定，少波动。并且不应与其他有异味的食品混藏。最好采用专库贮存。低温冷库的隔热效能要求较高，保温要好。一般应用双级压缩制冷系统进行降温。速冻果蔬产品的冻藏期一般可达10~12个月以上，条件好的可达两年。

在冻藏过程中，未冻结的水分及微小冰晶会有所移动而接近大冰晶与之结合。或者互相聚合而成大冰晶。但这个过程很缓慢，若库温波动则会促进这样的移动，大冰晶成长即加快。这就是重结晶现象。这样同样会造成组织的机械伤，因而使产品流汁。

2. 运销

在流通上，要应用能制冷及保温的运输设施，以 -18 ~ -15℃进行运输冻品。在运输销售上，要应用有制冷及保温装置的汽车、火车、船、集装箱等设施，运输时间长的要控制在 -18℃以下，一般可用 -15℃，销售时也应有低温货架与货柜。整个商品供应程序也是采用冷链流通系统使产品维持在冻藏的温度下贮藏(图7.14)。由冷冻厂或配送中心运来的冷冻产品在卸货时，应立即直接转移到冻藏库中，不应在室内或室外的自然条件下停留。零售市场的货柜应保持低温，一般仍要求在 -18 ~ -15℃。

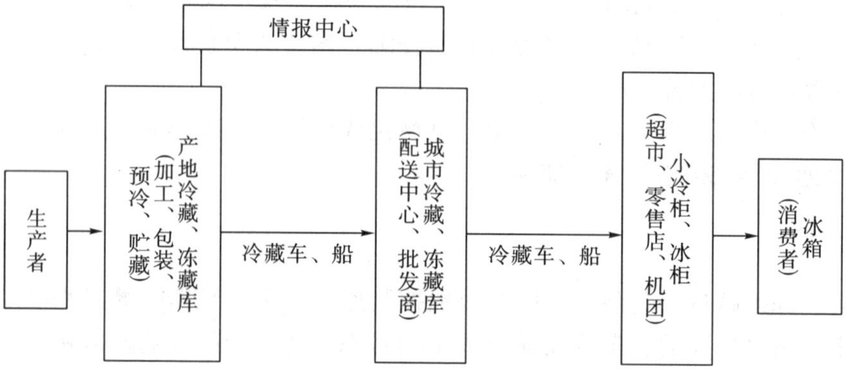

图7.14　冷链流通系统模式

7.4.6 解冻与使用

冷冻食品在使用之前要进行解冻复原，上升冻结食品的温度，融解食品中的冰结晶，回复冻结前的状态，该过程称为解冻。各种产品的性质不同，解冻情况有差异，对产品的影响变化表现不一。

从热交换看，冷冻食品的解冻与速冻是两个相反的传热方向，而且速度也有差异，非流体食品的解冻比冷冻要慢。解冻时的温度变化趋向于有利微生物的活动和理化变化的增强，恰好与冷冻情况相反。如前所述，冷冻并不能作为杀死微生物的措施，只是起抑制微生物的作用。食品解冻后，由于温度的升高，汁液(内容物)的渗出，有利微生物的活动和理化特性的变化。因此冷冻食品应解冻后及时食用，切忌解冻过早或在室温下长时间搁置。冷冻水果解冻过程越短，对色泽和风味的影响就越小。

解冻可以在冰箱中、室温下以及冷水或温水中进行。也可用微波或高频迅速解冻，但要注意产品的组织成分要均匀一致，否则容易造成产品局部的损害。

冷冻蔬菜的解冻，可根据品种形状的不同和食用习惯，不必先洗、再切而直接进行炖、炒、炸等烹调加工，烹调时间以短为好，一般不宜过分的热处理，否则影响质地，导致口感不佳。

冷冻水果解冻后一般不需要热处理，就可供食用。解冻终温以解冻用途而异，鲜吃的果实以半解冻较安全可靠。有些冷冻的浆果类，可作为糖制品的原料，经过一定的加热处理，仍能保证其产品的质量。

7.4.7 影响速冻果蔬质量的因素

通过大量试验及生产的总结，速冻果蔬商品从生产、贮藏至流通，其质量的优劣，主要是由早期质量与最终质量来决定。冷冻食品从生产到消费的过程中，所经过的冻藏、输送、贩卖店的销售状况等保持的温度都不一致，自生产工厂出货时开始是同一温度和品质(早期质量)，但转到消费者手中时的品质(最终品质)却有不同，因此为保证品质有必要建立冷链系统。

速冻果蔬的早期质量受“P. P. P.”条件的影响，也就是受到产品原料(product)的种类(品种)、成熟度和新鲜度，冻结加工(processing)(包括冻结前的预处理、速冻条件)，包装(package)等因素所决定。

速冻果蔬的最终质量则受“T. T. T.”条件的影响，也就是速冻果蔬在生产、贮藏及流通各个环节中，经历的时间(time)和经受的温度(temperature)对其品质的容许限度(tolerance)有决定性的影响。早期质量优秀的速冻果蔬产品，由于还要经过各个流通环节才能到消费者手中，如果在贮藏和流通过程中不按冷冻食品规定的温度和时间操作，如温度大幅度波动，也会失去其优秀的品质。也就是说速冻果蔬最终质量还要取决于贮运温度、冻结时间和冻藏期的长短。

速冻果蔬的“T. T. T.”研究中常用的评价方法是感官评价配合理化指标测定。

贮藏天数依贮运中的品温而异，温度越低，能保持品质的不变化的时间越久。贮藏期的长短与贮运温度的高低之间的关系，一般称之为品质保持特性(keeping quality characteristic)。通过感官评价感知某一冷冻食品品质开始变化时所经过的天数(贮藏期)，称为优质保持期(high quality life，HQL)，在此期间该冷冻食品仍保持其优良品质状态。实际上，感官评价冷冻食品品质时，常稍将条件放宽，以不失商品价值为度，这就是所谓的实用贮藏期(practicality storage life，PSL)。HQL和PSL的长短是由冷冻食品在流通环节中所经历的时间和品温决定的。

构成食品品质的诸要素，如风味、质地、颜色等，除了用感官评价评定外，同时可进行一些理化方法的检测，如测定维生素C含量、叶绿素中脱镁叶绿素含量、蛋白质变性以及脂肪氧化酸败等。可根据冷冻果蔬的种类选择测定项目。

冷冻食品在-30~-10℃温度范围内，贮藏温度与实用冷藏期之间的关系曲线称为T.T.T.曲线。把某种速冻果蔬在流通过程中所经历的温度和时间记录下来，根据T.T.T.曲线按顺序算出各阶段的品质下降值，然后再确定冻结果蔬的品质，这种方法称为T.T.T.计算法。在进行T.T.T.计算时，还应考虑到品温上升时微生物入侵、温度在变动范围内的频繁波动对品质的影响。尽管T.T.T.计算法不能适用于所有速冻食品，而且近年也受到冷冻食品玻璃转化理论的挑战，但仍不失为推测品温与品质关系的有效方法。

7.5 果蔬速冻生产实例

7.5.1 蔬菜速冻生产实例

7.5.1.1 马铃薯(学名：*Solanum tuberosum* L.，英文：potato)

马铃薯速冻产品中，主要是马铃薯快餐食品。如速冻马铃薯薯条(France fry potato)的销售量和消费量随着快餐业的发展而呈直线上升趋势。

目前全世界大部分国家及地区均栽培马铃薯。发达国家马铃薯较多用于加工，占其总产量的40%以上，美国甚至达到70%。而我国的马铃薯加工利用率仅为3%左右。

从美国的情况看，美国有速冻薯条生产厂家300多家，如麦当劳、肯德基、Wendy's和汉堡王等。1993年其出口速冻薯条22万吨，价值2.67亿美元，主要出口至日本、香港、南韩和中国。

我国速冻薯条生产厂家不多，其中主要有中美合资组建的北京辛普劳食品有限公司(在内蒙古、张家口地区和北京市郊设有原料基地)；另一中外合资企业是山西嘉顺食品有限公司，其生产的马铃薯食品供不应求。据初步估算，中国年进口薯条上万吨，仅北京麦当劳年消费量即为4000~5000 t。因此，发展我国马铃薯速冻系列产品有着广阔的市场前景。

1. 工艺流程

原料选择→清洗→去皮→修整→切条→分级→漂烫→干燥→油炸→沥油→预冷→速冻→称重包装→冻藏

2. 工艺要点

1)原料选择

马铃薯原料要求淀粉含量适中，干物质含量较高，还原糖含量较低的白肉马铃薯；薯形要求长柱形或长椭圆形，头部无凹，芽眼少而浅，表皮光滑，无裂纹空心；适合加工薯条的马铃薯品种要求休眠期长，抗菌性强。选择外观无霉烂、无虫眼、不变质、芽眼浅、表面光滑的马铃薯，剔除绿色生芽、表皮干缩的原料。

生产前应进行理化指标的检测，理化指标的好坏直接影响到成品的色泽。马铃薯的还原糖含量应小于0.3%，若还原糖过高，则应将其置于15～18℃的环境中，进行15～30 d的调整。

2）清洗

可以在水力清洗机中清洗马铃薯，借助水力和立式螺旋机构的作用将其清洗干净。

3）去皮

去皮方法有人工去皮、机械去皮、热力去皮和化学去皮。为了提高生产能力、保证产品质量，宜采用机械去皮或化学去皮。去皮时应防止去皮过度，增加原料损耗，影响产品质量。还要注意修整，去芽眼、黑点等。

4）切条

去皮后的马铃薯经清水冲淋，洗去其表面粘附的马铃薯皮及渣料，然后由输送带送入切条机中切成条，产品的规格应符合质量要求，马铃薯条一般选择方形，截面尺寸为（5～10）mm×（5～10）mm，长度为50～75 mm左右。

5）漂洗和热烫

漂洗的目的是洗去产品表面的淀粉，以免油炸过程中出现产品粘结现象或造成油污染。热烫目的是使马铃薯条中的酶失活，防止发生酶促褐变而影响产品品质，同时使薯条表层淀粉凝胶化，减少油的吸收。采用的方法有化学方法和物理方法，化学方法采用化学试剂（抗氧化剂、抗坏血酸等）溶液浸泡；物理方法即采用85～90℃的热水进行烫漂，时间因品种及贮藏时间的不同而异。

6）干燥

干燥的目的是除去马铃薯条表面的多余水分，从而在油炸过程中减少油的损耗和分解；同时使烫漂过的马铃薯条保持一定的脆性。但应注意避免干燥过度而造成粘结，可采用压缩空气气流干燥。

7）油炸

干燥后的马铃薯条由输送带送入油炸设备内进行油炸，油温控制在170～180℃，油炸时间为1 min左右。油炸后通过振动筛振动脱油。

8）速冻

油炸后的产品经脱油、冷却和预冷后，进入速冻机速冻，速冻温度控制在－35℃以下，IQF冻结，保证马铃薯产品的中心温度在18 min内降至－18℃以下。

9）称重包装

速冻后的薯条半成品应按规格重量迅速装入包装袋内，然后迅速装箱。包装袋宜采用内外表面涂有可耐249℃高温的塑料膜的纸袋。

10）冻藏

包装后的成品置于－18℃以下的冷藏库内贮藏。

7.5.1.2　豌豆(学名：*Pisum sativum* L.，英文：pea)

豌豆荚(pea pod)又名荷兰豆荚，由于其具有青绿的颜色和鲜嫩的质地，深受消费者的欢迎。速冻豌豆荚是我国出口欧美、日本等国家的重要速冻蔬菜品种之一。

1. 工艺流程

原料选择→去蒂、去筋丝→洗涤→漂烫→冷却→速冻→称重包装→冻藏

2. 工艺要点

1)原料选择与整理

选择新鲜、无农药残留、无组织硬化及病虫害的嫩软豌豆荚，运送至工厂，选择长5~8 cm，厚度小于7 mm的豆荚，然后去蒂，去筋丝(豆荚两侧边缘的粗纤维)，该工作费时很多，需注意加工处理时间，自采收至加工完毕的时间不要超过24 h为宜。经初选，去蒂及去筋丝的豌豆荚，在洗涤前复选一次，将色泽及规格不合格者剔除。

2)洗涤

经去蒂及去筋的豌豆荚，以含有效氯5~10 mg/kg的清水洗涤，可用自动振动洗涤机洗涤，洗涤后沥干水分。

3)烫漂

豌豆荚充分沥干后，即行烫漂。浸渍于沸水或含有3%食盐的沸水中，加以搅拌，根据烫漂设备的不同与豌豆荚的多少而需时40 s至1 min以上。可根据过氧化物酶的活性是否被钝化作为烫漂时间的尺度。

4)冷却

烫漂后的豌豆荚，应立即冷却，以确保风味、质地及营养成分因热作用的损失最少。冷却方法一般采用清水冷却法，用不锈钢水槽，可分成两段冷却或采用两个冷却槽。为了提高冷却效果，有条件的可采用冰水冷却。冷却后豌豆荚应沥干水分，温度控制在20℃以下(最好在0~5℃)。

5)冻结、包装、贮藏

冷却和沥干水分后的豌豆荚通过输送带提升至IQF冻结机入口的振动机，筛分均匀和作最后的沥水，然后进入IQF冻结机冻结。冻结温度为-40~-35℃。冻结完后按规定重量进行包装，贮藏于-18℃冻库。

7.5.1.3　豇豆(学名：*Vigna sesquipedalis* Wight.，英文：cowpea)

1. 工艺流程

原料验收→挑选→切段→复选→浸盐水→漂洗→烫漂→冷却→沥水→速冻→包装→冻藏

2. 工艺要点

1)原料选择挑选

宜采用色泽较深、大小均匀的豇豆品种。豆粒无明显突起，组织鲜嫩，呈青绿色或淡绿色；青绿和淡绿不得混杂。条形圆直，豆条横断面直径在0.5 cm左右，无病虫害，无斑疤，无杂豆。

2）切段复选

切去豇豆两尖端后复选，将花斑豆、异色豆、杂质剔除。注意虫孔。然后切成5 cm段长。

3）浸盐水

用2%盐水浸泡15 min左右，除去漂浮的虫体及杂质。捞出豇豆后用清水漂洗。

4）烫漂

在沸水中烫1.5 min左右，至色泽转为鲜绿色，口尝无豆腥味。烫漂后马上用冷水冷却。冷却后用振动筛或离心机脱水。

5）速冻

经前处理的豇豆应尽快冻结，可先预冷至0～5℃，然后送速冻机，用－35℃冷风迅速冻结。

6）包装

用塑料袋定量包装（如250 g或500 g），再用纸箱外包装（每箱可装10 kg）。

7）冻藏

冻藏过程应保持稳定的温度（－18℃）和湿度。

7.5.1.4 菠菜（学名：*Spinacia oleracea* L.，英文：spinach）

1. 工艺流程

原料验收→挑选→整理→漂洗→烫漂→冷却→沥水→装盘→速冻→包冰衣→包装→冻藏

2. 工艺要点

1）原料选择及整理

选择叶子茂盛的圆叶种。原料要求鲜嫩、浓绿色、无黄叶、无病虫害，长度约为150～300 mm。原料采收与冻结加工间的时间间隔不要超过24 h。初加工时应逐株挑选，除去黄叶，切除根须。清洗时也要逐株漂洗，洗去泥沙等杂物。

2）漂与冷却

由于菠菜的下部与上部叶片的老嫩程度及含水率不同，因此烫漂时将洗净的菠菜叶片朝上竖放于筐内，下部浸入沸水中30 s，然后再将叶片全部浸入烫漂1 min。为了保持菠菜的浓绿色，烫漂后应立即冷却到10℃以下。冷却后的菠菜要将水分沥干，然后按重量要求装盘，每盘可装500 g。

3）速冻与冻藏

菠菜装盘后迅速进入速冻设备进行冻结，用－35℃冷风，在20 min内完成冻结。然后脱盘，将冻结好的菜体在清洁的冷水中浸泡一下即捞起，在菜体表面形成一层冰衣。用塑料袋包装封口，装入纸箱，在－18℃下冻藏。

7.5.2 果品速冻生产实例

7.5.2.1 荔枝（学名：*Litchi chinensis* Soun.，英文：litchi，lychee ）

荔枝是岭南佳果，但不耐贮运，常温下2～3 d就会变色变味。通过速冻保藏则可保持新鲜品质一年以上。食用时需解冻。

1. 工艺流程

原料采收→挑选、清洗、分级→护色处理→冷却→速冻→包装→冻藏

2. 工艺要点

选择新鲜、成熟、无病虫害的荔枝，采收后迅速运至速冻加工厂，要剔除破裂、受机械损伤和病虫害的果实，经预处理和冷却，在-35~-20℃低温进行冻结，然后在-18℃下冻藏。速冻荔枝生产存在速冻过程中会出现裂果较多，解冻后果皮变褐、果肉与果壳分离、剥壳时解冻汁液流出等问题。如何克服这些问题，是速冻荔枝生产成功的关键。

根据广东省食品进出口公司等组成的协作组(1975)的研究结果，采用下列3种方法解决上述问题：一是用蒸汽烫漂荔枝20~30 s，然后鼓风降温吹干并喷洒3%柠檬酸液，包装入库速冻；二是熏硫处理后入库速冻；三是用100℃热水烫漂7 s，再用3~5℃冰水降温冷却，然后浸入5%柠檬酸、2%食盐混合液中2 min，装盘速冻然后包装。以第三种方法较好，荔枝解冻后仍能保持红色的果壳。

7.5.2.2 草莓(学名：*Fragaria ananassa* Duch.，英文：strawberry)

成熟的草莓果实鲜红艳丽，柔软多汁、甜酸适中、芳香宜人，有增进食欲、帮助消化作用，是老少皆宜的佳果，它具有较高的营养价值。但草莓在常温下只能贮藏1~3 d，经速冻加工处理后在-18℃冻藏可达一年。

1. 工艺流程

原料采收→挑选、分级→去果蒂→清洗→加糖液处理→冷却→速冻→包装→冻藏

2. 工艺要点

1)原料要求

冻结加工对草莓原料的品质要求比较严格，采摘时带蒂采收且须精心操作，由于带露水的草莓采摘后容易变质，所以要待露水干后才采摘。草莓果实成熟适宜，果面红色占2/3，大小均匀，坚实，无压伤，无病虫害，采摘装箱时不宜装得过满，运输时注意轻拿轻放，避免太阳直接照射。

2)预处理

按果实的色泽和大小分级挑选。首先挑选出果面红色占2/3的适宜速冻加工的果实，然后按直径大小进行分级：20 mm以下、20~24 mm、25~28 mm、28 mm以上；也可按单果重分级：单果重10 g以上为1级，8~10 g为2级，6~8 g为3级，6 g以下为4级。质次的草莓冻结后可作为加工草莓酱的原料。

原料分级后，去果蒂，注意不要损伤果肉，一手轻拿果实，另一手轻轻转动，即可去果蒂，接着用清水清洗果实2~3次，除去泥沙、杂物等。

将预先配制好的浓度为30%~50%的糖液倒入浸泡容器中，然后放入草莓，轻轻搅拌均匀，浸泡3~5 min，捞出滤去糖液。

3)冻结和冻藏

将浸泡过糖液的草莓迅速冷却至15℃以下，尽快送入温度为 -35℃的速冻机中冻结，10 min 后草莓中心温度为 -18℃。冻结后的草莓尽快在低温状态下包装，以防止表面融化而影响产品质量。包装材料采用塑料袋或纸盒。装入塑料袋内真空包装或用塑料袋直接包装封口，每袋可装 0.25 kg 或 0.5 kg，然后装入纸箱，每箱装 20 kg。在温度为 -18℃的冻藏库贮藏。注意每层堆积不宜过多，要求每 5 层加一木制底盘。

7.5.2.3 桃(学名：*Amygdalus persica* L.，英文：peach)

1. 工艺流程

原料选择→清洗→去皮核、切片→浸渍糖液→包装→速冻→冻藏

2. 工艺要点

1)预处理

桃的品种中以白桃和黄桃最适宜速冻加工。原料要求新鲜，成熟度八成左右。果实大小均匀，无压伤，无病虫害。加工时应按品种大小分类，用清水洗去表面污物和残留的农药，用劈桃机将果实从中间切开，除去桃核，然后采用氢氧化钠溶液处理去皮。碱液的浓度和处理时间要根据实际实验结果来确定。处理后在清水中剥皮，并用2%的柠檬酸溶液浸泡，再用清水冲洗干净。然后切分，规格较大的切成4 块，较小的切成2 块。再在浓度为40%的糖液中浸泡5 min。为了防止解冻后发生褐变，可在糖液中加入0.1%的抗坏血酸。浸泡后捞起，沥干糖液。

2)速冻和冻藏

原料沥干糖液后，经包装和冷却，然后迅速送入温度为 -35℃的速冻装置中冻结，使中心温度尽快降至 -18℃。冻结后的产品再用纸箱包装，随即送入 -18℃的冻藏库贮藏。

7.5.2.4 杧果(学名：*Mangifera indica* Linn.，英文：mango)

1. 工艺流程

原料选择→清洗→去皮切片→浸渍糖液→包装→速冻→冻藏

2. 操作要点

1)原料预处理

制造冷冻杧果块所用的杧果原料多为质地细密的成熟果实。未成熟的果实要经催熟处理。把成熟的杧果洗净，去皮，去核，切成约 20 mm 宽，6 mm 厚的薄片或切成约 10 mm×10 mm 方粒。

把杧果片放进25%～35%的糖液中浸渍，果片与糖液的比例为1∶1。在配制糖液时，可加入糖液重0.5%的柠檬酸，0.3%的抗坏血酸，0.2%的氯化钙，目的是加强糖液的护色作用和保脆。

浸渍24～48 h 后，把杧果片装入聚乙烯盘或袋中，同时加入部分糖液，使杧果片浸渍在糖液中，然后封口。最好能抽真空包装，以确保产品质量。

2)速冻和冻藏

把包装后的杧果片冷却至0℃左右，目的是降低冻结初温。然后送冻结装置用 -35℃

冷风快速冻结，使中心温度尽快降至－18℃。

冻结后的产品再用纸箱包装，随即送入冻藏库贮藏，冻藏库温度要求在－18℃或以下。冻藏过程应保持稳定的温度和相对湿度。若在冻藏过程中库温上下波动，会导致再结晶使冰晶体增大，这些大的冰晶体对杧果细胞的机械损伤更大，解冻后产品汁液流失增多，严重影响产品质量。

【复习思考题】

1. 温度对微生物生长发育、酶及各种生物化学反应有何影响？

2. 在什么条件下冷冻产品会腐败或食用不安全？保持冷冻产品安全的关键有几个方面？

3. 冻结过程可分哪几个阶段？如何理解快速通过最大冰晶生成区是保证冻品质量的最重要的温度区间？

4. 冻结和冻藏对果蔬有何影响？

5. 什么蔬菜在冻结前要进行烫漂？如何掌握烫漂的时间？

6. 速冻(IQF)设备有何特点？适合哪些物料的冻结？

7. 速冻果蔬对原料有哪些要求？水果和蔬菜在速冻工艺上有何异同？

8. 影响速冻果蔬质量的因素有哪些？如何提高速冻果蔬的质量？

主要参考文献

包海蓉，等. 2006. 冻藏温度对桑椹品质影响的研究. 食品科学，27(12)：130—133.

北京农业大学. 1990. 果品贮藏加工学(第2版). 北京：中国农业出版社.

陈学平. 1995. 果蔬产品加工工艺学. 北京：中国农业出版社.

郭忠春. 2004. 桂味荔枝果实速冻保藏研究. 北京：中国农业大学.

华中农业大学. 1991. 蔬菜贮藏加工学(第二版). 北京：中国农业出版社.

胡卓炎. 1997. 最近的食品冻结及解冻技术研究. 制冷学报，3：33－39.

罗云波，蒲彪. 2011. 园艺产品贮藏加工学·加工篇(第2版). 北京：中国农业大学出版社.

日本冷冻食品协会. 1975. 冷冻食品事典. 东京朝仓书店.

上海水产学院. 1984. 食品冷冻工艺学. 上海：上海科学技术出版社.

徐进财. 1995. 冷冻食品学. 台北：台北复文书局.

Fernanda A R Oliveira，Jorge C Oliveira. 1999. Processing Foods：Quality Optimization and process assessment. CRC Press LLC. Boca Raton.

Fern'andez P P，et al. 2006. Assessment of cell damage in high－pressure－shift frozen broccoli：comparison with market samples. European Food Research and Technology，224(1)：101－107

Giannakourou M C，Taoukis P S，Nychas G J E. 2006. Monitoring and Control of the Cold Chain. In：Sun D－W ed. Handbook of frozen food packaging and processing. CRC Press，Taylor & Francis Group，LLC.

Hosahalli Ramaswamy ，Michèle Marcotte. 2006. Food processing：principles and applications. CRC Press，Taylor & Francis Group，LLC.

International Institute of Refrigeration. 1972. Recommendations for the Processing and Handling of Frozen Foods，(I. I. R.，eds.) Paris，

Li B，Sun D－W. 2002. Effect of Power Ultrasound on Freezing Rate during Immersion Freezing. Journal of Food Engineering,

55(3): 277 -282

Lester E Jeremiah. 1995. Freezing Effects on Food Quality. Marcel Dekker Inc. New York.

Maestrelli A, Milan IVTPA. 2000. Fruit and Vegetables: the Quality of Raw Material in Relation to Freezing. In: Christopher J. Kennedy ed. Managing frozen foods. Woodhead Publishing Limited and CRC Press LLC.

Mallet C P. 1993. Frozen Food Technology. Blanckie Academic & Professional. An imprint of Chapman & Hall. London.

Nesvadba P. 2008. Thermal Properties and Ice Crystal Development in Frozen Foods. In: Evans J. A. ed. Frozen Food Science and Technology. Blackwell Publishing Ltd. UK.

Otero L, et al. 2000. Preservation of microstructure in peach and mango during high - pressure - shift freezing. Journal of Food Science, 65(3): 466 -470

Robbers M, Singh R P, Cunha L M. 1997. Osmotic - convective dehydrofreezing process for drying kiwifruit. Journal of Food Science, 62 (5): 1039 - 1042, 1047

Van Buggenhout S, et al. 2006. Minimizing texture loss of frozen strawberries: Effect of infusion with pectinmethylesterase and calcium combined with different freezing conditions and effect of subsequent storage/thawing conditions. European Food Research and Technology, 223(3): 395 -404

第 8 章　果酒与果醋的酿造

【内容提要】

本章主要介绍了果酒与葡萄酒的概况及其分类，果酒酿造原理及影响果酒酿造的因素以及葡萄酒、蒸馏果酒、发泡果酒及果醋的酿造工艺。

【教学目标】

1. 了解果酒、葡萄酒的概况和分类。
2. 果酒酿造原理：①掌握果酒酒精发酵理论；②掌握酯类物质的形成规律、氧化还原作用和优良葡萄酒酵母的特性。
3. 果酒酿造工艺：①了解常用的酿酒葡萄品种及特性；②掌握葡萄酒的酿制工艺及操作要点；③了解蒸馏果酒、起泡果酒、配制果酒的生产工艺。
4. 果醋酿制：①了解果醋发酵机理；②掌握果醋的液体发酵和固体发酵工艺。

【重要概念及名词】

果酒　葡萄酒　酒精发酵　酯化反应　开放式发酵　密闭式发酵　前发酵　后发酵　自流汁　压榨汁　固体发酵　液体发酵

8.1　果 酒 概 述

8.1.1　果酒与葡萄酒概况

8.1.1.1　果酒概况

1. 果酒的定义及特点

果酒是以果实为原料，经发酵酿制而成的，色、香、味俱佳且营养丰富的含醇饮料。中国酿酒工业协会果露酒专业委员会秘书长白镇江先生给果酒的定义为：以水果为原料，经过发酵酿制而成的低度饮料酒。其中关键点有三个：一是“以水果为原料”，二是“发酵酿制”，三是“低度饮料酒”。这实际上就是发酵型果酒，即所谓“真正的果酒”。

果酒是一种低酒精度饮料酒，含有水果的风味，其酒度一般在 12 %Vol 左右，主要成分除乙醇外，还有糖、有机酸、酯类及维生素等。果酒具有低酒度、高营养、益脑健身等特点，可促进血液循环和机体的新陈代谢，控制体内胆固醇水平，改善心脑血管功能，同时具有利尿、激发肝功能和抗衰老的功效。果酒含有大量的多酚，能起到抑制脂肪在人体中堆积的作用。随着人们生活水平的提高以及对生活质量的更高要求，果酒的诸多优点和独特功效受到越来越多的重视。

2. **果酒原料**

我国可用于果酒开发的天然植物资源极为丰富，以果实形态结构和利用特征，并结合生长习性，可大致划分为以下 6 类。

1）浆果类

包括葡萄、草莓、树莓、猕猴桃、无花果、醋栗、越橘等。此类果种在果酒制作中所占比例最大，不仅是诸多果酒开发研究的主要对象，也是果酒市场上比例最大的种类，尤其以葡萄酒产量最大。而近年来有大量文献报道猕猴桃酒、草莓酒、树莓酒和石榴酒等的开发利用并投放市场。特别值得一提的是草莓、醋栗、越橘等半野生浆果，由于是从野生变为栽培，市场上较为少见，故而经济价值较高，颇有发展前途。目前，市场上已有黑穗醋栗酿制的“黑加仑”果酒，已具有一定的知名度。

2）仁果类

包括梨、苹果、花红、山楂、榅桲等。此类果种用于果酒开发有较好的基础，尤其是苹果酒和山楂酒的开发研究较多，在果酒市场上也有一定的占有率。我国的苹果和梨产量居世界首位，果酒的原料来源十分丰富。而用山楂制作的果酒，由于其独特的保健功能也受到人们越来越多的青睐，且山楂除单独制作生产果酒以外，还可作为重要原料之一与其他果类生产兼具多重功能的复合果酒。

3）核果类

包括桃、李、杏、梅、樱桃和枣等。此类果种均可制作果酒，目前对梅、枣的开发研究较多，特别是青梅果酒，在果酒市场上有一定的占有率和一定的知名度。

4）柑果类

包括柑、橘、橙、柚、柠檬等柑橘类。此类果种原料丰富，果汁香甜，用做果汁饮料较多，目前也已用在果酒的开发研究中，只是在果酒市场上还较为少见。

5）坚果类

包括核桃、山核桃、板栗、榛、香榧、银杏、扁桃、腰果等。由于此类果种果汁极少，利用果汁发酵的方法酿造果酒有一定的难度，目前还在积极的开发研究中，果酒市场上极少见。

6）亚热带和热带果实类

包括龙眼、荔枝、芒果、椰子、香蕉、菠萝、番木瓜、油梨等。此类果种亦有开发研究，工艺也在日趋成熟中，只是目前在果酒市场上还较为少见。

丰富的原料来源为果酒开发提供了广阔的空间。我国是世界水果生产大国，水果产量居世界首位，使果酒开发有了丰富的原料基础。目前国内市场上销售的果酒类型较多，有枸杞果酒、桑椹酒、石榴酒、猕猴桃酒、五味子酒、红枣酒等众多品种。

在果酒中，葡萄酒是世界性产品，其产量、消费量和贸易量均居第一位。其次是苹果酒，在英国、法国、瑞士等国较普遍，美国和中国也有酿造。在中国市面上有很多国产葡萄酒品牌都比较受欢迎，如通天酒业的通天山葡萄酒及通天蓝莓酒，都是果酒中的上等酒。再有柑橘酒、枣酒、梨酒、杨梅酒、柿酒、刺梨酒等，它们在原料选择上要求并不严格，也无专门用的酿造品种，只要含糖量高、果肉致密、香气浓郁、出汁率高的果品都可以用来酿酒。

3. 果酒历史

果酒历史悠久，是人类最早学会酿造的酒，早在6000年前苏美尔人和古埃及人已经会酿造葡萄酒了。我国果酒至少有2000年以上历史。相传2000多年前，秦始皇并吞六国后为了王朝的长治久安和自己长生不老，就派方士徐福出海寻找长生不老的仙药。徐福周游各地，当他途经旧齐国之地饶安邑(今盐山千童镇)，见这里的人个个身强力壮，不生百病。原来饶安邑产红枣，齐人多食枣和饮枣酒，所以枣酒历史至少2000年以上。徐福便在此征集三千童男、童女，命人建造酒坊，酿制枣酒，以御寒驱潮。浩浩荡荡的船队入海东渡，到了现今的日本。造酒技术从此广为流传。汉高祖五年，在饶安建千童县，汉人东方朔以红枣配合香草再度精酿，酿成的酒汁稠粘手、味香甜，饮之满屋喷香，其香气经旬不歇，在当时广为流传，使饶安的酿酒业迅速发展起来。在京剧《捉放曹》中就有“饶安沽酒走一遭”的唱段。到了唐代更被文人墨客所喜受，唐代大诗人李贺赞道：“琉璃钟，琥珀浓，小槽酒滴珍珠红……”，即为歌咏千童酒之名句。

4. 果酒的功效

果酒有利于调节情绪、保持身材，其酒精含量低，有益健康。果酒中虽然含有酒精，但含量与白酒、啤酒比起来非常低，一般为5°~10°，最高的也只有14°。果酒里含有大量的多酚，可以起到抑制脂肪在人体中堆积的作用，使人不容易积累脂肪和赘肉。此外，与其他酒类相比，果酒对于护理心脏、调节女性情绪的作用更明显一些。

适量饮果酒有利于心脏功能。瑞士一项研究发现，果酒可使妇女的心脏正常搏动。这项研究调查了120位75岁以下未患心脏病或动脉堵塞的妇女，研究表明，适度饮用果酒的妇女(多于每天半杯)其心脏变化率(HRV)最高，从不饮酒的妇女HRV最低；而在那些心脏变化率最高的妇女中，啤酒和烈酒对她们几乎没有影响。

5. 果酒的保存

桶装和坛装最容易出现干耗和渗漏现象，还易遭细菌的侵入，故须注意清洁卫生和封口牢固。温度应保持在8~25℃，相对湿度75%~80%左右。不能与有异味的物品混杂。瓶酒不应受阳光直射，因为阳光会加速果酒的质量变化。

6. 果酒的饮用方式

在饮用方式上，果酒饮用时最好配沙拉或饼干。一般来说，夏天要喝冰镇的，冬天则要加温，喝热的果酒。不过，据日本前田内科医院的医生介绍，果酒虽然有益健康，但毕竟含有一定的酒精，因此也不宜喝得过多，一次最好不要超过1L，尤其是喝的时候要尽量避免空腹，最好用一点蔬菜沙拉或饼干之类的食物下酒，在口味上也比较相配。此外，果酒多数酸甜美味，因此很受女性青睐，但医生提醒，女性在经期前最好不要饮用太多的果酒，否则容易导致出血量过多。

7. 我国果酒行业发展情况

我国果酒业的发展极不平稳，建国初期，果酒的产量、品种均寥寥无几，20世纪60年代才开始以30%的增幅加速增长，进入大发展时期，同时也涌现出了许多优秀产品：

北方水果中的辽宁熊岳苹果酒、沈阳山楂酒、一面坡的三梅酒(紫梅、香梅、金梅)；南方水果中的四川渠县红桔酒、广柑酒，万县地区的中国橙酒，福建的荔枝酒；野生植物中的内蒙古牙克石红豆酒，河北涿鹿的沙棘酒，以及食疗兼用的长白山五味子酒等。这些产品大部分是含糖高的或糖含量高于酒精含量的甜型酒，包括葡萄酒类产品也以这种类型产品为主。这种甜型酒，当时市场销势很好，很受消费者的欢迎。但随着生活水平的提高，国际交往日益频繁，人民对生活的要求越来越高，饮食结构上发生了巨大的变化，在饮料酒中果酒、葡萄酒酒种的甜型酒不再受人们的欢迎，市场销量下降，一些产品不得不被迫停产，果酒业开始走入低潮。

20 世纪 90 年代初期，葡萄酒适时转型，在经过 10 余年的努力后，干型酒主导了市场的位置，取得了消费者的认可，并由于名牌产品的领衔作用，葡萄酒行业获得了辉煌的发展。但果酒类产品却一直没有走出低谷，行业上缺乏龙头企业，市场上缺乏领衔产品，使果酒行业整体形象得不到树立。目前的果酒产品，品种也不少，但大多数果酒企业都没有形成规模化，更没有突出的品牌在市场取得定位，以致现在全国有多少果酒企业都难以统计；由于达不到国家统计的销售额数，亦未能列入统计范围，所以全国果酒实际产量也难以说清。资源最丰富、市场潜力大、直接关系“三农”的果酒产品远远落后于其他酒种。

随着人民生活水平的提高以及果酒生产者等各方面的共同努力，最近几年我国果酒业结束了长期徘徊不前的局面，发展呈现出良好的态势，如广东省投资建设了数家以荔枝为原料的果酒加工厂，浙江宁波地区也建成了杨梅酒和桑椹酒生产基地。另外，西北地区的枸杞酒、天津的果酒也都进行了规模化生产和管理。这些都显示着我国的果酒业正在健康地向前发展。

8.1.1.2 葡萄酒概况

1. 葡萄酒定义

葡萄酒是用新鲜的葡萄或葡萄汁经发酵酿成的酒精饮料。按照国际葡萄酒组织的规定，葡萄酒只能是用破碎或未破碎的新鲜葡萄果实或汁完全或部分酒精发酵后获得的饮料，其酒精度一般在 8.5°到 16.2°之间；按照我国最新的葡萄酒标准 GB 15037—2006 规定，葡萄酒是以鲜葡萄或葡萄汁为原料，经全部或部分发酵酿制而成的，酒精度不低于 7.0% 的酒精饮品。

2. 葡萄酒的生产历史

多数历史学家都认为波斯可能是世界上最早酿造葡萄酒的国家。传说古代有一位波斯国王，爱吃葡萄，曾将葡萄压紧保藏在一个大陶罐里，标着“有毒”，防人偷吃。等到数天以后，国王妻妾群中有一个妃子对生活发生了厌倦，擅自饮用了标明“有毒”的陶罐内的葡萄酿成的饮料，滋味非常美好，非但没结束自己的生命，反而异常兴奋，这个妃子又对生活充满了信心。她盛了一杯专门呈送给国王，国王饮后也十分欣赏。自此以后，国王颁布了命令，专门收藏成熟的葡萄，压紧盛在容器内进行发酵，以便得到葡萄酒。

随着古代的战争和商业活动，葡萄酒酿造的方法传遍了以色列、叙利亚、小亚细亚等阿拉伯国家。由于阿拉伯国家信奉伊斯兰教，而伊斯兰教提倡禁酒律，因而阿拉伯国家的酿酒行业日渐衰萎，目前几乎被禁绝了。后来葡萄酒酿造的方法从波斯、埃及传到希腊、罗马、高卢(即法国)。然后，葡萄酒的酿造技术和消费习惯由希腊、意大利和法国传到欧洲各国。由于欧洲人信奉基督教，基督教徒把面包和葡萄酒称为上帝的肉和血，把葡萄酒视为生命中不可缺少的饮料酒，所以葡萄酒在欧洲国家就发展起来，因此法国、意大利、西班牙成为当今世界葡萄酒的“湖泊”，欧洲国家也是当今世界人均消费葡萄酒最多的国家。欧洲国家葡萄酒的产量，占世界葡萄酒总产量的80%以上。

另外，在考古研究中，欧洲保加利亚的古人遗迹显示大约在公元前3000~6000年，人们已开始以葡萄汁液进行酿酒，而古代诗人荷马亦在其《伊利亚特》及《奥德赛》两本著作中也提到色雷斯人(保加利亚的古人)的优良酿酒技术。所以，很多人认为保加利亚才是葡萄酒的发源地。

中国葡萄酒的起源也很早。《史记·大宛列传》记载，西汉建元三年(公元前138年)张骞奉汉武帝之命，出使西域，看到“宛左右以蒲陶为酒，富人藏酒万余石，久者数十岁不败”。随后，“汉使取其实来，于是天子始种苜蓿、蒲陶，肥浇地……”，由此可知西汉中期，中原地区的农民已得知葡萄可以酿酒，并将欧亚种葡萄引进中原了。他们在引进葡萄的同时，还招来了酿酒艺人，自西汉始，中国有了西方制法的葡萄酒艺人。三国时期的魏文帝曹丕说过：“且说葡萄，醉酒宿醒。掩露而食；甘而不捐，脆而不辞，冷而不寒，味长汁多，除烦解渴。又酿以为酒，甘于曲糜，善醉而易醒……”，这表明当时人们对葡萄和葡萄酒的特性认识得非常清楚了。那时葡萄酒只限于在贵族中饮用，平民百姓是绝无口福的。

唐朝贞观十四年(公元640年)，唐太宗命交河道行军大总管侯君集率兵平定高昌。高昌历来盛产葡萄，在南北朝时，就向梁朝进贡葡萄。《班府元龟·卷970》记载：唐朝破了高昌国后，收集马乳葡萄放到院中，并且得到了酿酒的技术，唐太宗把技术资料作了修改后酿出了芳香酷烈的葡萄酒，和大臣们共同品尝。这是史书第一次明确记载内地用西域传来的方法酿造葡萄酒，当时，长安城东至曲江一带，俱有胡姬侍酒之肆，出售西域特产葡萄酒。

1915年，张弼士率领“中国实业考察团”赴美国考察，适逢旧金山各界盛会，庆祝巴拿马运河开通，举办国际商品大赛。张就把随身携带的“可雅白兰地”、“玫瑰香红葡萄酒”、“琼瑶浆”等送去展览和评比，均获得优胜。后来，“可雅白兰地”改为“金奖白兰地”，一直沿用到现在。

3. 酿造葡萄酒的葡萄品种

葡萄品种分为鲜食葡萄品种和酿酒葡萄品种，我们通常见到的葡萄均为鲜食葡萄。酿酒葡萄为Ampelidecese科，所有酿酒葡萄品种均属于Ampelidecese科中的*Vitis*属，其中又以欧洲葡萄(*Vitis vinifera*)最为重要，全球的葡萄酒有99.99%均是使用*Vitis vinifera*的葡萄品种酿造。全世界有超过8000种可以酿酒的葡萄品种，但可以酿制上好葡萄酒的葡萄品种只有50种左右，大约可以分为白葡萄和红葡萄两种。白葡萄颜色有青绿色、黄色等，主要用来酿制起泡酒及白葡萄酒。红葡萄颜色有黑、蓝、紫红、深红色，有果肉是深色的，也有果肉和白葡萄一样是无色的，所以白肉的红葡萄去皮榨汁之后可酿造白葡萄酒酒，如 Pinot Noir 可用来酿造香槟及白葡萄酒。我国主要优良葡萄酿酒品种见表 8.1。

表 8.1 主要优良葡萄酿酒品种

中文名称	外文名称	颜色	适用酿酒种类
蛇龙珠	Cabernet Gernischt	红	干红葡萄酒
赤霞珠(解百纳)	Cabernet Sauvignon	红	高级干红葡萄酒
黑比诺	Pinot Noir	红	高级干红葡萄酒
梅鹿辄(梅露汁)	Merlot	红	干红葡萄酒
法国蓝(玛瑙红)	Blue French	红	干红葡萄酒
品丽珠	Cabernet France	红	干红葡萄酒
增芳德	Zinfandel	红	干红葡萄酒
佳利酿(法国红)	Carignane	红	干红或干白葡萄酒
北塞魂	Petite Bouschet	红	红葡萄酒
魏天子	Verdot	红	红葡萄酒
佳美	Gamay	红	红葡萄酒
玫瑰香	Muscat Hambury	红	红或白葡萄酒
霞多利	Chardonnay	白	白葡萄酒、香槟酒
雷司令(里斯林)	Riesling	白	白葡萄酒
灰比诺(李将军)	Pinot Gris	白	白葡萄酒
意斯林(贵人香)	Italian Riesling	白	白葡萄酒
琼瑶浆	Gewüurztraminer	白	白葡萄酒
长相思	Sauvignon Blanc	白	白葡萄酒
白福尔	Folle Blanche	白	白葡萄酒
白羽	—	白	白葡萄酒、香槟酒
白雅	—	白	白葡萄酒
北醇	—	红	红或白葡萄酒
龙眼	—	淡红	干白葡萄酒、香槟酒

注：引自彭德华著《葡萄酒酿造技术概论》，有部分修改。

4. 葡萄酒的成分及功效

1)成分

葡萄酒的成分相当复杂，它是经自然发酵酿造出来的果酒，它含有最多的是葡萄果汁，占 80% 以上，其次是经葡萄里面的糖分自然发酵而成的酒精，一般在 10% ~13%，剩余的物质超过 1000 种，比较重要的有 300 多种。红酒中其他重要的成分包括糖、酸(来自于葡萄原料的酒石酸、苹果酸、柠檬酸；酒精发酵和乳酸发酵生成的乳酸和醋酸)、果胶、矿物质、单宁酸、芳香物质、氨基酸、蛋白质和维生素(C，B_1，B_2，B_{12}，PP)等，虽然这些物质所占的比例不高，却是酒质优劣的决定性因素。质优味美的红酒，是因为它们能呈现一种组织结构的平衡，使人在味觉上有无穷的享受。

2）功效

适量饮用葡萄酒是对人体健康有益的，可以保护血管，防止动脉硬化，降低胆固醇。医学研究表明，葡萄的营养很高，而以葡萄为原料的葡萄酒也蕴藏了多种氨基酸、矿物质和维生素，这些物质都是人体必须补充和吸收的营养品。目前，已知的葡萄酒中含有的对人体有益的成分大约就有 600 种。葡萄酒的营养价值由此也得到了广泛的认可，葡萄酒是具有多种营养成分的高级饮料。适度饮用葡萄酒能直接对人体的神经系统产生作用，提高肌肉的张度。除此之外，葡萄酒中含有的多种氨基酸、矿物质和维生素等，能直接被人体吸收，因此葡萄酒能对维持和调节人体的生理机能起到良好的作用，尤其对身体虚弱、患有睡眠障碍者及老年人的效果更好。葡萄酒具有助消化作用。饮用葡萄酒后，如果胃中有 60 ~ 100 mL 的葡萄酒，可以使胃液的形成量提高到 120 mL。葡萄酒中含较高的白黎芦醇（红葡萄酒中白黎芦醇含量平均为 1 mg/L，白葡萄酒中约为 0.2 mg/L），常饮葡萄酒具有延缓衰老、预防心脑血管病、预防癌症、保护肝细胞和美容养颜等作用。除饮用外，还有不少人喜欢将红葡萄酒外擦于面部及体表，因为低浓度的果酸有抗皱洁肤的作用。虽然饮用红葡萄酒的好处非常多，然而也有量的限制。专家认为，饮用红葡萄酒，按酒精含量 12% 计算，每天不宜超过 250 mL，否则会危害健康。

5. 葡萄酒饮用规则

葡萄酒，一般是在餐桌上饮用的，故常称为佐餐酒（table wines）。在上葡萄酒时，如有多种葡萄酒，上酒顺序，有几条国际通用规则：先上白葡萄酒，后上红葡萄酒；先上新酒，后上陈酒；先上淡酒，后上醇酒；先上干酒，后上甜酒。

不同的葡萄酒饮用方法不同。味美思又叫开胃葡萄酒，餐前喝上一杯，可引起唾液和胃液的分泌，增进食欲。干葡萄酒又叫佐餐葡萄酒，顾名思义，是边吃边喝的葡萄酒。甜葡萄酒又叫待散葡萄酒，在宴会结束之前喝一杯，会使你回味不绝，心满意足。而在宴会高潮的时候，开一瓶香槟酒，单单清脆响亮的启瓶声，就可增加宴会的热烈气氛和酒兴。

白兰地是一种高雅庄重的蒸馏酒。宴会桌上摆上白兰地，可突出和显示宴会的隆重。白兰地在餐前、餐中、餐后（国外多在餐后饮用）都可饮用。茶水和白兰地中又都含有一定数量的单宁，两者混合饮用，既能直接把烈性酒转化为低度饮料，又能保持白兰地的色、香、味，给人以美的享受。

6. 葡萄酒的贮存

1）温度

葡萄酒贮藏环境的温度，最好维持在 11℃ 左右的恒温状态，若温度变化太大，不仅会破坏葡萄酒的酒体，在冷缩热胀的作用下，还会影响到软木塞而造成渗酒的现象。所以，若贮酒环境能够维持在恒温 5℃ 到 20℃ 的环境下，这都是可以接受的范围。

2）湿度

若贮酒环境太湿，容易造成软木塞及酒标的腐烂；太干则容易使软木塞失去弹性，无法紧封瓶口，所以 70% 左右的湿度，是最佳的贮酒环境。

3）光度

贮酒的环境，最好不要有任何光线，否则容易使酒变质，特别是日光灯容易让酒产生还原变化，而发出浓重难闻的味道。

4)通风

葡萄酒像海绵一样，会将周围的味道吸到瓶里去，所以，在贮酒环境中，最好能保持通风状态，而且也不要在同一个环境中摆放味道太重的东西，以免破坏了酒的味道。

5)摆置

葡萄酒以平放摆置较理想，这样才能让软木塞和葡萄酒接触，以保持它的湿润度，若将酒直放，时间太久的话，会使软木塞变得干燥易碎，而无法完全紧闭瓶口，造成葡萄酒的氧化。若想将葡萄酒贮存一段时间，最好能让酒瓶平躺，其目的是为了使软木塞能与酒液接触以保持浸润。如果酒瓶直立置放，软木塞会过度干燥，将使空气进入而破坏酒质。

6. 知名品牌

中国的葡萄酒知名品牌有天津中法合营葡萄酿酒有限公司生产的王朝白葡萄酒、中国长城葡萄酒有限公司生产的长城牌白葡萄酒、北京夜光杯葡萄酒厂生产的中国红葡萄酒、张裕葡萄酒公司生产的烟台红葡萄酒、张裕味美思和张裕金奖白兰地酒、中国通天酒业集团有限公司生产的通天山葡萄酒、通化葡萄酒公司生产的中国通化葡萄酒、中外合资华东葡萄酿酒有限公司生产的青岛意斯林和佳美布祖利等。

国外的知名品牌有法国的波尔多玛格丽红葡萄酒，法国的巴黎宫古堡，德国的雷司令葡萄，西班牙葡萄酒中的皇家珍藏等，意大利的图拉斯红葡萄酒，智利的Catrala、Caliterra、Carmen、Concha Y toro 等知名葡萄酒品牌。

8.1.2 果酒与葡萄酒分类

8.1.2.1 果酒分类

果酒是果汁(浆)经过酒精发酵酿制而成的含醇饮料。果酒种类很多，分类方法各异。

1. 按酿造方法和产品特点分

按酿造方法和产品特点分类，一般将果酒分为4类：发酵果酒、蒸馏果酒、配制果酒、起泡果酒。

1)发酵果酒

发酵果酒是用果汁或果浆经酒精发酵酿造而成的低度酒，如葡萄酒、苹果酒、柑橘酒等。根据发酵程度不同，又分全发酵果酒与半发酵果酒两类。全发酵果酒其果汁或果浆中的糖分全部发酵，残糖1%以下；半发酵果酒其果汁或果浆中的糖分部分发酵。

2)蒸馏果酒

蒸馏果酒是将果实经过酒精发酵后，通过蒸馏提取其酒精成分及挥发性的芳香物质而制得的酒，如白兰地、水果白酒等。蒸馏果酒的生产方法有液体蒸馏和固体发酵物蒸馏两种，液体蒸馏法是以发酵结束后的果酒做原料，置于蒸馏器中蒸馏；固体发酵物蒸馏是用含糖分或淀粉的果实连同果皮、果心、果渣等直接发酵经蒸馏而成。

3)配制果酒

又称露酒，是指用果实发酵酒或蒸馏酒的一种，加入其他配料(如果汁、糖、香精、色素等食品添加剂)配制而成的果酒。种类很多，按配制方法又可分为再制酒和配制酒。再制酒是以某一种果实发酵酒为原料加入植物香料或其他成分再制而成。配制酒是以某种蒸馏酒为原料，加入果汁或果实、果皮、药材、鲜花等浸出汁配制而成。

4)起泡果酒

即酒中含有二氧化碳的果酒。以葡萄酒为酒基，再经后发酵酿制而成的香槟酒为其珍品，我国生产的小香槟、汽酒亦属此类。

2. 按含糖量分(以葡萄糖计，g/L 葡萄酒)

(1) 干型果酒：含糖量≤4.0；

(2) 半干果酒：含糖量介于4.1～12.0；

(3) 半甜果酒：含糖量介于12.1～45.0；

(4) 甜型果酒：含糖量≥45.1。

8.1.2.2 葡萄酒分类

葡萄酒的品种很多，因葡萄的栽培、葡萄酒生产工艺条件的不同，产品风格各不相同。一般按酒的颜色深浅、含糖量多少、是否含二氧化碳及采用的酿造方法来分类，国外也有采用以产地、原料名称来分类的。具体分类如下：

1. 按酒的颜色深浅分类

1)红葡萄酒

采用皮红肉白或皮肉皆红的葡萄，经葡萄皮和汁混合发酵而成。酒液含有果皮或果肉中的有色物质，酒色呈自然深宝石红、宝石红、紫红或石榴红等，凡酒色为黄褐色、棕褐色或土褐色，均不符合红葡萄酒的色泽要求。红葡萄酒又可细分为干红葡萄酒、半干红葡萄酒、半甜红葡萄酒和甜红葡萄酒。

2)白葡萄酒

用白葡萄或皮红肉白的葡萄分离取汁发酵酿造而成。酒的颜色微黄带绿，近似无色或浅黄、禾秆黄、金黄。凡深黄、土黄、棕黄或褐黄等色，均不符合白葡萄酒的色泽要求。白葡萄酒可细分为干白葡萄酒、半干白葡萄酒、半甜白葡萄酒和甜白葡萄酒。

3)桃红葡萄酒

用红葡萄带皮发酵或分离发酵制成。酒色为淡红、桃红、橘红或玫瑰色。凡色泽过深或过浅均不符合桃红葡萄酒的要求。这一类葡萄酒在风味上具有新鲜感和明显的果香，含单宁不宜太高。玫瑰香葡萄、黑比诺、佳利酿、法国蓝等品种都适合酿制桃红葡萄酒。桃红酒与红酒的主要区别在于紫葡萄皮和汁在一起浸泡的时间不同。当出现了令人满意的颜色(一般是12到36 h)之后，就像酿造白葡萄酒一样开始榨汁，个别的也取一部分酒发酵。在法国洛林(Lorraine)地区许多清澈的或较暗色泽的桃红酒都是用这种方法制成的。

2. 按含糖量多少分类

1)干葡萄酒(dry wine)

含糖量(以葡萄糖计，下同)≤4.0 g/L的葡萄酒。品尝不出甜味，具有洁净、幽雅、香气和谐的果香和酒香。

2)半干葡萄酒(semi-dry wine)

含糖量4.1~12.0 g/L的葡萄酒。微具甜感，酒的口味洁净、幽雅、味觉圆润，具有和谐愉悦的果香和酒香。

3)半甜葡萄酒(semi-sweet wine)

含糖量12.1~45.0 g/L的葡萄酒。具有甘甜、爽顺、舒愉的果香和酒香。

4)甜葡萄酒(sweet wine)：含糖量≥45.1 g/L的葡萄酒。具有甘甜、醇厚、舒适、爽顺的口味，具有和谐的果香和酒香。

3. 按酿造方法分类

1)天然葡萄酒

完全用葡萄为原料发酵而成，发酵过程中不添加糖分和酒精，选用提高原料含糖量的方法来提高成品酒精含量及控制残余糖量。

2)加强葡萄酒

在葡萄酒发酵过程中或发酵成原酒后，添加白兰地或脱臭酒精，以提高酒精度的称加强干葡萄酒；既加白兰地或酒精，又加糖以提高酒精含量和糖度的叫加强甜葡萄酒，我国叫浓甜葡萄酒。

3)加香葡萄酒(flavored wine)

以葡萄原酒浸泡芳香植物，再经调配而成。属于开胃型葡萄酒，如味美思、丁香葡萄酒、桂花陈酒；或采用葡萄原酒浸泡药材，精心调配而成，属于滋补型葡萄酒，如人参葡萄酒。

4)葡萄蒸馏酒

采用优良品种葡萄原酒蒸馏，或发酵后经压榨的葡萄皮渣蒸馏，或由葡萄浆经葡萄汁分离机分离得的皮渣加糖水发酵后蒸馏而得。一般再经细心调配的叫白兰地，不经调配的叫葡萄烧酒。

4. 按是否含二氧化碳分类

1)平静葡萄酒(still wine)

在20℃时，二氧化碳的压力<0.05 MPa的葡萄酒。

2)起泡葡萄酒(sparkling wine)

葡萄原酒经密闭二次发酵产生二氧化碳，在20℃时二氧化碳的压力≥0.35 MPa(以250 mL/瓶计)的葡萄酒。在法国香槟地区生产的起泡酒叫香槟酒，是由普通的白葡萄酒经过第二次发酵获得泡沫装瓶制成的，在世界上享有盛名。其他地区生产的同类型产品按国际惯例不得叫香槟酒，一般叫起泡酒。

3)加气起泡葡萄酒(carbonated wine)

在20℃时，二氧化碳(全部或部分由人工充入)的压力≥0.35 MPa(以250 mL/瓶计)的葡萄酒。因CO_2作用使酒更具有清新、愉快、爽怡的味感。

5. 按葡萄汁含量分类

1)全汁葡萄酒

由100%葡萄汁酿制而成，以干红和干白为代表，为百分之百的纯葡萄酒。

2)半汁葡萄酒

其葡萄汁含量为50%~80%，多是由葡萄汁和添加剂、酒精和水勾兑而成。半汁葡萄酒在国内虽然有一定的市场，可在国际市场上却无容身之地。根据国家经贸委的规定，各生产企业应于2003年5月后停止生产此类酒，其在市场上的流通时间最晚截止到2004年6月30日。

6. 按葡萄来源分为类

1)家葡萄酒

以人工培植的酿酒品种葡萄为原料酿成的葡萄酒，产品直接以葡萄酒命名。国内葡萄酒生产厂家大都以生产家葡萄酒为主。

2)山葡萄酒

以野生葡萄为原料酿成的葡萄酒，产品以山葡萄酒或葡萄酒命名。

7. 其他分类方式

不同国家建立了不同的分类标准，具体如下：

1)法国葡萄酒分类

法国葡萄酒分为：普通日用餐酒(Vins de Table)、乡村酒或地区餐酒(Vins de Pays)、优良品质餐酒(VDQS：Vins Delimités de Qualité Supérieure)、原产地法定区域管制餐酒(AOC：Appellation d'origine Contr & ocirc; ée)。

而法国著名的勃艮第酒又可进一步分级为：

区域酒，只标示产区如Bourgogne(勃艮第)；

村庄级酒，在酒标上会标示村庄名，如：Chablis Macon Village、Cham bolle - Musigny；

一级酒，酒标上会标示村庄及葡萄园名或者ler Gru、Premier Cru；

特级酒，此类酒不会标示村庄名字，有时也没标示Grand Cru，通常只会标示葡萄园的名字，如：Montrachet、Musigny、La Tache。

2)德国葡萄酒分类

德国葡萄酒划分为：日常饮用餐酒(Landwein & Tafelwein)、优质酒(Qualitatswein bestimmter Anbaugebiete,QbA)、高级优质酒(Qualitatswein mit Pradikat,QmP)。

3)美国葡萄酒分类

美国葡萄酒分为：附属类、专属品牌酒(proprietary wine)、葡萄品名餐酒(varietal wine)。

4)意大利葡萄酒分类

意大利葡萄酒划分为：一般日常酒(Vino da Tavola)、原产地区域管制酒(DOC：Denominazione di Origine Controllate)、原产地区域保证酒(DOCG：Denominazione di Origine Controllate Garantita)。

5)根据《国际葡萄酿酒法规》对葡萄酒含糖量分类做出的规定：

VDM-Vino De Mesa分级制度中最低的一级，常由不同产区的葡萄混合酿制而成；

VC-Vino Comarcal可标示葡萄产区，但对酿造无限制；

VDLT-Vino DeLa Tierra约等同于法国的Vin De Pays，规定不多，产区范围大而笼统，为第三级；

DO-Deromination De Origin 和法国 AOC 管制系统相当，管制比较严格；

DOC-Denomination De Origin Califaada 最高等级，更严格的规定产区和葡萄酒酿制过程。

8.2 果酒酿造原理

8.2.1 酒精发酵及其副产物

8.2.1.1 酒精发酵的化学反应

酒精发酵是非常复杂的化学过程，有许多化学反应和中间产物生成，而且需要一系列酶的参与。酵母菌酒精发酵的总反应式为：

$$C_6H_{12}O_6 + 2ADP + 2Pi \longrightarrow 2C_2H_5OH + 2CO_2 + 2ATP$$

酒精发酵主要包括糖分子的裂解、丙酮酸的分解、甘油发酵三个阶段。

1. 糖分子的裂解

糖分子的裂解，又称 EMP 途经或 E-M 途经，包括酵母菌在无氧条件下，将已糖分解为丙酮酸的一系列反应，可以分为以下三个步骤：

1）已糖磷酸化

已糖磷酸化是通过已糖磷酸化酶和磷酸已糖异构酶的作用，将葡萄糖和果糖转化为1,6-二磷酸果糖的过程。

2）1,6-二磷酸果糖分解为三碳糖

1,6-二磷酸果糖在醛缩酶的作用下分解为3-磷酸甘油醛和磷酸二羟丙酮；由于3-磷酸甘油醛将参加下一阶段的反应，磷酸二羟丙酮将转化为3-磷酸甘油醛，所以在这一过程中，只形成3-磷酸甘油醛一种中间产物。

3）3-磷酸甘油醛氧化为丙酮酸

3-磷酸甘油醛在氧化还原酶的作用下，转化为3-磷酸甘油酸，后者在变位酶的作用下转化为2-磷酸甘油酸；2-磷酸甘油酸在烯醇化酶的作用下，先形成磷酸烯醇丙酮酸，再转化为丙酮酸。

2. 丙酮酸的分解

丙酮酸首先在丙酮酸脱羧酶的催化下脱去羧基，生成乙醛和二氧化碳，乙醛则在氧化还原的情况下还原为乙醇，同时将3-磷酸甘油醛氧化为3-磷酸甘油酸。

3. 甘油发酵

在酒精发酵开始时，参加3-磷酸甘油醛转化为3-磷酸甘油酸这一反应，所必须的NAD（烟酰胺腺嘌呤二核苷酸）是通过磷酸二羟丙酮的氧化作用来提供的。这一氧化作用要伴随着甘油的产生。每当磷酸二羟丙酮氧化一分子 $NADH_2$（二氢烟酰胺腺嘌呤二核苷酸）时，就形成一分子甘油，这一过程称为甘油发酵。在这一过程中，由于将乙醛还原为乙醇所需的两个氢原子（由 $NADH_2$ 提供）已被用于形成甘油，所以乙醛不能继续进行酒精发酵反应。

实际上，在发酵开始时，酒精发酵和甘油发酵同时进行，而且甘油发酵占优势。以后酒精发酵则逐渐加强并占绝对优势，而甘油发酵减弱，但并不完全停止。

8.2.1.2 酒精发酵的主要副产物

在酒精发酵过程中，除产生乙醇外，还常有甘油、乙醛、醋酸、乳酸、琥珀酸和高级醇等副产物，它们对果酒的风味、品质影响很大。

1. **甘油**($C_3H_8O_3$)

甘油，别名丙三醇，其味甜且稠厚，可赋予果酒以清甜味，增加果酒的稠度。当干酒含较多的甘油而总酸不高时，会有自然的甜味，使干酒变得轻快圆润。甘油主要在发酵开始时由甘油发酵产生，少部分由酵母细胞所含的卵磷脂分解产生。葡萄的含糖量高、酒石酸含量高，添加二氧化硫等能增加甘油含量。低温发酵不利于甘油的生成。

2. **乙醛**(CH_3CHO)

乙醛是酒精发酵的副产物，由丙酮酸脱羧产生，也可在发酵以外由乙醇氧化而产生。在新发酵的葡萄酒中，乙醛含量一般在 75 mg/L 以下。酒中乙醛大部分与 SO_2结合形成稳定的乙醛 - 亚硫酸化合物，这种物质不影响葡萄酒的质量。陈酿时由于氧化或产膜酵母的作用，乙醛含量逐渐增多，谐丽酒(Sherry)最高含量达 500 mg/L。乙醛虽是葡萄酒的香味成分之一，但过多的游离乙醛则会使葡萄酒具氧化味。乙醛在纯水中的滋味阈值为 1.3 ~ 1.5 mg/L，而在佐餐酒中为 100 ~ 125 mg/L。

3. **醋酸**(CH_3COOH)

醋酸是构成葡萄酒挥发酸的主要物质。在正常发酵情况下，醋酸在果酒中的含量为 0.2 ~ 0.3 g/L，如果超过 1.5 g/L 就会破坏果酒风味，感到明显的醋酸味。其来源主要由乙醇被醋酸菌氧化和乙醛氧化而形成。GB/T 15037—2006 规定，葡萄酒的挥发酸(以乙酸计)含量应≤1.2 g/L。

4. **琥珀酸**($HOOCCH_2CH_2COOH$)

琥珀酸，别名丁二酸，其味苦咸，它的乙酯是葡萄酒的重要香气成分之一，在葡萄酒中含量为 0.2 ~ 0.5 g/L，主要来源于酒精发酵和苹果酸 - 乳酸发酵。

5. **杂醇**

果酒的杂醇主要有甲醇和高级醇。甲醇有毒害作用，含量高对品质不利。果酒中的甲醇主要来源于原料果实中的果胶，果胶脱甲氧基生成低甲氧基果胶时即会形成甲醇。此外，甘氨酸脱羧也会产生甲醇。它溶于酒精，难溶于水，在酒度低时似油状，又称杂醇油。高级醇主要为异戊醇、异丁醇、活性戊醇、丁醇等。高级醇是构成果酒二类香气的主要成分，一般情况下含量很低，如含量过高，可使酒具有不愉快的粗糙感，且使人头痛致醉。高级醇主要从代谢过程中的氨基酸、六碳糖及低分子酸中生成。

8.2.2 酯类及生成

葡萄酒中的酯类物质是影响葡萄酒香气品质的重要因素。酯类物质主要是在葡萄酒酒精发酵的过程中和陈酿过程中生成的。酯的含量随葡萄酒的成分和年限不同而异。新酒一般每升含有 2~3 mmol(176~264 mg)，老酒每升含有 9~10 mmol(792~880 mg)。酯类赋予果酒独特的香味，是葡萄酒芳香的重要来源之一。一般把葡萄酒的香气分为三大类：第一类是果香，它是葡萄果实本身具有的香气，又称一类香气；第二类是发酵过程中形成的香气，称为酒香，又称二类香气；第三类香气是葡萄酒在陈酿过程中形成的香气，称为陈酒香，又称三类香气。

酯分为中性酯和酸性酯两类，中性酯和酸性酯在葡萄酒中约各占1/2。果酒中酯的生成有两个途径，即陈酿和发酵过程中的酯化反应和发酵过程中的生化反应。

8.2.2.1 酯化反应

酯化反应是指酸和醇生成酯的反应，即使在无催化的情况下照样发生。葡萄酒中的酯主要有醋酸、琥珀酸、异丁酸、己酸和辛酸的乙酯，还有癸酸、己酸和辛酸的戊酯等。酯化反应为可逆反应，其平衡遵循质量作用定律。

在酒精发酵阶段，在酯酶催化作用下乙酰辅酶 A 和高级醇合成乙酸酯，乙醇与短链酰基辅酶 A 合成脂肪酸乙酯。酯类物质的浓度受酵母菌种的类型、酒精发酵过程中酯类合成和水解速率的平衡影响很大。在陈酿过程中，由酸和醇发生酯化反应生成的大部分是酸性酯，这是一种简单的化学反应。

脂肪酸乙酯和乙酸乙酯能够赋予葡萄酒浓郁丰富的果香，例如苹果、香蕉、玫瑰香气等(见表 8.2)。

表 8.2 酵母发酵时形成的主要酯类物质及其感官描述

	挥发性物质	香气感官描述
脂肪酸乙酯	丙酸乙酯(ethyl propanoate)	果香味
	二甲基丙酸乙酯(ethyl 2-methyl propanoate)	果香味
	丁酸乙酯(ethyl butyrate)	酸性果香
	2-甲基丁酸乙酯(ethyl 2-methyl butyrate)	香甜果香
	3-甲基丁酸乙酯(ethyl 3-methyl butyrate)	浆果味
	己酸乙酯(ethyl hexoate)	青苹果
	乳酸乙酯(ethyl lactate)	草莓味
	辛酸乙酯(ethyl Octanoate)	香甜，香皂味
	癸酸乙酯(ethyl decanoate)	令人愉悦的香皂味
	月桂酸乙酯(ethyl dodeconoate)	香皂味、酯味
乙酸酯	乙酸乙酯(ethyl acetate)	水果香味，指甲油味
	乙酸异丁酯(isobutyl acetate)	香蕉香味、果香
	乙酸-2-甲基丁酯(2-methylbutyl acetate)	香蕉香味、果香
	乙酸-3-甲基丁酯(3-methylbutyl acetate)	香蕉
	乙酸己酯(hexyl acetate)	香甜味
	乙酸-2-苯乙酯(2-phenylethy acetate)	花香味

注：引自郭永亮、杜玉斌等著《提高葡萄酒品质的有效途径(1)——酒精发酵最重要的影响因素和保障策略》。

酯化反应的速度较慢，影响酯化反应的因素主要有温度、酸的种类、pH 和微生物等。酯化反应速度与温度成正比，在葡萄酒贮存过程中，温度越高，酯的含量就越高。这是葡萄酒进行热处理的依据。有些有机酸很容易与乙醇化合成酯，有些则生成较慢，对于总酸在 0.5% 左右的葡萄酒来说，如欲通过加酸促进酯的生成，以加乳酸效果最好，柠檬酸次之，苹果酸又次之，琥珀酸较差；在混合酸中，则以等量的乳酸和柠檬酸为最好。加酸量以0.1% ~0.2%的有机酸为宜。氢离子是酯化反应的催化剂，故PH对酯化反应的影响非常大。在同样条件下，当pH降低一个单位，酯的生成量能增加一倍。例如，琥珀酸和酒精的混合液，在100℃加热24 h，如溶液的pH为4时，则琥珀酸有3.9%酯化，酯的生成量增加了一倍多。在同样条件下，因有机酸的种类和性质不同，其与乙醇酯化的速度也不相同。在pH为3时，将各种有机酸与乙醇的混合溶液加热至100℃，维持24 h后，苹果酸有9%酯化，但醋酸只有2.7%酯化。微生物细胞内所含的酯酶是导致由生化反应而引起的酯化反应的主要原因。其酯化率不受质量作用定律的限制，甚至可以超过化学反应的限度。有些酵母菌，如汉逊酵母(Hansenula)生成很少的醋酸和很多的醋酸乙酯。

8.2.2.2 生化反应

生化反应是果酒发酵过程中，通过其代谢生成酯类物质的反应。它是通过酰基辅酶A与酸作用生成的，生成物为中性酯。在陈酿过程中由化学反应也生成一些中性酯，但数量很少。

乙酸和乙醇在酯酶及Mg^{2+}的作用下生成乙酸乙酯的反应为：

$$CH_3COOH + C_2H_5OH \longrightarrow CH_3COOC_2H_2 + H_2O$$

酒石酸和乙醇生成酒石酸乙酯的反应为：

$$2CH_3CH_2OH + HOOCCHOHCHOHCOOH \longrightarrow CH_3CH_2OOCCHOHCHOHCOOCH_2CH_3 + 2H_2O$$

此反应需要多步才能完成，通过生化反应形成的酯主要为中性酯。

酯的含量随葡萄酒的成分和年限不同而异，新酒一般为176 ~264 mg/L，老酒为792 ~880 mg/L。酯的生成在葡萄酒贮藏的头两年最快，以后就变慢了，这是因为酯化反应是一个可逆反应，进行到一个阶段即达到平衡。即使贮藏50年的葡萄酒，也只能产生理论上3/4的酯量。

8.2.3 果酒的氧化还原反应

氧化还原作用是果酒加工中一个重要的反应，它直接影响到产品的品质。无论是新酒还是经陈酿的老酒中，都存在甚至是痕量的游离态溶解氧。果酒在加工中由于表面接触、搅动、换桶、装瓶等操作也会溶入一些氧。当每升果酒中含有数十毫升氧气时，果酒就会产生“过氧化味”或引起果酒中发生混浊。

氧的消耗与温度、SO_2、氧化酶、铜和铁等因素有关。高温时氧的消耗快，SO_2加速氧的消耗，氧化酶、铜、铁等也会加速氧的消耗。

在有氧条件下，如向葡萄酒通气时，葡萄酒的芳香味就会逐渐减弱，强烈通气的葡萄酒则易形成过氧化味和出现苦涩味；在无氧条件下，葡萄酒形成和积累其芳香成分，即还原作用促进了香味物质的形成，最后香味的增强程度是由所达到的极限电位来决定的。氧化还原作用与葡萄酒的芳香和风味关系密切，在不同阶段需要的氧化还原电位不一样。在成熟阶段，需要氧化作用，以促进单宁与花色苷的缩合，促进某些不良风味物质的氧化，使易氧化沉淀的物质通过沉淀除去；而在酒的老化阶段，则希望处于还原状态为主，以促进酒的芳香物质产生。

氧化还原作用还与酒的破败病(casse)有关，葡萄酒暴露在空气中，常会出现混浊、沉淀、褪色等现象。铁的破败病与 Fe^{2+} 度有关，Fe^{2+} 被氧化成 Fe^{3+}，电位上升，同时也就出现了铁破败病。如果 Cu^{2+} 被还原成 Cu^{+}，电位下降，则产生铜破败病。

在果酒陈酿过程中要采取有效的预防措施，防止果酒中渗入超量的氧。果酒中含有一定量的可被氧化的物质(还原物质)，如单宁、色素，微量乳酸发酵所产生的1,3-二羟丙酮，还有原料果汁带入的维生素C等。这些物质的存在可能减少或防止果酒中有损品质的氧化反应，它们的存在赋予果酒较强的还原力，而果酒特有的芳香物质的形成正是果酒中的特殊成分被还原的结果。果酒较强的还原性利于果酒发酵的进行。

8.2.4 果酒酿造的微生物

果酒酿造的成败及品质的好坏，与参与微生物的种类有最直接的关系。凡有霉菌类、细菌类等微生物参与时，酿酒必然失败或品质变劣。酵母菌虽是果酒发酵的主要微生物，但酵母菌的品种很多，生理特性各异，有的优良，有的益处不大，甚至有害。所以果酒酿造过程中，必须防止或抑制霉菌类、细菌类等其他微生物的参与，选用与促进优良酵母菌进行酒精发酵。

果酒酿造的微生物主要有葡萄酒酵母、巴氏酵母、尖端酵母、醭酵母和醋酸菌、乳酸菌、霉菌。

8.2.4.1 葡萄酒酵母

葡萄酒酵母(*Saccharomyces ellipsoideus*)，又称椭圆酵母，附生在葡萄果皮上，在土壤中越冬，通过昆虫或灰尘传播，可由葡萄自然发酵，分离培养而制得。葡萄酒酵母在果酒酿造中占十分重要的地位，它将发酵液中的绝大部分糖转化为酒精。它不仅是葡萄酒酿造的优良菌种，对于苹果酒、柑橘酒等其他果酒酿造也属较好的菌种，故有果酒酵母之称。

葡萄酒酵母的主要特点：

1. 发酵力强

所谓发酵力是指酵母菌将可发酵性糖类发酵生成酒精的最大能力。通常用酒精度表示，故又称产酒力。葡萄酒酵母能发酵果汁(浆)中的蔗糖、葡萄糖、果糖、麦芽糖、半乳糖、1/3棉籽糖等，但不能发酵乳糖、D-阿拉伯糖、D-木糖等。在富含可发酵性糖类的发酵液中，葡萄酒酵母能发酵到酒精含量12%～16%，最高达17%。

2. 产酒率高

产酒率指产生酒精的效率。通常用每产生1°酒精所需糖的克数表示。葡萄酒酵母在1000 mL发酵液中，只要含糖17～18 g，就能生成1°酒精，而巴氏或尖端酵母则需糖20～22 g。

3. 抗逆性强

葡萄酒酵母可忍耐250 mg/L以上的二氧化硫，而其他有害微生物在此二氧化硫浓度下全部被杀死。

4. 生香性强

葡萄酒酵母在果汁(浆)中，即使在麦芽汁中，发酵后也会产生典型的葡萄酒香味。有人用葡萄酒酵母发酵麦芽汁，产生出葡萄酒香，再经蒸馏，得到类似白兰地的香气和滋味。

不同的酵母适用于发酵不同的葡萄品种，所呈现的感官特征和香气也有所不同，常见的酵母菌株选用可参考表8.3。即使是针对同一葡萄品种，接种不同型号的酵母所酿葡萄酒的感官特点也存在差别，这很可能是由于不同酵母在酒精发酵过程中产生的发酵产物和挥发性物质组成不同，而且不同酵母在发酵过程中产生的副产物和挥发性香气物质组成存在较大差别。不同酵母具有不同的酿造特性，所酿之酒在细节上也都有各自的特点。

表8.3 常见的几种酵母菌株(红葡萄酒)适用的葡萄品种以及主要感观特征

酵母	通常适用葡萄品种	主要感观/香气味特征
BM45	赤霞珠、美乐、佳丽酿和西拉等	口感丰硕饱满，颜色艳丽稳固，果香丰富复杂，具有较强的浆果、香料香气和微微的香土味，同时还有明晰的糖果、甘草和雪松等宜人的香气味
RC212	赤霞珠、美乐、黑比诺、品丽珠、宝石解百纳等	具有突出的品种果香和成熟浆果味，同时富有胡椒味、香料特征，复杂性强；具有强结构感，耐储持久，口感纯厚有力
RA17	玫瑰香、佳美、黑比诺、增芳德、美乐、汉堡麝香、赤霞珠等	快速、充分地表现出葡萄品种的新鲜香气味特征，使所酿葡萄酒芬芳馥郁，并有樱桃香气；结构较复杂，口味饱满，均衡宜饮
D254	“三珠”、西拉、美乐、诺、法国蓝、佳美、味儿多等	酒体饱满、醇厚且柔和，果香馥郁绵长，不同葡萄品种或有李子、黑莓、葡萄干、香料、雪松、杜松、胡椒和甘草味，或有梨、菠萝、榛子、杏仁、黄油及烟熏特征
71B	品丽珠及酸度较高的品种，如北醇、山葡萄	展现新鲜和芬芳宜人的品种香气，带有“水果沙拉”特征。口感圆润柔和、酯香和醇香清新持久

注：引自郭永亮、杜玉斌等著《提高葡萄酒品质的有效途径(1)——酒精发酵最重要的影响因素和保障策略》。

8.2.4.2 巴氏酵母

巴氏酵母(*Saccharomyces pastorianus*)，又称卵形酵母，是附生在葡萄果实上的一类野生酵母。巴氏酵母的产酒力强，抗二氧化硫能力也强，但繁殖缓慢，产酒效率低，产生1°酒需要20 g/L糖。这种酵母一般出现在发酵后期，进一步把残糖转化为酒精，也可引起甜葡萄酒的瓶内发酵。

8.2.4.3 尖端酵母

尖端酵母(*Saccharomyces apiculatus*)，又名柠檬形酵母，是从外形来区分的一大群酵母，其中有些能够形成孢子的称为汉逊孢子酵母或尖端(真)酵母，不生成孢子的称为克勒克酵母。这类酵母广泛存在于各种水果的果皮上，耐低温，耐高酸，繁殖快，但产酒力低，一般仅有生成4°~5°酒精，之后即被生成的酒精杀死。产酒效率也很低，转化1°酒精约需22 g/L糖。形成的挥发酸也多，因此对发酵不利。但它对二氧化硫极为敏感，为了避免这类酵母的不利发酵，可以用二氧化硫处理的方式，将它除去。

8.2.4.4 其他微生物

1. 醭酵母和醋酸菌

醭酵母是空气中的一大类产膜酵母，俗称酒花菌。在果酒发酵过程中，这两类微生物常侵入并参与活动。它们常于果汁未发酵前或发酵势微弱时，在发酵液表面繁殖，生成一层灰白色或暗黄色的菌丝膜。它们有强大的氧化代谢力，将糖和乙醇分解为挥发酸、醛等物质，对酿酒危害极大。但它们的繁殖一般均需要充足的空气，且抗二氧化硫能力弱，果酒酿造中常采用减少空气、二氧化硫处理、接种大量优良果酒酵母等措施来消灭或抑制其活动。

2. 乳酸菌

乳酸菌在葡萄酒酿造中具有双重作用。一方面，它能把苹果酸转化为乳酸，使新葡萄酒的酸涩、粗糙等缺点消失，而变得醇厚饱满，柔和协调，并且增加了生物稳定性。所以，苹果酸－乳酸发酵是酿造优质红葡萄酒的一个重要工艺过程。但另一方面，乳酸菌在有糖存在时，也可把糖分解成乳酸、醋酸等，使酒的风味变坏，这是乳酸菌的不良作用。

3. 霉菌

霉菌对果酒酿造一般表现为不利影响，用感染了霉菌的葡萄难以酿造出好的葡萄酒，这是众所周知的。但法国南部的索丹(Sauternes)地区，用感染了的灰葡萄孢(*Botrylis cinerea*)，产生了“贵腐”现象的葡萄，酿造出闻名于世的贵腐葡萄酒。

8.2.5 影响果酒酵母和酒精发酵的因素

发酵的环境条件，直接影响果酒酵母的生存与作用，从而影响果酒的品质。影响果酒酵母和酒精发酵因素有温度、pH、氧气、压力、SO_2等。

1. 温度

葡萄酒酵母菌的生长繁殖与酒精发酵的最适温度为20～30℃，当温度从20℃升高时酵母菌的繁殖速度加快，在30℃时达到最大值，如果温度继续升高达到35℃，其繁殖速度迅速下降，酵母菌呈“疲劳”状态，酒精发酵有可能停止。在20～30℃的温度范围内，温度每升高1℃，发酵速度就提高10%，而发酵速度越快，停止发酵就越早，酵母菌的“疲劳”现象出现也越早，产生酒精的效率就越低，产生的副产物就越多。因此，如果要获得较高酒精度的果酒，就必须将发酵温度控制在较低的水平。一般将35℃的高温称为果酒的临界温度，这是果酒发酵需避免的不利条件。果酒发酵有低温发酵和高温发酵之分。20℃以下为低温发酵，30℃以上则为高温发酵。后者的发酵时间短，酒味粗糙，杂醇、醋酸等生成量多。当发酵温度在34～35℃时，酵母菌的活动力受到很大影响；当温度在37～39℃时，其活力大大减弱；40℃条件下发酵即停止，如果40℃保持1～1.5 h，酵母菌就会死亡。如果在60～65℃条件下，只需10～15 min即可杀死酵母菌。高温不仅影响酵母菌的活力和发酵质量，而且有利于醋酸菌及其他杂菌的活动。然而酵母菌忍耐低温的能力特别强，甚至在－200℃的条件下，只是停止活动，并不死亡。如果开始在适宜的温度(22~25℃)下进行发酵，然后将温度降低到12℃左右或更低时，发酵还会继续进行，因此，现在从酒质稳定性和风味方面考虑，提倡低温密闭发酵。

在一般情况下，发酵危险温度区为32~35℃，这一温度称发酵临界温度。需要指出的是，在控制和调节发酵温度时，应尽量避免温度进入危险区，不能在温度进入危险区以后才开始降温，因为这时酵母菌的活动能力和繁殖能力已经降低。

红葡萄酒发酵最佳温度为26~30℃，白葡萄酒和桃红葡萄酒发酵最佳温度为18~20℃。当温度≤35℃时，温度越高，开始发酵越快；温度越低，糖分转化越完全，生成的酒度越高。

2. pH

酵母菌在pH 2~7的范围内均可以生长，但以pH 4~6生长最好，发酵能力最强；但在这个pH范围内，某些细菌也能生长良好，给发酵安全带来威胁。实际生产中，将pH控制在3.3~3.5之间。此时细菌受到抑制，而酵母菌还能正常发酵。但如果pH太低，在3.0以下时，发酵速度则会明显降低。

3. 氧气

在有氧气条件下，酵母菌生长发育旺盛，大量地繁殖个体。而在缺氧条件下，个体繁殖被明显抑制，同时促进了酒精发酵。因此，在果酒发酵初期，宜适当多供给些氧气，以增加酵母菌的个体数。一般在破碎和压榨过程中进入果汁中的氧气已经足够酵母菌发育繁殖之所需，只有在酵母菌发育停滞时，才通过倒桶适量补充氧气。如果供氧气太多，会使酵母菌进行好气活动而大量损失酒精。因此，果酒发酵一般是在密闭条件下进行。

4. 压力

压力可以抑制CO_2的释放从而影响酵母菌的活动，抑制酒精发酵。但即使100 MPa的高压，也不能杀死酵母菌。当CO_2含量达15 g/L(约71.71 kPa)时，酵母菌停止生长，这就是充CO_2法保存鲜葡萄汁的依据。

5. SO_2

果酒发酵一般都采用亚硫酸(以二氧化硫计)来保护发酵。葡萄酒酵母菌具有较强的抗二氧化硫能力。适宜的二氧化硫含量既可以提高果酒的风味，又能增强其抗菌能力。葡萄酒酵母可耐1 g/L的SO_2，如果汁中含10 mg/L的SO_2，对酵母菌无明显作用，其他杂菌则被抑制。若SO_2含量增至20~30 mg/L时，仅延迟发酵进程6~10 h。SO_2的含量达50 mg/L，延迟18~20 h，而其他微生物则完全被杀死。

6. 酒精和二氧化碳

酒精和二氧化碳都是发酵产物，它们对酵母的生长和发酵都有抑制作用。酒精对酵母的抑制作用因菌株、细胞活力及温度而异，在发酵过程中对酒精的耐受性差别即是酵母菌群更替转化的自然手段。当酒精含量达到5°时尖端酵母菌就不能生长；葡萄酒酵母菌则能忍耐13°的酒精，这些耐酒精的酵母是生产高酒精度的葡萄酒的主要菌株。一般在正常发酵生产中，经过发酵产生的酒精，不会超过15°~16°。在发酵过程中二氧化碳的压力达到0.8MPa时，能停止酵母菌的生长繁殖；当二氧化碳的压力达到1.4 MPa时，酒精发酵停止；到二氧化碳的压力达到3 MPa时，酵母菌死亡。工业上常利用此规律外加

0.8 MPa 的二氧化碳来防止酵母生长繁殖，保存葡萄汁。在较低的二氧化碳压力下发酵，由于酵母增殖少，可减少因细胞繁殖而消耗的糖量，增加酒精产率，但发酵结束后会残留少量的糖，可利用此方法来生产半干葡萄酒。起泡葡萄酒发酵时，常用自身产生的二氧化碳压力(0.4 ~ 0.5 MPa)来抑制酵母的过多繁殖。加压发酵还能减少高级醇等的生成量。

7. 糖分

酵母菌生长繁殖和酒精发酵都需要糖，糖含量为 2% 以上时酵母菌活动旺盛进行；当糖分超过 25% 时则会抑制酵母菌活动；如果达到 60% 以上时由于糖的高渗透压作用，酒精发酵停止。因此生产酒精度较高的果酒时，可采用分次加糖的方法，这样可缩短发酵时间，保证发酵的正常进行。

8. 其他因素

酵母生长繁殖需要生物素、吡哆醇、硫胺素、泛酸、内消旋环己六醇、烟酰胺、甾醇和长链脂肪酸等物质。当基质中糖的含量等于或高于 20 g/L，促进酒精发酵。酵母繁殖还需供给氨、氨基酸、铵盐等氨态氮源。

8.2.6 葡萄酒中的风味物质

葡萄酒的风味是衡量葡萄酒质量的最主要的内容，因为酒的风味主要取决于葡萄的品种、种植区域(气候和土壤)、栽培条件(树龄、葡萄架式、水分情况及病虫害等)和果实成熟季节等条件。因此葡萄酒的风味成分在某种程度上决定了葡萄酒的质量、价格和市场潜能。目前，除单萜物质、甲氧基吡嗪及降异戊间二烯物质外，其他风味成分对葡萄质量及葡萄酒风味的影响，了解还非常少。

1. 单萜类化合物

许多研究表明，决定葡萄酒风味的主要物质是单萜类化合物。葡萄酒中该物质以 3 种形式存在：第一种是游离态，包括吡喃和呋喃环；第二种是多羟基的单萜类化合物；最后一种是与单萜同糖苷相结合的化合物。游离态的单萜物质直接影响葡萄酒的香气，这些物质的阈值非常低，有的 1 L 中仅为几百微克；萜烯化合物对嗅觉的影响是相互增效的。多羟基的单萜类化合物在葡萄酒中的浓度可达 1 mg/L，甚至更多，但香气很弱，然而，在低 pH 条件下，单萜多元醇类发生水解，生成其他香气很浓的单萜化合物。与游离萜烯物质相比，糖基化的萜烯类物质在葡萄中更普遍，但这类化合物自身对葡萄酒的香气无任何作用，只有当它们发生水解断裂，才释放一种令人愉快的香气。

2. 甲氧基吡嗪

甲氧基吡嗪是氨基酸代谢产生的杂环含氮类化合物。葡萄酒中主要包括：2-甲氧基-3-异丙基吡嗪、2-甲氧基-3-仲丁基吡嗪和 2-甲氧基-异丁基吡嗪。它们具有一种绿胡椒和芦笋的香气，甚至是泥土味。这些芳香性很强的化合物在水中的感觉阈值非常低，最低的仅为 1 μg/L，在索味浓和赤霞珠葡萄汁及葡萄酒中，2-甲氧基-3-异丁基吡嗪的浓度常在 0.5 ~ 50 u g/L。该化合物的绝大部分分布在葡萄的果皮上，因此在葡萄酒的酿造中，其在压榨汁的含量比自流汁中高。

葡萄酒中甲氧基吡嗪的含量受许多因素影响，首先是葡萄品种，甲氧基吡嗪是决定索味浓和赤霞珠葡萄风味的主要物质，但在有些葡萄酒中被认为是异味；第二，采收时间影响甲氧基吡嗪的含量，采收越早，含量越高；第三是气候条件，栽培区域的气候越低，越有利于该物质的形成；最后是栽培技术，不同修剪技术对葡萄中甲氧基吡嗪的含量影响很大，增加果实的光照时间可提高葡萄中甲氧基吡嗪的含量。因此，从栽培方面着手是控制葡萄酒中甲氧基吡嗪含量最主要的方法。

3. **降异戊间二烯衍生物**

葡萄果实中主要的降异戊间二烯衍生物包括β-大马酮和β-紫罗酮。β-大马酮带有混合的香气，如花香、热带水果香和煮熟的苹果香；β-紫罗酮的香气特点为紫罗兰香型。这些物质在葡萄果实中主要以非芳香性的前体物形式存在。与单萜类物质相同，某些降异戊间二烯物质（β-氧-β-紫罗兰醇，3-羟基大马酮）以糖苷态存在，目前鉴定出的糖苷全部是单葡糖苷，它们不能被葡萄或酵母糖苷酶水解，但可被外源的真菌糖苷酶分解。

4. **与葡萄酒香气有关的其他化合物**

葡萄酒的香气除受葡萄品种影响外，酿造技术、贮藏条件、酵母、是否进行过苹果酸－乳酸发酵及其他一些相关因素也影响香气的组成。气相色谱是最早用来分析葡萄酒香气成分的分析技术，目前大约有800多种化合物已被检测出来，其中主要是一些酚类、醛类、酯类及硫醇类物质。

葡萄酒的贮存容器有橡木桶、不锈钢罐等。在橡木桶中贮存的葡萄酒，可增加一些特殊的香气成分，这些物质可从好坏两方面影响葡萄酒的风味，如香草醛呈现为香草香精的气味；丁子香酚为一种香辣的丁香香气；糠醛则表现为淡焦糖香或杏仁味；百合醇已被证实可导致葡萄酒产生酸败、恶臭的气味。

半胱氨酸在葡萄酒中可降解产生H_2S、氨及乙醛，这些物质与羰基化合物相结合的产物，如噻唑、3-甲基恶唑、噻吩-2-硫醇等，均可以影响葡萄酒的香气。例如：噻唑赋予葡萄酒强烈的花生香气；3-甲基恶唑是一种成熟的水果香；噻吩-2-硫醇则是一种烧焦的香气。

葡萄酒中氨基酸的含量常用HPLC进行分析，而香气物质则是用不同检测器的气相色谱进行分析。一般地，葡萄酒中半胱氨酸的含量在mg/kg水平，而在香气成分中根据葡萄酒的种类，半胱氨酸的含量差异很大，常在0～23 mg/100 g。

8.3 发酵果酒酿造工艺

酿制果酒的果品及其种类多种多样，果酒酿制原料要求成熟度达到全熟，果汁糖分含量高且无霉烂变质、无病虫害。其酿造的工艺流程为：鲜果→分选→破碎、除梗→果浆→分离取汁→澄清→清汁→发酵→倒桶→贮酒→过滤→冷处理→调配→过滤→成品。

由于以果品为原料制得的果酒，以葡萄酒产量和类型最多，故本节主要介绍葡萄酒的酿造。

优质红、白葡萄酒的酿造工艺如下：

SO_2 ↓（破碎） 酒母 ↓（浸提与发酵）

红葡萄→选别→破碎、除梗→葡萄浆→成分调整→浸提与发酵→压榨→自流酒与前期压榨酒→成分调整→后发酵→添桶→第一次换桶→干红葡萄原酒→陈酿→第二次换桶→均衡调配→澄清处理→过滤→贮酒→过滤→包装→干红葡萄酒

SO_2 ↓（破碎） 酒母 ↓（控温发酵）

葡萄→选别→破碎→压榨取汁→葡萄汁→低温澄清→成分调整→控温发酵→倒酒→干白葡萄原酒→陈酿→调配→澄清→冷处理→粗滤→无菌过滤→包装→干白葡萄酒

8.3.1 原料的选别

葡萄的酿酒适性好，任何葡萄都可以酿出葡萄酒，但只有适合酿酒要求和具有优良质量的葡萄才能酿出优质葡萄酒。因此，必须建立良种化、区域化的酒用葡萄生产基地。葡萄的成熟状态将影响葡萄酒的质量，甚至葡萄酒的类型。葡萄生长发育可分幼果期、转色期、成熟期和过熟期。随着果粒的不断增大，到了转色期，白色品种的果皮色泽变浅，有色品种果皮颜色逐渐加深，糖分含量不断上升。酸的含量到成熟期开始下降，单宁至成熟期时仍在增加，葡萄的香味也越来越浓。葡萄的成熟度可根据固酸比来判定，每一品种在特定区域都有较为固定的采收期，在采收季一个月内每周二次取样，测定固酸比，从而决定采收日期。采收期还受酿酒类型的影响，如白葡萄酒的原料比红葡萄酒的原料稍早采收，冰葡萄酒则要等葡萄在树上结冰后再摘下发酵。

干红葡萄酒酿制原料要求葡萄色泽深、风味浓郁、果香典型、糖分含量高(21 g/100 mL 以上)、酸分适中(0.6 ~ 1.2 g/100 mL)、完全成熟，糖分、色素积累到最高而酸分适宜时采收。

干白葡萄酒要求果粒充分成熟，即将达完熟，具有较高的糖分和浓郁的香气，出汁率高。个别的白葡萄酒，如索丹类型的酒，残糖较高，对果汁含糖要求也严，因此采用感染了葡萄灰霉病，并产生“贵腐”的干缩果粒为原料。

8.3.2 发酵液的制备与调整

发酵液的制备与调整包括葡萄的破碎、除梗、压榨、澄清和汁液改良等工序，是发酵前的一系列预处理工艺。为了提高酒品质量，进厂葡萄应首先进行选别，除去霉变、腐烂果粒；为了酿制不同等级的酒，还应进行分级。

8.3.2.1 破碎与去梗

1. 破碎

破碎是指将果粒压碎使果汁流出的操作。破碎有利于压榨取汁及红葡萄酒色素的浸出，可增加酵母与果汁接触的机会，增加氧的溶入量，还有利于 SO_2 均匀地应用和物料的输送。因种子中含有大量单宁、油脂及糖苷，会增加果酒的苦涩味，故在破碎过程中，应尽量避免撕碎果皮、压破种子和碾碎果梗，降低杂质(葡萄汁中的悬浮物)的含量；在

酿造白葡萄酒时，还应避免果汁与皮渣接触时间过长。破碎设备凡与果肉、果汁接触的部件，不能使用铜、铁等材料制成，防止因增加金属离子含量，使酒发生铜或铁败坏病。

破碎具有很多优点，主要表现在：①有利于果汁流出；②使原料的泵送成为可能；③有利于发酵过程中“帽”的形成；④使果皮和设备上的酵母菌进入发酵基质；⑤使基质通风以利于酵母菌的活动；⑥使浆果蜡质层发酵，促进物质进入发酵基质，有利于酒精发酵的顺利触发；⑦使果汁与浆果固体部分充分接触，便于色素、单宁和芳香物质的溶解；⑧便于正确使用 SO_2；⑨缩短发酵时间，便于发酵结束；⑩压榨酒不像整粒发酵的那样具甜味。

破碎也存在一些缺点，主要表现在：①对于（部分）霉变的原料，破碎和通风会引起氧化破败病而影响酒的质量；②在高温地区，会使开始发酵过于迅速；③对单宁含量过高的原料，加强浸渍作用，影响葡萄酒质量；④提高苦涩物质的溶解量，且单宁的溶解量比色素的溶解量随破碎强度而增加的速度更快；⑤破碎提高杂质和酒渣的含量。

目前的趋势是，在生产优质葡萄酒时，只将原料进行轻微的破碎。如果需加强浸渍作用，最好是延长浸渍时间，而不是提高破碎强度。破碎可用破碎机单独进行，也可用破碎-除梗机与除梗同时进行。此外，在进行小型生产中试验时，也可用人工破碎。

破碎可手工，也可采用机械。手工法用手挤或木棒捣碎，也有用脚踏。破碎机有双辊式破碎机、鼓形刮板式破碎机、离心式破碎机等。现代生产常采用破碎与去梗同时进行。

2. 除梗

破碎后应立即将果浆与果梗分离，这一操作称为去梗。酿制红葡萄酒的原料要求去梗。去梗可在破碎前，也可在破碎后，或破碎去梗同时进行，可采用葡萄破碎去梗送浆联合机。酿制白葡萄酒的原料不宜去梗，破碎后立即压榨，利用果梗做助滤层以提高过滤速度。

除梗的优点主要有：①减少发酵体积（果梗占总重的3%～6%，但占总体积的30%）、发酵容器和皮渣量；②改良葡萄酒的味感（果梗的溶解物具草味、苦涩味），使葡萄酒更为柔和；③提高葡萄酒的酒度（0.5%）（果梗含水而几乎不含糖，果梗可吸收酒精）；④提高葡萄酒的色素含量（果梗可固定色素）。

除梗的缺点主要表现在：①增大发酵的困难：果梗可吸收发酵热，限制发酵温度并提高氧的含量，有果梗时发酵更为迅速、更为彻底；②增大皮渣压榨的困难；③提高葡萄酒的酸度，果梗含酸量低，含钾量高，除梗和不除梗葡萄酒酸度的差异可达0.5%；④加重氧化破败病。

总之，在葡萄酒酿造中，应该进行除梗，可以部分除梗（10%～30%），也可以全部除梗；如果生产优质、柔和的葡萄酒，应全部除梗。

8.3.2.2　压榨与澄清

1. 压榨

压榨是将葡萄汁或刚发酵完成的新酒通过压力分离出来的操作。若直接压榨新鲜整穗葡萄，应在采摘之后的最短时间内进行；如果是破碎的葡萄，应在破碎后的最短时间内进行压榨。压榨时施压应缓慢，以免将皮、籽或梗压破。红葡萄酒带渣发酵，当主发酵完成后及时压榨取出新酒。白葡萄酒取净汁发酵，故破碎后应及时压榨取汁。

在破碎后不加压力自行流出的葡萄汁称自流汁，加压之后流出的汁为压榨汁。前者占果汁的50% ~55%，糖高酸低，质量好，酿成的酒体柔和、口味圆润爽口，宜单独发酵制取优质酒。压榨分两次进行，第一次逐渐加压，尽可能压出果肉中的汁，而不压出果梗中的汁；然后将残渣疏松，加或不加水做第二次压榨。第一次压榨汁占果汁的25% ~35%，质量稍差，酿出的酒较厚实、爽口，可与自流汁合并。第二次压榨汁占果汁的10% ~15%，杂味重，质量差，宜做蒸馏酒或其他用途。压榨应尽量快速，以防止氧化和减少浸提。

常用的葡萄酒压榨设备有筐式压榨机、连续压榨机、气囊式压榨机等。筐式压榨机生产能力大，效率高，施压均匀缓慢，压出汁固形物少，质量高；筐采用耐腐蚀的玻璃纤维材料制成，易清洗，但设备价格贵，一次性投资大。连续压榨机连续进出料，处理能力大，出汁多，榨出汁质量好，生产效率高，适用于大量葡萄皮渣的压榨。气囊式压榨机以空气作为施压介质，作用温和，榨出汁质量好，工作过程中各阶段工作压力与时间间隔分明，根据流出汁质量取不同档次的汁，兼有果汁分离与葡萄压榨的功能；缺点是间歇操作，价格昂贵，一次性投资大，不宜小厂使用。

2. 澄清

澄清是酿制白葡萄酒的特有工序，以便取得澄清果汁发酵。将悬浮物从葡萄汁中分离除去的操作称为葡萄汁澄清。酿造白葡萄酒时，常使用澄清的葡萄汁进行酒精发酵，因此在发酵前应对压榨得到的葡萄汁进行澄清处理，目的是去除微粒、有害微生物，减少果胶含量，降低酚类氧化酶的活性，降低浑浊度。澄清罐不宜过高、容量不宜过大，以缩短汁中悬浮颗粒的沉降路程与时间。一般澄清罐高≤3 m，容积≤$30m^3$。果汁澄清有多种方法：

1)低温法

将葡萄汁温度迅速降低到10℃以下，通常在5℃左右保持一定时间，使葡萄汁中悬浮物质靠自身重力下沉。通常与SO_2、皂土(膨润土)处理结合进行。在葡萄汁内加50 ~80 mg/L SO_2，24 h后可获清汁，取上清液发酵。

2)果胶酶澄清

添加果胶酶使果实组织变软，有利于提取色素或芳香物质，降低葡萄浆黏度，提高压榨效果，提高出汁率，有利于葡萄汁的澄清与过滤。将果胶酶加入破碎的葡萄或葡萄汁中以促进浆中或汁中果胶的降解，果胶酶耐正常使用剂量的SO_2，因此添加果胶酶时同时也添加SO_2，以抑制微生物的生长。若结合低温措施，果汁的澄清会更为迅速。

3)皂土(膨润土)澄清

皂土是高膨胀性、吸附力很强的天然胶质黏土——铝硅酸盐，成石过程中吸附了钙、钠等阳离子以平衡电荷，这些离子以可交换状态存在于两层晶格之间。水中带负电，被广泛地用做澄清剂。可交换离子以钙为主的皂土称为钙基皂土，以钠为主的称为钠基皂土。钠基皂土优于钙基皂土，但沉淀松散，果汁的损失较大。用皂土可除去热不稳定蛋白质，防止铜破败病，纠正下胶过量。与单宁、明胶共用能加速酒液澄清，对酒的稳定性、感官质量无影响。缺点是会引起红色果酒颜色损失，沉淀体积大、酒损大。在使用前应先做小试验，以确定皂土的用量。将5~10倍于皂土的温水缓慢加入皂土中，吸水膨胀24 h。补加4~5倍葡萄汁，泵循环1 h左右，使皂土与葡萄汁充分混合，再加入到待处理葡萄汁中，混匀。静置24 h，取上清液发酵。

4)离心机分离

澄清效果好，分离迅速，香气损失少，可除去大部分固形物与野生酵母。但机器价格昂贵，耗电多。离心前在汁中加入果胶酶，酶作用结束后再离心效果更好。

8.3.2.3 SO_2处理

SO_2处理就是在发酵醪或酒中加入SO_2，以便发酵能顺利进行或有利于葡萄酒的贮藏。SO_2在葡萄酒中的作用有杀菌、澄清、抗氧化、增酸，使色素和单宁物质溶出，使风味变好等，但使用不当或用量过高，可使葡萄酒具怪味且对人体产生毒害，并可推迟葡萄酒成熟。

所使用的SO_2有气体SO_2、液体亚硫酸及固体亚硫酸盐等。其用量受很多因素影响，原料含糖量越高，结合SO_2的量越高，从而降低活性SO_2的含量，用量略增；原料含酸量越高，pH越低，活性SO_2含量越高，用量略减；温度越高，SO_2越易与糖化合且易挥发，从而降低活性SO_2的含量，用量略增；原料带菌量越多、微生物种类越杂，果粒霉变严重，SO_2用量越多；干白葡萄酒为了保持色泽，用量比红葡萄酒略增。常用的SO_2浓度见表8.4。

表8.4 常见发酵基质中SO_2的浓度

原料状况	葡萄酒种类	
	红葡萄酒/(mg/L)	白葡萄酒/(mg/L)
无破损、霉变、含酸量高	30~50	60~80
无破损、霉变、含酸量低	50~100	80~100
破损、霉变	60~150	100~120

注：引自陈学平主编，《果蔬产品加工工艺学》。

SO_2在葡萄酒酿造过程中主要应用在两个方面。一方面是在发酵前使用，红葡萄酒应在破碎除梗后、入发酵罐前加入，并且一边装罐一边加入SO_2，装罐完毕后进行一次倒罐，以使SO_2与发酵基质混合均匀。切忌在破碎前或破碎除梗时对葡萄原料进行SO_2处理，否则SO_2不易与原料均匀混合，且因挥发和固定而造成损失。白葡萄酒应在取汁后立即加入，以保护葡萄汁在发酵以前不被氧化，在皮渣分离前加入会被皮渣固定部分SO_2，并加重皮渣浸渍现象，破坏白葡萄酒的色泽。另一个方面是在葡萄酒陈酿和贮藏时进行。在葡萄酒陈酿和贮藏过程中，为了防止氧化作用和微生物活动，以保证葡萄酒不变质，常将葡萄酒中的游离SO_2含量保持在一定水平上(表8.5)。

表 8.5 不同情况下葡萄酒中游离 SO_2 需保持的浓度

SO_2浓度类型	葡萄酒类型	游离 SO_2/(mg/L)
贮藏浓度	优质红葡萄酒	10~20
	普通红葡萄酒	20~30
	干白葡萄酒	30~40
	加强白葡萄酒	80~100
消费浓度(瓶装葡萄酒)	红葡萄酒	10~20
	干白葡萄酒	20~30
	加强白葡萄酒	50~60

注：引自陈锦屏主编，《果品蔬菜加工学》。

8.3.2.4 葡萄汁的成分调整

为了克服原料因品种、采收期和年份的差异，而造成原料中糖、酸及单宁等成分的含量与酿酒要求不相符，必须对发酵原料的成分进行调整，确保葡萄酒质量并促使发酵安全进行。

1. 糖分调整

糖是酒精生成的基质。根据酒精发酵反应式，理论上 1 分子葡萄糖(相对分子质量 180)生成 2 分子酒精(相对分子质量 46×2=92)，或者 180 g 葡萄糖生成 92 g 酒精，则 1 g 葡萄糖将生成 0.511 g 或 0.64 mL 酒精(在 20℃时酒精相对密度为 0.7943)或 0.64°酒精，即生成 1°酒精需葡萄糖 1.56 g 或蔗糖 1.475 g。但实际上酒精发酵除主要生成酒精、二氧化碳外，还有微量的甘油、琥珀酸等产物生成，这也需消耗一部分糖，加之酵母菌生长繁殖也要消耗一部分糖。所以，实际生成 1°酒精需 1.7 g 葡萄糖或 1.6 g 蔗糖。

一般葡萄汁的含糖量在 14~20 g/100 mL，只能生成 8.0°~11.7°的酒精。而成品酒的酒精浓度要求为 12°~13°，乃至 16°~18°。增高酒精度的方法，一是补加糖使之生成足量浓度的酒精，二是发酵后补加同品种高浓度的蒸馏酒或经处理过的酒精。酿制优质葡萄酒须用补加糖的办法。补加酒精量以不超过原汁发酵的酒精量 10% 为宜。

应补加的糖量，根据成品酒精浓度而定。如成品酒精浓度要求 13°，按 1.7 g 糖生成 1°酒精计，则每升果汁中的含糖量是 13×17=221(g)。如果葡萄汁的含糖量为 170 g/L，则每升葡萄汁应加砂糖量为 221－170=51(g)。但实际上，加糖后并不能得到每升含糖 221 g，而是比 221 g 低。由于每千克砂糖溶于水后增加 625 mL 的体积。因此，应按下式计算加糖量：

$$X = V(1.7A - B)/(100 - 1.7A \times 0.625)$$

式中，X——应加砂糖量，单位为 kg；

V——果汁总体积，单位为 mL；

1.7——产生 1°酒精所需的糖量；

A——发酵要求的酒精度，单位为°；

B——果汁含糖量，单位为 g/100 mL；

0.625——单位质量砂糖溶解后的体积系数。

按上式计算，应加砂糖量为59.2 g。生产上为了简便，可用经验数字。如要求发酵生成12°～13°酒精，则用230～240减去果汁原有的糖量。果汁含糖量高时（150 g/L以上）可用230，含糖量低时（150 g/L以下）则用240。按上例果汁含糖170 g/L，则每升加糖量为：230－170＝60（g）。

加糖时，先用少量果汁将糖溶解，再加到大批果汁中去，以分次加入为好。除加糖外，还可加浓缩果汁。

2. 酸分调整

酸在葡萄酒发酵中起重要作用，它可抑制细菌繁殖，使发酵顺利进行；使红葡萄酒得到鲜明的颜色；使酒味清爽，并使酒具有柔软感；与醇生成酯，增加酒的芳香；增加酒的贮藏性和稳定性。

葡萄汁中的酸分以0.8～1.2 g/100 mL为适宜。此量既为酵母菌最适应，又能赋予成品酒浓厚的风味，增进色泽。若pH大于3.6或可滴定酸低于0.65%时，可添加酸度高的同类果汁，也可用酒石酸对葡萄汁直接增酸，但国际葡萄与葡萄酒协会规定酒石酸的最多用量为1.5 g/L；如酸度过高，除用糖浆降低或用酸度低的果汁调整外，也可用中性酒石酸钾中和。

对于红葡萄酒，应在酒精发酵前补加酒石酸，这样利于色素的浸提。若加柠檬酸，应在苹果酸－乳酸发酵后再加。白葡萄酒加酸可在发酵前或发酵后进行。

8.3.3 酒精发酵

8.3.3.1 酒母的制备

酒母即经扩大培养后加入发酵醪的酵母液，生产上需经三次扩大后才可加入，分别称一级培养（试管或三角瓶培养）、二级培养、三级培养，最后用酒母桶培养。

1. 一级培养

在生产前10 d左右，选完熟无变质的葡萄，压榨取汁。装入经干热灭菌的试管或三角瓶内，试管内装量为1/4，三角瓶则为1/2。装后在常压下沸水杀菌1 h或58 kPa下杀菌30 min，冷却至常温后在无菌操作下，接入优良固体试管斜面葡萄酒酵母菌种，摇动果汁，使菌体分散。在25～28℃恒温下培养24～48 h，发酵旺盛时，即可供下级培养。

2. 二级培养

用清洁、干热杀菌的三角瓶或烧瓶（1000 mL）内装1/2新鲜葡萄汁，加棉塞，杀菌冷却后，接入培养旺盛的试管酵母液二支或三角瓶酵母液一支，25～28℃恒温培养20～24 h。

3. 三级培养

用洁净、消毒的卡氏罐或10～15 L大玻璃瓶，装上发酵栓后加葡萄汁至容积的70%左右，加热杀菌或用亚硫酸杀菌，后者以每升果汁中含$SO_2$150 mg为宜，但需放置1 d。瓶口用70%的酒精消毒，接入二级菌种，用量为2%～5%。在25～28℃恒温下培养，繁殖旺盛后，可供再扩大培养使用。

4. 酒母桶培养

将酒母桶用SO_2消毒后，装入12～14°Bx的葡萄汁，在28～30℃下培养1～2 d即可作为生产酒母。培养后的酒母即可直接加入发酵液中，用量为2%～10%。

酒母制备既费工费时，又易感染杂菌，如有条件，可采用活性干酵母。这种酵母活细胞含量很高［一般为(10～30)$\times10^9$个/g］，贮藏性好(低温下可贮存一至数年)，使用方便。活性干酵母的用量一般为50～100 mg/L，使用前只需用10倍左右30～35℃的温水或稀释葡萄汁将酵母活化20～30 min，即可加入发酵醪中进行发酵。

8.3.3.2 发酵设备

发酵设备要求能控温，易于洗涤，排污、通风换气良好等。使用前应进行清洗，用SO_2或甲醛熏蒸消毒处理。发酵容器一般为发酵与贮酒两用，要求不溶漏、能密闭、不与酒液起化学反应。

1. 发酵桶

一般用橡木、山毛榉木、栎木或栗木制作。圆筒形，上部小，下部大，容量2000～4000 L或10000～20000 L，靠桶底15～40 cm的桶壁上安装阀门，用以放出酒液，桶底开一排渣阀，上口有开放式和密闭式两种。密闭式发酵桶也可制成卧式安放。

2. 发酵池

用钢筋混凝土或石、砖砌成。形状有六面形或圆形，大小不受限制，能密闭，池盖略带锥度，以利气体排出而不留死角。盖上安有发酵栓、进料孔等。池底稍倾斜，安有放酒阀及废水阀等。池内安放温控设备，池壁、池底用防水粉(硅酸钠)涂布，也可镶瓷砖。

3. 专门发酵设备

目前国内外一些大型企业普遍采用不锈钢、玻璃钢等材料制成的专用发酵罐，如旋转发酵罐、连续发酵罐、自动连续循环发酵罐等。

8.3.3.3 主发酵及其管理

将发酵醪送入发酵容器到新酒出池(桶)的过程称主发酵或前发酵。主发酵阶段主要是酒精生成阶段。葡萄酒发酵有自然发酵和人工发酵两种形式。为提高酒的品质，大型葡萄酒厂普遍采用人工培养的酒母发酵。

1. 红葡萄酒发酵

传统的红葡萄酒均用葡萄浆发酵，以便酒精发酵与色素浸提同步完成。主要的发酵方式有：

1)开放式发酵

将经破碎、二氧化硫处理、成分调整或不调整的葡萄果浆，用泵送入开口式发酵桶(池)至桶容约4/5，留空位约1/5预防发酵时皮渣冲出桶外，最好在1 d内冲齐。加入酒母3%～5%乃至10%(按果浆量计)，加酒母的方法有先加酒母后送果浆，亦可与果浆同时送入。

发酵初期主要为酵母繁殖阶段。因酵母移植于新果浆中，需经过适应阶段，才开始繁殖。发酵初期液面平静，随后有微弱的CO_2气泡产生，表示酵母已开始繁殖。随酵母的大量繁殖，CO_2放出逐渐加强。此期中首先注意控制品温，在25~30℃下一般为20~24 h；若品温低，可延迟48~72 h乃至96 h才开始旺盛繁殖。一般温度不宜低于15℃。其次应注意空气的供给，以促进酵母的繁殖，常用方法是将果汁从桶底放出，再用泵呈喷雾状返回桶中，或通入过滤空气。

发酵中期主要为酒精发酵阶段。随着品温的升高，有大量CO_2放出，甜味渐减，酒味渐增，皮渣上浮在液面结成浮渣层，称酒帽。高潮时，刺鼻熏眼，品温升到最高，酵母细胞保持一定水平。随后，发酵势逐渐减弱，表现为CO_2放出量下降，液面接近于平静，品温下降至近室温，糖分减少至1%以下，酒精积累接近最高，汁液开始清晰，皮渣、酵母部分开始下沉，酵母细胞数逐渐死亡减少，即为主发酵结束。

此期的管理措施主要是控制温度，应控制品温在30℃以下。高于30℃，酒精易挥发；高于35℃，醋酸菌容易活动，挥发酸增高，发酵作用也要受阻碍。发酵过程中一般会升温7~12℃，所以主发酵期主要是降温。其次是控制发酵时形成的浮渣。坚厚的浮渣会隔绝CO_2排出，热量不易散出，影响酵母菌的正常生长和酒的品质。常用的除浮渣办法是将发酵液从桶底放出，用泵循环喷洒在浮渣面上而使其冲散。每天一两次，或用压板将浮渣压在液面下30 cm左右。

发酵期的长短因温度而异，一般25℃ 5~7 d，20℃ 2周，15℃左右2~3周。发酵过程中要经常检查发酵液的品温和糖、酸及酒精含量等。

2）密闭式发酵

将制备的果浆及酒母送入密闭式发酵桶（罐）至约八成满。安上发酵栓，使发酵产生的CO_2能经发酵栓逸出，而外界的空气则不能进入。桶内安有压板，将皮渣压没在果汁中。

密闭式发酵的进程及管理与开放式发酵相同。其优点是芳香物质不易挥发，酒精浓度约高0.5°，游离酒石酸较多，挥发酸较少。不足之处是散热慢，温度易升高，但在气温低或有控温条件情况下有利。

2. 白葡萄酒发酵

白葡萄酒的发酵进程及管理基本上与红葡萄酒相同。不同之处是取净汁在密闭式发酵容器中进行发酵。

白葡萄汁一般缺乏单宁，发酵前常按照100 L果汁加4~5 g单宁，以利于提高酒质。

白葡萄酒发酵多采用添加人工培育的优良酵母（或固体活性酵母）进行低温密闭发酵。低温发酵有利于保持葡萄中原果香的挥发性化合物和芳香物质，若发酵温度超过30℃，则香和味都受到严重影响，所以应严格控制发酵温度。发酵分成主发酵和后发酵两个阶段。主发酵一般温度控制在18~20℃为宜，发酵期2~3周。主发酵高潮时，可以不加发酵栓，以便于让CO_2顺利排出。主发酵结束后（残糖降低至5 g/L以下），迅速降温至10~12℃即可转入后发酵，静置1周后，倒桶除去酒脚，倒桶后以同类酒添满，严密封闭以隔绝空气，进入贮存陈酿。在缓慢的后发酵中，葡萄酒香和味形成更为完善。

白葡萄酒中含有多种酚类化合物，如色素、单宁、芳香物质等，具有较强的嗜氧性，易被氧化生成棕色聚合物，使白葡萄酒的颜色变深(呈黄色或棕色)，酒的新鲜果香味减少，甚至出现氧化味，使酒外观和风味劣变，因此应采取防氧化措施。国内生产白葡萄酒的防氧化措施如表8.6所示。

表8.6 白葡萄酒生产中防氧化措施

防氧化措施	内　容
选择最佳采收期	选择最佳葡萄成熟期进行采收，防止过熟霉变
原料低温处理	葡萄原料先进行低温处理(10℃以下)，然后再压榨分离果汁
快速分离	快速压榨分离果汁，减少果汁与空气接触时间
低温澄清处理	将果汁进行低温处理(5~10℃)，加入CO_2，进行低温澄清或采用离心澄清
控温发酵	果汁转入发酵罐内，将品温控制在16~20℃，进行低温密闭发酵
皂土澄清	应用皂土澄清果汁(或原酒)，减少氧化物质和氧化酶的活性
避免与铁、铜等金属物接触	凡与酒(汁)接触的铁、铜等金属工具、设备、容器均需涂防腐蚀涂料
添加二氧化硫	在酿造白葡萄酒的全部过程中，适量添加二氧化硫
充加惰性气体	在发酵前后，应充加氮气或二氧化碳密封容器
添加抗氧化剂	白葡萄酒装瓶前，添加适量抗氧化剂，如二氧化硫、维生素C

8.3.3.4 分离和后发酵

主发酵结束后应及时出桶，以免酒脚中的不良物质过多地渗出，影响酒的风味。分离时先不加压，将能流出的酒放出，这部分酒称自流酒。然后等CO_2逸出后，再取出酒渣压出残酒，这部分酒称压榨酒。压榨酒占20%左右，除酒度较低外，其余成分比自流酒高。最初的压榨酒(2/3)可与自流酒混合，但最后压出的酒，其酒体粗糙，不宜直接混合，可通过下胶、过滤等净化处理后单独陈酿，也可作为白兰地可蒸馏酒精。压榨后的残渣可作为蒸馏酒或果醋的原料。

因为分离压榨使酒中混入了空气，使休眠的酵母复苏，再进行发酵作用将残糖发酵完，此阶段称为后发酵。后发酵比较微弱，适宜在20℃左右的温度下进行。后发酵开始时还有CO_2放出，经2~3周后，则无CO_2放出，糖分降至0.1%左右，此时即可将发酵栓取下，用同类酒添满，加盖严密封口。待酵母、皮渣全部下沉后，及时换桶，分离沉淀，以免沉淀与酒接触时间太长影响酒质。

8.3.4 苹果酸-乳酸发酵

8.3.4.1 苹果酸-乳酸发酵的必要性

苹果酸-乳酸发酵是指在酒精发酵结束后，在乳酸菌的作用下，葡萄酒中的苹果酸转变成乳酸和CO_2的过程。经过苹果酸-乳酸发酵后，葡萄酒的酸度降低，使酒变得柔和，葡萄酒的香味也会发生变化，果香味转变为葡萄酒特有的醇香，此外，葡萄酒的生物稳定性提高。对于酿造红葡萄酒，苹果酸-乳酸发酵是一个重要环节，同酒精发酵一样重要。酿造优质红葡萄酒应在糖分被酵母菌发酵完之后立即进行苹果酸-乳酸发酵，使苹果酸尽快消失，但不能让乳酸菌分解其他成分，当酒中不再含有苹果酸时，应立即杀死乳酸菌，以免影响葡萄酒的品质。

苹果酸－乳酸发酵并不是对所有类型的葡萄酒酿造都有好处，白葡萄酒的酿造大多不进行苹果酸－乳酸发酵，因为这一过程难免会损坏其优雅的果香。对于桃红葡萄酒，一般认为偏向红葡萄酒的类型宜进行，而偏向白葡萄酒的类型不宜进行。红葡萄酒和气泡酒均应进行苹果酸－乳酸发酵。是否选择进行这一发酵，还应考虑葡萄的品种和含酸量。如果葡萄果香不足，则不宜进行苹果酸－乳酸发酵。葡萄的含酸量太低时，也应抑制这一发酵。

8.3.4.2 苹果酸－乳酸发酵的发生与管理

对于需要进行苹果酸－乳酸发酵的葡萄酒，进行这一过程的时间越早越好，一般应尽量让它在第一个冬季来临之前完成。

苹果酸－乳酸发酵可自然发生，影响其发生的因素主要有：①酒精浓度，乳酸菌在酒精度低时生长较好，当酒度超过12°时，发酵较难诱发；②pH，pH低于2.9时，发酵不能进行，在3.1～4.0范围内，pH越高，发酵开始越快；③温度，在14～25 ℃范围内，随温度上升发生越快；④二氧化硫，二氧化硫在50μL/L以上时可抑制苹果酸－乳酸发酵。因此，要促使这一发酵的自然发生，酒精发酵前的二氧化硫处理要轻，酒精发酵结束后，应将pH调至3.1以上，且倒桶要晚，贮酒温度适宜等。

促使苹果酸－乳酸发酵的自然发生，条件较难控制，有时也不可靠。因此，在生产中多采用人工发酵剂，使用人工发酵剂可使葡萄酒的苹果酸－乳酸发酵安全可靠。人工发酵剂一般是在使用前先进行活化，然后再接种于完成了酒精发酵的酒里。

确定苹果酸－乳酸发酵已结束，应迅速进行二氧化硫处理，并倒桶去除酒脚，以保证葡萄酒的风味品质。

8.3.5 葡萄酒的陈酿

8.3.5.1 陈酿过程

新酿成的葡萄酒在贮酒容器里经过一段时间的贮存，以消除酵母味、苦涩味和二氧化碳刺激味，使酒变得醇和芳香，这一过程称为酒的老熟或陈酿。葡萄酒的老熟可分为三个阶段：

1. 成熟阶段

在这一阶段，葡萄酒将进行氧化还原作用、酯化反应、聚合沉淀等一系列物理化学反应，这些反应使酒的不良风味物质减少，芳香物质得到增加，酒的风味改善，蛋白质、单宁、果胶和酒石等沉淀析出，酒体变得澄清。酒的成熟一般需要6～10个月，对于含干物质和单宁较多的酒需要更长时间。这一过程以氧化作用为主，所以适度接触空气有利于酒的成熟。

2. 老化阶段

成熟之后的酒，继续在隔氧条件下贮存，酒中的含氧量减少，氧化还原电位降低，这一阶段以还原作用为主，经过还原作用，葡萄酒中芳香物质进一步增加，逐渐产生陈酒香气，使葡萄酒变得更加醇和。

3. **衰老阶段**

酒的品质开始下降，果香减弱，苹果酸和酒石酸减少，乳酸增加，酒体越来越弱，口味无力。未经过苹果酸－乳酸发酵的葡萄酒较易衰老。

8.3.5.2 贮酒环境

贮酒的环境条件对葡萄酒的品质影响很大，贮酒的基本条件如下：

（1）温度：贮酒温度以12～15℃为宜。温度高成熟快，但微生物易繁殖，不利于贮酒安全。温度较低且恒定对葡萄酒澄清有利。所以贮酒在地窖内比较合适。

（2）湿度：贮酒环境空气不宜过分干燥和过度潮湿。空气过分干燥酒精易蒸发损失，过湿时，水蒸气易渗透到酒中，造成酒度降低，同时容器和墙壁上霉菌易繁殖，使酒产生不良气味。相对湿度以85%为最好。湿度过高可采用通风排湿，过低可在地面洒水。

（3）通风：贮酒场所不应有异味，也不应有CO_2的过多积累，因此，需经常通风来保持空气新鲜。通风最好在清晨进行，因为清晨空气清新，温度低。应注意通风会降低相对湿度，过于强烈的通风能使木桶干裂，造成渗漏。

（4）卫生：贮酒场所应保持卫生，贮酒容器要及时擦干净；每年要用石灰浆加10%～15%的硫酸铜喷刷墙壁，且定期熏硫；地面要有一定坡度，便于清洗排水，水沟要及时清理。

8.3.5.3 贮存期的管理

1. **添桶**

在贮藏过程中，由于温度的降低，酒中CO_2的逸出及葡萄酒通过容器壁的渗透蒸发等原因，造成贮酒容器中液面下降，液面下降形成的空隙必然被空气填充，使葡萄酒大面积接触到氧气，这样易使葡萄酒氧化，也利于杂菌的活动。因此，必须随时将桶添满。添桶时应选用同品种、同酒龄、同质量的原酒。

在葡萄酒酿造过程中，受产量、批次、容器等影响，如果不能添罐，可采用如下措施：①采用浮盖法，盖浮在酒面上，随葡萄酒上升而上升，随葡萄酒下降而下降，这样就无需添桶；②投放玻璃球，用前需消毒；③采用气体封闭法，采用的气体可以是N_2、CO_2或SO_2气体，目前这种方法应用较多。

2. **换桶**

换桶是为了将贮酒桶中的已澄清的酒与酒脚分开。因为酒脚中含有酒石酸盐和各种微生物，如果不及时换桶将其分离，会影响酒的质量，甚至使酒产生腐败味、硫化氢味。另外，新酒通过换桶，会溶入部分氧，可加速酒的成熟；换桶还可使CO_2气体和其他一些可挥发的气体释放出来。

换桶次数和时间应根据容器大小、酒种、酒质而有不同。一般在当年的冬季11～12月份进行第一次换桶，第二次在来年的2～3月份进行，11月份进行第三次，以后每年1次或两年一次即可。换桶应选择温度低、气压高和无风的时候进行，以免造成酒中CO_2气体的快速逸出使沉淀重新进入已澄清的葡萄酒中。第一次换桶宜在空气中进行，对于红葡萄酒可进行较强的换气，但对于白葡萄酒应减少换气量。第二次换桶宜在隔绝空气下进行。

3. **下胶澄清**

通过长时间贮存和多次换桶一般可使葡萄酒达到澄清透明，但这种自然澄清法所需时间长。为了加速澄清，常用下胶处理。用于葡萄酒下胶澄清的材料有明胶、蛋清、膨润土、鱼胶、二氧化硅胶液等。目前，国内葡萄酒厂多使用明胶和膨润土。下胶材料应根据葡萄酒的类型和品质进行选择，比如明胶和蛋清粉对于澄清红葡萄酒的效果好，而粉末鱼胶适用于优质干白葡萄酒的澄清。下胶材料可配合使用，而且效果更好，如蛋清和小比例的皂土配合下胶，可增加下胶的强度和速度，使葡萄酒可快速达到稳定的状态，且红葡萄酒的颜色损失少。

葡萄酒的下胶澄清最佳下胶量需通过预试验确定，通过试验选择絮凝出现早、沉降速度快、澄清效果好的下胶剂量和材料。在下胶过程中，下胶材料与葡萄酒应快速混合均匀，下胶时应先将下胶材料用水溶解并稀释，然后再一边搅拌一边加入到葡萄酒中，或在倒罐打循环时均匀加入。

4. **稳定处理**

为了加速葡萄酒陈酿，避免病害的发生，保持酒的颜色和澄清度的稳定性，保证葡萄酒在装瓶后长时间贮藏存放不会出现混浊和析出沉淀物，在装瓶前还需对葡萄酒进行稳定处理，处理方法有热处理、冷处理。

热处理可以加速蛋白凝固，提高葡萄酒的稳定性，可促进酯化反应，加速陈酿，并具有杀菌灭酶的作用。葡萄酒热处理以 50 ~52℃处理 25 d 效果较好。但热处理不适于酿造鲜爽清新型产品。

冷处理是葡萄酒稳定的重要环节，对改善葡萄酒的感官质量非常明显。因为冷处理可使色素胶体沉淀，可促进铁、磷酸盐、单宁酸盐及蛋白质凝结，可加速酒石酸氢盐沉淀，使酒液澄清，苦涩味减少。葡萄酒冷处理的温度，以高于酒的冰点0.5℃为最佳，一般处理温度为 -3 ~5℃，处理时间一般 4 ~5 d，最多 8 d。

8.3.6 成品调配

成品调配的目的在于改良酒的缺点，提高酒的品质，使同一品种的酒保持固有的特点。调配主要包括勾兑和调整两个方面：勾兑即原酒的选择与适当比例的混合，调整则是对酒的某些成分进行调整。

1. **勾兑**

勾兑是为了使不同优缺点的酒相互取长补短，最大限度地提高葡萄酒的质量和经济效益。一般选择一种质量接近标准的原酒做基础酒，根据其缺点选一种或几种另外的酒做勾兑酒，通过感官鉴评和化学分析确定比例。

2. **调整**

葡萄酒的成分调整包括对酒的酒度、酸分、糖分、色泽和香气等的调整。

酒度：原酒的酒度若低于产品标准，最好用同品种酒度高的酒勾兑调配，也可用同品种葡萄蒸馏酒或精制酒精调配。

糖分：对于甜葡萄酒，若糖分不足，以用同品种的浓缩果汁为好，也可用精制砂糖调配。

酸分：酸分不足一般添加柠檬酸；酸分过高则用中性酒石酸钾中和。

色泽：红葡萄酒的色调过浅，用色泽浓厚的葡萄酒调配为佳，也可用葡萄酒色素调配。

增香：原汁发酵的葡萄酒，一般不需增香。如需增香，必须用同类果品的天然香精。

调配的各种配料应准确计算，把计算好的配料输入调配罐，尽快混合均匀，尽量少接触空气。配酒时先加入酒精，再加入原酒，最后加入糖浆和其他配料，开动搅拌器使之充分混合，取样检验合格后，需再贮存半年左右使酒味恢复协调。

8.3.7 过滤、杀菌、装瓶

1. 过滤

根据原理的不同可将过滤分为三种：筛析过滤、吸附过滤、筛析－吸附过滤。过滤是葡萄酒酿造中的重要组成部分，是使葡萄酒澄清和稳定的重要手段。葡萄酒的第一次过滤在苹果酸－乳酸发酵后的第一次转罐后进行，多采用层积过滤。第二次过滤是在贮藏葡萄酒的澄清阶段，其目的是使葡萄酒稳定，可用硅藻土过滤或板框过滤。第三次过滤是在装瓶前进行，其目的是避免葡萄酒瓶内混浊和产生沉淀，避免发生微生物病害，一般采用除菌板和膜过滤。

2. 杀菌装瓶

葡萄酒装瓶前应进行感官品尝、理化指标分析、微生物指标与稳定性检验。检验的指标主要有酒度、糖度、滴定酸、挥发酸、总 SO_2、游离 SO_2、铁、铜、细菌总数、大肠杆菌数等。

罐装所用的瓶子应对葡萄酒有保护作用。瓶子的颜色应可以对光线进行过滤，一般情况下红葡萄酒以选择绿色或棕色瓶子为好，因为红葡萄酒在棕色瓶子中能够更好地成熟。瓶子罐装前应清洗消毒，现代化的酒装线，瓶子的清洗都是机械化自动进行的。瓶塞的选择也要合适，优质的葡萄酒均采用软木塞，软木塞要求质量规格达标。

杀菌装瓶后的葡萄酒，需再经过一次光检，合格品方可贴标、装箱、入库。采用软木塞的酒瓶应倒置或卧放。

8.3.8 葡萄酒的病害及其防治

葡萄酒的病害分为生物病害和非生物病害，表现为酒的颜色、口感及风味发生变化，发生雾浊、混浊，产生沉淀等。

8.3.8.1 葡萄酒的生物病害

1. 生膜

生膜又叫白膜病或酒花病，由酒花菌引起，在贮酒中酒未装满，有空气存在的条件下易出现。表现为在酒的表面产生一层灰白色的膜，开始光滑，轻而薄，随后逐渐增厚，膜上产生许多皱纹，当膜破裂后，分成无数白色小片或颗粒下沉使酒混浊。

此外，生膜酵母另外还有汉逊氏酵母(Hansenula)、毕赤氏酵母(Pichia)、接合毕赤氏酵母(Zygkpichia)等几种。它们能将乙醇氧化为乙醛和醋酸，最后分解为二氧化碳和水。染病的葡萄酒，酒度会降低，酒味平淡，像掺水葡萄酒；另外，由于乙醛含量的升高，还会使葡萄酒具有过氧化味。

防治措施：①保持贮酒环境及容器的清洁卫生，盛酒后加盖密封，经常添桶，不让酒液表面与空气接触；②若不能满桶贮酒，则应采用充二氧化碳或二氧化硫气体的办法，使酒液表面与空气隔开；③提高贮存原酒的酒精含量，使其不低于12%(V)；④若已发生生膜，应及时将酒花去除，并倒入质量好的葡萄酒盛满酒桶。

2. 变酸

葡萄酒变酸主要是由醋酸菌引起的。在陈酿过程中，醋酸菌引起的变酸时有发生，是酿酒工业的大敌。被醋酸菌侵入的酒，表面先产生一层淡灰色的薄膜，最初透明，随后变暗，有时会变成玫瑰色，有皱纹，沿壁生长，之后开始下沉，使酒体变混浊，失去光泽。长期被危害的酒桶底部有粘稠的物质，称为醋母。被醋酸菌污染的葡萄酒可以明显地闻出醋酸气味。

常见醋酸菌是醋酸杆菌，防治措施与生膜相同。对已感染上醋酸菌的酒，可在72～80℃保持20 min加热灭菌。

3. 霉味

霉烂的原料未能除尽，或者盛装容器霉变而未彻底灭菌处理等原因都会使葡萄酒产生不愉快的霉味。在原料和盛装容器等每一个步骤上都应引起注意，如已产生霉味，可用活性炭吸附等方法去除或减轻。

4. 硫化氢味和乙硫醇味

葡萄酒出现硫化氢味和乙硫醇味，很可能是酵母菌将发酵液中析出的固体硫还原成硫化氢和乙硫醇引起的。因此，在主发酵前进行硫处理和在后发酵、陈酿等过程中补加二氧化硫时，应注意添加量不宜过多，且切勿将固态硫混入发酵醪中。利用加入过氧化氢可以去除硫化氢味和乙硫醇味。

5. 苦味菌病害

苦味菌多为芽孢杆菌(*Bacillus*)，侵入葡萄酒后会使酒变苦。这种病害主要发生在红葡萄酒中，白葡萄酒中发生较少，老酒中发生最多。苦味主要来源于由甘油生成的丙烯醛，或是由于没食子酸乙酯的形成。预防措施主要是采用二氧化硫杀菌及防止酒温快速升高。葡萄酒一旦染上苦味菌，应马上进行灭菌，然后进行以下处理：下胶处理1～2次；加入新鲜酒脚，充分搅拌，沉淀后可除去苦味菌；将病酒与新鲜葡萄皮渣浸渍1～2 d，也有较好效果。

6. 其他微生物病害

1)乳酸菌病害

主要是由乳酸杆菌引起，乳酸杆菌在葡萄酒中繁殖产生乳酸，使酒出现轻微混浊，底部产生沉淀，且有少量气体产生，具有酸白菜和酸牛奶的味道。

预防措施：①对贮酒容器用蒸汽和二氧化硫进行严格杀菌；②及时添加足量的二氧化硫进行处理；③加入酒石酸或柠檬酸，提高含酸量。

2)甘露蜜醇菌病害

葡萄酒主发酵阶段温度过高时(大于35℃),很容易发生此病害,使酒变混,产生酣酸味或乳酸味。预防措施主要是主发酵阶段控制好品温。

3)油脂菌病害

油脂菌病害很少发生,但一旦发生则很难挽救。这种病害多数发生在较寒冷地区,且大多在白葡萄酒的新酒中,红葡萄酒少有发生。病酒先是变混,然后失去流动性、变黏。防治办法:陈酿过程及时补加二氧化硫,盛酒容器做好消毒处理。

8.3.8.2　葡萄酒的非生物病害

1. 铁破败病

葡萄自身含有一定量的金属元素铁,葡萄酒生产过程中接触到的管道、容器等也可能使葡萄酒中铁的含量增加。葡萄酒中铁离子含量一般应小于10 mg/L。当葡萄酒中铁离子含量大于15 mg/L时,在有氧的条件下,二价铁离子氧化成三价铁离子。三价铁离子与单宁结合,生成黑色或蓝色的不溶性化合物,叫蓝色破败病。三价铁离子与磷酸盐产生白色沉淀,称为白色破败病。红葡萄酒中含有较多的单宁,故易发生蓝色破败病,在白葡萄酒中多为白色破败病。

预防措施:从原料源头到葡萄酒的整个生产过程,防止和减少铁离子侵入葡萄酒中;防止葡萄酒过分接触空气而氧化;防止磷酸盐进入葡萄酒中。当葡萄酒中铁含量较高时,常采用氧化加胶法、植酸钙除铁法、亚铁氰化钾法、柠檬酸络合法和维生素C还原法等方法除铁。

2. 铜破败病

铜离子作为催化剂,将加速葡萄酒中儿茶素、表儿茶素、绿原酸、单宁等多酚类物质的氧化,使葡萄酒变得暗褐。防治措施:在生产中要防止铜的侵入,在生产中尽量避免使用铜质工具、容器;葡萄采摘前3周要停止使用含铜农药(如波尔多液);用硫化钠法可除去酒中的铜。

3. 氧化酶破败病

葡萄酒在酿造过程中,在葡萄中多酚氧化酶的作用下,葡萄酒中的多酚类物质发生氧化变色,这是葡萄酒酿造过程中的正常变色反应。但是,如果因葡萄霉烂等,霉菌分泌的氧化酶导致不正常的催化反应,特别是色素的氧化,会使酒出现暗棕色混浊沉淀,这种现象称棕色破败病。防治措施:做好原料分选工作,尽量剔除霉烂果实;进行适当的二氧化硫处理;加热破坏氧化酶。

8.4　其他果酒制造工艺

8.4.1　蒸馏果酒

蒸馏果酒是果实经酒精发酵后再蒸馏而制成的水果白酒,具有原料果实的芳香味,酒度在30~70°不等,独特的称白兰地。一般白兰地专指以葡萄为原料制得的蒸馏酒,而其他果实白兰地，则需加上原料的名称，如苹果白兰地、红枣白兰地等。

法国是白兰地原产地。法国经多年的酿酒实践认为：优质的白兰地，必须有优良的葡萄原料品种，白玉霓、白福儿、鸽龙白是我国由法国引进的酿制白兰地的适宜品种，以这些品种为原料，酿制的白兰地芳香细腻，口味协调。米斯凯特、白羽、白雅、龙眼、佳利酿、基米亚特等葡萄品种，也较适宜酿制白兰地。

白兰地酿造工艺流程如下：

酵母

↓

葡萄→选别→破碎→压榨取汁→澄清→成分调整→发酵→蒸馏→原白兰地→陈酿→调配→过滤→包装→白兰地

1. 白兰地原酒的酿造

用来蒸馏白兰地的葡萄酒叫白兰地原酒。白兰地原酒的发酵工艺与传统干白葡萄酒的工艺基本一致。但在白兰地原酒发酵过程中不允许添加SO_2，以免蒸馏出的白兰地带有不良气味。当发酵安全停止，残糖降至0.3%以下时，分离新酒，即为白兰地原酒，用于蒸馏白兰地。酒脚可单独蒸馏，生产皮渣白兰地。

2. 蒸馏

蒸馏设备有白兰地蒸馏塔、白兰地蒸发锅及壶式蒸馏器。蒸馏白兰地的典型设备，仍以壶式蒸馏器较好。此种设备可以附带精馏柱，用铜制造而成。但壶式蒸馏器是一种间歇蒸馏设备，生产能力小。壶式蒸馏器主要由进料管、预热器、锅体、冷却器和白兰地成品罐等组成(如图8.1)。

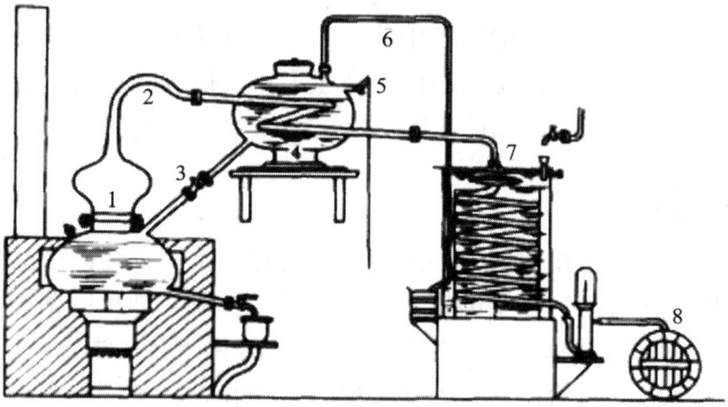

图8.1　白兰地壶式蒸馏器

1. 壶式蒸馏器　2. 鹅颈管　3. 混酒进管　4. 酒预热器　5. 冷空气管　6. 回收酒气管　7. 冷凝器　8. 成品罐

（注：引自洪光住编著,《中国酿酒科技发展史》）

3. 陈酿

新蒸馏的原白兰地无色，味道辛辣，香气不协调，需经过陈酿改进色泽和风味。白兰地的陈酿贮存容器一般采用橡木桶，在贮酒过程中，橡木桶中的色素、单宁等会溶入酒中，使白兰地渐渐变成金黄色。通过氧化作用、酯化作用，原酒的辛辣味也将变得芳香柔和。

白兰地的贮酒室应保持适宜的温湿度，适宜的温度为15~25℃，相对湿度为75%~85%，并保证通风良好。白兰地的贮酒时间较长，一般在3~5年以上，时间越长，质量越好，等级越高。为加快白兰地的成熟，可采用早熟新工艺和辐射源进行处理。

4. 调配

原白兰地经过勾兑和调配变成成品酒，不同品种、不同酒龄的白兰地可按一定比例进行勾兑，以保持白兰地的特殊风格，增加陈酒风味，提高质量。白兰地酒度一般为40°左右，酒度过高可用蒸馏水稀释；色泽浅可用焦糖色调色；口味不醇厚可适当调糖；香气不足可适当调香。

8.4.2 起泡果酒

含CO_2的葡萄酒称起泡葡萄酒。香槟酒是典型的起泡葡萄酒，因起源于法国的香槟省而得名。起泡葡萄酒按CO_2来源可分为两类：一类是酒里的CO_2由发酵产生；另一类是酒里的CO_2由人工加入。酿造起泡葡萄酒的方法有三种：一种为瓶内发酵；另一种为罐内发酵；还有一种是在葡萄酒中加入CO_2。

8.4.2.1 瓶内发酵

瓶内发酵有原瓶发酵法和转化法。原瓶发酵法生产的香槟酒口感好、质量高，采用较多。但该法操作麻烦，劳动强度大，产量低。转化法为原瓶发酵法的改良，产量较大。

原瓶发酵法工艺流程：

原酒、糖浆、酵母→混合→装瓶→压盖→发酵→摇瓶→斜沉→速冻吐渣→补料装瓶→压盖→后熟→产品

1. 原材料及混合

1)原酒

起泡酒的原酒酿造与干红、干白葡萄酒一致。酿造香槟酒对葡萄原料的选择极讲究。要求原料葡萄的含糖量必须在200 g/L左右，滴定酸8~10 g/L之间，否则很难酿得优质香槟酒。在我国所采用的葡萄原料有白福儿、鸽笼白、白羽霓、黑品乐、雷司令、霞多丽等。

2)糖浆

糖浆是发酵产气的主要来源。加糖过量会产CO_2过多，造成压力大而引起爆瓶，过少则产气不足。原酒在瓶内或大罐中发酵时，一般每升原酒每产生0.1 MPa压力，需消耗4 g/L的糖。香槟酒成品在瓶内的压力是0.6 MPa，故每升原酒需糖24 g，所以根据原酒含糖量就能计算出每升原酒需要补加糖量。

3)酵母

要求抗酒精和耐压能力强，且在低温下发酵彻底。加入量可控制在1×10^6 cfu/L。

为了使发酵顺利进行，常加入硫酸铵或磷酸铵及维生素B_1等。将上述物料在混合罐内混合均匀，然后装瓶发酵。

2. 装瓶

瓶和盖先用1.5%的亚硫酸溶液消毒。将上述混合原酒冷却至10~14℃，装入瓶内，

留有15～20 cm^3的顶隙。

3. **发酵**

装瓶后，送入酒窖，水平堆放，进行发酵。发酵适宜温度为10～15℃。发酵时间依温度、酵母和酒的酒度而异，一般需3个月左右，原酒乙醇含量高则发酵较慢。

4. **摇瓶**

发酵完成之后，在同发酵同样的温度下贮存，需周期性地进行摇瓶，让酒体和沉渣接触，使酵母自溶，含氮物质转移，芳香成分形成，这一过程需要数周至数月。

5. **斜沉**

使沉淀向瓶颈处沉淀，最初斜度至少25～30°，每天转动一次，8次使瓶子转动一周，持续20～25 d，最后斜度可升至60°。这时瓶内沉淀物全部集中在瓶颈内，酒体变得清晰。

6. **速冻吐渣**

将倒立的酒瓶放入速冻液或速冻机上，使瓶内的内塞、酒液和沉渣迅速冻成一个冰塞，然后打开盖子，利用瓶内CO_2压力顶出冰塞，这就是“吐渣”的过程。

7. **补液**

吐渣必然会造成部分酒液损失，必须补液。补料的方法是用同类原酒、香槟酒、浓缩糖浆等，以最快的速度将待补物料加到瓶里，然后迅速塞上新软木塞和加上密封盖。标准补料量为30 mL。

8. **后熟**

补液后在12～20℃下后熟1～3个月即为成品。

8.4.2.2　罐内发酵

瓶内发酵法工艺复杂，生产周期长，产量低，劳动强度大。目前许多国家采用罐内发酵法生产起泡酒。工艺流程如下：

原酒、糖浆、酵母等→混合→罐内发酵→过滤→灌装→产品

配料及混合与瓶内发酵法相同。

罐内发酵可用不锈钢或碳钢罐进行。混合原酒入罐至罐容95%为度，保持温度16～18℃，24 h，然后降低温度至12～14℃，密闭发酵，通过调节温度控制发酵速度在0.02～0.03 MPa/d。至预定压力后，用降温的方式终止发酵，一般降温至－5～－4℃，并保持5～10 d，以促澄清，并提高酒体的稳定性。

降温后的起泡酒经过两次精滤后装瓶，即得成品。

8.5　果醋酿造

果醋是以果实或果酒为原料酿造而成。果醋营养价值较高，20世纪90年代，以水果为原料酿造的食用醋成为全球新的开发热点，已风靡欧美、日本等发达国家。目前，果醋及果醋饮料在我国市场刚刚起步，苹果醋、柑橘醋、枣醋、梨醋、菠萝醋、山楂醋等

产品相继问世。果醋不但可以作为调味品，且集营养与保健于一体，香气和滋味独特，兼具饮料功能，所以果醋相比粮食醋，具有更广阔的市场前景。

8.5.1 果醋酿造理论

果醋酿造，若以果实为原料，需经过两个阶段——酒精发酵和醋酸发酵。若以果酒为原料则只需进行醋酸发酵。

8.5.1.1 酒精发酵

即水果中的糖转化为酒精的过程。首先，糖经酵解途径生成丙酮酸，然后，在无氧条件下，由丙酮酸脱羧酶催化，丙酮酸脱羧生成乙醛。丙酮酸脱羧酶需要焦磷酸硫胺素作为辅酶，并需要 Mg^{2+}。最后，乙醛在乙醇脱氢酶作用下成为受氢体，被还原成乙醇。

总反应式如下：

$$C_2H_{12}O_6 \longrightarrow 2CH_3CH_2OH + 2CO_2$$

每 1 mol 葡萄糖生成 2 mol 乙醇，重量理论转化率为：$(2 \times 46.05/180.1) \times 100\% = 51.1\%$（46.05 为乙醇相对分子质量，180.1 为葡萄糖相对分子质量）。

但是在实际生产中约有 5% 葡萄糖用于合成酵母细胞和副产物，实际上乙醇生成量约为理论值的 95%，所以乙醇对糖转化率约为 48.5%。

8.5.1.2 醋酸发酵

1. 醋酸发酵微生物

醋酸菌是食醋酿造中醋酸发酵阶段的主要菌，它将酒精氧化生成醋酸。醋酸菌种类繁多，醋化能力不一，性能各异。工业生产中一般采用人工接种特定醋酸菌的方式进行发酵，常用的有白膜醋酸杆菌（*Acetobacter acetosum*）和许氏醋酸杆菌（*Acetobacter schutzenbachii*）等。目前国内常用于食醋生产的菌株主要有两种：As1.41 和沪酿 1.01。它们都已在食醋生产中广泛应用多年，产酸率高、质量较好、性能稳定，是优良的菌株。

醋酸菌的繁殖和醋化与下列环境条件相关：

酒精度：酒精浓度在 14°以下，醋化反应都能很好地进行，直至酒精全部转化成醋酸。但当酒精浓度在 14°以上，醋酸菌则不能忍受，繁殖迟缓，产物以乙醛为多，醋酸生成量少。

氧气：醋酸菌的繁殖与醋化需要氧的参与，氧越多，醋化越完全。氧化 100 L 纯酒精成醋酸，理论好氧 38.0 m^3，但实践生产中还须超过理论数的 15% ~20% 才能使醋化完全。如果缺乏氧气，醋酸菌的繁殖和醋化作用受阻。

SO_2：SO_2对醋酸菌的繁殖有抑制作用，如果果酒中的 SO_2 含量过高，则不宜醋酸发酵。

温度：10℃以下醋化作用难以进行，适宜的醋化温度为 20 ~32℃，在 40℃以上醋酸菌停止活动。

酸度：酸度对醋酸菌的活动也有影响，醋化时，醋酸量逐渐增加，醋酸菌的活动则逐渐减弱；当酸度达到一定高度时，其活动完全停止。醋酸菌一般能忍受 8% ~10% 的醋酸浓度。

光照：光照不利于醋酸菌的繁殖，醋化应在暗处进行。

2. 醋酸发酵生化反应

醋酸发酵即醋酸菌在有氧的条件下，将乙醇氧化成醋酸的过程。首先乙醇被氧化成乙醛，然后乙醛吸收一分子水成为水化乙醛，最后水化乙醛再被氧化成醋酸，反应式如下：

$$2CH_3CH_2OH + O_2 \longrightarrow 2CH_3CHO + 2H_2O$$

$$CH_3CHO + H_2O \longrightarrow CH_3CH(OH)_2$$

$$2CH_3CH(OH)_2 + O_2 \longrightarrow 2CH_3COOH + 2H_2O$$

在醋酸发酵生化反应中，除了生成醋酸之外，还有一些副产物产生，如二乙氧基乙烷、高级脂肪酸、琥珀酸等，这些酸能和酒精作用产生酯类，赋予果醋芳香味。

8.5.2　果醋酿造工艺

8.5.2.1　醋母的制备

果醋生产厂家可以直接从有关单位购买优良醋酸菌种，也可自行从优良的醋醅或生醋中分离选育。醋酸菌种需经过扩大培养制成醋母供生产用。醋酸菌扩大培养因生产工艺不同而不同，固态酿制法一般采用大缸固态扩大培养，液态深层发酵酿制法一般采用种子罐通风扩大培养，其步骤如下：

菌种→试管斜面→三角瓶扩大培养→种子罐通风扩大培养或大缸固态扩大培养

1. 试管斜面

取麦芽汁或果酒100 mL，加入葡萄糖3 g、酵母膏1 g、碳酸钙2 g、琼脂2～2.5 g，混合，加热溶解，分装于干热灭菌的试管中，每管8～12 mL，1 kg/cm^{2}压力灭菌15～20 min，取出，凝固前加入50°酒精0.6 mL，制成斜面，冷却后，在无菌操作下接种醋酸菌种，26～28℃下恒温培养2～3d即成。

2. 三角瓶扩大培养

取果酒100 mL、葡萄糖0.3 g、酵母膏1 g，装入干热灭菌的500～800 mL三角瓶中，灭菌，冷却后加入75°酒精5 mL，随即接入斜面固体培养的菌种1～2种，一般采用30℃下震荡培养22～24 h。

3. 大缸固态扩大培养

此法是将三角瓶扩大培养液接入酒醅中进行固态培养，采用自然通风回流法促进醋酸菌的大量繁殖。取生产用的酒精发酵新鲜酒醅，放置于设有假底的大缸中，将三角瓶扩大培养菌液均匀拌入酒醅表面，接种量为2%～3%。一般加盖使醋酸菌在醅内生长1～2 d，品温升高，将假底中醋汁回浇在醅面上，注意控制品温不超过38℃。

4. 种子罐通风扩大培养

这是液态深层发酵法制备醋母的方法，其特点为醋酸菌是在种子罐内液体培养基中通过机械搅拌通风培养而成，无杂菌污染。灭菌种子罐冲洗干净后用98 kPa蒸汽罐灭菌

30 min，所有与种子罐连接的管道、阀门同时通蒸汽灭菌，不得留有死角。然后泵入4°~5°的新鲜酒液至规定液位，用夹层蒸汽间接加热至80℃后冷却，接种三角瓶扩大培养菌液，接种量一般为5%~10%。然后通入无菌空气，控制风量0.1 $m^3/(m^3 \cdot min)$，温度30~32℃，培养24 h。每级醋酸菌种子均是扩大10倍培养。

8.5.2.2 酿醋及其管理

果醋酿制方法可分为固态发酵和液态发酵两种。

1. 固态发酵

以果品、残次果品或果皮、果心等为原料，加入适量的麸皮或米糠等，固态发酵酿制。固态发酵酿醋工艺多用于名、特食醋生产，如山西老陈醋、镇江香醋、麸醋等。此外，一般的陈醋、米醋、麸醋、酶法液化自然通风回流制醋等也用固态发酵。

1）酒精发酵

原料经洗净破碎后，加入酵母液3%~5%进行酒精发酵，在发酵过程中，每日搅拌3~4次，经5~7 d发酵完成，酒精含量7%~8%。

2）制醋醅

酒精发酵完成后，加入麸皮或谷壳、米糠等，作为疏松剂，加入量一般为主原料的100%~120%，具体用量根据气温而定，一般是夏季少、冬季多。然后接入固态培养的菌种，接种量为醋醅总量的2%~3%，醅上下部都要接种，缸面要加大接种量，以抑制杂菌，利于发酵。发酵期间，控制品温在30~35℃之间，高温易烧醅，并产生异味。若温度升高到37~38℃时，取出醋醅翻拌散热。若温度适当，一般每天翻醅1次，以充分供给空气，促进发酵，翻醅后表面要摊平、压实。夏季用塑料薄膜覆盖醋醅表面，利于发酵。经10~15 d，醋化旺盛期将过，加入2%~3%的食盐，拌匀，将醋醅压紧，加盖封严，经5~6 d陈酿后熟，即可淋醋。

3）淋醋

用于淋醋的淋醋器是一底部带小孔的瓦缸或桶，距缸底6~10 cm处设有滤板。滤板上铺上滤布，将后熟的醋醅放在淋醋器中，从上面徐徐淋入约与醋醅等量的冷却沸水，4 h后打开孔塞让醋液从缸底小孔流出，这次流出的醋叫头醋。头醋淋完之后，可再加水淋醋，为二醋，二醋一般用于淋头醋。

2. 液态发酵

以果酒为原料酿制。优质的果醋应用品质优良的果酒，但质量较差或已酸败的果酒也可以酿制果醋。

1）开式醋化法

将原料果酒酒度调到7°~8°，装入醋化器中，装入量为容器容积的1/3~1/2，接种醋母液5%左右，用纱罩盖好。醋化期间，控制品温30~35℃，每天搅动1~2次，经10 d左右即可完成醋化。取出大部分果醋，留下醋膜及少量醋液，再补加果酒继续醋化。

2）液态深层发酵法

这是液态发酵酿醋新工艺，是果醋发酵发展方向，其工艺流程如下：

发酵罐→清洗灭菌→进料→接种→通风培养→成熟醋酸发酵醪

（1）培养液浓度。液态醋酸发酵培养液浓度常用总浓度表示，是指乙醇的体积分数和醋酸的体积分数之和。在生产上一般认为1%（体积分数）乙醇可转化为1%（体积分数）醋酸。因此总浓度又指能够达到的最高醋酸浓度。总浓度影响醋酸菌比生长速率，一般深层发酵总浓度可以达到12%～15%。总浓度中乙醇浓度高时也会降低醋酸菌比生长速率，故乙醇浓度要慎重考虑。在我国果醋生产中初始乙醇体积分数以5%～6%为宜。如设总浓度为13%，则采用乙醇5.5%和醋酸7.5%较好。半连续发酵排出发酵醪后，补充新培养液时，其前期乙醇体积分数仍应控制在5%～6%为好。如连续发酵，乙醇体积分数一般为2%左右。

（2）接种量。深层发酵法接种量为10%，逐级扩大。半连续发酵留种量应适当加大，一般发酵成熟时放出1/3醋醪，留2/3再添加酒液，控制乙醇浓度继续发酵。当菌种出现老化、产酸速度变慢时，应及时更换新菌种。

（3）发酵温度。温度控制在26～32℃为宜，用沪酿1.01醋酸菌，其发酵温度最好控制在32～34℃，最高不超过36℃。醋酸发酵旺盛期，要特别注意控温。温度过高或在短时间内变化较大，都会对醋化不利。

（4）通风供氧。醋酸菌是具有代表性的严格好氧菌，断氧15 s就会死亡，因此通风供氧对醋酸发酵十分重要。发酵初期供氧不需过多，中期产酸处于高峰，需氧量大，后期酒精含量降低，酸度上升缓慢，需氧量逐步下降。根据生产经验，可采用发酵前期通风量0.07 $m^3/(m^3 \cdot min)$，中期0.1～0.12 $m^3/(m^3 \cdot min)$，后期0.08 $m^3/(m^3 \cdot min)$。加大通风量对发酵有利，但它会带走更多的乙醇和醋酸。

此外，在发酵中还应注意过度氧化作用。过度氧化作用是指发酵过程中当乙醇即将耗尽而有氧存在时，代谢途径发生变迁，将醋酸进一步氧化成CO_2和水的作用。过度氧化作用与乙醇向醋酸的氧化同时进行。在发酵醪营养富裕、总浓度较低、乙醇将耗尽时，过度氧化反应速度较快。为避免或减少过度氧化，在生产中必须严加管理。发酵前期每4 h测一次总酸，当酸度升至4%以上时，需每小时测一次总酸，当总酸上升缓慢，酒精体积分数降至0.2%以下时，要立即放罐，以减少醋酸损失。营养物含量较高的果醋发酵宜采用连续发酵工艺，并对乙醇浓度进行自动控制。

8.5.2.3　果醋的陈酿和保藏

为了提高果醋的色、香、味，新酿成的果醋需进行陈酿。通过陈酿可使果醋品质大为改善，澄清度提高、色泽变深、质地浓稠、酸味醇厚，并具有特殊的醋香味。在陈酿贮藏期间，醋中的糖分和氨基酸结合发生羰氨反应产生类黑色素等物质，使果醋色泽加深，贮存时间越长，温度越高，色泽也变得越深。此外，在制醋容器中接触了铁，经长期贮存铁与醋中醇、酸、醛成分反应生成了黄色、红棕色物质。还有，原料中的单宁也能被氧化缩合成黑色素。在果醋贮存期间，与风味有关的变化主要有：酒精氧化生成乙醛，果醋在醋坛中贮存3个月，乙醛含量可由1.28 mg/100 mL上升到1.75 mg/100 mL；果醋中含有的多种有机酸与醇发生酯化反应生成各种酯，在果醋陈酿中，贮存的时间越长，成酯数量越多，气温越高，酯化速度越快，所生成的酯也越多。固态发酵醅中酯的前体物质较液体醋醪中多，故醋中酯的含量也比液态发酵醋多。在贮存过程中，水和醇分子间会发生缔合作用，降低醇分子的活度，可使果醋味变得醇和。

陈酿时将果醋装入桶、坛或不锈钢罐中，酌加酒精使其含量达到0.5%及食盐1%～2%，装满密封，静置1～2月即完成陈酿过程。陈酿后的果醋经澄清处理后，用过滤设备进行精滤，再经60～70℃温度杀菌10 min，即可装瓶保藏。

【复习思考题】

1. 简述葡萄酒酿造原理。
2. 试述影响果酒酵母和酒精发酵的因素。
3. 试述SO_2在果酒加工中的作用。
4. 红葡萄酒与白葡萄酒在酿造工艺上有什么区别?
5. 果酒不稳定的主要原因是什么?
6. 论述葡萄酒陈酿期间的变化及管理。
7. 葡萄酒病害有哪些? 如何防治?
8. 简述白兰地的生产工艺。
9. 说说起泡葡萄酒瓶内发酵与罐内发酵各自的特点。
10. 对比果醋固体发酵和液体发酵的工艺差别。

主要参考文献

敖宗华，苟云凌. 2011. 啤酒、葡萄酒和白酒酿酒原料标准化研究进展. 酿酒科技，201(3)：84－86.

董全. 2007. 果蔬加工工艺学. 重庆：西南师范大学出版社.

杜金华，金玉红. 2010. 果酒生产技术. 北京：化学工业出版社.

郭永亮，杜玉斌. 2009. 提高葡萄酒品质的有效途径(1)——酒精发酵最重要的影响因素和保障策略中外葡萄与葡萄酒，5:56—59.

洪光住. 2001. 中国酿酒科技发展史. 北京：中国轻工业出版社.

华景清. 2009. 园艺产品贮藏与加工. 苏州：苏州大学出版社.

李华，等. 2007. 葡萄酒工艺学. 北京：科学出版社.

李秀娟. 2008. 食品加工技术. 北京：化学工业出版社.

林亲录，邓放明. 2003. 园艺产品加工学. 北京：中国农业出版社.

罗云波，蔡同一. 2001. 园艺产品贮藏加工学(加工篇). 北京：中国农业大学出版社.

王颉，张子德. 2009. 果品蔬菜贮藏加工原理与技术. 北京：化学工业出版社.

徐海荣. 2002. 中国酒事大典. 北京：华夏出版社.

杨清香，于艳琴. 2010. 果蔬加工技术. 北京：化学工业出版社.

叶兴乾. 2002. 果品蔬菜加工工艺学. 北京：中国农业出版社.

张秀玲，包怡红. 2007. 果酒加工与果酒文化. 黑龙江：科学技术出版社.

赵晨霞. 2009. 果蔬贮运与加工. 北京：中国农业出版社.

第9章　果蔬综合利用及其他加工技术

【内容提要】

本章介绍了柑橘、苹果、葡萄的综合利用方法与技术，鲜切果蔬加工、超微果蔬粉以及新含气调理食品的加工流程和操作要点。

【教学目标】

1. 了解柑橘、苹果以及葡萄综合利用的基本途径与方法。

2. 了解鲜切果蔬、超微果蔬粉、新含气调理食品的基本概念和产品特点。

3. 掌握从柑橘皮渣、苹果皮渣、葡萄籽皮中提取色素、膳食纤维、果胶、精油以及其他活性成分的一般工艺流程及操作要点。

4. 掌握鲜切果蔬、超微果蔬粉、新含气调理食品的加工原理、加工方法以及产品质量控制措施。

【重要概念及名词】

鲜切果蔬　超微果蔬粉　新含气调理食品

9.1　柑橘综合利用

柑橘是芸香科柑橘属植物，其种植面积和年产量在水果领域都处于世界第1位。中国是世界柑橘生产大国，2009年柑橘种植面积203.1万公顷，约占世界柑橘种植总面积的24%，年产量高达2331万吨，占世界总产量的18%。柑橘是我国南方各省普遍生产的主要果品之一，世界亚热带地区均有出产，在我国已有4000多年的栽培历史。我国柑橘主要栽培种类及品种有甜橙类、宽皮橘类和柚类。其中，甜橙类主要有新会橙、雪柑、柳橙、改良橙(红江橙)、香水橙、化州橙、红1-7甜橙、伏令夏橙、华盛顿脐橙、哈姆林、脐血橙等；宽皮橘类主要有蕉柑(别名桶柑、招柑)、椪柑(别名芦柑、白橘)、大红柑(别名茶枝柑、新会柑)、砂糖橘、四会柑、年橘、温州蜜柑、红橘等；柚类主要有沙田柚、琯溪蜜柚、玉环柚、坪山柚、文旦柚、四季柚、桑麻柚、晚白柚等。柑橘的主产区分布在湖南、江西、四川、福建、浙江、广西、湖北、广东和台湾等省、自治区。

柑橘果实最适宜综合加工利用，从果皮、囊衣、果肉至种子，各个部分均含有丰富而经济价值较高的食品、医药和化工等原料成分，而且易于提取利用。据不完全统计，用柑橘果实制成的加工产品有1000多种。因此，柑橘加工应该考虑到综合利用，这样不仅可充分利用原料，而且可降低成本，提高经济效益，满足行业和消费需求，减轻环境污染。柑橘果实的综合利用一般是指柑橘加工副产品的生产，柑橘副产品的产值可相当于甚至超过柑橘汁或橘瓣罐头的产值。因此，不能把副产品的生产只看成是“废物利用”，而应当看成是原料的分层次综合利用。柑橘副产品主要有香精油、果胶、橙皮苷、种子油、皮渣饲料等。

9.1.1 从柑橘皮渣中提取香精油

柑橘皮中富含果胶、苷类、糖类、维生素类和纤维类等多种有效成分。目前，我国柑橘生产业主要是取其肉质，只有少数柑橘皮得以利用，而占全果40%～50%的皮渣却当垃圾排放，皮渣极易霉变发臭，对人畜和农作物都极为有害，已成为重要污染源之一，因此，对柑橘皮进行综合利用是环保的举措，也是人类可持续发展的需要。

柑橘皮渣香精油是有机溶性香精油，可提取率为果重的0.3%左右。柑橘香精油是香料工业最重要的天然原料之一，广泛用于食品和日用化学工业等方面。按原料的不同可分成柠檬香精油、来檬香精油、甜橙香精油、酸橙香精油、橘子香精油、柚香精油、巴柑檬香精油等，其中巴柑檬香精油号称香精油之王。

香精油提取有冷磨、冷榨和蒸馏三种方法，对应制得的香精油分别叫冷磨油、冷榨油和蒸馏油。冷磨油不经化学或热处理，以机械方法破坏油胞，用喷淋水把油冲洗出来，再通过离心法分离制得，香精油质最好、价值高。冷榨油一般指先用石灰水浸泡果皮，使之硬化，再压破油胞，并用水喷淋把油洗出，通过离心分离而得。这种香精油虽然未加热处理，但是石灰水硬化处理时，对香精油质有一定影响，经济价值次之。蒸馏油是把果皮粉碎后，或把冷磨或冷榨油排出的油渣、废水进行蒸馏取得。由于加热时，使香精油的一些重要成分(如醛类和脂类)遭受较大损失，因而油质较差，价值下降。

目前，提取柑橘精油的主要方法有冷磨法、冷榨法、蒸馏法、溶剂萃取法和超临界流体萃取法。其中，冷磨法和冷榨法除出油方式不同外，后续的工序基本相同；溶剂萃取法根据所选择的溶剂不同，萃取油的品质差别较大，常用的萃取溶剂有己烷、石油醚、异丙醇、乙酸乙酯等，由于溶剂萃取很容易将柑橘皮中的色素、类黄酮物质等一起萃取出来，导致精油的后续分离纯化比较困难；超临界流体萃取法主要采用超临界二氧化碳流体进行萃取，尽管得到的精油品质较好，但设备投资太大，操作条件要求较高。这里介绍一种针对果皮的最常用的冷榨法和蒸馏法。

9.1.1.1 冷榨法

将新鲜柑橘皮放入压榨机中，通过压力作用将柑橘外果皮上的油囊细胞压破，使精油渗出，并用水喷淋下来，经分离、精制即可得到冷榨精油。具体工艺过程如下：

1. 柑橘皮的选择和破碎

冷榨法应选择新鲜无霉变的柑橘皮，先除去泥沙、杂物，用水清洗干净。由于不同种类柑橘皮的精油不同，可将其按柑皮、橘皮、橙皮、柚皮分类处理。一般需要将橙皮和柚皮的中果皮(白层)去掉，避免其吸收榨出的精油。将清洗干净的柑橘皮用破碎机械破碎成4～5 mm的碎块待用。

2. 压榨

压榨选择在螺旋压榨机中进行。物料从喂料口投入压榨机后，在螺旋推进杆的推进挤压下，其外果皮上的油囊细胞被压榨和挤磨破裂，精油从中渗出，在适量水喷淋下从压榨机中流出。喷淋水的用量不宜过多，过多的水会加重后续处理的负担；也不宜过少，过少则不能将压榨出的精油完全冲出压榨机。操作中应根据实际情况来掌握。从压榨机排出的果皮渣留着后续提取其他成分用。

3. 过滤

从压榨机出来的果皮汁可立即进过滤机进行过滤，滤去果皮汁带出的残渣。过滤后的果皮汁放入沉降槽进行油水分离，滤渣则与压榨渣合并供后续提取其他成分用。

4. 油水分离

过滤后的果皮汁清液从沉降槽中部进入沉降槽，在沉降槽中精油与水逐渐分开形成油层和水层。澄清后的精油从沉降槽的上部溢流而出，水则从沉降槽下部引出。

5. 精制

由于油水分离得到的粗精油中还夹带着少量的水和可能存在的果皮腊质，因此，需要进一步精制处理。最常用的简单方法是将粗精油在5～8℃下低温静置5～6 d，绝大部分残留水将沉降出来，精油中的果皮蜡质也将在低温下结晶析出。将底部析出的水和蜡质放出，上层精油在流经装有无水氯化钙的柱子进一步除去可能残留的水分后，得到柑橘精油产品。

9.1.1.2 蒸馏法

将新鲜碎柑橘皮放入蒸馏器中，用100℃水蒸气汽提，柑橘外果皮上的油囊细胞在高温作用下破裂，精油渗出后随水蒸气馏出，经冷凝、分离和精制后得到蒸馏精油。蒸馏法根据蒸馏形式可分为间歇蒸馏法、连续蒸馏法和水中蒸馏法。其工艺过程如下：

1. 柑橘皮的选择和破碎

新鲜柑橘皮或干皮，要求无霉变、腐烂，除去泥沙、杂物，清洗干净。破碎粒度以5～10 mm为宜，太小则汽提阻力大，易形成搪塞；太大则不利于精油扩散出来。

2. 间歇蒸馏

间歇蒸馏器一般采用内置装料框的开盖式蒸馏锅，将破碎的柑橘皮蓬松地放入装料框中，盖紧顶盖，用100℃水蒸气进行蒸馏。水蒸气温度不能过高，否则会破坏精油成分，导致品质下降。蒸馏时间受加料量和蒸汽状况的影响，应根据实际操作情况掌握，通常可通过观察蒸出汽冷凝后的含油情况来判断。蒸馏完成后，关闭蒸汽，打开顶盖取出装料框，倒出蒸馏后的柑橘皮(留待后续提取其他成分用)，换入新的物料。将锅底积水排尽后，将装料框放入蒸馏锅进行下一轮蒸馏。从蒸馏器出来的蒸馏汽通过冷凝器用冷却水冷凝下来，再进入油水分离器将精油与水分离，得到粗精油。粗精油的精制方法与冷榨油相同。

3. 水中蒸馏

水中蒸馏实际上也是一种间歇蒸馏，与前面介绍的间歇蒸馏不同的是，破碎的柑橘皮被放在水中加热，水料比约为2∶1，柑橘精油随水沸腾产生的蒸汽被带出蒸馏锅。蒸馏锅的结构与蒸汽蒸馏锅类似，仅将蒸汽管换成加热式或采用其他方式加热即可。

4. 连续蒸馏

连续蒸馏的工艺流程除蒸馏器操作与间歇蒸馏不同外，其余步骤都相同。连续蒸馏器的结构比间歇蒸馏器复杂，设备投资也相对较高，但生产效率比间歇蒸馏器高得多。图9.1为一连续蒸馏萃取精油的装置图。操作时，将潮湿的柑橘皮置于压力容器(②)中，关闭蝶形阀(③)，开启蒸煮器(①)使热蒸汽迅速加热柑橘皮(开始压力为常压)，然后适时打开蝶形阀(③)，使产生的蒸汽在真空罐(④)内被冷凝，最后由萃取容器(⑥)收集精油。

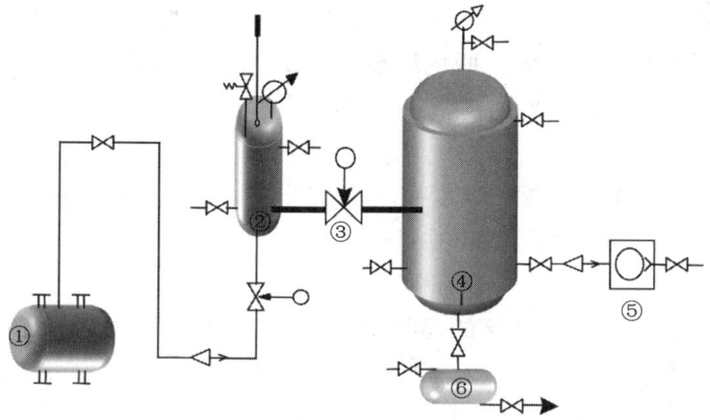

图9.1 萃取设备图示

1. 蒸煮器 2. 压力容器 3. 蝶形阀 4. 真空罐 5. 水环真空泵 6. 萃取容器

(Rezzoug&Louka，2009)

9.1.2 从柑橘皮渣中提取果胶

柑橘果皮富含果胶，是制取果胶的理想原料，世界上70%的商品果胶都是从柑橘果皮提取的。果胶产品有果胶液和果胶粉两种。

9.1.2.1 果胶液的提取制备

果胶液工艺流程如下：

原料前处理→漂洗→抽提→过滤→脱色→浓缩→成品

9.1.2.2 果胶粉的提取制备

果胶粉主要采用喷雾干燥法或酒精沉淀法制取。果胶的提取通常采用酸解-醇沉法，典型的提取工艺过程如下：

1. 原料的选择和微波预处理

提取果胶的鲜柑橘皮预先经过微波(0.45 kW)干燥处理10 min，破坏柑橘皮的组织结构，增加植物组织的孔隙度，同时使果胶酶活性钝化或失活，这样处理有助于提高果胶产率。

2. 酸解

将漂洗后的柑橘皮放入酸解容器中，加10倍干重的清水，用0.5 M的盐酸调至pH为1.5，加热至80~82℃，并保温搅拌酸解1~2 h。酸解完后，用抽滤或压滤的方式滤出酸解液。滤饼用热水洗涤2~3次，洗涤水量不宜过多。合并滤液和洗涤滤液，趁热将其转移到脱色釜中。

3. 脱色

脱色剂可选择活性炭、硅藻土、脱色树脂(如732树脂)、木炭等，其脱色效果依次为脱色树脂>活性炭>硅藻土>木炭，价格则刚好相反。将酸解液加热并保温在70~80℃，加入脱色剂，搅拌脱色约30 min。脱色剂的用量应视酸解液颜色的深浅而定，一般用量为酸解液质量的1%~5%。脱色后趁热过滤，滤液转移至浓缩釜中。若采用树脂脱色，可用稀碱溶液再生脱色后的树脂重复使用。

4. 浓缩

最好使用真空浓缩装置浓缩，温度控制在60℃左右，以保证果胶的品质。浓缩到原液体积的15%左右时，将浓缩液放出并迅速冷却。

5. 沉胶

在缓慢搅拌下，分散加入96%的乙醇使果胶沉淀(约1 h)出来。乙醇的加入量以溶液中乙醇总含量的50%为宜。加入乙醇后，停止搅拌，静置6 h。用抽滤或压滤方式过滤出粗果胶饼，滤液采用蒸馏方式回收乙醇。将粗果胶饼打散，先用70%的酸性乙醇(0.5% HCl)洗涤一次，再用70%的乙醇洗涤至中性，最后用96%的乙醇洗涤1~2次，滤干，乙醇回用。

6. 干燥与粉碎

将洗涤后的果胶在60℃下真空干燥至含水量低于10%。冷却后粉碎，过100目筛就得到果胶产品。

9.1.3 从柑橘皮渣中提取色素

9.1.3.1 柑橘皮渣色素

柑橘皮中的色素有两种：水溶性色素和脂溶性色素。水溶性色素可用水、乙醇、甘油等极性溶剂提取，脂溶性色素可用乙醇或多种其他有机溶剂(如石油醚)提取。

9.1.3.2 柑橘皮渣色素提取工艺过程

工艺上通常采用乙醇做提取剂将两种色素同时从柑橘皮中提出，然后再用其他有机溶剂从中萃取、分离脂溶性色素。典型的工艺过程如下：

柑橘皮→预处理→浸泡(滤液)→萃取→(上层液)洗涤→干燥→蒸馏→浓缩→油溶性色素
↓ ↓
滤渣 (下层液)沉析→分离→浓缩→水溶性色素

1. 原料的选择与预处理

柑橘皮中的色素主要存在于外果皮中，因此，提取色素的柑橘皮应尽可能选择外皮比例高、色泽鲜艳的柑橘品种，可以用新鲜柑橘皮、提过精油的柑橘皮或干柑橘皮，要求无霉变腐烂。首先去掉柑橘皮中夹带的泥沙和杂物，并用清水快速清洗干净，将其切成3～5 mm小碎块。对干柑橘皮则需用清水浸泡软化30～50 min。洗净的柑橘皮需充分沥干水分，再放入浸提釜内浸提。

2. 浸提

用95%的乙醇进行常温浸提，乙醇加到完全淹没柑橘皮为止，浸提7～8h。若加以缓慢搅拌，浸提时间可适当缩短。为防止乙醇挥发损失，浸提应在密封容器内进行。浸提后的过滤可采用真空抽滤。滤渣留待后续提取果胶，滤液进行下一步处理。

3. 浓缩

为降低石油醚的用量，用减压浓缩将浸提液中85%～90%的乙醇蒸馏回收循环使用。浓缩时温度应控制在60℃以下，以防色素被高温破坏。浓缩到剩余液只有原液10%～15%时，停止浓缩，并让其冷却到常温，转入萃取釜中。

4. 萃取

在萃取釜中分别用等体积石油醚萃取3次。萃取在密闭容器中进行，中速搅拌，萃取时间约30 min，然后静置分层，分离出上层石油醚，合并3次萃取的石油醚。萃取后，绝大部分脂溶性色素进入石油醚中，下层则留下水溶性色素和残留的少量脂溶性色素。

5. 水溶性色素产品获取

将萃取残余物(下层)用3倍体积的无水乙醇稀释均匀，静置至不溶性悬浮物完全沉降，然后去除沉降物。将澄清液置于减压蒸馏器中减压蒸馏，蒸馏温度控制在60℃以下，蒸出的乙醇回收再用。蒸馏到几乎无乙醇馏出时，停止蒸馏，将深红色剩余物移至真空干燥箱内，在60℃以下真空干燥去除残留乙醇和水分，得到的红黑色粉末即为水溶性柑橘皮黄色素。

6. 脂溶性色素产品获取

将分离出来的石油醚萃取液(上层)用等体积含10% KOH的75%乙醇溶液洗涤2～3次，再用清水洗涤至中性。然后将洗涤后的萃取液通过装有无水氯化钙或无水硫酸镁的填充柱，除去夹带的水分。在减压蒸馏器中减压蒸馏萃取液回收石油醚，蒸馏温度不能超过50℃，蒸馏至无石油醚馏出，得深红色膏状物。将膏状物移至真空干燥箱内，在50℃以下真空干燥，得深红色脂溶性柑橘皮黄色素。

9.1.4 从柑橘皮渣中提取橙皮苷

9.1.4.1 传统提取方法

传统的橙皮苷提取方法是碱溶－酸沉法，其基本工艺过程如下：

1. 原料及其预处理

提取橙皮苷的原料一般采用提取过精油、色素和果胶后的柑橘皮。在进入碱浸前，先用清水将原料清洗至中性，去除提取果胶时残留的酸。为提高清洗效率，可使用偏碱性水洗涤，但pH应控制在10以下，防止橙皮苷流失。

2. 碱溶

将洗涤好的原料放入碱浸釜中，将用烧碱、纯碱或熟石灰配制的 pH 为 12 的碱液加入其中，到完全浸没原料为止。加热至50℃，搅拌浸泡1 h，然后静置浸泡5～6 h，让橙皮苷充分溶出。用机械压滤方式过滤，滤饼用少量清水洗涤2～3次，合并滤液。

3. 酸沉

将滤液转移至酸沉釜中，在缓慢搅拌下用1：1盐酸将 pH 调至4～5，停止搅拌。当沉淀析出后，在自然冷却下静置10～15 h，让沉淀晶体增大，以利于过滤。采用抽滤方式过滤出沉淀物，并用25℃清水少量多次清洗滤饼，洗去夹带的盐分。

4. 精制

用80～90℃的热水溶解滤饼，在高于75℃的条件下快速过滤滤去不溶物。然后静置冷却4～6 h，使橙皮苷重新结晶析出。过滤后将晶体在70℃以下真空干燥得到产品。如果重结晶过滤出的晶体颜色较深，表明其中带有色素，用少量无水乙醇清洗，去除色素后再进行干燥。

9.1.4.2 现代提取方法——微波辅助萃取

橘皮橙皮苷的提取也可采用微波辅助萃取工艺：

橘皮残渣→70%乙醇水溶液→均质→微波辅助萃取→冷却至室温→过滤→低温静置沉淀→过滤→沉淀→干燥→产品

1. 微波辅助浸提

将橘皮和70%乙醇水溶液按1：10(g/mL)的比例混合，均质5～10 min，然后置于密闭的容器中，利用微波加热至140℃，提取7 min(加热2 min，保持5 min)。

2. 沉淀

将微波提取的溶液迅速冷却至室温，抽滤(去残渣)，滤液于5℃放置24 h，得到白色沉淀，过滤收集沉淀，真空干燥即得橘皮橙皮苷，橘皮苷的产率可达5.8%。

9.1.4.3 现代提取方法——超声波辅助萃取

采用超声波辅助萃取橘皮橙皮苷也可取得良好的效果。具体提取条件：提取溶剂采用甲醇，橘皮与提取溶剂的料液比为1：40(g/mL)，使用超声频率60 kHz，超声振荡提取60 min，萃取温度40℃，在此条件下，橘皮苷的产率可达5.7%。

9.1.5 从柑橘皮渣中提取膳食纤维

9.1.5.1 柑橘纤维

柑橘纤维是从柑橘果皮中提取制作的一种膳食纤维，为白色或浅黄色粉末，是目前大量使用的一种功能性食品添加剂。柑橘纤维约占柑橘果皮干重的60%，尤以中果皮层含量丰富且品质高。用柑橘皮提取的膳食纤维构成包括纤维素、半纤维素和木质素，其中约70%的成分是以β-1,4-葡萄糖苷键结合的直链式多糖类。由于膳食纤维属无热量食物，且具有乳化和增稠作用，因此被大量用做低热量食品的添加剂。

9.1.5.2 柑橘纤维提取工艺过程

经提取精油、色素、果胶和橙皮苷几道工序后的柑橘皮已基本无色且柔软，是制作膳食纤维的良好原料。其制作的基本工艺过程如下：

1. 漂洗

将提取橙皮苷后的柑橘皮渣用清水漂洗，洗涤至中性以去除残留的碱。

2. 研磨

将去除残留碱的原料捞出抖散放入加热釜中。按原料：水为1：(30~40)的比例加入清水，搅拌、升温至90℃。在90℃下保持20 mim，停止加热，将物料放入胶体磨中研磨，使纤维均匀分散。

3. 过滤、干燥

经胶体磨研磨后的纤维趁热抽滤或压滤，尽可能滤干水分。滤饼打散后，在55℃用气流沸腾干燥或真空干燥至含水8%左右，粉碎，过筛。过筛即得柑橘膳食纤维产品。

若过滤后的滤饼颜色较深，可用95%的乙醇洗涤，除去残留的有色物质。如果乙醇洗涤不能达到色泽要求，可使用5%次氯酸钠溶液或5%的双氧水进行漂白脱色处理。处理方法是：将滤饼抖散放入容器中，加入等量的漂白液，用乙酸调节 pH 为 4~4.5，75℃浸泡1 h。过滤后用清水洗至中性，再真空干燥、粉碎。

9.1.6 从柑橘籽中提取柑橘籽油

9.1.6.1 柑橘籽油

柑橘加工废料(果皮、肉渣、籽)约占果实质量的40%~50%，其中柑橘籽约为单果质量的0.1%~4.0%。2009年我国柑橘果实的年加工量已达350万吨左右。每年都会产生大约4万吨的柑橘籽，除少量用于加工饲料，绝大多数被抛弃(章宝等，2011)。据国外文献报道，柑橘籽中富含38.86%~42.59%的油脂，与菜籽油相比它不含对人体心脏功能不利的芥酸，与棉籽油相比它含有棉籽油所没有的亚麻酸。柑橘籽油可用于洗衣粉、肥皂的生产，精制后柑橘籽油可用于烹调。在人口规模不断扩大和人均油料需求量不断增加的背景下，未来中国油料需求将呈递增态势，从进口依赖率指标来看，2020年中国食用油进口依赖率将达到60.4%。因此，挖掘像柑橘籽这样兼用型油源的潜力不仅可以缓解油料需求的压力，提高柑橘加工的经济效益，还可以减少柑橘籽带来的环境污染问题。

Anwar等(2008)对产自巴基斯坦的4种柑橘类籽油的化学组成进行检测，得出主要成分亚油酸含量为36.1%~39.8%，棕榈酸含量为25.8%~32.2%，油酸含量为21.9%~24.1%，亚麻酸含量为3.4%~4.4%，硬脂酸含量为2.8%~4.4%，花生酸含量为0.3%~0.6%。叶湘漓等运用GC-MS联用技术对椪柑籽油化学成分进行分析，实验结果表明：不饱和脂肪酸油酸、亚油酸、亚麻酸的含量分别为33.42%、32.18%、3.83%；饱和脂肪酸棕榈酸和硬脂酸的含量分别为23.12%和4.93%。刘凌等(2007)对压榨柠檬籽油的脂肪酸进行气相色谱测定，得到9种脂肪酸，分别为棕榈酸(21.29%)、亚油酸

(33.70%)、棕榈烯酸(0.41%)、亚麻酸(8.65%)、十七碳酸(0.17%)、花生酸(0.39%)、硬脂酸(3.85%)、山嵛酸(0.17%)、油酸(31.30%)，得出饱和脂肪酸、单不饱和脂肪酸、多不饱和脂肪酸的质量比为0.8∶1∶1.3，n-6与n-3脂肪酸的质量比为3.9∶1，这与《中国居民膳食营养素参考摄入量》中推荐的饱和脂肪酸小于10%，单不饱和脂肪酸为10%，多不饱和脂肪酸为10%，n-6与n-3脂肪酸的比例为(4~6)∶1基本相符，可以说柠檬籽油是一种比较理想的植物油脂。

9.1.6.2　柑橘籽油提取工艺过程

目前植物油脂提取方法主要有机械压榨法、溶剂浸出法、超临界流体萃取法及水溶剂法。柑橘籽油的研究仍处于基础研究阶段，由于机械压榨后的饼残油量高，出油率较低，动力消耗大，而水溶剂法制油工艺路线长，较耗时，且出油率稍低，因此国内外鲜有使用机械压榨法和水溶剂法制取柑橘籽油的报道。下面对柑橘籽油的CO_2超临界流体萃取法和溶剂提取法加以介绍。

1. CO_2超临界流体萃取法

超临界流体萃取是20世纪70年代末发展起来的一种新型物质分离、精制技术。最早将超临界萃取技术应用于大规模生产的是美国通用食品公司，之后法、英、德等国也很快将该技术应用于大规模生产中。20世纪90年代初，中国开始了超临界萃取技术的产业化工作，发展速度很快，实现了超临界流体萃取技术从理论研究、中小水平向大规模产业化的转变，使中国在该领域的研究、应用已同国际接轨，在某些方面达到了国际领先水平。目前，超临界流体萃取已被广泛应用于从石油渣油中回收油品、从咖啡中提取咖啡因、从啤酒花中提取有效成分等工业中。用超临界萃取方法提取天然产物时，一般用CO_2做萃取剂。这是因为CO_2临界温度和临界压力低($T_c=31.1℃$，$p_c=7.38$ MPa)，操作条件温和，对有效成分的破坏少，因此特别适合于处理高沸点热敏性物质，如香精、香料、油脂、维生素等；CO_2可看做是与水相似的无毒、廉价的有机溶剂；CO_2在使用过程中稳定、无毒、不燃烧、安全、不污染环境，且可避免产品的氧化；在超临界CO_2萃取时，被萃取的物质通过降低压力，或升高温度即可析出，不必经过反复萃取操作，所以超临界CO_2萃取流程简单。因此，超临界CO_2萃取特别适合于对生物、食品、化妆品和药物等的提取和纯化。研究显示，采用超临界CO_2萃取柑橘籽油，一般在萃取温度控制为45℃，萃取压力25 MPa，流量25 L/h，萃取时间3 h的条件下，得油率可达11%以上。基本工艺如下：

橘核→筛选除杂→真空烘箱(40℃)烘2 h→粉碎→过60目筛→装料→超临界萃取→橘核油

2. 溶剂提取法

柑橘籽油的溶剂提取法主要是采用正己烷作为提取溶剂。正己烷提取的红橘籽油颜色淡黄，得油率高，对人无害。一般提取条件为：温度90℃，时间3 h，料液比1∶13，红橘籽油得率可达40.3%。此外，石油醚也可作为提取溶剂。

但柑橘籽毛油，不论是机榨的还是浸出的，因其含有色素，外观色泽较深，因含有脂溶性杂质或其他杂质而略显浑浊，上述色素和杂质直接影响着柑橘油的质量和食用，必须精炼后才能得到有利于人体健康的食用油。一般采用的工艺为：

毛油→过滤→脱胶→水洗→干燥→脱色→脱臭→精制柑橘籽油

精炼后的红橘籽油的各项理化指标与常用的植物油相比已经接近或者超过它们而且含有大量的不饱和脂肪酸，可作为食用油源而加以开发。

9.2 苹果综合利用

自1992年起，我国的苹果年产量已居世界首位，现在年产量占世界年总产量的40%以上。目前，美国、德国、波兰等国家苹果的生产及其综合利用都处于世界前列，而我国苹果加工业相对滞后，每年苹果的加工量仅有年总产量的6%左右。

苹果主要的加工产品有浓缩果汁、糖水罐头、果脯、果酒、果酱、果冻、果醋等，而苹果皮渣是其在加工过程中主要的下脚料，约占加工量的20%~25%。这些皮渣的利用主要有两个途径：直接利用其天然成分提取功能因子，如膳食纤维(包括粗纤维和果胶多糖等)、苹果籽油、木葡聚糖、多酚等；另外，可以利用其营养成分做微生物培养基，进行固体、液体发酵生产化工产品，如柠檬酸、乙醇、燃料沼气等。

9.2.1 提取果胶

果胶是苹果皮渣中一种重要的水溶性膳食纤维，其作为天然的功能因子添加到食品中，不仅可以起到稳定剂、乳化剂、增稠剂的效果，还可以降血糖、降血脂、降胆固醇。苹果皮渣中果胶的含量可达10%~15%。残次果、风落果也可用于提取果胶。

9.2.1.1 基本工艺流程

苹果果胶的提取工艺流程如下：

原料→预处理→提取→分离→浓缩→沉淀→干燥→粉碎→检验→标准化处理→成品

果胶提取工艺流程中，提取和沉淀两道工序最为关键。

9.2.1.2 工艺操作要点

1. 原料预处理

若原料不能及时进入提取工序，原料应迅速进行95℃以上、5~7 min的加热处理，以钝化果胶酶避免果胶分解；还可以将原料干制后保存，但在干制前也应及时进行热处理。

在提取果胶前，将原料破碎成2~4 mm的小颗粒，然后加水进行热处理，钝化果胶酶，尔后用温水淘洗，目的是除去原料中的糖类、色素、苦味及杂质等成分。为防止原料中的可溶性果胶的流失，也可用酒精浸洗，最后压干待用。

2. 提取

提取是苹果果胶制取关键工序之一，目前的提取方法如下：

1)酸提取法

其原理是利用稀酸将果皮细胞中的非水溶性原果胶转化成水溶性果胶，然后在沉淀剂的作用下将果胶沉淀析出。提取时，将粉碎、淘洗过的原料，加入适量的水，用酸将pH调至2～2.5，在80～95℃下，抽提1～1.5 h，使得大部分果胶抽提出来。所使用的酸可以是硫酸、盐酸、磷酸等，也可采用有机酸，如柠檬酸、酒石酸、苹果酸等。该法是传统的果胶提取方法，在果胶提取过程中，果胶会发生局部水解，生产周期长，效率低。

2）酶提取法

酶提取法是利用多糖降解酶（纤维素酶、半纤维素酶、果胶酶）特性降解植物细胞壁，并将果胶释放，从而提高得率的一种提取方法。因为酶活力受温度、pH及料液比的影响较大，酶提取法受到了一定程度的限制。而采用酸提取法和酶提取法相结合，可以大大缩短反应时间，减少酶的用量。

3）微波提取法

将原料加酸，进行微波加热提取果胶。在微波的高能磁场作用下，苹果皮细胞内的果胶等物质提取较完全。此法选择性强、操作时间短、溶剂使用量小、受热均匀、目标组分得率高，是一种有效可行的方法。

4）超声波提取法

将原料加酸进行超声波辅助提取果胶。超声波能够引起空化效应，对细胞壁有很大的破坏作用。与传统酸法相比，超声波辅助提取时间大大缩短，处理温度明显降低，而果胶得率明显提高。

高压脉冲电场技术是近年来兴起的非热处理技术，在处理热敏性物质方面有着很大的优势。它通过高压脉冲电场破坏植物细胞壁以增加胞内物质溶出。高压脉冲电场技术也可以用于天然产物的提取。殷涌光等利用这种技术成功地从苹果渣中快速提取果胶，而且提取温度明显低于传统工艺，在很大程度上减少了热处理对苹果果胶的破坏。

3. 分离

提取的果胶溶液中果胶含量约为0.5%～2%，可进行过滤除去渣和杂质。必要时可加入1.5%～2%的活性炭，80℃保温20 min之后，再进行过滤，以达脱色的目的。也可以用离心分离的方式取得果胶提取液。

4. 浓缩

将提取的果胶液浓缩至3%～4%以上的浓度，最好用减压真空浓缩，真空度约为13.33 kPa以上，蒸发温度为45～50℃。浓缩后应迅速冷却至室温，以免果胶分解。若有喷雾干燥装置，可不冷却立即进行喷雾干燥取得果胶粉；若没有喷雾干燥装置，则冷却后进行沉淀。

5. 沉淀

上述提取液经过过滤或离心分离或浓缩后，得到的粗果胶液还需进一步纯化沉淀，一般有以下几种方法：

1）醇沉淀法

醇沉法的基本原理是利用果胶不溶于较高浓度的乙醇或异丙醇等醇类溶剂的特点，将大量的醇加入果胶的水溶液将果胶沉淀出来。本法得到的果胶质量好、纯度高，但生产成本较高，溶剂回收也较麻烦。

2)盐析法

盐析法沉淀果胶的原理是在提取液中加入无机盐至一定浓度或达到饱和状态，可使果胶在水中的溶解度降低，从而与水溶性的杂质分离，与此相辅助的还有电荷效应。沉淀果胶的盐析剂有多种，如硫酸铝、硫酸铵、氯化铜、氯化镁等。利用盐析法对果胶盐析之后还要进行脱盐处理，在上述盐析剂中，硫酸铝脱盐较为容易且制得的果胶得率高，故作为常用的盐析剂。

3)超滤法

将果胶提取液用超滤膜在一定压力下过滤，使得小分子物质和溶剂滤出，从而使大分子的果胶得以浓缩、提纯。超滤是利用超滤膜有选择性地使得大分子物质得以截留，而使小分子物质得以通过的高新技术。其特点是操作简单，得到的物质纯，但对膜的要求很高。

6. 干燥、粉碎、标准化处理

压榨除去水分的果胶，在60℃以下的温度中烘干，最好用真空干燥。干燥后的果胶水分含量在10%以下，然后粉碎、过筛(40～120目)，即为果胶成品。必要时进行标准化处理，所谓标准化处理，是为了果胶应用方便，在果胶粉中加入蔗糖或葡萄糖等均匀混合，使产品的胶凝强度、胶凝时间、温度、pH一致，使用效果稳定。

9.2.2 加工膳食纤维饮料

膳食纤维作为一种极重要的功能性食品基料而引起关注，被营养医学、食品界称为“第七营养素”，它能降低血液胆固醇含量、预防糖尿病、改善大肠功能和防止便秘、降低龋齿和牙周炎的发病率。苹果皮中不仅含有大量的膳食纤维，而且还有丰富的维生素、糖等营养物质。以苹果皮为原料，可以加工制成营养丰富的膳食纤维饮料。其加工工艺流程为：

原料→选择→清洗→切块→配料→均质→脱色→脱气→杀菌→灌装→成品

苹果加工后的果皮，立即除去虫害、药斑、腐烂部分，然后用0.5%盐酸溶液清洗，再用清水冲掉药液。若加工过程中用药液洗过，可直接用清水冲洗。洗后浸泡到0.1%柠檬酸溶液中，以防果皮褐变。将果皮捞出，立即切为0.1 cm左右的小方块，然后迅速放入柠檬酸溶液中浸泡。

按每100 kg果皮加水84.3 kg、葡萄糖15 kg、柠檬酸0.5 kg、维生素C 0.2 kg的比例，把果皮和以上原料充分混合，使得各辅料彻底溶解。

利用高压均质机对上述混合物料在49～50 MPa的压力下均质5～6次，以达到混合果汁的均一、黏稠为度。

由于苹果皮富含花青素，很不稳定，对饮料的色泽有一定的影响，应该除去。方法：调整pH为3～5，加入0.3%～0.4%含有花青素酶的赋氧剂(酶活力为40 U/g)，边加边搅拌。然后加热至55～60℃、处理40 min后，再加0.1%明胶溶液，使溶液呈现均一、稳定状态，最后冷却至室温。

利用真空脱气机脱去空气，在真空为82.65～85.32 kPa下脱气1～2 min。

采用高温短时杀菌法进行杀菌，在95℃下保温处理30 s，然后进行无菌灌装即可。

9.2.3　苹果渣固态发酵生产蛋白饲料

苹果渣是鲜苹果加工后的下脚料，主要是由果皮、果核、果籽、花萼、果柄和部分残余果肉组成。苹果渣含有可溶性糖类、有机酸、纤维素、脂类、多酚类和黄酮类物质以及维生素、矿物质等营养成分，是一种可以资源化利用的加工副产物。

苹果渣蛋白饲料是以苹果渣为主要基质并在适宜的营养、温度、湿度、pH、通气(或厌氧)等条件下，通过有益微生物在基质中的大量繁殖生长而将基质中的无机氮转化为菌体自身的有机氮(蛋白质)，使基质物料的总体蛋白质水平达到蛋白饲料的要求，其发酵的最终产物就是苹果渣蛋白饲料。将苹果渣转化为营养丰富的蛋白饲料，是对苹果渣有效利用的重要途径之一，对缓解我国蛋白饲料资源缺乏、提高苹果种植与加工效益、减少环境污染具有重要意义。

1. 基本工艺流程

斜面菌种→种植培养
↓
湿苹果渣→干燥→粉碎→配料→蒸煮→接种→固态发酵→烘干→粉碎与质检

2. 工艺流程说明

目前，苹果渣发酵生产蛋白饲料已从单一菌种发酵向混菌发酵方向转变，因此菌种的选择、接种比例和接种量都会影响发酵效果。

苹果渣的无氮浸出物含量较高，含氮量较低，适当补充苹果渣发酵所需的氮源是必要的。使用方便的无机氮源有硫酸铵、尿素、硝酸钠和硝酸钾等，其他可作为氮源的辅料还有农产品加工中的副产品或废弃物，如棉籽饼、酒糟和豆饼等，这些辅料除可补充氮外，还补充碳和苹果渣发酵所需的其他营养元素。

发酵的温度、时间、水分、pH和料层厚度等都可以影响苹果渣发酵的效果和品质。温度过高会导致菌体死亡或失活，过低会导致菌体分裂生长过于缓慢，而且酶作用效果很差；发酵时间太短达不到理想的蛋白质含量，太长则容易滋生杂菌，增加生产成本；含水量过高发酵物黏度过大，难以通风、降温，影响蛋白质含量并易滋生杂菌，过低则破坏了微生物生长的媒介，降低产量；微生物生长需要适宜的pH环境，需根据不同的菌种确定pH；料层厚度直接影响氧气的供给，含氧量不足则直接影响好氧菌的生长，从而影响发酵效果。如任克宁等以粪链球菌和啤酒酵母菌株混合发酵苹果渣，产物具有芳香性且适口性较发酵前有较大的改观，其最佳工艺条件为：发酵温度28℃、混菌菌株接种比例1∶1.2、发酵时间5 d。

9.3　葡萄综合利用

葡萄是一种世界性水果，是人们非常喜爱的水果之一，也是世界上产量最大的水果之一，年产量约为6500万吨，其中80%用于酿酒，13%作为鲜食，7%用于加工果汁及其他葡萄产品。我国葡萄年产量约为200万吨，其中40%作为鲜食，40%用于酿酒，20%用于加工葡萄干、果汁等制品。

葡萄籽占葡萄总量的6%～9%，葡萄皮渣是葡萄酒及葡萄果汁加工的下脚料，占葡萄质量的20%，其中主要由葡萄籽和葡萄皮组成。在葡萄皮渣中，葡萄籽占65%，葡萄皮则占35%。每年生产出数以万吨计的葡萄皮渣，但大多数企业一般是将皮籽丢弃或发酵后用做肥料，这种处理方法不仅造成环境污染，对资源也是一种浪费。现在人们逐渐认识到这些废弃物含有大量的生物活性物质，如维生素、蛋白质、糖类、游离氨基酸、果胶、原花色素、酒石酸等。因此，对葡萄加工副产物的综合利用研究，具有十分重要的意义。它既可避免环境污染，又可提高经济效益，变废为宝。

9.3.1 酒石酸的提取

9.3.1.1 酒石酸

酒石酸即2,3-二羟基丁二酸，是一种用途广泛的多羟基有机酸，为无色半透明晶体或白色细结晶粉末，有酸味，在葡萄中含量约为0.43%～0.74%。常用做食品添加剂（酸味剂、膨化剂），在纺织工业用做感光剂，在医药工业也有广泛的用途。传统上是用氧化法或折分法制备右旋酒石酸，这些制备方法成本较高。利用葡萄皮中所含的丰富酒石酸盐来生产酒石酸，不仅成本低，而且得到的酒石酸全为右旋，能大大满足市场的需求，提高经济效益。

9.3.1.2 酒石酸的提取工艺过程

1. 酒石酸提取工艺流程

葡萄渣→浸泡→加热→分离→清液→$CaCO_3$中和→加入$CaCl_2$→澄清分离→粗酒石酸钙→加稀硫酸酸解→沉淀→过滤→滤液浓缩→结晶→酒石酸→干燥→产品

2. 操作要点

1）葡萄渣的预处理

将葡萄酒渣置于室外风干，粉碎，装入塑料袋中保存备用。

2）料液比

葡萄渣与浸提液混合的比例要从两个方面来考虑：一方面是所加浸提液在数量上应保证能使溶解出的酒石酸盐充分转移到浸提液中去，便于实现酒石酸盐与酒渣的分离，这时的料液比应是尽可能大；另一方面是要获得较高浓度的酒石酸盐溶液，以便减少浓缩时间和消耗，这时料液比应是尽可能小。通常料液比以0.25～0.5为宜。

3）pH

葡萄中的酒石酸在酿酒的过程中容易与葡萄中的钙、钾等离子形成酒石酸盐，而酒石酸盐的溶解度是随着pH升高而降低的。因此，控制pH 3～5较合适。

4）提取温度

根据研究，酒石酸氢钾和酒石酸钙的溶解度都随温度的降低而降低，但提取温度对酒石酸钙溶解度的影响较小。酒石酸氢钾受温度影响较大，在一定范围内随温度升高溶解度将大幅升高。一般提取温度控制在75～85℃较好。

5）提取时间

在一定的温度条件下，提取时间过短，酒石酸盐不能彻底溶解，影响得率；如果提取时间过长，也会造成浸提液的蒸发，从而减少了酒石酸盐的溶解量，因此在一定温度下，酒石酸的提取时间保持在3~5 h。

研究证明，提取时间、提取温度、pH与酒石酸提取量成正相关，液料比与酒石酸提取量成负相关。一般提取时间、提取温度、pH等3个因素组合对酒石酸提取量影响最显著。

总之，以葡萄酒厂的废弃物葡萄渣为原料，用溶剂提取法，对葡萄渣中酒石酸进行提取，可为开发新的酒石酸资源提供了依据，且提取成本低、投资少、提取效率高、适宜大规模工业化生产，对葡萄的综合利用有很高的参考价值，并且减少了环境污染，具有良好的经济效益和社会效益。

9.3.2 葡萄皮红色素的提取

9.3.2.1 葡萄皮红色素

从葡萄皮渣中提取的葡萄皮红色素属花色苷类化合物，其色泽鲜艳，安全，染色优良，还具有改善肝脏功能、防御身体过氧化、防止动脉硬化以及提高视力等生理功能，是一种非常重要的天然食用色素和理想的食品添加剂。卫生部2010年第16号公告，批准葡萄皮红等18种食品添加剂扩大使用范围、使用量。葡萄皮红色素溶液受K^{+}的影响较小，受Fe^{2+}、cu^{2+}的影响较大。因此，葡萄皮红色素在使用和保存时应避免和含铁、铜离子的器皿接触。葡萄皮红色素为天然红色素，pH<5时为红色，pH>5时为紫色。作为高级酸性食品着色剂，应用于果冻、果酱、果汁饮料等着色，着色力强，效果好，用量为0.1%~0.3%。新鲜葡萄皮中红色素含量占4%左右，葡萄皮红色素溶解于甲醇、乙醇水溶液，可用50%~80%的醇溶液提取。

9.3.2.2 葡萄皮红色素的提取工艺过程

1. 工艺流程

葡萄皮渣(干)→粉碎→回流提取→离心分离→滤液→浓缩→萃取分离→树脂吸附→树脂洗脱→浓缩、干燥→葡萄皮红色素。

2. 操作要点

1)粉碎

葡萄皮用纯净水洗净，75~80℃烘干8~12 h后粉碎，过40目筛，获得葡萄皮粉末。

2)回流提取

向葡萄皮粉末中加入6~9倍质量、pH为2~4的50%~70%乙醇－柠檬酸提取液，于70~80℃下回流提取90 min。过滤，收集滤液，滤渣同法再次提取60 min。再次过滤，收集合并滤液用于制备精制葡萄皮红色素。

3)浓缩

将过滤液进行真空减压浓缩，浓缩温度为70~80℃，真空度0.06~0.08 MPa，获得浓缩液。

4)萃取分离

将浓缩液置于萃取器中，按照浓缩液：乙酸乙酯为1∶(1~2)的比例，加入乙酸乙酯萃取10~15 min，然后静置30~60 min，放出上层乙酸乙酯相，再次加入乙酸乙酯，同法萃取2次。合并上层乙酸乙酯相，用于制备葡萄皮原花青素。下层清液则用于制备葡萄皮红色素。

5)树脂吸附

向下层清液中加入HZ-803吸附树脂，搅拌下吸附其中的红色素，树脂加入量为下层清液体积的1/20~1/10，处理30 min后过滤。

6)树脂洗脱

弃滤液，收集树脂用8~10倍树脂质量的75%~90%乙醇/水溶液分3次洗脱，每次洗脱时间30~45 min，收集洗脱液。

7)浓缩、干燥

将洗脱液进行真空减压浓缩，然后进行真空干燥，浓缩、干燥条件同前，获得葡萄皮红色素。葡萄皮红色素收得率一般为5.24%~5.96%。

9.3.3 果胶的提取

9.3.3.1 葡萄皮渣中的果胶

榨取葡萄汁后的鲜红葡萄皮渣中，果胶含量约为1%~1.6%(视残汁含量及品种产地而异)。果胶的提取方法目前大致有酸提法、常温常压浸泡法、离子交换法和微生物法。用得较普遍的，也最为成熟的是酸提取法。下面简要介绍传统的酸提取法。

9.3.3.2 果胶的提取工艺过程

1. 工艺流程

原料前处理→热水漂洗(灭酶)→浸提→过滤→浓缩→醇沉→脱色→干燥→成品

2. 操作要点

1)浸提

干燥葡萄皮，粉碎后过40目筛，用热水洗涤除去糖、有机物等。然后加入4~5倍酸液在70~80℃下浸提6 h。过滤，收集滤液和滤渣，再次向滤渣中加入酸液同法提取1次。酸液配制方法是：用盐酸调节蒸馏水pH为1.3~2.3，3000 r/min离心10 min，分别收集、合并滤液和滤渣。

2)浓缩

将滤液于55℃进行真空减压浓缩，直至有5%~8%的固形物析出为止。

3)醇沉

将浓缩液换热冷却至常温，然后加入无水乙醇沉淀，直至沉淀液中乙醇浓度达到55%~60%时止。3000 r/min离心10 min，收集上清液回收乙醇，采用离心机离心分离果胶沉淀。

4)脱色

果胶沉淀使用75% ~80%的乙醇水溶液反复洗涤3 ~4次，尽可能除去色素等杂质。

5)干燥

将沉淀于70 ~80℃真空干燥获得果胶。果胶收得率在0.9% ~1.4%，呈灰白粉末。

目前，采用酶法(如纤维素酶、半纤维素酶法以及淀粉酶法辅助)辅助提取果胶也是一种重要的方法。一般是通过控制提取温度、提取液酸度、提取时间、料液比以及加酶量来进行果胶提取，再采用醇沉淀方法获得果胶，方法简便、快捷，得率较酸提取法高。

9.3.4 葡萄籽油的提取及精炼

葡萄籽含有14% ~18%的葡萄籽油，葡萄籽油是一种天然植物油，其中饱和脂肪酸含量为12% ~16%，油酸为15% ~23%，亚油酸65% ~78%，植物甾醇(无甲基甾醇)含量可达500mg/100 g。此外，不皂化物中含有6% ~32%的烃类，链长为C_{14} ~C_{31}，其中包含角鲨烯和二十碳多不饱和烃。不皂化物中还存在约7% ~24%的萜类和脂肪酸，如20 ~28个碳的直链脂肪醇，β-香树素、α-香树素等。另外，葡萄籽油还含有多种脂溶性维生素和人体必需的钾、铜、钙、铁、锌、锰、钴等矿质元素。葡萄籽油的提取可采用多种方法，每种方法都有各自不同的特点。

9.3.4.1 葡萄籽油的提取

1. 溶剂浸提法

溶剂浸提法依据的是萃取原理，利用了油脂与溶剂的互溶性。首先选用符合国家相关标准的溶剂，将溶剂与处理过的固体油料接触，将其中的油脂萃取溶解出来，而后采用严格的工艺脱除油脂中的溶剂。目前全世界90%的植物油脂都是通过溶剂浸提工艺生产的。在我国，常用溶剂有无水乙醇、丙酮、正己烷、氯仿、甲苯、石油醚、苯、二氯乙烷等。溶剂浸提法具有油粕中残油少，出油率高，加工成本低，生产条件良好，油料资源得以充分利用等优点，可以大大提高出油率，便于实现大规模生产。其缺点：浸出的毛油中含有较多的游离脂肪酸、残留农药、黄曲霉素等非油性物质，色泽较深，油的品质差，且残留有机溶剂，后期处理复杂，影响葡萄籽油的广泛应用。如以石油醚作为提取剂，控制提取温度65℃、提取时间3 h、提取料液比为1∶17可有效提取葡萄籽粗油，粗油进一步精制，可得到具有透明黄色、核桃仁味道的葡萄籽油。

2. 超临界CO_2萃取法

超临界CO_2萃取是以高压下的高密度超临界CO_2流体为溶剂萃取油脂，然后再采用升温、降压及吸附等手段将溶剂与油脂分离。其基本工艺：将油料与超临界CO_2流体在萃取器中混合，高密度的超临界CO_2流体会萃取出油料中的油脂，然后使含有油脂的超临界CO_2流体从萃取器进入分离器，通过调节温度和压力使其密度降低，超临界CO_2流体就会与油脂分离开来，再经降温和压缩送回萃取器中循环使用。与一般萃取法相比，超临界CO_2萃取具有以下特点：能耗低，易于操作，无溶剂残留，不会引起热敏性成分发生变化，有利于提高油脂质量。此外，超临界萃取法可彻底解决溶剂残留问题，是一种绿色、高效的洁净工艺。

超临界 CO_2提取葡萄籽油是切实可行的，葡萄籽粉碎度、水分含量、萃取压力、萃取温度、CO_2流量和分离条件是影响葡萄籽油萃取率的重要因素。超临界 CO_2萃取葡萄籽油的合适条件为：粉碎度 40 目、水分含量 4.5%、萃取压力 30 MPa、温度 45℃、CO_2流量 10 L/h、分离压力 9 ~ 10 MPa、温度 45℃。此时葡萄籽油的提取率为 98.53%，葡萄籽油中不饱和脂肪酸含量高达 90%（亚油酸含量高达 74.42%），U/S 值为 8，是一种高级保健油。其一般工艺流程如下：

葡萄籽→粉碎→过筛→装料→萃取→调压→调温→收集→液化→调压→调温→分离→葡萄籽油

3. **微波萃取法**

微波萃取法是一种颇具发展潜力的新萃取技术，具有良好的应用基础及发展前景。包括葡萄籽粉在内的很多物料的有效成分都包埋在内部薄壁细胞或液泡中，表面有表皮包被，机械或化学方法对其破壁非常困难。利用一种波长极短、频率极高的辐射能来加热物料，导致细胞内的极性物质，尤其是水分子吸收微波能而产生大量的热，细胞内温度迅速上升，使液态水汽化产生压力，最终将细胞膜和细胞壁冲破。位于细胞内的物质就会从细胞中流出、传递、转移至周围的萃取介质中，进而在较低的温度下就能被萃取介质捕获，再经过滤分离残渣后即可得到萃取物。

与溶剂浸提等传统萃取方法相比，使用微波萃取法萃取葡萄籽油具有操作时间短、能耗低、溶剂用量少、溶剂回收率高、产品提取率高、避免热不稳定性化合物分解等优点；与超临界萃取相比，微波萃取具有设备简单、适用范围广、萃取效率高、重现性好、萃取速度快等优点。王丽其(2009)对微波辅助萃取葡萄籽油的工艺条件进行了探讨，得出了较优工艺条件为：以二氯甲烷为萃取溶剂，萃取温度 50℃，萃取时间 10 min，料液比（g/mL)为 1∶8。与传统的水蒸气蒸馏法、索氏提取法相比较，微波辅助萃取具有时间短、效率高、节约能源、产品质量好、无污染等优点。

9.3.4.2 葡萄籽油的精炼

1. **葡萄籽油的精炼工艺**

葡萄籽粗油→水化→静置分离→脱水→碱炼→脱皂→洗涤→干燥→过滤→脱臭→加抗氧化剂→精油

2. **操作要点说明**

1)水化

采用高温水化法。当油温升至 50℃时加 5 ~7 g/L 的煮沸食盐水，用量为油量的 15% ~20%，随加随搅拌，终温约 80℃，直至出现胶粒均匀分散为止，约 15 min。

2)静置分离

保温静置 6 ~8 h，待油水分离层明显时进行分离。

3)脱水

使用水溶锅(以油代水)，使油温达 105 ~110℃，直至无水泡为止。

4)碱炼

采用双碱法。预热油温 30 ~35℃，首先按总用碱量的 20% ~25% 加入 20°Bé 纯碱，要防止溢锅，并进行搅拌(60转/min)，待泡沫落下再加入20～22°Bé烧碱(总用碱量的75%～80%)搅拌，终温80℃。

5)脱皂

碱炼完毕后保温静置，当油、皂分离层清晰，皂脚沉淀时进行分离。

6)洗涤

用80～85℃软水呈喷雾状喷于油面(油温与水温相同)，用量为油重的10%～15%，并不断搅拌，可洗涤1～3次，洗净为止。

7)干燥

间接加温至95～105℃，约10～15 min，至水分蒸发完毕为止。

8)脱色

采用吸附法，用混合脱色剂(活性白土和活性炭等)在常压、80～95℃条件下，充分搅拌，持续30 min。

9)过滤

在70℃下过滤或自然沉降后再过滤。

10)脱臭

在脱臭罐中进行。间接蒸汽加热至100℃，喷入直接蒸汽，真空度800～1000 Pa，时间4～6 h，蒸汽量为40 kg/t油。

11)加适量抗氧化剂

通过加入适量抗氧化剂，减少氧化反应，保护油的品质。

9.3.5　其他

9.3.5.1　葡萄皮白藜芦醇制备

1992年在商业葡萄酒中首次发现白藜芦醇(resveratrol)。国外的大量研究证明，白藜芦醇是葡萄酒(尤其是红葡萄酒)中最重要的功效成分。白藜芦醇除具有抗癌、保护心血管、抗氧化和清除自由基等药理作用外，还具有雌激素调节、抗突变、抗菌消炎、辐射防护等多方面的药理作用。天然白藜芦醇是一种天然活性成分，它能以游离态(顺式、反式)和糖苷结合态(顺式、反式)2种形式在植物(如中药材虎杖)中分布及生物合成，且均具有抗氧化效能，其中反式异构体的生物活性强于顺式，是葡萄中的一种重要的植物抗毒素。1998年美国艾尔·敏德尔编撰《抗衰老圣典》时，将白藜芦醇列为“100种最热门有效抗衰老物质”之一。我国葡萄资源非常丰富，葡萄多用于酿酒而产生大量葡萄皮渣，葡萄皮中白藜芦醇含量约为21～25 mg/100 g干葡萄皮，籽中的含量为3 mg/100 g，故可用葡萄皮渣作为提取白藜芦醇的原料。白藜芦醇生物提取的方法主要有有机溶剂法、碱溶酸沉法、超声波法、超临界法、酶法等。下面介绍酶法与有机溶剂法相结合的提取工艺及过程。

1. 工艺流程

葡萄皮渣→酶法提取、浓缩→纯化→浓缩→干燥→产品

2. **操作要点**

1)提取、浓缩

将葡萄皮干燥，粉碎，过40目筛，加入配比为1000：1的蒸馏水和纤维素酶，在50～55℃温度下恒温酶解90 min，酶解后加入乙酸乙酯(料液比为1：10)于70～80℃水浴中浸提2～4次，每次提取40 min。提取完成后过滤，收集滤液进行真空浓缩，浓缩条件为温度90～95℃、真空度0.06～0.08 MPa，获得浓缩液。

2)纯化

将浓缩液上硅胶柱，然后用80%甲醇洗脱，洗脱液流速为1～2倍硅胶柱体积/h，用量为硅胶柱体积的6～8倍。

3)浓缩

收集洗脱液，进行真空浓缩获得浓缩液，浓缩条件同乙酸乙酯。最后将浓缩液进行膜过滤，收集滤液，即白藜芦醇浓缩液。

4)干燥

白藜芦醇浓缩液经真空冷冻干燥即得白藜芦醇粗粉，其中白藜芦醇含量为15.20%。

9.3.5.2 葡萄皮原花青素制备

葡萄果皮中含有20%～50%的多酚类物质，是制备原花青素类化合物的良好材料。原花青素是一种有着特殊分子结构的生物类黄酮，是目前国际上公认的清除人体内自由基最有效的天然抗氧化剂。一般为红棕色粉末，气微、味涩，溶于水和大多有机溶剂。葡萄皮原花青素最高约为8.09%，最低为0.09%。下面介绍从葡萄皮中制备原花青素的方法。

1. **工艺流程**

葡萄皮渣→提取→浓缩→纯化→浓缩→沉淀→干燥→产品

2. **操作要点**

1)干燥、提取

将葡萄皮干燥后粉碎，过40目筛网，然后加入6～9倍质量的50%～70%乙醇(乙醇：水，*V/V*)，在70～90℃下回流提取30～60 min。过滤，收集滤液。滤渣同法再次浸取一次。

2)浓缩

收集合并滤液，减压浓缩，回收乙醇，浓缩温度为90～95℃，真空度0.06～0.08 MPa，获得浓缩液。

3)萃取分离

将浓缩液置于萃取器中，按照浓缩液：乙酸乙酯为1：(1～2)的比例，加入乙酸乙酯萃取10～15 min，然后静置30～60 min，放出上层乙酸乙酯相，再次加入乙酸乙酯，同法萃取2～3次。合并上层乙酸乙酯相，用于制备葡萄皮原花青素。

4)浓缩

将溶解有葡萄皮原花青素的乙酸乙酯相进行减压浓缩，浓缩温度为90～95℃、真空度0.06~0.08 MPa，获得浓缩液。

5)沉淀、干燥

向浓缩液中加入等体积二氯甲烷或石油醚沉淀低聚体，过滤，收集沉淀进行真空干燥，干燥温度为60~70℃，真空度低于0.08 MPa，干燥5~8 h，即获得葡萄皮原花青素粉末。

9.4 鲜切果蔬加工

鲜切果蔬(fresh - cut)又名切割果蔬、半处理果蔬或轻度加工果蔬(minimally processed fruits and vegetables)，是一种新兴食品工业产品。鲜切果蔬于20世纪50年代起源于美国，当时的产品大部分供应团体及速食业。由于其具有新鲜、方便、营养、无公害等特点，近年来消费量快速增加。鲜切果蔬的定义有多种说法。美国农业部(USDA)把鲜切果蔬定义为：采后物理性状改变，但到达消费者手中必须是新鲜的果蔬。尽管不同学者对鲜切果蔬的定义不十分一致，但其基本意义都一样，即果蔬采后经清洗、去皮、切割(或切片)、修整、包装而成，具有新鲜果蔬的品质，为消费者提供新鲜、安全和符合营养需要的即食果蔬制品。其生产过程一般要经过清洗、分级、修整、切分(或不切分)、洗涤、干燥、包装(或粗预包装)、贮存、配送等工序，可供消费者直接食用或餐饮业使用。

9.4.1 鲜切果蔬的技术基础

鲜切果蔬在生产过程中因去皮、切分等加工将使组织损伤，导致色泽改变、果实软化、木质化、易腐烂等现象，这为微生物的繁殖生长提供了有利条件，也增加了微生物对果蔬的污染机会，因而导致鲜切果蔬难以贮藏和保鲜。

9.4.1.1 果蔬品质及生理变化

果蔬经过整理、清洗和切分等处理后，组织结构的完整性、营养物质损失的速度和程度、新陈代谢的强度和方向、遭受微生物的侵染及产品的变质等方面与切分前发生了显著变化，由此产生了一些新问题。

1. 营养物质损失，感官品质下降

微加工后营养物质损失，感官品质下降，主要有以下几个原因：第一，切分使果蔬组织中酶与底物区域化分布被破坏，各种生化反应加速进行，尤以水解和氧化反应的变化最为明显，特别是在有氧存在时更为迅速，致使产品原有色、香、味和质地性状发生改变，营养价值下降；第二，微加工果蔬生产时在清洗、切分等环节造成的机械伤和伤口都会使果蔬组织细胞遭受破坏，导致汁液流失，加快被破坏组织中营养成分的损失，特别是水溶性和易氧化的成分；第三，切分使果蔬表面积大大增加，与相同条件下未切分果蔬相比较水分损失更快，这不仅直接减轻了微加工果蔬的重量，造成直接经济损失，而且失水导致萎蔫，加速产品的衰老。

2. 伤胁迫及生理生化加剧

新鲜果蔬切分后，组织产生机械伤，不仅影响、伤害细胞自身，而且产生伤信号并在很短时间(如几秒钟)内迅速传递给邻近细胞，诱导其发生错综复杂的生理生化反应，并扩散、影响远离伤害部位的细胞。切分形成的伤信号可能是纯物理的(如水压波或者压力波)、生物化学的(系统素、寡糖素、SA、乙烯等信号分子诱导伤响应物质的特异合成)，或者是物理和生物的信号(如生物电动势波或者电流)综合作用的结果。

3. 伤乙烯与呼吸

果蔬切分后，乙烯释放速率迅速上升，促进组织成熟、软化和衰老。切分造成的伤乙烯猝发在某些材料中只需要几分钟，但在多数试材中通常需要几小时，且在 6 ~ 12 h 内达到乙烯释放高峰。切分导致果蔬组织代谢加剧最明显的表现和特征是呼吸增强。呼吸增强使微加工果蔬产品的物质消耗增多，加快了营养物质的损失，降低产品的感官性状，缩短了微加工果蔬的保质期和货架期。微加工果蔬组织中的汁液可能阻塞气体的通道，使组织细胞内气体扩散速率下降，造成内部组织的无氧呼吸，导致乙醇和乙醛等的积累，这会与其他的挥发性物质共同造成微加工产品异味的产生。

4. 伤愈合与次生代谢

果蔬组织切分后，在伤害部位细胞的细胞壁中产生和沉积木栓质或(和)木质素，不同果蔬的反应有所不同。番茄的果皮受伤后表层细胞均发生栓质化反应，而柑橘果皮受伤部位发生木质化反应，在胡萝卜、马铃薯等果蔬上表现尤为突出。细胞栓质化和愈伤周皮的形成受组织自身状况和周围环境条件(如温度、湿度、气体组分)的影响，组织的伤愈合可改变微加工加工产品的外观，影响商品性状和降低食用价值。

5. 微生物侵染

微加工果蔬加工及流通中通常处于低酸性和高水分含量环境，且切分造成的伤口不仅给微生物的侵染带来了方便，而且也为微生物侵染后的繁殖提供了充足的水分和营养等条件，切割工艺本身也增加了微生物对果蔬污染的机会，因而这类产品极易受到外界微生物的污染。迅速繁殖的微生物在导致微加工果蔬保质期缩短的同时也会造成产品安全性问题，因此微加工果蔬生产中及生产后如何控制微生物的影响是需要认真对待的关键问题之一。

9.4.1.2 鲜切果蔬保鲜技术

鲜切果蔬由于去皮、切分等处理工序会对果蔬组织产生机械损伤，诱导鲜切果蔬褐变，极易出现变色、变味、质地劣变等质量问题。因此，保持品质、延长保鲜期是鲜切果蔬加工技术的关键。

1. 低温控制

低温能抑制鲜切果蔬的呼吸强度，降低体内的各种生理生化反应速度，延缓衰老和抑制褐变，延长果蔬的保鲜期。低温也能抑制微生物的生理代谢，从而抑制微生物的生长与繁殖。但大部分鲜切果蔬在 10℃以下会发生不同程度的冷害。因此，鲜切果蔬在低温下贮藏应控制在适当的温度。另外，冷藏中的一些嗜冷菌的存在，如李斯特菌(*Listeria monocytogenes*)，也应该引起重视。

2. 保鲜剂保鲜

酶促褐变是鲜切果蔬主要的质量问题之一。去皮或切分后的护色处理是控制鲜切果蔬褐变的常用方法。通常的策略就是抑制PPO(多酚氧化酶)的活性。抗坏血酸能够将O－苯醌还原成酚类，柠檬酸可降低果实表面pH，抑制微生物数量。半胱氨酸对鲜切果蔬也有较好的保鲜效果。这些物质虽都能有效抑制鲜切果蔬的褐变，但其协同作用效果更佳。许多天然提取物也有利于鲜切果蔬的保鲜。采用丁香提取物处理鲜切茄子，可很好地解决贮藏过程中的失重和褐变。姜黄、虎杖、艾叶、丁香提取物对鲜切蔬菜中常见微生物大肠杆菌、荧光假单胞菌、啤酒酵母均有一定的抑制作用。另外，许多天然物质如苯酚、乙醛、有机酸等以及从薄荷、香兰草、欧芹、柑橘果皮中提取的精油也具有抗菌作用。

3. 涂膜保鲜

涂膜保鲜技术因其成本低廉、无毒无害、保鲜效果良好而备受关注。壳聚糖是研究较多的涂膜材料之一，壳聚糖膜可阻碍果蔬及其他食品中水分的蒸腾作用，阻止果蔬呼吸产生的CO_2的散失和大气中O_2的渗入，从而减少水分散失，抑制果蔬的呼吸强度，延缓食品皱缩和萎蔫。此外，壳聚糖可显著抑制多酚氧化酶和过氧化物酶的活性，对微生物的生长也具有抑制作用。魔芋多糖、大豆分离蛋白、玉米醇溶蛋白、蜂胶、紫胶、海藻酸钠、卡拉胶等也有利于鲜切果蔬的保鲜。

4. MAP贮藏包装

MAP(modified atmosphere package，自发调节气体包装)的基本原理是通过包装袋内外气体交换和袋内产品的呼吸作用，被动地形成一个袋内的气调环境，或用某一特殊的混合气体充入特定的包装袋，其最终目标是在包装袋内形成一个理想的气体条件，尽可能地降低产品的呼吸强度，同时不对产品产生不良影响。MAP中适宜的低O_2和高CO_2可降低果品的呼吸强度和乙烯生物合成量，阻碍和延缓酶的活性，减轻生理紊乱，减缓产品的品质败坏。但CO_2含量过高或O_2过低，会导致无氧呼吸，并产生不利的代谢反应和生理紊乱。过低的O_2还会导致鲜切果品的发酵。Annese等研究发现O_2低于1 kPa时能有效降低鲜切果蔬因PPO诱导的褐变，但会因无氧呼吸而导致香气散失。Escalona等研究采用MAP包装鲜切莴笋后发现，采用中度CO_2(10～20 kPa)与低O_2(2～10 kPa)联合作用时的呼吸强度高于与高O_2(20～100 kPa)联合作用时的效果，9℃贮藏时，10 kPa可使呼吸强度降低20%～40%，而且要降低呼吸强度，10～20 kPa CO_2必须与80 kPa O_2联合使用。

5. 冷杀菌技术

除了上述保鲜技术外，鲜切果蔬还可采用冷杀菌技术(如紫外线、超声波、臭氧、辐射等杀菌)延长保质期和货架寿命。紫外线杀菌是一种传统、有效的消毒方法，波长在190～350 nm，其中260 nm左右的波长为DNA、RNA的吸收峰，它使DNA的嘧啶基之间产生交联，成为二聚物，抑制DNA复制，导致微生物突变或死亡。超声波多用于鲜切蔬菜的清洗，可利用低频高能量的超声波的空化效应在液体中产生瞬间高温、瞬间高压，造成温度和压力变化，使液体中某些细菌致死、病毒失活，甚至使体积较小的一些微生物的细胞壁破坏，从而延长蔬菜的保鲜期。臭氧对各类微生物都有强烈的杀菌作用，臭氧分解放出的新生态氧在空间扩散，能迅速穿过真菌、细菌等微生物的细胞壁、细胞膜，使细胞膜受到损伤，并继续渗透到膜组织内，使菌体蛋白质变性、酶系统破坏、正常的生理代谢过程失调和中止，导致菌体休克死亡而被杀灭，达到消毒、灭菌、防腐的效果。臭氧能使乙烯氧化分解，延缓果蔬的后熟和衰老。臭氧还能调节果蔬的生理代谢，降低果蔬的呼吸作用，降低代谢水平，延长贮藏保鲜期。利用射线照射食品也可进行辐射杀菌，引起微生物发生一系列物理化学反应，使微生物的新陈代谢、生长发育受到抑制或破坏，致使微生物被杀灭，食品的保藏期延长。

9.4.2 鲜切果蔬的加工工艺

9.4.2.1 加工工艺

鲜切果蔬可分为即食型、即用型、即煮型，其中即食型鲜切果蔬主要用于色拉、汉堡包等，即用型鲜切果蔬主要用于加工冷冻水饺及其他食品的配料，即煮型鲜切果蔬主要用于烹饪中。它们的处理方式有一定差异，但都有原料选择、分级、修整、清洗、切分、灭菌、护色及包装。其一般加工工艺流程如下：

原料采收或采后处理、贮藏→原料选择→去皮、分级、修整→清洗→冷却→切分→灭菌、护色→配菜包装→装载→贮藏→成品

9.4.2.2 操作要点

1. 原料选择

果蔬原料是保证鲜切果蔬质量的基础。果蔬原料一般选择新鲜、饱满、成熟度适中、无异味、无病虫害的个体。

2. 采收

鲜切果蔬的原料一般采用手工采收，采收后需立即加工。采收后不能及时加工的果蔬，一般需在低温条件下冷藏。

3. 分级、修整

按大小或成熟度分级，分级的同时剔除不符合要求的原料。用于生产鲜切果蔬的原料经挑选后需要进行适当的整修，如去皮、去根、除去不能食用的部分等。

4. 清洗、切分

清洗可洗去泥沙、昆虫、残留农药等脏物，能为下一步减菌、灭菌和提高清洗效果奠定良好基础。根据产品特点和生产需要，可采用浸渍或充气的方法使得清洗效果更好。清洗设备有浸泡式、搅动式、摩擦式、浮流式及各种方式的组合。按照人们日常食用习惯切成块、片、丝、丁。在工业化生产中，需要去皮的果蔬，如胡萝卜、马铃薯等通常采用机械的、化学的或高压蒸汽去皮方法。刀刃状况与所切果蔬的保存时间有着很大的关系，锋利刀切分果蔬保存时间长；钝刀切割面受伤多，容易引起变色腐败。切分的大小对鲜切果蔬的品质也有影响，切分越小，切口面积越大，越不利于保存。

5. 灭菌

彻底清洗果蔬是加工中的关键，经切分的果蔬表面已造成一定程度的破坏，汁液渗

出，易引起腐败、变色，导致产品质量下降。不同果蔬可选用不同的清洗液，以保持其食用品质及延长其保质期。

1）鲜切果蔬清洗水中加入杀菌剂

（1）含氯的化学物质，如氯气、次氯酸钠、次氯酸钙，要求200 mg/L以上的有效氯以达到杀菌的目的。水的用量为5～10 L/kg，水温为4℃以冷却果蔬，残留氯为100 mg/L。

（2）ClO_2作为杀菌、除臭、保鲜剂，作用机理主要是利用其独特的强氧化性。ClO_2能迅速地对病毒衣壳上的蛋白质中的酪氨酸起到破坏作用，从而抑制病毒的特异性吸附，阻止对宿主细胞的感染。ClO_2对病毒、细菌具有很强的杀灭作用，但它对动植物机体却不产生毒效。已经证明ClO_2的杀菌效果比一般的含氯消毒剂高2.5倍，在pH为7.0的水中，不到0.1 mg/L的剂量，5 min内能杀灭一般肠道细菌。

（3）pH达2.7的电解酸性水，具有很好的杀菌效果。对于蔬菜来说，组织中有机酸较少，表面的pH较高，因此对产品表面进行酸化防止腐败和抑制病原菌生长有一定的效果，柠檬酸是最常使用的有机酸。有机酸可以作为防止传播疾病的介质，这些酸通过使pH下降，造成微生物细胞内pH的下降或通过改变细胞膜的透性、阻碍基质运输，抑制NADH的氧化，减少电子传导系统还原剂的供应，从而达到杀菌目的。

（4）目前研究人员采用O_3、Na_2HPO_4和H_2O_2来取代含氯清洗液。另外，通过O_3、氯气、电离辐射、紫外线等化学、物理处理，以及臭氧与超声波、过氧化氢与紫外线等协同处理，可有效地控制微生物引起的腐败变质，延长鲜切菜的货架期。

2）热处理

对于与其他食品一起消费的即食型鲜切果蔬和部分调料，应采用热处理的方法加以杀菌，主要对象菌为李斯特菌、大肠杆菌O-157、沙门氏菌和肉毒杆菌。

3）降低水分活度

一般情况下的最低水分活度，细菌为0.9、酵母为0.88、霉菌为0.8，而鲜切果蔬的水分活度一般在0.95以上，因此常采用渗透脱水作为辅助手段（常用低浓度盐处理蔬菜）来降低水分活度，可以达到加强保藏的作用，但常会改变产品的风味。

6. 护色

传统上，一般采用亚硫酸盐（50 mg/L）来抑制果蔬褐变。随着研究的深入，异抗坏血酸钠、抗坏血酸及其盐、植酸、柠檬酸及其盐、$Zn(AC)_2$、半胱氨酸、4-己基间苯二酚等化合物以及菠萝汁等天然物质均可作为亚硫酸盐的替代物，其中抗坏血酸及其盐、柠檬酸及其盐的常用浓度为300 mg/L。此外，研究发现钙对于防止鲜切果蔬的褐变和保持质地具有重要意义，$CaCl_2$溶液是最好的钙源，通常采用0.5%～2%的$CaCl_2$液对蔬菜进行浸渍处理，如用0.6%的$CaCl_2$溶液处理鲜切菠萝，贮藏10 d仍能使菠萝具有较好的品质。除使用单一护色剂护色外，还常可以使用多种护色剂复合，如用0.2%异抗坏血酸+0.3%植酸+0.1%抗坏血酸+0.2%氯化钙混合液浸泡土豆，结合抽真空包装，在冷藏条件下对切分土豆护色效果良好，切分土豆的货架期（4～8℃）可达7 d以上。

7. 包装

鲜切果蔬的包装有多种，常见的方式有自发调节气体包装（MAP）、减压包装

(MVP)、活性包装(AP)。MAP 的基本原理是通过使用适宜的透气性包装材料被动地产生一个调节气体环境，或者采用特定的气体混合物及结合透气性包装材料主动地产生一个调节气体环境。MVP 是指将产品包装在大气压为 40 kPa 的坚硬的密闭容器中并贮存在冷藏温度下的保鲜方法。Gorris 等研究认为，MVP 可以改善青椒、菊苣、苹果和番茄切片的微生物情况，可提高杏、黄瓜、绿豆芽、鲜切果蔬混合物的感官品质。AP 是指包含各种气体吸收剂和发散剂的包装，包括使用一些抗氧化剂、脱氧剂、防腐剂、吸湿剂、乙烯吸收剂等，其作用原理是通过改变环境气体组成，降低乙烯浓度、呼吸强度、微生物活力而达到保鲜效果的包装方法。Howard 等采用商业气体吸收剂(如高锰酸钾)对洋葱切片质量变化的影响进行了研究。结果表明，在2℃条件下，洋葱切片保存10 d，质量较好。

9.4.3 鲜切果蔬的加工实例

9.4.3.1 洋葱

1. 工艺流程

原料验收→原料贮藏→清洗→杀菌→预处理、切割→产品杀菌→脱水→分选、称重、包装→金属检测装箱→贮存、运输发货

2. 操作要点

1)原料验收

无病虫害、腐烂、未成熟以及异物，微生物指标等应符合企业原料标准，农残和重金属指标应能够达到无公害食品的要求，最大限量符合 GB 18406.1—2001《农产品安全质量 无公害蔬菜安全要求》的要求，对不符合上述要求的原料拒收。

2)预处理、切割、分选、称重、包装

严格控制工作间温度为 8 ~ 10℃，每隔 30 min 让员工进行酒精消毒。每隔 1 h 对工作间的温度进行测量，如果温度升高则工作间停止工作，待温度正常后开始工作。

3)产品杀菌

严格控制杀菌剂(ClO_2)浓度为 200 mg/L，杀菌时间 3 ~ 5 min。每隔 0.5 h 检测杀菌剂的浓度和杀菌时间，如果杀菌剂浓度偏低或杀菌时间太短，应及时调整杀菌剂至 200 mg/L，并将产品按规定时间重新杀菌；如浓度偏高或杀菌时间太长，应稀释杀菌剂至浓度，并将产品按规定时间重新杀菌。必要时对杀菌后的产品进行清洗。

4)金属检测

金属直径≥2 mm，包装后的每袋产品都要进行金属检测，对发现有金属的产品应立即报废。当金属检测仪不能正常工作时，应立即停止工作，对金属检测仪进行维修，当金属检测仪正常后，对前 30 min 的产品再次进行检测，每隔 30 min 用直径 2.0 mm 的标准模块对金属检测器作灵敏测试。

5)贮存、运输发货

严格控制贮存、运输中的温度为 8 ~ 10℃。每隔 2 h 对成品库的温度进行测量，如果温度异常，应立即调整制冷机械，对温度达不到要求的运输车辆不得装货。

9.4.3.2 生菜

1. 工艺流程

原料选择→挑选、整理→清洗→切分(2 cm 宽)→沥干→臭氧水处理→包装(0.02 mm 厚无菌食品保鲜袋)→贮藏(4℃)

2. 操作要点

1)原料选择

形状正常、新鲜、无机械损伤、色泽均一、大小一致。

2)切分

切菜刀为锋利无锈钢刀，并消毒，切分宽度 2 cm 左右。

3)臭氧水处理

将切分后的生菜置于臭氧的水中浸泡 5 min，臭氧水浓度 0.18 μg/L，处理鲜切生菜可使细菌总数下降 1.5 个数量级，并且在贮藏 9 d 期间使细菌总数控制在 106 cfu/g 以内，大肠菌群基本上检测不到。同时 0.18 μg/L 浓度臭氧水处理抑制 PPO 活性，减少了维生素 C 的损失，降低了失重率，感官质量较好。因此，采用 0.18 μg/L 浓度臭氧水处理鲜切生菜能够保证微生物学安全性，降低营养物质的损失，从而提高了鲜切生菜的品质。国外研究表明，当微生物数量级超过 10^7 cfu/g，商业性鲜切蔬菜的货架期在恒温或控温条件下不超过 5 ~7 d。

4)包装预冷

取出切分原料，沥去明水，用 0.02 mm 厚的无菌食品保鲜袋真空包装，真空度 0.07 MPa，然后预冷到 4 ~5℃。

5)贮藏

冷库贮藏，贮藏温度 4 ~5℃。

9.4.3.3 马铃薯

1. 工艺流程

原料选择→清洗→去皮→切分→护色→包装→成品

2. 操作要点

1)原料选择

大小一致、芽眼小、无萌发、淀粉含量适中、含糖量低、无病虫害。

2)去皮

采用碱法、机械、人工等去皮方法。去皮后浸入清水或 0.1% ~0.2% 的焦亚硫酸钠溶液中护色。

3)切分

机械切割，形状可为片、块、丁、条等。切分后，在 0.2% 的异抗坏血酸、0.3% 的植酸、0.1% 柠檬酸、0.2% 的 $CaCl_2$ 混合溶液中浸泡 15 ~20 min。

4)包装预冷

取出切分原料，沥去明水，用复合塑料薄膜袋真空包装，真空度 0.07 MPa，然后预冷到3~5℃。

5）贮藏

冷库贮藏，贮藏温度3~5℃。

9.4.4 鲜切果蔬的质量控制

9.4.4.1 微生物控制

鲜切果蔬生产是一个极复杂的过程，生产期间极易受微生物浸染，必须严格加以控制。微生物数量在很大程度上影响鲜切产品的贮藏性。原料所带微生物主要是真菌，其次是细菌。大多数果实含有较多的有机酸，因而pH较低。西瓜、番木瓜、鳄梨和大多数蔬菜的pH较高。低pH可控制微生物，因而常用柠檬酸降低果实表面pH。另外许多天然物，如苯酚、乙醛、有机酸以及从薄荷、香兰草、欧芹、柑橘果皮中提取的精油也具有抗菌作用，但强烈的气味影响其应用范围。酸性电解水和臭氧水对微生物的控制也非常有效。适宜的MAP亦可抑制微生物生长，如AP(4 kPa O_2 +10 kPa CO_2)，并结合5℃贮藏温度可减低甜瓜的细菌、酵母菌和霉菌的数量，并可使芒果货架期延长1~2 d。另有研究表明30 d内无氧MAP，可有效控制苹果微生物数量，并对糖和酸的影响较小。从实际生产环节，可考虑从加工前、后进行微生物控制。

1. 加工前控制

适用于鲜切果蔬的加工原料。生产时应避免使用含菌多的污水灌溉，原料产地应远离牲畜圈。原料必须是品种优良、鲜嫩、大小均匀、成熟度适宜的原料，不得使用有腐烂、虫害、斑疤的不合格原料。果蔬原料因种类、品种不同，其内在的因子(如A_w、pH)各不相同，导致贮藏特性和加工性能差异很大。

2. 加工后控制

1）去皮和切分

切分大小是影响鲜切果蔬品质的重要因素之一，切分越小，切分面积越大，越容易浸染微生物，保存性越差。所以理想的方法是采用锋利的刀具进行手工去皮，切分大小既要有利于保存，又要符合现代饮食需求。一般来说，切分越细越不利于保存。切分操作时，所有与果蔬接触的工具、垫板及所用材料必须符合相应的要求，并且都应进行清洗或消毒处理，避免发生交叉污染。

2）清洗和沥干

清洗处理是鲜切果蔬加工中不可缺少的环节。这是因为经切分的果蔬表面已造成一定程度的破坏，汁液渗出更有利于微生物活动和酶反应的发生，引起腐败、变色，导致质量下降。由于失去表皮的保护，鲜切果蔬更易被微生物(主要是细菌)侵入而变质，清洗可除去表面细胞汁液并减少微生物数量，防止贮存过程中微生物的生长及酶氧化褐变。但清水清洗并不能有效除去微生物数量，通常在清洗水中添加一些化学物质，如柠檬酸、次氯酸钠等，以减少微生物数量及阻止酶反应。切分洗净后的果蔬应立即进行脱水处理，如沥干工序，降低表面水分活度，否则比不洗的更易变坏或老化，通常可采用离心脱水机除去表面少量的水分。

3）包装、贮存和销售

鲜切果蔬在空气中易褐变、易被微生物浸染，且代谢旺盛，故在生产鲜切果蔬时，还需要采取相应的包装措施，才能达到所要求的货架期。包装可直接起阻隔作用，防止微生物浸染，同时调节果蔬微环境，控制湿度与气体成分。工业上用得最多的包装薄膜是聚氯乙烯（PVC，用于包裹）、聚丙烯（PP）和聚乙烯（PE）（用于制作包装袋），复和包装薄膜通常用乙烯－乙酸乙烯共聚物（EVA），以满足不同的透气速率。如鲜切莴苣可用0.0635 mm厚的EVA共挤PE袋包装。

此外，高氧（21%～100%）贮藏也可抑制细菌和真菌的生长，减少果蔬贮藏中的腐烂，降低果蔬的呼吸作用和乙烯的合成，减缓组织褐变，降低乙醛乙醇等异味物质的产生，从而改进果蔬贮藏品质。如，鲜切胡萝卜条以50%、80%或90% O_2结合高CO_2气体处理后，其总酚含量上升和褐变也受到抑制；经100% O_2短期处理的苹果鲜切而成的苹果片在1℃贮藏2周期间，组织褐变受到明显抑制，表现为表面的白色程度下降缓慢，表明高氧处理对抑制酶促反应还具有后续效应。高氧贮藏一般采用的浓度为80% O_2 + 20% CO_2。

9.4.4.2　果蔬变色与软化控制

PPO催化的酚类物质氧化是果实组织变色的主要原因，褐变的程度受PPO活性和酚类含量的影响。果实中酚类含量受品种、成熟度和生长环境等多因素调控。选用适度成熟的果实，结合抗褐变处理和MAP的鲜切梨在4℃下可保鲜14 d。另外一些果实如西瓜、甜瓜和柑桔的褐变主要是由过氧化物酶（POD）引起。POD活性可以导致食物中发生氧化还原反应。果实品种间褐变差异很大，品种和成熟度对于鲜切产品的变色都有重要的影响。

维生素C（Vc）抗褐变效果较好，且Vc适用的浓度范围较广，一般用浓度为0.5%～4.0%。Vc抗褐变主要是它能够将O-苯醌还原成酚类。通过研究发现用1% Vc＋2%柠檬酸的混合液处理苹果切块可以使苹果PPO活性抑制90%～100%。另外还发现，用1% Vc＋0.5% $CaCl_2$浸泡液处理，在3个月贮藏期内PPO活性降低31%～62%。除此之外，柠檬酸和异抗坏血酸钠还可分别抑制荸荠和“Cayena”菠萝的PPO酶活性。4-乙基间苯二酚和半胱氨酸等抗褐变效果也很好。另外，用臭氧水处理芹菜，不但可以杀菌，还可以抑制PPO活性和呼吸强度。壳聚糖包被荸荠也可以有效控制PPO和POD活性。适当降低O_2和提高CO_2含量也可延缓果皮表面的褐变，低含量O_2和高含量CO_2的气体抑制褐变，影响果品生理活动，这些生理活动包括降低呼吸强度，延缓呼吸跃变及减少乙烯生成量和延缓果实的成熟。

果实的软化主要是由果胶酶和蛋白水解酶引起的，其次是物理和化学的变化。切割加工会使果实硬度大幅度降低。破伤的细胞释放果胶酶和蛋白水解酶，这些酶通过组织扩散的速度非常高。此外，原果胶变为水溶性果胶，细胞内多糖的降解、细胞膨压的丧失、纤维素结晶的减少、细胞壁的变薄等，都会引起果实的软化。钙及其盐类可以用来防止多种果实软化，一般用0.1%～1.0%的$CaCl_2$处理，也有用丙酸钙、乳酸钙、酒石

酸钙来代替 $CaCl_2$。另外热处理也可防止软化，如适度预热处理（35～45℃，40～150 min）可使鲜切"Rocha"梨在2℃贮藏7 d后无明显颜色和硬度的变化。

9.4.4.3 感官和营养品质控制

感官品质是判断鲜切产品货架期的主要标准。鲜切果品的颜色和光泽在加工以后会明显变劣。目前，鲜切果品风味变化的研究很少，对维生素、氨基酸、糖以及其他成分的研究也不多。对猕猴桃切片在不同的气调环境下对抗坏血酸的影响研究发现：在0.5、2、4 kPa O_2条件下贮藏12 d，维生素C分别减少7%、12%、18%。高 CO_2的环境则刺激抗坏血酸的氧化，并抑制脱氢抗坏血酸还原成抗坏血酸。

酚类物质对于鲜切果品的品质有极大的影响，因为它不仅参与酶褐变反应，同时它也是营养成分。研究发现，在空气中和无氧气调中苹果切片的酚类含量并没有很大差异，维生素C可有效减少甜瓜中酚类的氧化。贮藏的气体状况对于鲜切品中的糖分含量影响不大，但对于果品中有机酸含量影响较大。鲜切果品中有机酸主要是柠檬酸和苹果酸，在香瓜中它们的含量分别达到3.22和6.22 μmol/100 g鲜切品，在20℃贮藏5 d分别下降至2.7和0.48 μmol/100 g，但在冷藏条件下柠檬酸和苹果酸含量无明显变化。

9.4.4.4 包装控制

鲜切果蔬的包装方法主要有自发调节气体包装（MAP）、减压包装（MVP）及涂膜包装。MAP包装是目前比较常用的方法。高氧包装也可以显著抑制鲜切芹菜、菊苣、胡萝卜、蘑菇和芹菜上酵母菌和一些腐败菌的生长。

9.4.4.5 栅栏技术控制

栅栏技术应用于食品保存是由德国肉类研究中心 Leistner 提出来的，Leistner 把食品防腐的方法或原理归结为高温处理（H）、低温冷藏（t）、降低水分活度（Aw）、酸化（pH）、氧化还原电势（Eh）、防腐剂（pres）、竞争性菌群以及辐照等几种因子的作用，这些因子称为栅栏因子（hurdle factor）。栅栏因子单独或相互作用，形成特有的防止食品腐败变质的"栅栏"（hurdle），决定着食品中微生物稳定性，抑制引起食品氧化变质的酶类物质的活性，即所谓的栅栏效应（hurdle effect）。鲜切果蔬生产是一个综合的加工过程，栅栏技术对保证鲜切果蔬质量及货架期已经显示出良好的应用前景。从原料选择、前处理、加工、包装到最后的配送，每一环节都应直接或间接地采取"栅栏"措施，达到预期的保存目的。Wiley 曾应用栅栏因子控制鲜切果蔬中微生物生长及酶类的活性，确定酸度、防腐剂、抗氧化剂、包装、辐照及冷藏为其主要栅栏因子。随着食品保存理论和手段——栅栏技术研究的不断深入，栅栏理论将成为鲜切果蔬生产和保存的重要理论指导依据。对不同果蔬设置符合保存要求的特定栅栏可保持鲜切果蔬产品质量及获得足够的货架期。栅栏技术与关键危险点控制管理技术（HACCP）及微生物预报技术（PM）的结合今后可望成为改善鲜切果蔬质量和货架期的重要手段。

9.5　超微果蔬粉

超微粉加工技术是近几十年来开始发展的一项新兴技术。通过该技术的加工，使得被加工的颗粒物微细化，从而使被加工物质的物理化学性能发生了特殊变化。由于有了这些性能的特殊变化，超微粉体就具有了某些特殊的性能，因而超微粉加工技术已被广泛地应用于化工、轻工、食品、冶金、电子、陶瓷、复合材料、核工业、生物医药及国防等领域。

9.5.1　超微粉的定义

一般而言，超微粉加工技术是利用各种粉碎方法及设备，通过一定的加工工艺流程，使得产品成为超微细粉末的粉碎加工过程。与传统的粉碎、破碎、研碎等加工技术相比，超微粉加工技术的重要特征是产品的粉碎粒度微小。由于产品的颗粒粒度微小，这类产品就有超微粉、超细粉、超细微粉等等之称。

超微粉的定义国内外尚未有准确一致表述。从几纳米至几十微米的粉体统称为超微粉。各行业由于超细粉体的用途和制备方法不同，对超细粉体有不同的划分标准。但无论怎么划分，理想的超微粉应具有以下特点：粒子尽量小，粒径分布范围窄，无团聚，粒子尽量为球形，化学成分均一等。

超细粉体通常又分为微米级、亚微米级及纳米级粉体。粒径在1～100 μm的粉体称为微米材料，粒径在0.1～1 μm的粉体称为亚微米材料，粒径处于0.001～0.1 μm的粉体称之为纳米材料。

对于食物来说，粉碎物的粒度并不是越细越好。若食物的粒度愈细，在人体中存留的时间就愈短，而且相应食物的舌感亦没有了。一般情况下，食品颗粒径应大于25 μm。但由于不同的行业、不同的产品对成品粒度的要求不同，因此，在加工时应根据物料特性及其用途不同来确定成品的粒度。

9.5.2　超微粉的特点

食品超微粉具有很强的表面吸附力及亲和力、很好的固香性、很容易被人体消化吸收、最大限度地利用原材料和节约资源等特点，因此食品超微粉的问世，使得食品的结构、形式及人体生物利用度均发生了巨大变化，食品超微粉在食品加工业中将是具有广泛前景的新型产品之一。

果蔬超细粉体可作为食品原料添加到糖果、糕点、果冻、果酱、冰淇淋、乳制品、方便食品等多种食品中，增加食品的营养，增进食品的色、香、味，改善食品的质量，增添食品的品种。

超微粉的出现有利于资源的充分利用。苹果皮、柑橘皮、小麦麸皮、玉米皮、豆皮、米糠、甜菜渣、甘蔗渣等，含有丰富维生素和微量元素，具有很好的营养价值，但由于常规粉碎的粒径大、影响食用口感，而使消费者难于接受。通过细化加工处理，能显著改善食用口感和吸收，从而使果蔬资源得到充分的利用，且丰富了食品的营养和品种。

另外，大部分果蔬皮、核均含有特定的营养成分，通过超细化加工可直接转变为食品原料。如芦笋超细化加工后，作为食品填充剂加在饼干中，可增加酥脆性和营养性，添加在奶糖中则可增进风味和营养；将胡萝卜渣微细加工后制成橙红色的蔬菜纸，可用于色彩丰富的食品包装，也可直接食用。

超细粉体技术在保健食品行业中应用特别广泛。如灵芝、鹿茸、三七、珍珠粉、螺旋藻、人参、蛇、贝壳、蚂蚁、甲鱼、鱼类、鲜骨及脏器的细化，为人类提供了大量新型纯天然高吸收率的保健食品。灵芝、花粉等材料需破壁之后才可有效地利用，是理想的制作超微粉的原料。动物鲜骨经超微粉碎后，是一种天然的补钙产品，且吸收率明显提高。

9.5.3 超微粉碎的方法与设备

9.5.3.1 超微粉碎的方法

根据物质在制备工程中的变化，可将超微粉体的制备方法分为物理方法和化学方法。同一种物质可有不同的制备方法，但其产品的粒径大小、分布和经济效益有较大差异。

1. 物理方法

1)机械粉碎法

机械粉碎法是最传统的一种方法。它是利用机械力作用于物料，使物料破碎达到所要求的粉末状态。物料粉碎的基本作用方式有压碎、剪碎、冲击粉碎和磨碎。而一般的机械粉碎设备都是几种作用力的组合。

2)蒸发冷凝法

用真空蒸发、激光加热、电弧放电加热、高频感应、电子束加热和等离子加热等方法，使原料汽化或形成等粒子体，然后骤然冷却，使之冷凝。该法生产的粒子纯度高、结晶好、粒度分布均匀。

3)冷冻干燥法

将被干燥的溶液喷雾在冷冻剂中冷却，然后在低温、低压下真空干燥，将溶剂升华除去，就可得到相应的超微颗粒。

4)喷雾干燥法

将要制备的物质溶解，制成溶液，进行喷雾使溶液变成小液滴，并使物质颗粒化，通过与热空气之间的热交换，使水分蒸发，得到超微粒子。

5)超临界溶液快速膨胀法

由于超临界流体的溶解能力类似于液体，并且在临界压力附近压力的微小增加可使溶解度急剧上升，因此在较高的压力下，将前驱体物质溶入其中，再利用超临界流体类似于气体的可压缩性，使含溶质的超临界流体通过喷嘴、毛细管等小孔快速膨胀，由于超临界流体压力的迅速减小，其密度迅速降低，溶解能力减小，造成很高的过饱和率，机械地析出超细粉体。该法对热敏性粉体，如生物、食品、医药等领域的超微粉体的制备提供了一条有效的途径。

6)超声波粉碎法

超声波在待处理的物料中引起超声空化效应，由于超声波传播时产生疏密区，而负压可在介质中产生许多空腔，这些空腔随振动的高频压力变化而膨胀、爆炸，真空腔爆炸时产生的瞬间压力可达几千甚至几万个大气压，因此，真空腔爆炸时能将物料震碎。另外，超声波在液体中传播时能产生剧烈的扰动作用，使颗粒产生很大的速度，从而相互碰撞或与容器碰撞而击碎液体中的固体颗粒或生物组织。超声波粉碎机粉碎后的颗粒粒度在 4 μm 以下，而且粒度分布均匀。

2. 化学方法

1)均匀沉淀法

该法首先配制一种或多种离子的可溶性盐溶液，然后加入沉淀剂或在一定温度下使溶液发生水解，形成不溶性的氢氧化物或盐类从溶液中析出，洗去溶液中原有的阴离子，经热分解即可得到所需的氧化物粉末。该法工艺简单，操作简便，对设备要求不高。产物纯度高，粒度和组成均匀，具有工业化潜力。

2)水热合成法

该法基本原理是：在一定的高温高压下，一些氢氧化物在水中的溶解度大于相应的氧化物的溶解度，于是氢氧化物溶入水中，同时析出氧化物。水热合成法直接生成氧化物颗粒，避免了液相法经过煅烧转化成氧化物这一步骤，简化了工艺。所合成的颗粒发育完整，团聚程度轻。

3)微乳化液法

在两种互不相溶的液相中，加入表面活性剂，使得一相以液滴的形式分散在另一相中。表面活性剂分子排列在液滴表面，亲水基伸向水中，亲油基伸向油中。微乳法制备超微粉体一般用的是油包水型(W/O)微乳液，即水以液滴的形式分散于油相中。当含有不同反应物的两种微乳液混合后，由于液滴之间的碰撞，颗粒之间发生物质的交换，两种物质混合后发生反应，生成超微颗粒。由于颗粒的形状大小受限定于微乳液滴的水核内，从而得到粒径分布均匀的超微粒子。

4)溶胶 - 凝胶法

此法先将反应前驱物制成均匀溶液，通过溶质与溶剂的水解或醇解反应，使产物以胶体颗粒的形式存在于液相中，形成溶胶，再使溶胶聚集，产生凝胶。在凝胶中通常还含有大量的液相，需要借助萃取或蒸发除去液体介质，并在远低于传统的烧结温度下热处理，最后形成相应的超微颗粒。

5)喷雾热解法

该法是将作为反应前驱体的盐类制成溶液，进行喷雾，使溶液变成小液滴，在加热反应室内液相蒸发，通过化学反应生成超微粉体。根据对液滴处理方式的不同，喷雾热解法又分为喷雾焙烧、喷雾燃烧和喷雾水解。喷雾燃烧法将金属盐溶液用氧气雾化，在高温燃烧、分解而得。喷雾水解法利用醇盐喷雾，制成相应的气溶胶，再让气溶胶与水蒸气反应进行水解，制成单分散性颗粒，最后将这些颗粒焙烧，即得到相应的超微粒子。

6)气相分解法

气相分解法适用于易挥发，蒸气压高，分解性高的原料，如硅、金属氯化物或其他化合物。将其加热，使其蒸发，并分解，然后冷却得到超微颗粒。

7)气相合成法

该法利用两种以上物质之间的气相化学反应，在高温合成出相应的化合物，经快速冷凝，可得到各种超微颗粒。可制得纳米非氧化物(SiC，Si_3N_4等)，也可制得纳米氧化物(ZrO_2，Y_2O_3等)。

对于气相分解法和气相合成法，低浓度、停留时间短和快速冷却是制备无团聚纳米材料的关键，同时气相反应法制成的粒子纯度高，颗粒分散性好，颗粒均匀，粒径小，粒径分布窄，比表面积大，反应性能好。

9.5.3.2 超微粉碎常用的设备

1. 高速机械冲击式微粉碎机

利用高速旋转的回转体(锤头、叶片等)对物料进行撞击，并使其在转子与定子间、物料颗粒与颗粒间产生高频度的相互强力冲击、摩擦作用而粉碎。其结构简单，粉碎效率高，粉碎比大，且可连续作业，运转平稳，故被广泛地应用于矿业、化工、食品、药物、建材等行业。但由于回转体的高速运转及与物料的冲击、摩擦、碰撞，必造成一定的磨损，所以冲击式微粉碎机适于加工中硬、软物料。

2. 气流粉碎机

借助由喷嘴喷出的高速气流(300～500 m/s))或过热蒸气(300～400℃)的能量，使颗粒相互冲击、碰撞、摩擦而实现超细微粉碎。由于气流粉碎机采用干法生产，从而省去了物料的脱水、烘干等工艺，其产品纯度高、活性大、分散性好，粒度细且分布较窄，颗粒表面光滑，所以气流粉碎机广泛地应用于非金属矿、化工原料、保健药品等行业的超细粉碎中。但气流粉碎机也存在一些不足之处：设备制造成本高，能耗大，加工成本也较大；单机处理能力较差(产量均小于1 t/h)，不适合大规模生产；产品粒度难以达到亚微米级，在10 μm左右时效果最佳，在10 μm以下时产量大幅度下降，加工成本急剧上升。目前主要机型有圆盘式、循环管式、靶式、对喷式、流化床式等5大类。

3. 辊压式磨机

物料在一对相向旋转辊子之间流过，在液压装置施加的50～500 MPa压力的挤压下，物料约受到200 kN作用力，从而被粉碎。产品细度可达40～50 μm。

4. 振动磨

其工作原理是利用研磨介质(球形或棒形)在作高频振动的筒体内对物料进行冲击、摩擦、剪切等作用，从而使物料达到粉碎。其产品细度可达亚微米级，且具有较强的机械化学效应，能耗较低，易于工业大规模生产。

5. 介质搅拌磨

其主要由一个静置的内填小直径研磨介质(钢球、陶瓷球、玻璃球等)的研磨筒和一个旋转搅拌器构成，其工作原理：通过搅拌器搅动研磨介质产生冲击、摩擦、剪切等作用使物料粉碎。搅拌磨生产效率较高，能耗较低，可以得到平均粒径1 μm以下的产品。

6. 胶体磨机

利用快速旋转盘式转齿和静止定齿的相对运动产生强烈的剪切、摩擦、冲击等作用力，使被处理的物料通过二者之间的间隙时，在上述诸力及高频振动的作用下，被有效分散、粉碎。该磨机结构紧凑，操作维修方便，且其产品精度高、粒度均匀。

7. 超细分级设备

按所用介质可分为干法分级(介质为空气)与湿法分级(介质为水或其他液体)。超细分级设备分干式和湿式超细分级机。干法分级机大多是采用离心力场、惯性力场或离心力场对粉体进行分级，它们是目前发展较快的重要精细分级设备。干法分级的特点是用空气做流体，成本较低，方便易行。但它有两个不足：一是容易造成空气污染；二是分级的精度不高。湿法分级用液体作为分级介质，存在较多的后处理问题，即分级后的粉体需要脱水、干燥、分散、废水处理等，但它有着分级精度高、无爆炸性粉尘等特点。湿法分级机主要有重力沉降式和离心式水力分级机。

超细分级设备是制备超细粉体非常关键的设备。通过分级，可以生产特定粒度分布的超细粉体。通过分级使粉碎机能耗降低，可以经济地生产超细粉体。由于超细粉碎加工中产生的粉体物料粒度微细，因而其表面积及表面能均很大。此外，粒度越细，物料的机械强度越高。因此，超细粉碎作业能耗较高，粉体在反复机械力作用下还容易团聚。为提高粉碎效率，除强化分级外，有时还要添加助磨剂。

9.6 新含气调理果蔬产品

1993年，日本小野食品兴业株式会社开发出一项新技术——新含气调理食品加工保鲜技术。自问世以来，已在食品的加工保鲜领域崭露头角，对食品的加工保鲜起到举足轻重的作用。

9.6.1 新含气调理食品的技术基础

现代食品加工法包括高温高压、低温、冷冻和无菌包装等。高温高压法加工的食品虽然可以在常温下进行贮运和销售，货架期长，但由于食品经真空包装及高温下长时间地加热杀菌，蔬菜类食品的清脆口感消失，肉类食品的黏性和弹性下降、质地和色泽改变及出现蒸煮异味、焦糊味等。低温加工法也有其自身的缺点：首先食品会由于真空包装而发生变形；其次，由于采用巴氏杀菌，杀菌不完全，产品必须在冷藏条件下贮运和销售，货架期较短。众所周知，低温贮运既会增加成本，又会使运输条件变得十分苛刻。否则，产品将会因细菌繁殖而腐败或胀袋。冷冻食品贮运和销售条件更加苛刻。除此之外，食品冻结后，特别是蔬菜，容易发生海绵化，口感变化很大。冷冻食品对解冻的要求也十分严格。

而新含气调理食品加工保鲜技术是针对目前普遍使用的真空包装、高温高压杀菌等常规方法存在的不足之处而开发出来的一种适合于加工各类新鲜方便食品或半成品的新技术。在不使用任何防腐剂的情况下，通过采用原材料的减菌化处理、充氮包装和多阶段升温的温和式杀菌方式，能够比较完美地保存烹饪食品的品质和营养成分，几乎保持食品原有的色泽、风味、口感和外观。新含气调理食品可在常温下贮运和销售，货架期6~12个月。这不仅解决了高温高压、真空包装食品的品质劣化问题，而且也克服了冷藏、冷冻食品的货架期短、流通领域成本高等缺点。

各种加工方法的优缺点比较见表9.1。

表9.1 各种加工方法的优缺点比较表

加工方法	贮运条件	优　点	缺　点
高温高压法	常温	1. 在常温下贮运和销售 2. 携带方便 3. 货架期长	1. 口感劣化 2. 色泽改变 3. 变形或损伤 4. 出现蒸馏异味或焦糊味
无菌包装法	常温	1. 在常温下贮运和销售 2. 携带方便 3. 货架期长	应用范围狭窄(仅限于米饭、汤汁、牛奶等)
低温加工法	冷藏	口感和色泽很少变化	1. 在冷藏的条件下贮运，流通领域成本高 2. 变形或损伤 3. 货架期短
冷冻加工法	冷冻	色泽很少变化	1. 在冷藏的条件下贮运，流通领域成本高 2. 由于冻结后发生海绵化，口感劣化
新含气调理法	常温	1. 在常温下贮运和销售 2. 携带方便 3. 货架期长 4. 口感和色泽很少变化 5. 外观、质地良好	设备投资较大

注：摘自管永庆、何孟晓，《HACCP在盐水火腿加工中的应用》。

9.6.2 新含气调理食品的加工工艺

新含气调理食品加工保鲜技术的工艺流程可分为初加工、预处理(减菌化处理)、气体置换包装和调理灭菌4个步骤。

1. 初加工

初加工包括原材料的筛选、清洗、去皮去核及切块等。

2. 预处理(减菌化处理)

在预处理过程中，结合蒸、煮、炸、烤、煎、炒等必要的调味烹饪，同时进行减菌化处理，从而大大降低和缩短最后杀菌的温度和时间，使食品承受的热损伤限制在最小限度。一般而言，蔬菜、肉类和水产品等每1 g原料中约有10^5~10^6个细菌，经减菌化处理之后，可降至10~100个。减菌化处理是新含气调理食品加工工艺中最具有特色的技术要点之一。

预处理在万能自动烹饪锅中完成，万能自动烹饪锅采用空间热源方式，根据需要喷射热水、蒸汽或调味汁，进行无搅拌的蒸、煮、煎、烤多功能烹饪。同时装备有加压和减压装置，通过调节压力，有效地进行加热和冷却，以缩短烹饪时间。此外，整个过程可在无氧全氮的条件下进行，以免在烹饪中发生氧化作用。

3. 气体置换包装

将预处理后的食品原料从调味汁装入高阻隔性的包装袋或盒中，进行气体(氮气)置换包装，然后密封。目前用于食品包装的材料种类很多，其中，PET/氧化铝/尼龙/CPP透明复合膜的耐热性和阻隔性俱佳，经120℃、20 min灭菌后，24 h透氧率低于3 mL/m^2。

氮气由食品包装专用制氮机制备，通过膜分离方式或吸附方式从空气中分离，纯度可达99.9%以上。膜分离方式是使用无油压缩机将压缩空气送入中空的膜系统，因氮气和氧气的膜透速度不同而被分离。吸附方式是通过吸附剂将压缩空气中的氧气、二氧化碳和水分进行选择性的吸收而将氮气分离。当氮气的使用量为0.5～4 m^2/h 时，可使用膜分离方式的制氮机；若使用量为12～500 m^2/h 时，应使用吸附方式的制氮机。制氮机还配备有贮氮罐，被分离出来的氮气暂时贮藏在贮氮罐内，随时供包装机使用。包装机与制氮机相连，全自动包装机的填料、抽真空、充氮和封口全部自动化。

气体置换的方式有3种：其一是先抽真空，再注入氮气，置换率一般可达99%以上；其二是通过向容器内注入氮气，同时将空气排出，置换率一般为95%～98%；其三是直接在氮气的环境中包装，置换率一般在97%～98.5%之间。通常采用第一种方式。由于在包装后袋内仍残留有少量空气，在灭菌后，包装袋中的气体置换率会下降2%～3%，为了使食品不发生氧化，氮气的置换率应维持在95%以上。值得注意的是，氮气的充气量应限制在规定的最小值，以防止食品在包装袋内滑动，同时要避免消费者误认为袋中气体是因食品腐败变质而产生的。

4. 调理灭菌

调理灭菌一般是在调理灭菌锅内进行。调理灭菌锅是由灭菌槽、热水储罐、冷却水储罐、冷却塔、热交换器、多个水泵和连接管道及控制阀组成，并由高性能的电脑控制系统控制。调理灭菌锅采用模拟温度控制系统，可根据不同食品对灭菌条件的要求不同，随时设定升温和冷却程序，而且电脑控制系统间隔3s进行F值的计算，使每种食品均可在最佳的状态下调理灭菌。另外，对于易变形的包装容器，通过自动校正压力，能有效防止容器变形或破裂。

调理灭菌锅采用波浪状热水喷淋、均一性加热、多阶段升温、二阶段急速冷却的温和式灭菌方式。在灭菌锅两侧设置的众多喷嘴向被灭菌物喷射波浪状热水，形成非常均一的灭菌温度。由于热水不断向被灭菌物表面喷洒热水，热扩散快，热传递均匀。多阶段升温的灭菌工艺是为了缩短食品表面与食品中心之间的温度差。第一阶段为预热期；第二阶段为调理入味期；第三阶段采用双峰系统法，为灭菌期。每一阶段灭菌温度的高低和时间的长短，均取决于食品的种类和调理的要求。新含气调理灭菌与高温高压灭菌的温度－时间曲线的关系比较见图9.2。由图9.2可见，多阶段升温灭菌的第三阶段的高温域相当窄，从而避免了高温高压（蒸气）灭菌锅因一次性升温及高温高压时间过长而对食品造成的热损伤以及出现蒸馏异味和糊味的弊端。一旦灭菌结束，冷却系统迅速启动，5～10 min之内，被灭菌物的温度降至40℃以下，从而尽快解脱高温状态。用于灭菌的热水可以反复循环使用，冷却时，80℃以上的热水还可回收，从而节约能耗。

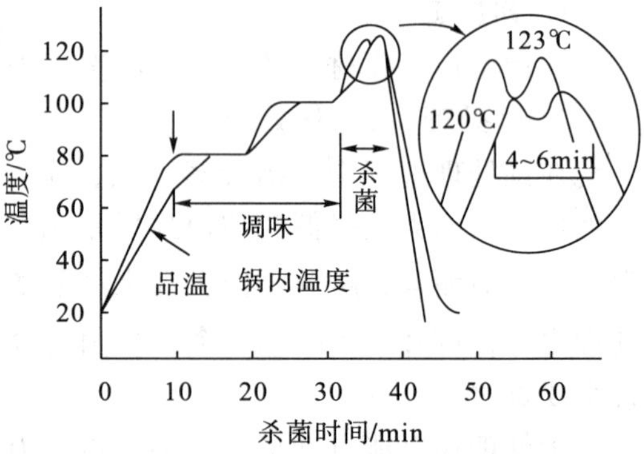

图9.2　新含气调理杀菌温度-时间曲线
（摘自张涨《新含气调理杀菌技术》）

9.6.3 新含气调理食品的加工实例

新含气调理加工适合的食品种类相当广泛，在蔬菜水果方面有炒藕片、八宝菜、木耳、香菇、萝卜丝、竹笋片、榨菜、青豆、葡萄、梨、苹果、荔枝、龙眼、草莓、菠萝等。板栗是营养价值较高的食药兼用之坚果，用新食气调理食品加工保鲜技术进行加工，有效地保持了板栗原有的形状及色、香、味。

9.6.3.1 工艺流程

板栗→分级筛选→机械脱壳→修整护色→预煮→漂洗→减菌化除水→装袋→气调封口→检验→含气调理杀菌→冷却→成品

9.6.3.2 工艺要点

1. 原料选择

选择无虫眼、无霉变、颗粒饱满的成熟新鲜板栗。

2. 机械脱壳

用振动筛进行大小分级后，采用全自动板栗脱壳机进行脱壳。

3. 护色

将脱壳后的板栗立即投入0.5%氯化钠、0.3%柠檬酸、0.15%亚硫酸氢钠的复合溶液中进行护色处理，并及时去除板栗果粒上的残留壳皮及霉烂病虫部分。

4. 预煮

为防止板栗在后序加工产生褐变，本工艺预煮液由0.3%柠檬酸、0.2%明矾、0.05%氯化钙、0.15% EDTA-Na_2组成。按1：1的比例将去壳板栗修整漂洗后放入预煮液中，进行缓慢升温预煮。方法是分组升温，50℃到95℃，40 min为限，直到板栗煮熟为止。

5. 漂洗

用40～50℃温水对煮熟后的板栗进行充分漂洗干净后，逐级冷却至常温。

6. 减菌化除水

用V－CID红外线脱水机对板栗进行辐照和真空降压处理，去除板栗组织中一部分水分，减少原料所携带的细菌数。

7. 气调包装

按每袋净重250 g进行准确称装。采用国产真空充气包装机将袋内抽真空(真空度≥0.095 MPa)后，再充入N_2，使得气体置换率达到99%以上，进行热熔封口。封口时间2～2.5 s，以便封密、封牢、不漏气。

8. 含气调理杀菌

用自动程控含气调理杀菌锅进行处理。采用多阶段升温，第一阶段进行烹饪调理，控制温度60～100℃，维持30 min；第二阶段进行杀菌，控制条件115～125℃、8 s。整个杀菌过程控制在反压状态下，反压压力≥0.15MPa，并在反压状态下急速分段冷却至常温。

【复习思考题】

1. 简述柑橘皮渣的综合利用途径与方法。
2. 简述葡萄籽油提取方法及工艺要点。
3. 简述从苹果皮渣中提取果胶的工艺流程。
4. 简述鲜切果蔬的概念、加工工艺及品质控制方法。
5. 简述超微粉碎加工技术及超微果蔬粉的特点。
6. 简述新含气调理食品概念和加工工艺。

主要参考文献

高尧来，温其标. 2002. 超微粉体的制备及其在食品中的应用前景. 食品科学，23(5)：157－160.

黄振喜. 2009. 鲜切果蔬的加工工艺. 农产品加工，(11)：53－56.

焦士蓉，等. 2007. 柑橘籽油理化特性及脂肪酸组成研究. 中国油脂，32(5)：75－77.

李宏高，王艳，孙宏民. 2010. 山路菜－苹果复合膳食纤维饮料的研制. 食品科学，31(6)：306－309.

李婷，等. 2008. 酶法提取葡萄皮渣中白藜芦醇工艺研究. 食品科学，29(12)：194－197.

李中华，王学辉. 2007. 含气调理食品加工新技术在舰艇远航食品中的应用. 海军医学杂志，28(4)：330－332.

刘进杰. 2007. 国内外鲜切果蔬保鲜技术研究现状. 安徽农业科学，35(16)：4931－4933.

罗云波，等. 2001. 园艺产品贮藏加工学. 北京：中国农业大学出版社.

潘炘，等. 2005. 鲜切果品保鲜技术及其生物学原理研究进展. 农业工程学报，21(6)：172－725.

任克宁，等. 2010. 混菌固态发酵苹果渣生产生物饲料的研究. 饲料博览，(2)：1－4.

铁生年，李星，李昀珺. 2009. 超细粉体材料的制备技术及应用. 中国粉体技术，15(3)：68－72.

王辉，田呈瑞. 2008. 鲜切果蔬加工中 HACCP 体系的应用探讨. 食品研究与开发，29(7)：147－149.

吴宇虹. 2011. 苹果渣发酵生产蛋白质饲料及其在动物生产中的应用. 饲料博览，(4)：49－51.

殷涌光等. 2009. 用高压脉冲电场技术快速提取苹果渣果胶. 吉林大学学报(工学版)，39(5)：1224－1228.

袁博，曹熙敏. 2011. 葡萄渣中提取酒石酸影响因素的多元回归分析. 广东农业科学，11：118－120.

章宝，单杨，李高阳. 2011. 柑橘籽油研究进展. 中国油脂，36(9)：17－21.

张立奎，陆兆新，郁志芳. 2004. 臭氧水处理鲜切生菜贮藏期间的品质变化. 食品与发酵工业，30(3)：128－131.

赵文红，等. 2009. 柑橘类精油提取技术的研究进展. 农产品加工·学刊，(5)：18－21.

Anwar F, Naseer R, Bhanger MI. 2008. Physico－chemical characteristics of citrus seeds and seed oils from Pakistan. J Am Oil Chem Soc, 85: 321－330.

Gemma O O, et al. 2010. Recent approaches using chemical treatments to preserve quality of fresh－cut fruit: A review. Postharvest Biology and Technology, 57: 139 - 148.

Inoue T, et al. 2010. Isolation of hesperidin from peels of thinned Citrus unshiu fruits by microwave－assisted extraction. Food Chemistry, 123: 542 - 547.

Kratchanova M, Pavlova Ea, Panchev I. 2004. The effect of microwave heating of fresh orange peels on the fruit tissue and quality of extracted pectin. Carbohydrate Polymers, 56: 181 - 185.

Kurita O, Fujiwara T, Yamazaki E. 2008. Characterization of the pectin extracted from citrus peel in the presence of citric acid. Carbohydrate Polymers, 74, 725 - 730.

Lu C W, et al. 1999. Pretreaments, with jasmonate and high 0_2 promating flavorable quality of juicy peach fruits during cold storage. Acta Agri Boreali—Sin, 14(4): 137—141.

Lu C W, Toivonen PMA. 2000. Effect of 1 and 100 kPa O_2 atmospheirc pretreatment of whole 'Spartan' apples on subsequent quality and shelf - life of slices stored in modified atmosphere packages. Postharv Biol Technol, 18: 99 - 107.

Ma Y, et al. 2008. Phenolic compounds and antioxidant activity of extracts from ultrasonic treatment of Satsuma Mandarin (Citrus unshiu Marc.) peels. Journal of Agricultural and Food Chemistry, 56, 5682 - 5690.

Ma Y Q, et al. 2008. Ultrasound - assisted extraction of hesperidin from Penggan (Citrus reticulata) peel. Ultrasonics Sonochemistry 15: 227 - 232.

Rezzoug S A, Louka N. 2009. Thermomechanical process intensification for oil extraction from orange peels. Innovative Food Science and Emerging Technologies, 10: 530 - 536.

Solomas T, Whitaker B, Lu C. 1997. Deleterious effects of pure oxygen on 'Gala' and 'Granny Smith' apples. Hort Science, 32: 458.

Zheng Y H, et al. 2000. The effect of high oxgen on respiratory rate, polyphenol oxidase activity and quality in postharvest loquat fruits. Plant Physiol Comm, 36(4): 318 - 320.